KB148616

The New Science of the Mind

지은이 **마크 롤랜즈** Mark Rowlands

마크 롤랜즈(1962~)는 작가이자 철학자로, 마이애미대학교에서 철학 교수로 활동하며 마음 철학, 인간이 아닌 동물의 도덕적 지위, 문화 비평 등 다양한 주제의 저서를 썼다. 웨일즈 뉴포트에서 태어나 맨체스터대학교에서 공학 학사 학위를 받은 후 철학으로 전공을 변경한 그는, 이후 옥스퍼드대학교에서 철학 박사 학위를 취득하고 영국, 아일랜드, 미국에서 철학 분야의 다양한 학술적 직책을 맡았다.

롤랜즈는 동물의 마음에 관한 연구로 유명하며 생각, 기억, 욕망, 신념이 뇌와 두개골 외부에 저장될 수 있다는 확장된 마음의 관점을 제시한 주요 설계자 중 한 명이다. 저서로는 『동물의 권리』(*Animal Rights*, 1998), 『마음속의 몸』(*The Body in Mind*, 1999), 『의식의 본성』(*The Nature of Consciousness*, 2001), 『동물도 우리처럼』(*Animals Like Us*, 2002) 그리고 베스트셀러 회고록인 『철학자와 늑대』(*The Philosopher and the Wolf*, 2008) 등이 있다.

옮긴이 **정혜윤**

서울대학교에서 음악 이론으로 학사, 미학으로 석사 학위를, 미국 미시간대학교(앤아버)에서 음악의 정서표현성에 대한 분석철학적 연구로 박사 학위를 받았다. 분석미학으로부터 출발해 인지언어학과 신경미학으로 관심의 영역을 확장해 왔으며 최근에는 체화된 인지의 관점에서 미와 예술 현상을 분석하고 인간의 본성을 해명하는 데 전념하고 있다. 공저로 『포스트휴먼으로 살아가기』, 『마음이란 무엇인가』, 『체화된 마음과 뇌』, 『체화된 마음과 몸』, 『미학이 재현을 논하다』 등이 있다. 주요 논문으로는 「마음의 음악적 확장」, 「음악의 정서표현성에 대한 현대 분석철학의 논의와 그 한계」, 「음악의 생명성: 발제주의에 의한 해명」, 「신경미학, 무엇이 문제인가?」 등이 있다. 현재 한국예술종합학교 음악학과 음악철학 교수로 재직 중이다.

새로운 마음 과학

The New Science of the Mind

From Extended Mind
to Embodied Phenomenology

확장된 마음으로부터
체화된 현상학까지

마크 롤랜즈 지음 · 정혜윤 옮김

그린비

The New Science of the Mind: From Extended Mind to Embodied Phenomenology by Mark Rowlands

Copyright © 2010 by Massachusetts Institute of Technology
All rights reserved.
This Korean edition was published by Greenbee Publishing Co. in 2024 by arrangement with The MIT
Press through KCC(Korea Copyright Center Inc.), Seoul.

‡ 엠마에게 ‡

서문 및 감사의 글

'새로운 마음 과학'이라는 제목의 이 책에 사실은 과학이 많이 들어 있지도 않고, 들어 있는 과학 중 일부는 특별히 새로운 것도 아니다. 근본적인 이유는 '새로운 과학'이라는 표현이 이 책에 대한 정확한 묘사라기보다는 나의 주관적 바람에 더 가깝기 때문이다. 고전적인 모양새의 성숙한 인지과학에 필적할 만한 새로운 과학은 아직까지 없다. 오히려 '새로운 과학'은 인지 및 발달심리학, 상황적 로봇공학 및 인공지능, 지각심리학, 인지신경과학, 철학 등 다양한 학문 분야에서 등장하고 있거나 등장했던 관련 견해들을 모아 놓은 것이다. 철학의 역할은 이러한 발전을 상세히 설명하는 것이 아니라 그 논리적 또는 개념적 토대를 제공하는 것이다. 그것이 이 책의 임무다. 이 책은 '새로운 마음 과학의 토대'라고 불릴 수도 있겠지만, 그러한 제목은 난삽하다.

이 책은 철학자, 인지과학자 그리고 사람들이 '상황적 인지', '체화된 인지', '확장된 마음' 그리고 이것들의 아마도 더 난해한 변종들('행화주의', '운반자 외재주의', '위치 외재주의', '건축주의' 등)과 같은 문구를 던질 때 무엇을 말하고 있는 것인지 이해하고자 하는 모든 관심 있는 일반인을 위해 쓰였다. 물론 이질적인 구성원들을 위해 글을 쓸 때, 이 구성원들 중 적어도 일부는 적어도 때때로 내가 공자 앞에서 문자 쓰고 있다고 생각하고 싶어 할지도 모른다는 위험이 있다. 나는 이런 상황을 최대한 피하려고 노력했고, 그런 일이 일어날 것이 분명하게 예견되는 경우에는 해당하는 내용을 상자 안에 삽입했다.

지난 10여 년 동안 프레드 아담스(Fred Adams), 켄 아이자와(Ken Aizawa), 앤디 클라크(Andy Clark), 숀 갤러거(Shaun Gallargher), 리처드 메너리(Richard Menary), 로버트 루퍼트(Robert Rupert), 존 서튼(John Sutton), 마이크 윌러(Mike Wheeler)와의 대화는 체화되고(embodied) 착근되고(embedded) 행화되고(enacted) 확장된(extended) 문제들에 대한 내 생각을 다듬는 데 많은 도움을 주었다. 그들의 영향력은 다양한 방식으로 이 책에 분명하게 반영되어 있다. 모두에게 감사를 표한다.

토니 케메로(Tony Chemero)와 마이크 윌러는 이 책의 초고를 친절하게 읽어 주었고, 최종 버전을 크게 개선하는 데 매우 유용한 여러 가지 제안을 해 주었다. 남아 있는 실수는 전적으로 나의 잘못이다.

MIT 프레스의 톰 스톤(Tom Stone)에게는 이 프로젝트를 처음 시작하게 해 준 것에 대해, 마크 로웬탈(Marc Lowenthal)과 필립 라플린(Philip Laughlin)에게는 이 프로젝트가 완성되기까지 지켜봐 준 것에 대해 감사를 표한다. 마지막으로, 항상 그렇듯이 무결점 교열을 해 준 주디 펠드만(Judy Feldmann)에게 감사한다.

차례

일러두기

1 이 책은 Mark Rowlands, *The New Science of the Mind: From Extended Mind to Embodied Phenomenology* (The MIT Press, 2010)을 완역한 것이다.

2 주석은 모두 각주로 처리했으며, 옮긴이 주는 내용 앞에 '[옮긴이]'로 표시했다.

3 외국어 고유명사는 2017년에 국립국어원에서 펴낸 외래어 표기법을 따라 표기했으며, 단행본·정기간행물에는 겹낫표(『 』)를, 논문·단편·영화·회화 등에는 낫표(「 」)를 사용했다.

1. 마음의 확장

1. 확장하는 마음?

마음과 심적인 것들에 대한 새로운 사고방식이 상아탑을 뚫고 나와 대중의 의식 속에 자리 잡기 시작했다.[1] 사실, 그것을 마음에 대한 **새로운** 사고방식이라고 부르는 것은 완전히 정확하지는 않다. 그것은 마음에 대한 오래된 사고방식이 새로운 형식을 취한 것이다. 이전에는 수 세기에 걸쳐 드문드문 있어 온, 명백히 이탈적인 몇몇 철학자와 심리학자들의 전유물이었던 마음에 대한 이러한 사고방식은 많은 사람들이 더 설득력 있는 자격으로 여길 만한 것을 획득하기 시작했다. 이 것이 이제는 상황적 로봇공학 및 인공지능(Webb 1994; Brooks 1994; Beer 1995), 지각심리학(O'Regan and Noë 2001; Noë 2004), 발달 및 인

---

1 대중문화에서 이것의 존재감이 커지고 있는 것에 대해서는 잡지 『디스커버』 2008년 6월호에 실린 프레드 해프굿(Fred Hapgood)의 「로봇이 우리 사이에 살 때」(When Robots Live Among Us)와 2007년 10월 26일 자 『뉴욕타임즈』에 실린 데이비드 브룩스(David Brooks)의 「아웃소싱된 뇌」(The Outsourced Brain)를 참조하라.

지심리학에 대한 역동적 접근법(Thelen and Smith 1994), 인지신경과학(Damasio 1994)을 포함하는 인지과학의 여러 분야들의 융합으로부터 상당히 일관적이고 쉽게 알아볼 수 있는 방식으로 떠오르고 있기 때문이다.

마음에 대한 이러한 새로운 사고방식을 바탕으로 새로운 마음 과학이 성립할 것이라고 기대하는 사람들이 있는데, 나도 그중 하나다. 문제의 새로운 과학은 마음을 연구하는 데 과거와는 다른 방법을 채택할 것이며, 심적 과정들을 어떤 점에서는 전통적인 설명과 상당히 다른 방식으로 설명할 것이다. 그러나 방법과 설명 형식의 이러한 전환은 훨씬 더 깊고 중요한 무언가를 가리키고 있다. 근본적으로, 새로운 과학이 **새로운** 이유는 마음이 어떤 것인지에 대한 새로운 개념에 의해 뒷받침되기 때문이다. 이 책의 주제는 논란이 되고 있는 새로운 마음 과학이 아니라 그 근간이 되는 마음 개념이며, 이 개념은 실제로 새로운 과학이 구축될 것인지 여부와 관계없이 독립적으로 평가될 수 있다는 것이 나의 생각이다.

마음을 연구하는 전통적인 시도들은 지각, 기억, 사고, 추론 등 심적 과정에 해당하는 모든 것이 뇌 안에 존재한다는 생각에 기초한다. 여기에서 심적 과정은 뇌 과정과 **동일**하거나 뇌 과정에 **의해서만 실현되**는 것으로 간주된다.(상자 1.1 참조) 여기에서 '전통적'이라는 단어는 조금 특이하게 사용된다. 마음에 대한 과학적 연구가 이루어진 지는 100년이 채 되지 않았으며, 그동안 이것은 내성주의, 게슈탈트심리학, 행동주의 그리고 마침내 1960년대 초부터 계속되어 온 인지과학에 이르기까지 몇 가지 중요한 변화를 겪어 왔다. 전통적인 형식의 인지과학은 심적 과정 —— 특히 인지 과정, 왜냐하면 인지 과정이야말로 인지

과학의 영역이기 때문에 ── 이 뇌의 '하드웨어' 안에서 실현되는 추상적 '프로그램'이라는 생각에 기반한다. (컴퓨터에 대한 비유가 인지과학 초기 연구의 많은 부분을 이끌었다.) 따라서 인지과학의 주요 과제는 프로그램을 식별하고(인지심리학), 이러한 프로그램이 뇌 안에서 어떻게 실행되는지 알아내는(인지신경과학) 것이다. 곧 그 이유에 대해 충분히 설명하겠지만 나는 전통적인 형식의 인지과학을 **데카르트적 인지과학**이라고 부를 것이다.

데카르트적 인지과학은 여러 측면에서 광범위한 교리다. 인지과학이 수년에 걸쳐 발전해 온 방식에는 많은 중요한 차이점이 있다. 예를 들어 초기 인지과학에서는 '프로그램' 또는 인지 '소프트웨어'가 주로 강조되었고, 초기 인지과학은 인지 과정을 추상적이고 형식적으로 기술(記述)하는 과제를 수행한다고 이해되었다. 그러나 1980년대 중반부터 이러한 강조는 점차 **연결주의** 또는 **신경망 접근법**의 형식을 취하고 있는 '하드웨어'에 대한 새로운 강조로 바뀌었는데, 이 접근법에서는 인지를 그 근간이 되는 구조에 대한 신경적으로 사실적인 모델들에 기초하는 것으로 이해한다.[2] 신경망 모델은 명시적으로 (대략적으로나마) 뇌를 모델링한 하드웨어를 기반으로 인지를 설명한다.(Rumelhart, McClelland 및 PDP 연구 그룹 1986) 이 두 가지 접근 방식이 양립 불가능한지 어떤지는 분명하지 않다. 신경망 모델은 인지 과정에 대한 보다 추상적인 형식적 기술이 뇌에서 어떻게 실행되는지

---

2 흥미롭게도 신경망 모델의 선구자라고 불릴 수 있는 모델들은 사실 1960년대의 '인지 혁명' 이전에도 존재했다. 올리버 셀프리지Oliver Selfridge(1959)가 개발한 잘 알려진 **복마전 모형** (pandemonium model)은 오늘날의 연결망 모델의 분명한 선구다. 게다가 셀프리지는 워렌 맥클록(Warren McCulloch)과 월터 피츠(Walter Pitts)가 개발한 이 일반적 모델의 초기 연구를 기반으로 하고 있었다.(McCulloch and Pitts 1943, 1947)

에 대한 설명에 불과할 수 있다. 하지만 이 두 가지 접근 방식이 양립 가능하다는 것 역시 분명하지 않다. 신경망 모델은 전형적으로 채택되는 형식적 기술들에 의해 더 추상적인 수준에서 기술될 수 없는 속성들을 가지고 있을 수도 있다.[3]

우리는 이 논쟁의 세부 사항에 대해 걱정할 필요가 없다. 데카르트적 인지과학의 이러한 서로 다른 얼굴들을 하나로 묶어 주는 것은 아무 의심 없이 받아들여지는 정말로 진부해 보이는 가정이다. 즉 추상적인 형식적 과정이건 신경망 내의 활동 패턴이건(또는 둘 다이건), 심적 과정이 무엇이건 간에 그것은 사고하는 유기체의 머릿속에서 일어나는 과정이라는 것이다. 인지과학에서 다루는 심적 과정의 범주인 인지 과정은 인지 유기체의 내부에서 발생하며, 이는 인지 과정이 궁극적으로 뇌 과정(또는 뇌 과정에 의해 독점적으로 실현되는 보다 추상적인 기능적 역할)이기 때문이다. 데카르트적 인지과학을 데카르트적으로 만들어 주는 것은 바로 이러한 아무 의심 없이 받아들여지는 가정이다. 그리고 나는 바로 이 가정을 반박하려고 한다.

마음에 대한 새로운 사고방식은 뇌에 의해 영감을 받고 뇌를 중심으로 구성되는 것이 아니다. 반대로 심적 과정이 (1)**체화되고**, (2)**착근되고**, (3)**행화되고**, (4)**확장된다**는 사고의 조합에서 영감을 받고 이를 중심으로 구성된다. 숀 갤러거는 사석에서 이를 마음의 **4e** 개념이라고 불렀다.[4] 심적 과정이 **체화된다**는 생각은 대략적으로 말하자면 심

---

3 이 논쟁에 대해서는 제리 포도르(Jerry Fodor)와 제논 필리쉰(Zenon Pylyshyn, 1988) 및 폴 스몰렌스키(Paul Smolensky, 1987, 1988)를 참조하라.
4 사실 나는 문제의 대화가 알레산드라 타네시니(Alessandra Tanesini)와 리처드 그레이(Richard Gray)가 주최한 상황적 인지 워크숍이 있었던 카디프에서 점심 식사를 하면서 이루어진 것으로 믿고 있다. 숀이 4e라는 표현을 고안한 것이 그때였고, 이후 이 표현이 2007년 10월 센

적 과정이 부분적으로 더 넓은(즉 신경 외적인) 신체 구조 및 과정에 의해 부분적으로 구성된다는, 즉 이루어진다는 생각이다. 심적 과정이 착근되어 있다는 생각은 다시 대략적으로 말하자면 심적 과정이 주체의 뇌 바깥에 있는 특정 환경과 협력해서만 기능하도록 설계되었다는 생각이다. 올바른 환경적 **발판**(scaffolding)이 없으면 심적 과정은 해야 할 일을 할 수 없거나 최적에 못 미치게 할 수밖에 없다. 심적 과정이 **행화된다**는 생각은 심적 과정이 신경 과정뿐만 아니라 유기체가 더 일반적으로 하는 일들에 의해 구성된다는 생각, 즉 유기체가 세계에 작용하는 방식과 그 결과 세계가 유기체에 다시 작용하는 방식에 의해 부분적으로 구성된다는 생각이다. 심적 과정이 **확장된다**는 생각은 심적 과정이 유기체의 머릿속에만 자리하는 것이 아니라 다양한 방식으로 유기체의 환경으로 확장된다는 생각이다. 다음 장에서는 각각의 생각을 더 자세히 살펴볼 것이다. 이러한 요약은 거칠고 여러 면에서 불충분하지만, 이 책의 목적을 위해서는 충분할 설명이다.

체화, 착근, 행화 그리고 확장 등 각 개념은 심적 과정이 뇌 과정과 동일하거나 뇌 과정에 의해 독점적으로 실현된다는 데카르트적 인지과학의 중심 가정을 부정하거나 적어도 의문시하는 것으로 이해되어 왔다. 그러나 이 개념들을 모두 이런 식으로 이해하는 것이 **옳은지**는 분명하지 않다. 이 장의 뒷부분에서 그리고 3장에서 더 깊이 다루겠지만, 모든 4e 분파들이 똑같이 반(反)데카르트적인 것은 아니다. 또한 이 개념들 모두가 데카르트적 인지과학의 중심 가정을 부정하는

트릴플로리다대학에서 주최한 학술 대회의 제목 '4e: 체화된, 착근된, 행화된, 확장된 마음'(4e: Mind Embodied, Embedded, Enacted, Extende)이 되었다.

것이 사실이라고 하더라도, 이러한 부정은 각 경우에 따라 상당히 다른 형식을 취할 것이다. 그리고 일단 단순한 부정을 넘어서서 나아가면 체화, 착근, 행화, 확장이라는 개념들이 결코 동등하지 않다는 것을 알게 될 것이다. 사실 이러한 개념들은 서로 다를 뿐만 아니라 이들 중 일부는 실제로 다른 개념들과 양립 불가능하다. 사실 4e 분파들 중 적어도 하나는 반데카르트적 주장의 유효성을 인정하면서도 그 범위를 엄격하게 제한하기 위해 고안된, 일종의 데카르트적 다섯 번째 e로 채택될 수 있으며 사실 그렇게 채택되어 왔다. 3장에서는 이러한 개념들을 정리하는 과정을 시작하여 각 개념들이 정확히 무엇을 주장하는지, 어떤 방식으로 데카르트적 인지과학의 중심 가정을 부정하는지 (부정한다면) 그리고 어떤 개념들이 상호 양립 가능하며 어떤 개념들이 상호 양립 불가능한지 설명할 것이다.

상자 1.1 동일성과 독점적 실현

이 책에서 동일성과 독점적 실현이라는 용어의 차이는 그다지 중요하지 않다. 지금까지 두 용어를 구별하지 않고 사용한 것은 이 때문이다. 이제 그 차이가 중요하지 않은 이유를 설명할 때가 된 것 같다. 우선, 동일성 자체는 사실 두 가지 의미로 이해할 수 있다. 넓게 말하면, 심적 과정이 뇌 과정과 동일하다고 말하는 것은 양자가 동일한 하나라고 말하는 것이다. 서로 상관적인 심적 과정과 뇌 과정이 따로 있는 것이 아니라 오직 하나만 존재한다는 것이다. 그런데 이에 대해 두 가지 다른 해석이 있다. 하나는 심적 및 신경 과정들을 **종류들**(kinds), 또는 철학자들이 **유형들**(types)이라 부르기 좋아하는 것으로 이해하는 것이다.(Smart 1959) 즉 심적 과정의 종류들 또는 유형들이 뇌 과정의 종류들 또는 유형들과 동일하다는 주장이다. 이것이 유형 동일성 이론이다. 이에 따르면 심적 과정은 마치 물이 H_2O이며, 번개가 이온화된 물 입자 구름이 지구로 방전한 전기이듯이 뇌 과정과 동일하다.

동일성 이론을 이해하는 좀 더 대중적인 방식이 한 가지 더 있다. 이에 따르면 심적인 것과 물리적인 것 사이의 동일성은 각각의 종류의 개별적 **사례들**, 또는 철학자들이 **토큰들**(tokens)이라고 부르기 좋아하는 것들 사이에서 성립한다.(Davidson 1970) 특정한 사람인 내가 특정한 시각(가령 2008년 3월 21일 오후 4시 19분)에 느끼는 고통의 개별 에피소드가 (이 시각에 내 안에서 발생하는) 뇌 과정의 특정한 발화와 동일하다는 것이다. 이것은 일반적인 종류들이나 유형들 사이의 동일성이 아니라 개별 에피소드들, 사례들 또는 토큰들 사이의 동일성이다. 이러한 관점이 **토큰 동일성 이론**이다.

토큰 동일성 이론은 위에서 언급한 **실현** 개념과 연결되기 때문에 더욱 인기가 있다. 실현이라는 개념은 초기 인지 과학을 지배했던 컴퓨터 은유에서 유래한다.(Putnam 1960) 하나의 동일한 프로그램이 여러 종류의 컴퓨터에서 실행될 수 있으며, 이러한 컴퓨터들은 제한적인 범위 내에서 서로 다른 방식으로 구축될 수 있다. 따라서 우리는 특정 하드웨어 설정만으로 프로그램을 식별할 수 없다. 하지만 그럼에도 불구하고 프로그램은 이런저런 하드웨어 없이는 실행될 수 없다. 따라서 요점은 다음과 같다. 프로그램은 다른 하드웨어에서도 실행될 수 있기 때문에 기본 하드웨어의 설정과 동일한 것으로 간주될 수 없지만, 모든 특정한 경우들에서 주어진 유형의 하드웨어에 의해 실현된다는 것이다. 따라서 A가 B를 실현한다고 말하는 것은 매우 거칠게 말하자면 A가 물리적 기반을 제공함으로써 B를 가능하게 만든다고 말하는 것이다.

토큰 동일성 이론은 심적 종류가 **기능적**(상자 2.1 참조) 종류이며, 주어진 사례에서 이런저런 물리적 하드웨어에 의해 실현되지만 모든 경우에 반드시 동일한 하드웨어가 필요한 것은 아니라는 생각과 양립 가능하기 때문에 인기를 얻었다. 심적 종류가 기능적 종류라는 생각은 심적 종류가 그것이 하는 일을 통해 가장 잘 이해된다는 주장이다. 이것이 무엇을 의미하는지 알아보기 위해 또 다른 예를 생각해 보자. 기화기는 자동차 엔진 내부 어딘가에 위치한 물리적 대상이다(적어도 구형 자동차에서는 그렇다. 최근에는 연료 분사 시스템이 기화기를 대체했다). 기화기란 무엇인가? 대략적으로 말하자면 연료 흡입 매니폴드에서 연료를 흡입하고 공기 흡입 매니폴드에서 공기를 흡입한 후 두 가지를 적절한 비율로 혼합하여 생성된 혼합물을 연소실로 보내는 것이다(또는 것이었다). 무언가가 기화기인 이유는 이 역할의 수행에 있기 때문에 자동차에서 이 역할을 이행하는 것은 무엇이든 기화기로 간주된다. 대부분의 기화기는 매우 비슷하게 보이는 경향이 있다. 그러나 이 역할을 충족하는 한 기화기가 어떻게 생겼는지는 중요하지 않기 때문에 생김새는 기껏해야 우발적일 따름이다. 기화기의 물리적 구조와 실행의 세부 사항은 그것이 충족하는 역할에 비하면 이차적으로만 중요한데, 무언가를 기화기로 만드는 것은 이 역할의 충족이지 기화기의 물리적 구조나 실행의 세부 사항이 아니기 때문이다. 물론 모든 물리적 사물이 기화기 역할을 할 수 있는 것은 아니다. 자동차 엔진에 젤리 덩어리를 넣으면 연료와 공기를 혼합하는 데 어려움을 겪거나 녹는 것 외에는 아무것도 할 수 없을 것이다. 젤리 덩어리는 기화기의 기능적 역할을 수행하기에 적합한 종류의 사물이 아니다. 따라서 기능적 역할이 물리적으로 실행되는 방식의 세부 사항이 아무런 관련도 없는 것은 아니다. 하지만 기화기의 역할을 수행할 수 있는 적합한 물리적 구조가 있기만 하다면, 그것이 실제로 이 역할을 수행하는 한 그것이 무엇이든 상관없다. 만약 그것이 이 역할을 수행한다면, 그것은 기화기다.

토큰 수준에서 각 개별 기화기는 물리적 대상이다. 기화기와 물리적 사물 사이에 토큰 동일성이 있다. 그러나 기화기는 원칙적으로 다른 종류의 대상에 의해 실현될 수 있으므로 기화기와 특정 유형의 물리적 대상 사이에 유형 동일성은 없다. 즉 기화기라는 종류가 이러한 종류의 물리적 대상과 같은 것이라고 말하는 것은 타당하지 않은데, 다른 종류의 물리적 대상들도 기화기 역할을 할 수 있으며 따라서 기화기가 될 수 있기 때문이다. 기화기라는 종류 또는 유형은 물리적 종류들 또는 유형들에 의해 **실현되지만** 그들과 같은 것은 아니다.

지난 수십 년 동안 가장 인기 있는 유물론은 심적 및 물리적 토큰들의 동일성과 심적 종류 또는 유형에 대한 기능주의적 설명을 결합시킨 것이다. 따라서 심적 과정-토큰은 뇌 과정-토큰과 **동일**하지만, 심적 과정-유형은 뇌 과정-유형에 의해 **실현된**다는 것이 일반적인 생각이다. 뇌 외부에는 심적 유형을 실현하는 것이 존재하지 않는다고 거의 보편적으로 가정되어 왔기 때문에, 이러한 실현은 뇌에만 **국한**된다. 이러한 주장, 즉 토큰 동일성과 독점적인 신경적 실현의 결합은 4e가 공격하는 심적 현상의 본질에 대한 기본 견해를 형성한다.

이러한 어려움을 피하기 위해 우선은 현재의 논의를 **비데카르트적** 인지과학(또는 맥락에 따라서는 이 과학의 기초가 되는 비데카르트적 마음 개념)으로 제한하겠다. 비데카르트적 인지과학이라는 것은 4e 분파들, 즉 체화, 착근, 행화, 확장 가운데 반드시 전부는 아니라도 일부로 구성되는 인지과학이다. 체화, 착근, 행화, 확장이라는 개념의 다양성과 잠재적 양립 불가능성은 우리에게 골치 아픈 문제를 안겨 준다. 비데카르트적인 새로운 인지과학이 4e를 기반으로 구축된다면 그리고 4e 가운데 일부가 다른 개념들과 부합하지 않는다면, 우리의 새로운 과학에 대한 전망은 기껏해야 불확실하고 최악의 경우 암

울할 것이다. 우리에게 필요한 것은 이러한 각 개념의 내용을 정확하게 파악하고, 이를 바탕으로 가능한 최선의 방법으로 이 개념들을 통합하고, 그렇게 흡수될 수 없는 개념은 버리는 방식이다. 사실상 여기에 철학이 들어선다. 그러나 철학이 체화, 착근, 행화, 확장이라는 개념의 발전을 **유도했다**는 주장은 전적으로 참은 아니다. 철학의 역사에는 이러한 개념들을 전적으로 수용할 수 있고 심지어 이 개념들의 (철학적) 버전일 수도 있는 마음 개념을 제시한 인물들이 포함되어 있는 것이 사실이다. 이 책의 뒷부분에서 이러한 인물 중 몇 명을 만나게 될 것이다. 그러나 최근 4e에 대한 이론적 추동력 대부분은 상황적 로봇공학, 발달 인지심리학, 시지각 이론과 같은 인지과학 분야의 발전에서 비롯되었다. 철학의 주된 역할은 비데카르트적 인지과학에 새로운 경험적 증거를 제공하는 것이 아니라, 이 과학을 견고한 개념적 토대 위에 올려놓는 것이다.

이를 위해 이 책은 비데카르트적 인지과학의 기반이 되는 중심 개념들을 식별하고, 명확히 하고, 일관성 있게 표현하고, 적절한 경우 옹호하는 것을 목표로 한다. 이 과정은 3장에서 시작한다. 3장에서는 각 개념의 내용, 즉 각 개념이 실제로 의미하거나 주장하는 것을 알아보기 위해 체화, 착근, 행화, 확장의 개념들을 살펴볼 것이다. 그런 다음 각 개념이 다른 개념들과 서로 잘 맞는 방식과 그렇지 않은 방식을 살펴볼 것이다. 즉 각 개념이 다른 개념들을 함의하는 정도 또는 다른 개념들과 양립 가능하거나 양립 불가능한 정도를 살펴볼 것이다. 이 과정에서 우리는 선택의 기로에 서기도 할 것이다. 우리는 어떤 한 개념이 다른 개념의 또 다른 모습에 지나지 않는다고 설명할 수 있다. 이 경우, 비데카르트적 인지과학은 4e가 아니라 3e(또는 그 이하)로 판명될 수 있다. 더 우려스러운 것은 하나의 개념이 다른 개념들 중 하나 또는 그 이상과 양립 불가능해질 수 있는 가능성이다. 그렇다면 개념들 중 하나는 버려야 할 텐데 우리는 어떤 개념을 버려야 할 것인지를 식별해야 할 것이며, 이러한 새로운 제약 조건하에서 어떻게 비데카르트적 마음 개념의 전체 틀을 정당하게 평가할지 알아내야 할 것이다.[5]

식별하고 명료화하고 일관성 있게 표현하는 작업을 끝낸 다음에는 이 책의 가장 중요한 부분인 비데카르트적 마음 개념을 **옹호하는** 단계로 넘어갈 것이다.[6] 철학적으로 이것은, 우리가 식별하고 명료화하고 일관성 있게 표현하는 데 성공한 개념을 통해 비데카르트적 마음을 옹호하는 것을 의미한다. 이것이 이 책의 주요 과제이며, 이 책의 대부분은 여기에 할애될 것이다. 이러한 과제들 중 어느 하나도 쉬운 것은 없다. 비록 우리가 새로운 마음 과학의 탄생을 목격하고 있지만, 어떤 탄생은 오래 걸리고 그 과정이 고통스러울 수 있다. 그럼에도 불구하고 이 책은 이 모든 과제들을 성공적으로 완수할 수 있다고 주장한다.

그러나 과제들에 착수하기 전에 몇 가지 주의해야 할 사항이 더 있다. 마음이 '머릿속'에만 있지 않다는 생각, 즉 마음이 몸으로, 심지어 세계로 확장되어 나갈 수 있다는 생각은 제정신인 사람이라면 결코 받아들일 수 없는 터무니없는 충격적인 주장으로 들릴 것이다. 앞으로의 논의를 위해 이 장의 나머지 부분에서는 이러한 주장이 처음

---

5 스포일러 경고: 사실 나는 2e로 이루어진 비데카르트적 마음 개념을 주장할 것이다.
6 '새로운'이란 식별하고 명료화하고 일관성 있게 표현하는 과정이 수행된 후 4e 개념에서 남는 모든 것을 뜻한다.

들을 때처럼 터무니없는 것은 아니라고 생각할 이유를 간략하게 제시할 것이다.

2. 마음과 심적 현상

마음에 대한 새로운 사고방식은 때때로 마음 또는 심지어 자아(self)가 **머리 바깥에** 있다는 주장으로 묘사된다. 이것은 마음이나 자아에 대한 한 가지 특정한 관점에서는 터무니없는 주장처럼 들릴 것이다. 다행히도 비데카르트적 인지과학의 어떤 버전도 우리로 하여금 이런 주장을 옹호하게 하지 않는다. 4e의 다양한 분파들, 즉 체화, 착근, 행화, 확장 이론들 중 어느 것도 마음을 심적 상태들과 절차들로부터 이루어진 구성물로 논하지 않으며, 따라서 4e의 분파들이 마음 또는 심지어 자아가 **머리 바깥에** 있다는 주장을 하는 것으로 오해해서는 안 된다. 비데카르트적 인지과학의 관심은 심적 상태와 과정들이지 이것들을 갖고 있는 어떤 것이 아니기 때문이다.[7]

　마음은 어디에서 시작되고 어디에서 끝나는가? 이것은 특이한 질문이다. 철학과 심리학의 역사에 비추어 볼 때 일반적인 질문은 '마음이란 무엇인가'이다. 그리고 이에 대한 일반적인 대답은 '뇌'이다.

7　내 입장에 대한 로버트 루퍼트(2004)의 비판 중 하나는, 그가 이러한 구별을 인식하지 못했기 때문이다(또는 내가 이러한 구별을 인식하지 못했다는 비난에서 비롯한다). 따라서 나는 마음이 심적 상태와 과정들로 이루어지거나 구성되는 경우에만 그리고 그러한 한도 안에서만 마음이 체화되고, 착근되고, 행화되고 또는 확장된다고 생각한다는 점을 강조할 필요가 있다. 마음을 이러한 상태 및 과정들과 구별되고 이것들의 근간이 되는 것, 즉 이러한 상태 및 과정들이 부착된 것으로 생각한다면 마음이 머리 밖에 있다고 생각할 이유가 없다.

이러한 대답이 옳다면 마음은 뇌가 시작하는 곳에서 시작하고 뇌가 끝나는 곳에서 끝난다. 마음은 그저 뇌일 뿐 다른 어떤 것도 아니기 때문이다. 그렇지만 뇌는 어디에서 시작하고 어디에서 끝나는가? 마음이 뇌라고 생각하는 사람들은 중추 신경계와 말초 신경계를 확고하게 구분한다. 뇌는 머리에 자리한 회색의 끈적끈적한 물질 덩어리로 뇌간, 해마, 대뇌 피질로 구성되어 있다. 만약 뇌가 이런 것이라면 마음도 이런 것이라는 것이다. 더 정확하게 말하자면, 마음은 이 삼위일체 구조의 일부, 즉 우리가 생각하고 느끼는 것 등을 담당하는 부분이라는 것이다. 마음은 대뇌 피질과 해마(의 일부)인 셈이다.

이러한 마음 개념은 여전히 수용할 수 없을 만큼 애매모호하다. 하지만 가장 심각한 문제는 만약 마음이 나의 심적 상태 및 과정들과 다른 어떤 것으로 이해된다면 나는 나 자신에게 마음이 있는지조차 확신할 수 없다는 점이다. 철학자 데이비드 흄(David Hume)은 오래전에 이 점, 또는 적어도 이와 비슷한 점을 주장했다.

내가 나 자신이라고 부르는 것에 가장 친밀해지는 순간은 내가 더위나 추위, 빛이나 그늘, 사랑이나 증오, 고통이나 즐거움에 대한 어떤 특정한 지각을 할 때이다. 나는 지각 없이는 어느 때라도 나 자신을 붙잡을 수 없으며, 지각 외에는 아무것도 관찰할 수 없다. […] 진지하고 편견 없는 성찰을 통해 자신에 대해 다른 관념을 가지고 있다고 생각하는 사람이 있다면, 나는 더 이상 그와 추론할 수 없다고 고백해야 한다. 내가 그에게 허용할 수 있는 것은 그도 나만큼이나 옳을 수 있으며, 우리는 이 특정한 면에서 본질적으로 다르다는 것뿐이다. 그는 아마도 그가 자기 자신이라고 부르는 단순하고 지속적인 무언가

를 지각할지도 모르지만, 내 안에는 그런 원칙이 없다고 나는 확신한다.(1739/1975, p. 252)

여기에서 흄의 발언은 그가 자아라고 부르는 것에 대해 언급하고 있다. 그에게 자아와 마음이 같은 개념인지는 분명하지 않다.[8] 그러나 우리의 목적상 이것은 중요한 문제가 아니다. 우리는 마음에 대해 흄과 유사한 주장을 할 수 있다. 흄의 표현대로 "내가 나 자신이라고 부르는 것에 가장 친밀해지는 순간에", 즉 주의를 내면으로 돌리거나 내성할 때, 나는 내 마음과 만나는 것이 아니다. 내가 마주치는 것은 마음이 아니라 심적 상태 및 과정들뿐이다. 즉 내성할 때 나는 내가 생각하고 있는 것이 무엇인지, 느끼고 있는 것이 무엇인지를 알아차린다. 나의 믿음, 욕구, 감각, 감정, 희망, 두려움, 열망, 기대 등을 알아차리게 될 수도 있다. 그러나 나는 이러한 상태 및 과정들의 **주체**는 결코 만나지 못한다. 적어도 주체를 이러한 상태 및 과정들과는 다른 어떤 것으로 생각한다면 말이다. 내 **마음**이라는 실체, 즉 이러한 상태 및 과정들의 배후에 놓인 실체를 나는 만나지 못한다.

여기에서 조심해야 할 점은 흄에게서 영감을 받은 이러한 논의가 매우 위험한 주장으로 변질될 가능성이다. 예를 들어 내가 일할 때 노트북 컴퓨터 옆에 놓여 있는 다이어트 콜라를 보고 있다고 가정해 보자. 그것은 다소 노화되고 둔해진 나의 뇌에 아침의 활력을 불어넣어 줄 향정신성 물질을 함유하고 있다. 나는 캔의 모양과 반짝이는 은색 표면을 그리고 거기에 검은색과 빨간색으로 적힌 글씨도 볼 수 있다.

---

8 이에 대해 마이크 윌러에게 감사한다.

그런데 내가 캔 자체를 볼 수 있는가? 없다. 캔 자체를 이러한 특징들과 다른 별개의 것으로 볼 수 없다. 캔의 모양, 표면, 장식을 본 다음에, 추가로 캔 자체를 보는 것이 아니다. 내가 캔을 보지 않는다는 말일까? 만약 그렇다고 대답하면 그것은 이 단락의 초반에 언급한 위험한 주장이 될 것이다. 나는 캔의 모양, 표면, 장식을 보기 때문에 캔을 본다. 일반적으로 우리는 대상의 속성들을 봄을 통해, 속성들을 봄으로써 사물을 본다.

이것이 흄에게서 영감을 받은 주장을 이해하는 가장 좋은 방법이다. 내가 내성을 할 때 마음과 결코 마주치지 않는다고 주장하는 것이 아니다. 오히려 나는 자신의 마음을 내성적으로 마주한다는 것이 무엇인지, 즉 마음을 마주하는 것은 심적 상태 및 과정들을 마주하는 것이라는 주장을 하고 있다. 캔의 모양, 표면, 장식을 알아차림으로써 다이어트 콜라 캔을 알아차리는 것처럼, 자신의 심적 상태 및 과정들을 알아차림으로써 자신의 마음을 알아차린다는 것이다.

그럼에도 불구하고 우리는 더욱 섬세하게 생각할 필요가 있다. 우리는 마음을 생각할 때 모든 심적 상태 및 과정들의 근간이 되는 것, 즉 그러한 상태 및 과정들을 가지고 있는 것, 그것들을 모두 하나로 묶어 주는 것을 가정하기가 쉽기 때문이다. 마찬가지로 캔을 생각할 때 우리는 캔을 캔의 다양한 속성들의 근간이 되는 것, 즉 그러한 속성들이 부착된 어떤 것으로 생각하기 쉽다. 마음에 대한 이러한 의문스러운 사고방식, 즉 마음을 심적 상태의 **가장 밑바닥**에 있는 **극소량의 기층**으로 생각하는 오류를 피하기 위해 이 책의 나머지 부분에서 나는 (마음을 이런 의미에서 이야기하는 다른 학자를 언급할 때가 아니라면) 마음이라는 용어를 사용하지 않을 것이다. 나는 심적 상태 및 과정들, 즉 넓은 의미에서의 심적 **현상들**에만 관심을 기울일 것이다. 이 책에서 옹호하는 비데카르트적 마음 개념은 사실 마음 개념이 결코 아니다. 또한 마음을 심적 상태 및 과정들의 근간을 이루는 것으로 생각한다면 더더욱 아니다. 비데카르트적 마음 개념은 심적 현상에 대한 개념이다. 그것은 일부 심적 현상들이 체화되거나, 착근되거나, 행화되거나, 확장된다는 주장이다. 이러한 점에서 비데카르트적 마음 개념은 데카르트적 인지과학의 심적 현상 개념을 단호히 거부한다. 즉 심적 상태 및 과정은 뇌 상태 및 과정과 **동일하거나** 또는 이들에 **의해 독점적으로 실현되기** 때문에 심적 상태 및 과정은 뇌에서 시작하고 뇌에서 끝난다는 주장을 단호하게 거부하는 것이다.

심적 상태 및 과정은 뇌 상태 및 과정과 동일하거나 또는 이들에 의해 독점적으로 실현된다는 견해는 현대에 생겨난 것이 아니다. 17세기 프랑스에서 등장한 마음에 대한 견해로부터 비롯된 것이다.

3. 데카르트의 유령

심적 토큰과 신경적 토큰이 동일하다는 관념, 신경적 유형이 심적 유형을 독점적으로 실현한다는 관념, 왜 이 두 관념의 조합이 마음에 대한 과학적 사고에서 그렇게 주도적인 위치를 차지했는지 그 이유를 이해하기란 쉽다. 이것을 부정하는 것은 우리가 언뜻 보기에 지지할 수 없는 입장, 즉 마음에 대한 **이원론**의 한 형식을 수용하도록 만드는 것처럼 보였기 때문이다. 이러한 이원론은 철학자이자 수학자, 때로는 용병[9]으로 활동했던 르네 데카르트(René Descartes)의 손을 거치면서 유명해졌다.

데카르트에 따르면 마음은 비물리적 **실체**다. 오늘날 우리는 '실체'라는 단어를 '사물을 만드는 재료'와 같은 의미로 사용하는 경향이 있다. 하지만 데카르트는 이 단어의 용법을 중세 철학자들로부터 물려받았으며, 그들에게 '실체'는 '사물' 또는 '대상'을 의미했다. 따라서 데카르트에 따르면 마음은 비물리적 대상이다. 그는 마음이 어떤 면에서는 다른 신체 기관들과 유사하다고 생각했다. 심장, 간, 신장 등은 모두 신체 안에 있는 대상들인데, 중요한 것은 이것들이 그 **기능** 또는 해야 할 일에 의해 정의되는 특정한 종류의 대상들이라는 사실이다. 심장의 기능은 온몸에 혈액을 펌프질하는 것이고, 간의 기능은 신진대사를 조절하는 것이며, 신장의 기능은 노폐물을 처리하는 것이다.

데카르트에 따르면 마음은 신체의 다른 기관들과 마찬가지로 그 기능에 의해 정의되는데, 마음의 기능은 생각하는 것이다. 그럼에도 마음과 신체의 다른 기관들 사이에는 결정적인 차이가 있다. 그것은 마음이 **비물리적** 실체라는 점이다. 이를 통해서 데카르트는 마음이 근본적으로 **비공간적**이라는 점을 말하고자 했다. 이와 달리 물리적 사물은 **연장**(extension)이라는 단 하나의 특징으로 정의될 수 있다. 물리적 사물들은 **공간을 점유**하거나 **자리를 차지**한다는 것이다. 이러한 연장이 물리적 사물들을 물리적 사물들로 만들어 주는 특징이라고 그는 생각했다. 반면 마음은 비물리적이기 때문에 비공간적이다.

그러나 데카르트가 명확하게 구분하지는 않았지만 공간 개념에는 두 가지 다른 측면이 있다. 한편으로는 자리를 차지함을 뜻하는 공

---

9 [옮긴이] 데카르트는 20대 초반에 군 장교가 되기 위해서 용병에 지원하기도 했다.

간적 연장, 다른 한편으로는 특정 장소에 존재함을 뜻하는 공간적 위치가 있다. 어떤 대상이 공간적 연장을 갖는다면 그것은 공간적 위치 또한 당연히 갖는다. 어떤 대상이 차지하는 공간이 어딘가에(이 '어딘가에'가 다소 모호할지라도) 없는데도 불구하고 그 공간을 차지한다는 것은 불가능한 일이다. 반면 어떤 대상이 공간적 위치를 갖는다고 해서 반드시 공간적 연장을 갖는 것은 아니다. 예를 들어 과학자들은 점입자, 즉 특정 장소에 존재하지만 어떤 공간도 차지하지 않는 입자의 존재를 기꺼이 인정하고, 혹은 심지어 이를 주장하기도 한다. 나중에 그러한 입자가 존재하지 않는 것으로 판명될지라도 과학자들이 그 가능성을 기꺼이 인정한다는 것은 의미심장하다. 공간적 연장과 공간적 위치라는 **관념들** 또는 **개념들**이 똑같지 않다는 것을 보여 주기 때문이다. 공간적 연장이라는 관념은 공간적 위치라는 관념을 함의하는 것 같다. 하지만 공간적 위치라는 관념은 공간적 연장이라는 관념을 함의하지 않는다.

데카르트는 공간적 연장 개념과 공간적 위치 개념을 명확하게 구분하지 않았지만, 그의 입장을 이해하는 데 이 구분이 유용할 수 있다.[10] 사실상 데카르트의 주장은, 마음이 공간적 연장은 갖지 않지만 — 이것이야말로 마음을 비물리적인 것으로 만드는 것이다 — 공간적 위치는 갖는다는 말로 요약될 수 있다. 마음은 (기능하는) 뇌 내부에 있고, (기능하는) 뇌는 신체 내부에 있다. 데카르트는 마음의 정확한 위치를 명확하게 밝힌 적이 결코 없지만, 뇌의 솔방울샘 근처 어

---

10 데카르트에 대한 이러한 해석, 더 정확히 말하면, 데카르트가 자신의 설명을 의미 있게 만들기 위해 필요로 하는 것에 대한 이러한 해석은 키스 캠벨(Keith Campbell 1970)의 해석이다.

딘가에 있다는 가설을 지지했던 듯이 보인다.[11]

데카르트의 견해는 **이원론**이다. 우리가 물리적 신체와 비물리적 마음이라는 두 가지 다른 실체로 구성되어 있다고 주장하기 때문이다. 이원론은 최근 들어 제한적으로 재조명되기도 하지만(가령 Chalmers 1996) 여전히 가장 많은 비난을 받는 철학적 견해 중 하나임에는 틀림이 없다. 여러 세대에 걸쳐서 철학자들은 (a)이원론에 대한 그의 주장이 설득력이 없음을 논증하고, (b)그의 이원론에는 너무나 심각한 경험적·개념적인 어려움이 있기 때문에 지지하기가 불가능하다고 주장하며, (c)그의 견해를 폄하하기 위해 인신공격적으로 비방 — 가장 유명한 사례가 **기계 속의 유령**이라고 그의 견해를 일축했던 길버트 라일(Gilbert Ryle 1949)이다 — 하는 데 많은 시간과 에너지를 낭비해 왔다. 오늘날에는 '데카르트적'이라는 표현조차도 종종 비난의 뜻으로 사용된다.

마음-뇌 동일성/독점적인 신경적 실현 사이의 조합이 인기를 끌게 된 것은 이를 부정하는 것이 광범위한 데카르트적 이원론을 수용

11 다른 해석은 데카르트가 마음에 공간적 위치를 부여했다는 사실을 부정하며, (i)데카르트의 견해에서 마음이 어디에 있는지와 (ii)마음과 뇌의 상호 작용이 어디에서 일어나는지를 구분하는 것에 기초를 둔다. 이 해석에 따르면 마음은 아무 데도 없을 수 있지만 마음과 몸 사이의 상호 작용은 솔방울샘이라는 특정 위치에서 일어날 수 있다. 이 제안을 해 준 월러에게 감사를 표한다. 그러나 이러한 해석은 데카르트의 복원을 위한 보다 일반적이고 다소 유행하는 과정의 일부이기는 하지만, 그 과정에는 심각한 개념적 장애물이 있다고 생각된다. 가장 분명한 것은 아무 데도 존재하지 않는 것이 어떻게 어딘가에서 무언가(가령, 뇌에 작용)를 할 수 있는가 하는 점이다. 따라서 나는 이 절의 본문에서 개진한 데카르트에 대한 보다 전통적인 해석을 고수하겠다. 데카르트에 대한 이러한 해석이 마음에 들지 않는다면, 그저 이것이 데카르트가 일반적으로 해석되어 온 방식이라고 생각하고, '데카르트적'이라는 라벨은 데카르트가 실제로 가지고 있던 견해가 아니라 일반적으로 데카르트에게 속하는 것으로 여겨지는 견해를 골라낸 것으로 생각하면 된다.

하는 것이라는 믿음에서 비롯된 것이다. 이제 우리는 이 믿음이 옳지 않다는 것을 이해하기 시작했다. 사실, 최근까지 마음-뇌 동일성 이론/독점적인 신경적 실현 사이의 조합에 끼친 데카르트의 지대한 영향은 간과되어 왔다. 이 조합은 사실상 데카르트적 마음 개념에 따라 만들어진 것이다.

데카르트적 마음 개념에는 두 가지 구별되는 측면이 있다. 하나는 마음이 비물리적이라는 주장이고 다른 하나는 마음이 머릿속에 존재하는 어떤 것이라는 주장이다. 라일이 데카르트의 견해를 기계 속의 유령 신화로 일축했을 때, 여기에는 실제로 구별 가능한 두 가지 측면이 있다. 첫째, 라일은 마음이 **유령**, 즉 비물리적이라는 생각을 거부했다. 둘째, 우리의 목적상 더 중요한 이유로 그는 마음이 신체적 기계 **내부**에 있다는 생각을 거부했다. 이 글의 목적상 더 중요한 것은 이것이다. 첫 번째 관념만 거부한다면 데카르트적 마음 개념을 완전히 거부하는 것이 아니라 단지 그 일부만 거부하는 것이다. 사실상 이것이 바로 마음-뇌 동일성/독점적인 신경적 실현 조합이 한 일이다. 이 조합은 마음이 유령 같다거나 비물리적이라는 데카르트의 생각은 거부했지만, 데카르트적 개념의 두 번째 정의, 즉 마음이 머릿속에 존재하는 어떤 것이라는 생각은 그대로 남겨 두었다. 다시 말해, 마음-뇌 동일성/독점적인 신경적 실현 모델은 부분적이기는 하나 결정적으로 데카르트적 마음관에 따라 형성된 견해다.

비데카르트적 인지과학은 데카르트적 마음관을 완벽하게 거부한다. 물론 이 과학은 유물론적 입장을 취하기 때문에 마음을 비물리적 실체로 회귀시키지 않으며 데카르트적 유령을 완전히 퇴치한다. 그런데 비데카르트적 인지과학은 데카르트의 두 번째 관념, 즉 마음-

뇌 동일성/독점적인 신경적 실현 모델에 의해 계승된 관념도 거부하거나 적어도 거부하는 것으로 간주된다. 즉 비데카르트적 인지과학은 심적 상태 및 과정들이 순전히 뇌 내부에서 일어난다는 주장을 거부한다. 일부 심적 상태 및 과정들은 뇌 내부에서 일어나지만 모두가 그렇지는 않다는 것이다. 그것은 우리의 뇌 안에서만이 아니라 **부분적으로는** 우리 몸에서도, 또 **부분적으로는** 심지어 몸 밖의 세계에서도 일어난다. 여기에서 '부분적으로'라는 제한 사항은 (i)의미가 명백하고 (ii)무시할 수 없이 중요함에도 불구하고, 사람들은 (iii)이 점을 놀라울 정도로 자주 무시한다. 이러한 이유로 나는 (iii)에 대해서는 독자가 지루하게 느껴질 정도로 과장해서 강조를 하겠다. 머리 바깥 세계를 맴돌며 자유롭게 떠다니는 심적 과정이 존재할 수 있다고 주장하는 사람은 아무도 없을 것이다. 그것은 정신이 멀쩡한 사람이라면 결코 받아들이지 않을 터무니없는 생각일 것이다. 신체 내부에서 하지만 뇌 바깥에서 일어나는 과정으로만 전적으로 구성된 심적 과정이 있을 수 있다는 생각도 마찬가지다. 그 누구도 이러한 주장을 하고 싶어 하지 않을 것이다. 나의 주장은 다음과 같다. 전부는 아니지만 일부 심적 과정들은 그 일부가 주체의 뇌 바깥에서 발생하는 요인들로 구성된다는 것이다. 다시 말하지만 과정의 **전부가 아니라 일부**가 그렇다는 말이다.

다음 질문은 분명 이러할 것이다. 왜 이렇게 생각할까?

4. 가장 친한 친구와 짖는 개

비데카르트적 인지과학의 출발점은 우리가 문제를 해결하고 일을 처리하기 위해 주변 사물들을 어느 정도 활용하는가에 대한 질문이다. 주변 사물들을 활용하는 경향은 최근 몇 년 동안 점점 더 분명해져 왔다. 예를 들어 내가 최근 알게 된 자동차의 GPS(위성 위치 확인 체계)를 생각해 보자. 2007년까지(나보다 기술 공포증이 덜한 사람이라면 2005년까지)는 목적지까지 가는 방법을 실제로 기억했다. 2009년에는 GPS가 어디든 내가 원하는 목적지까지 가는 방법을 알려 줬다. "안전하고 합법적인 유턴을 하십시오"라고 안심시켜 주는, 술 취한 듯 과장된 목소리가 말한다. 좋아, 그렇게 할게.[12]

내 GPS가 제공하는 지식은 본질적으로 내 **상황을 기반으로 한다**. 즉 GPS는 내 물리적 위치를 이용하여 그 지시 사항을 따르는 데 필요한 정보 중 적어도 일부를 부호화하기 때문에 실용적이고 쉽게 이해할 수 있는 지시 사항을 제공한다. 내 GPS가 제공하는 정보는 이런 의미에서 **맥락 지시적**이다. 즉 이것은 부분적으로 '여기', '저기', '이것', '저것'과 같은 단어들 그리고 관련된 어구들의 의미로 구성된 의미를 지닌다. 이 때문에 지시 사항은 말하자면 그것이 **말하는** 것보다 더 많은 것을 **보여** 준다. 만약 지시 사항이 "안전하고 합법적인 유턴을 하라"는 것이라면, 그것이 바로 그 지시 사항이 **말하는** 것이다. 하지만 이것은 다음 교차로, 즉 당신 바로 앞에 있는 '저기'에서 유턴해야 한다는 것을 보여 준다.[13] 지시 사항의 정보 내용의 일부, 즉 넓게 해석하면 그것

---

12 브룩스의 「아웃소싱된 뇌」를 참조하라.

의 의미의 일부가 그 지시 사항이 제공되는 시점의 나의 물리적 위치 안에 부호화되기 때문에 지시 사항은 그것이 말하는 것보다 많은 것을 보여 준다.

내 GPS와 그 전신인 맵퀘스트(MapQuest)의 차이점을 생각해 보자. 우리의 목적상, GPS와 맵퀘스트의 유사점과 차이점 모두가 중요하다. 먼저 유사점을 고려해 보자. GPS와 맵퀘스트는 모두 **나의 몸** 바깥에 있는 외부 형식의 정보 저장소다. 목적지까지 가는 방법에 대한 정보가 GPS와 맵퀘스트 모두에 담겨 있으므로 나는 목적지까지 가는 방법을 기억할 필요가 없다. 따라서 이러한 외부 형식의 정보 저장은 나의 생물학적 기억에 부담을 덜어 준다. 내가 힘들어하는 기억 과제들은 환경에 떠맡겨진다.

GPS와 맵퀘스트의 차이점은 이러한 외부 정보가 저장되는 방식에 있다. 맵퀘스트는 **알고리즘**, 즉 충실히 따르면 적어도 이론상으로는 목적지에 도착할 수 있는 일련의 지시 사항을 제공하는 방식으로 작동한다. 거주지에서 출발하여 156번 도로에서 서쪽으로 회전한다. 그런 다음 77번가에서 북쪽으로 향한다. 두 번째 신호등 앞 144번가에서 동쪽으로 방향을 바꾸는 식이다. 맵퀘스트가 당신으로 하여금 좌회전하도록 하려면 그것은 당신이 좌회전할 위치를 정확하게 명시하는 정보를 당신에게 줘야만 한다(가령 77번가와 144번가의 교차로). GPS는 이럴 필요가 없다. GPS의 경우에는 발언 시간과 장소가 발언의 의미와 불가분하게 연결되어 있다. GPS 지시 사항에 담긴 정보는 내 상황

---

13 또는 내 GPS의 경우에는 종종 내 뒤에 있는 교차로에서 유턴해야 한다는 것을 보여 준다. 내 GPS는 반응이 그리 빠르지 않기 때문이다. 아니면 내가 문제일지도 모르겠다.

을 기반으로 하는 반면 맵퀘스트 알고리즘에 담긴 정보는 (보통) 그렇지 않다. GPS 정보는 외부 정보이면서 동시에 상황에 기반한 정보이기도 하다. 맵퀘스트 정보는 외부 정보이지만 상황에 기반한 (또는 적어도 상황에 기반한 것으로서의) 정보는 아니다.

맵퀘스트 길 찾기의 문제점은 우리 모두 잘 알고 있다. 기억하기에는 지시 사항이 너무 많아서 인쇄된 형식으로 가지고 다녀야 할 가능성이 높다. 그리고 나서 다음에 해야 할 일을 찾느라 종이를 참조하다가 바로 앞에 정차한 캠리의 뒷부분을 들이받기도 한다. 반면에 GPS는 필요할 때마다 쉽게 이해할 수 있는 정보 조각들을 제공하는데, 이럴 수 있는 것은 바로 GPS가 제공하는 정보가 상황에 기반하고 있기 때문이다. 그럼에도 불구하고, 비록 GPS와 맵퀘스트는 서로 다른 방식으로 정보를 제공하지만 본질적으로 동일한 기능을 수행한다. 우리는 A로부터 B로 이동하는 과제를 수행해야 한다. 맵퀘스트나 GPS, 또는 다른 형식의 외부 정보 저장 체계를 이용할 수 없다면 우리는 A에서 B로 이동하는 방법을 '전적으로 홀로' 기억해야 할 것이다. 즉 이 과제는 우리의 있는 그대로의 생물학적, 즉 신경적 기억에 맡겨져야 할 것이다. 그러나 외부 정보원을 활용할 수 있는 정도에 따라 머릿속에서 수행해야 하는 과제의 복잡성과 난이도가 그에 상응하여 감소한다. 머릿속에서 수행해야 했던 작업은 부분적으로 환경에 **떠맡겨진다**. 바꿔 말하면, 과제가 환경으로 **분산된다**고 할 수 있다.

이러한 종류의 떠맡김의 가능성은 새로운 마음 과학의 출발점이 된다. 그러나 맵퀘스트나 GPS 체계를 낳은 종류의 최근의 기술 발전은 인간이 문명으로 접어들면서 시작된 과정의 가장 최근의 발현일 뿐이다. 인간의 문화적 발전은 부분적으로 외부 정보 보유 구조, 즉 중요한 과제들을 완수하는 우리의 능력을 향상시키는 데 이용될 수 있는 구조를 창출하는 과정이다. 이러한 구조들 중 가장 중요한 것 중 하나는 문자 언어의 발달이다. 소련의 심리학자 알렉산더 루리아와 레프 비고츠키(Alexander Luria and Lev Vygotsky 1930/1992)는 고전적인 초기 연구에서 이러한 발달이 인간의 생물학적 기억에 대해 갖는 의미를 규명했다.

초기 형식의 문자 언어, 즉 단순한 시각 그래픽 표상 체계를 생각해 보자. 두 사람이 있다고 상상해 보자(루리아와 비고츠키의 예다). 한 사람은 부족장의 메시지를 한 단어 한 단어 기억하는 임무를 맡은 아프리카 사신이다. 다른 한 명은 페루의 **크비누**(kvinu) 장교, 일명 '매듭 장교'로 같은 목적을 위해 끈으로 묶은 관습적인 매듭 체계를 이용했다. 루리아와 비고츠키가 지적하듯이, 아프리카 사신은 새로운 메시지를 전달할 때마다 매번 자신의 (생물학적) 기억을 새롭게 활용해야 한다. 반면 **크비누** 장교는 단 한 번, 매듭에 담긴 정보에 접근할 수 있는 '부호'를 학습할 때만 기억 자원을 활용하면 된다. 일단 이렇게 하면, 잠재적으로 무제한 수의 매듭들이 그에게 제시될 수 있기 때문에 잠재적으로 무제한 양의 정보를 이용할 수 있다. 반면 아프리카 사신이 직면한 과제는 상대적으로 더 어렵다. 크비누 장교의 경우에는 이러한 어려움 중 일부를 환경에 떠맡긴다. 크비누 장교는 적절한 환경적 구조를 활용함으로써 머릿속에서 수행해야 하는 과제의 복잡성과 어려움을 크게 줄인다.(Rowlands 1999, pp. 134~137 참조)

어떤 일을 해야 한다고 가정해 보자. 그게 어떤 일인지는 상관없다. 이 일을 성공적으로 수행하려면 일정량의 수고를 들여야 할 필요가 있다고 가정해 보자. 이 경우, 다른 사람(또는 사물)이 이 일의 일부를 나 대신 해 줄 수 있다면, 내가 해야 할 일은 그만큼 줄어들 것이라는 것은 자명하다. 단, 다른 사람이나 사물이 나 대신 일하도록 만들기 위해 투입한 수고가 그 사람이나 사물이 대신해 준 일보다 적은 한에서만 그렇다는 점에 유의해야 한다. 이 생각을 아주 잘 포착하는 오래된 격언이 있다. 스스로 짖을 거면 왜 개를 키우느냐는 말이다. 짖어야 할 일이 있고 그중 일부를 대신해 줄 개가 있다면, 스스로 짖을 일은 그에 상응하여 줄어든다.(Rowlands 1999, pp. 79~80) 비데카르트적 인지과학의 개념적 중심에는 이 **짖는 개 원리**가 있다.[14]

데카르트적이든 비데카르트적이든 모든 인지과학은 최소한 (1)세계를 (시각적으로, 청각적으로 등) **지각하고**, (2)지각된 정보를 기억하고, (3)지각되거나 기억된 정보를 바탕으로 추론하고, (4)언어의 형식으로 이러한 정보를 표현하거나 다른 사람이 표현한 정보를 듣는 것과 같은 종류의 과제에 관여한다. 지각하기, 기억하기, 추론하기 그리고 언어의 산출과 이해에 관여된 과정들이 인지과학의 타당한 과제를 모두 아우르는 것은 아닐 수도 있다. 하지만 이것들이 이 과학의 핵심에 놓여 있는 것은 분명하다.

비데카르트적 인지과학의 핵심 생각은 인지적 과제는 머릿속에서만 또는 뇌로만 수행되어야 하는 종류의 일이 아니라는 것이다. 만약 우리가 오직 뇌만을 사용하여 인지적 과제를 수행해야 한다면 복잡하고 어려운 신경적 묘책이 필요할 수 있다. 하지만 주변 환경의 관련 구조들을 이용할 수 있다면 과제의 복잡함과 어려움을 줄일 수 있

---

14 앤디 클라크의 '007 원칙'(1989) ─ 필요한 만큼만 알아라 ─ 은 짖는 개 원칙보다 앞선 개념으로, 본질적으로 같은 것을 뜻한다.

다. 과제의 일부를 주변 환경에 떠맡길 수 있기 때문이다. 대략적으로 말하자면, 환경이 일부 작업을 우리 대신 처리하게 함으로써 우리가 해야 할 일이 줄어든다. 환경의 구조를 인지적 과제와 관련된 것으로 만들어 주는 것은 무엇일까? 다시 대략적으로 말하자면 다음과 같다. 우리가 수행해야 하는 과제와 관련된 정보를 환경의 구조가 보유하고 있고, 우리가 올바른 방식으로 이 구조를 이용하거나 이 구조에 작용함으로써 인지적 과제 수행 시 이 정보를 활용하고(즉 이용 가능하게 만들고) 채택할 수 있을 때, 환경의 구조는 인지적 과제에 관련된다.

다소 추상적으로 들린다면 여행 전에 출력한 맵퀘스트 지시 사항을 생각하면 된다. 이 인쇄물에는 우리가 수행해야 하는 작업(A에서 B로 이동)과 관련된 정보가 담겨 있다. 나는 이 페이지를 집어 들고, 올바른 방식으로 넘기고, 눈앞에 펼쳐 드는 등 올바른 방식으로 페이지를 조작함으로써 이 정보를 활용 가능하게 만들어 이용할 수 있다. 이러한 종류의 조작이 없다면 필요한 정보는 페이지에 있긴 하지만 이용할 수는 없다. 나는 외부 구조(페이지)에 작용하여 거기에 담긴 정보를 나에게 이용 가능하게 만들 수 있다. 이를 통해 A에서 B로 이동하는 과제를 완수하기 위해 수행해야만 하는 신경적 작업의 수와 복잡성이 줄어든다(우리는 언어 공동체 안에서 문화화되어 있기 때문에 일반적으로 새로운 정보를 기억하는 것보다 읽는 것이 더 쉽다고 느낀다). 외부 구조에 작용하여 그 구조에 담긴 정보를 단순히 **존재하**는 것에서 **이용 가능한** 것으로 변환하는 것이 비데카르트적 인지과학의 핵심이다. 비데카르트적 인지 개념에 따르면 이러한 종류의 행위는 인지의 일부다. 즉 외부 구조에 단순히 존재하는 정보를 이용 가능한 정보로 변환하는 행위는 전체 인지 과정의 진정으로 인지적인 부분이다.

거의 같은 요지의 다른 예를 생각해 보자. 조각을 집어 들고 조작할 수 없다면 직소 퍼즐을 하는 것이 얼마나 어려울지 상상해 보자.(Kirsh and Maglio 1994) 만약 그렇게 할 수 없다면, 우리는 각 개별 조각에 대해 상세한 심적 이미지를 형성하고, 심적 회전 과정을 통해 어떤 조각이 어떤 다른 조각과 맞는지 알아내야 할 것이다. 이런 상황에서는 퍼즐이 지금보다 훨씬 재미없을 것이다. 물론 우리는 직소를 이런 방식으로 하지 않는다. 이렇게 하지 않는 것은 퍼즐 조각 자체에 다른 어떤 조각이 그 조각과 맞물리고 다른 어떤 조각이 그렇지 않을지에 대한 정보가 들어 있기 때문이다. 개별 조각들을 집어 들어 다른 조각들 가까이 가져가서 서로 맞을 가능성을 따져 보는 '시도'를 통해 이러한 정보를 이용 가능하게 만들 수 있다. 따라서 우리는 이 정보를 심적 이미지와 심적 회전 과정의 형식으로 얻을 필요가 없다. 우리는 유용한 정보를 담고 있는 구조를 조작하고 활용함으로써 이 정보를 이용 가능하게 만드는 것 같은 작용을 세계에 함으로써 세계가 우리를 위해 일부 작업을 수행하게 만든다. 직소의 각 조각은 그것과 맞는 조각들을 고유하게 지정하는 정보를 담고 있다. 조각들을 조작함으로써 우리는 이것을 단순히 존재하는 정보에서 이용 가능한 정보로 변환한다. 비데카르트적 인지과학에 따르면 이러한 변환 행위는 인지의 일부다.

5. 비데카르트적 인지과학: 틀

우리는 장래 기대되는 새로운 과학의 기초가 되는 심적 현상에 대한 비데카르트적 개념의 일반적인 윤곽을 보기 시작했다.

1. 외부 구조는 주어진 인지적 과제(또는 인지적 구성 요소를 지닌 과제)의 수행과 관련된 정보를 담고 있다. 이러한 정보는 이러한 구조에 **존재한다**.
2. 이러한 구조를 적절한 방식으로 이용함으로써, 나는 구조에 담긴 정보를 단순히 존재하는 정보에서 내 감각 기관에 의해 감지될 수 있고 후속 인지 작업에서 활용될 수 있는 **이용 가능한** 정보로 변환할 수 있다.
3. 따라서 이렇게 이용 가능해진 정보는 내가 **구축하거나 저장해**야 하는 정보가 아니라 **감지**하기만 하면 되는 정보다.
4. 정보 감지는 구축이나 저장보다 비용이 **적게 든다**.

그리고 마지막으로, **머니볼**[15]이다.

5. 외부 구조에 담긴 정보를 단순히 존재하는 정보에서 이용 가능한 정보로 변환하는(따라서 구축이나 저장이 필요하지 않고 감지하기 쉬운) 외부 구조에 대한 행위가 인지다.

---

15 [옮긴이] 기존의 관례 대신 통계와 데이터 분석을 토대로 하는 오클랜드 어슬레틱스 야구단의 경영 방법론을 말한다.

이러한 원리가 실제로 작동하는 것을 보기 위해 맵퀘스트를 다시 한 번 살펴보자. 문제의 외부 구조는 길 안내 인쇄물이다. 이 인쇄물에는 주어진 과제, 즉 A에서 B로 이동하는 것의 수행과 관련된 정보가 포함되어 있다. 이 정보는 인쇄물에 **존재**한다. 더욱이 이것은 부분적으로는 이동에 관한 과제이지만 부분적으로는 인지적인(즉 명확한 인지적 구성 요소를 지닌) 과제다. 따라서 조건 1이 충족된다. 예를 들어 이 구조를 적절한 방식으로 이용함으로써, 가령 집어 들고, 올바른 방식으로 넘기고, 눈앞에 펼쳐 듦으로써, 나는 이 페이지에 담긴 정보를 단순히 존재하는 정보에서 **이용 가능한** 정보로 변환한다. 즉 내가 감지할 수 있고 나의 후속 인지 작업에서 활용될 수 있는 정보로 변환한다. 이것은 조건 2에 해당한다. 이용 가능해진 정보는 가령 지각을 통해 감지하기만 하면 되는 정보다. 이 정보를 기억의 형식으로 저장할 필요는 없다. 추론 과정을 통해 이 정보를 구축할 필요도 없다. 이것은 조건 3에 해당한다. 우리는 정보를 저장하거나 구축하는 것보다 정보를 지각하는 것이 더 쉽다. 항상 그런 것은 아니며 반드시 그런 것도 아니지만 일반적으로 지각은 추론이나 저장보다 신경 기관에 대한 요구가 적다. 이것은 조건 4에 해당한다. 이것이 사실이라고 생각하는 이유에 대해서는 나중에 살펴보겠다. 논란의 여지가 있는 것은 조건 5다. 다음 절에서 이 원칙이 무엇인지 그리고 이 원칙이 왜 논란의 여지가 있는지 살펴볼 것이다.

이 일반적인 틀의 첫 번째 조건은 외부 정보 보유 구조에 호소한다. 이 맥락에서 '외부'란 뇌(또는 중추 신경계)의 외부를 뜻한다. 즉 외부 정보 보유 구조는 신경적 상태나 과정이 아니다. GPS 장치, 인쇄된 페이지, 매듭 등 지금까지 살펴본 구조들도 신체 전체의 외부에 있는 구조들이다. 그러나 데카르트적 인지과학과 마찬가지로 비데카르트적 인지과학도 광범위한 교리이며, 나중에 살펴보겠지만 어쩌면 지나칠 정도다. 어떤 경우 외부 구조는 신체적인 것일 수 있다. 즉 유기체의 신체 내부에 있지만 뇌나 중추 신경계의 일부가 아닌 구조 말이다. 이는 두 번째 조건에서 언급된 '이용'의 개념도 매우 넓은 의미로 이해해야 함을 뜻한다. 우리가 인지적 과제를 수행하기 위해 신체적 구조를 이용하는 방식은 보통 우리 신체 외부의 구조를 이용하는 방식과 매우 다르다. 이 점은 이후의 장에서 다시 다루겠다.

지금은 좀 더 근본적인 질문, 즉 조건 5와 관련된 질문을 살펴볼 필요가 있다.

6. 커다란 문제(E가 몇 개면 충분할까?)

위에서 언급한 방식으로 외부 형식의 정보 저장소를 활용하는 것의 매력을 이해하기란 쉽다. 그 매력이란 단적으로 말해 **생각하기란 어렵다**는 것이다. 내가 알기로 무책임한 뇌 사용의 위험과 함정은 20세기 초 철학자 알프레드 노스 화이트헤드(Alfred North Whitehead)가 처음 지적했다.

우리가 하고 있는 일에 대해 생각하는 습관을 길러야 한다는 것은 많은 책과 저명한 사람들의 연설에서 반복적으로 언급되는 대단히 잘못된 속설이다. 사실은 그 정반대다. 문명은 생각하지 않고 수행할 수 있는 작업의 수를 늘림으로써 발전한다. 사고의 작동은 전투 시기병대의 돌격과 같아서 그 수가 엄격하게 제한되어 있고, 새로운 말이 필요하며, 결정적인 순간에만 이루어져야 한다.(Whitehead 1911, p. 55)

상기할 필요라도 있는 것처럼, 이러한 생각은 최근 몇 년 동안 광범위하게 경험적으로 확인되어 왔다.(가령 Baumeister et al. 1998) 인지하는 것은 어려운 일이다. 우리가 오직 있는 그대로의 뇌만 사용할 때 특히 그렇다. 따라서 이것은 오직 결정적인 순간에만 해야 한다. 나머지 시간에는 인지적으로 위임하는 것이 좋다. 앤디 클라크(1997)가 말했듯이, 우리는 우리 자신이 똑똑해질 필요가 없도록 우리 주변 세계를 똑똑하게 만든다. 물론 이러한 위임의 저변에는 짖는 개 원칙이 있다. 당신이 위임에 쏟는 수고가 당신의 위임자가 당신을 위해 하는 수고보다 적다면 위임은 효과가 있다.

하지만 이 생각은 한 가지 중요한 선결문제 요구의 오류를 범한다. 비데카르트적 인지과학이 호소하는 신경 외적 과정들을 인지 과정들이라고 생각할 만한 이유가 무엇인가 하는 문제다.[16] 예를 들어 맵퀘스트 인쇄물을 집어 들고, 올바른 방식으로 넘기고, 눈앞에 펼쳐 드는 등의 방식으로 조작한다고 생각해 보자. 이것은 인쇄물에 단순히 존재하는 정보를 이용 가능한 정보로 변환하는 행위다. 하지만 이것을 인지적 처리의 일부로 간주할 이유가 있는가? 직관적으로 이것

---

16 루퍼트(2004)와 프레드 아담스, 켄 아이자와(2001, 2010)는 조금 다른 방식으로 이 반론을 지지했다. 나는 이들이 비데카르트주의적 대안에 대한 그들의 진술을 더욱 날카롭게 만들도록 촉구함으로써 반데카르트주의자들에게 큰 공헌을 했다고 생각한다. 그들의 반론에 대해서는 나중에 더 자세히 논의할 것이다.

은 억지같이 보인다. 일어나고 있는 일은 다음과 같은 방식으로 구분하는 것이 더 자연스러워 보인다. 우선, 페이지에 담긴 단어들을 지각하고, 인식하고, 이해하는 과정들이 있다. 이것들은 진정한 인지 과정이며 뇌에서 발생한다. 즉 뇌의 시각 및 언어 모듈 어딘가에서 일어난다. 물론 이 과정들은 내가 수행하는 행위에 의해 **촉진된다**. 페이지를 올바른 방식으로 넘기면 훨씬 더 쉽게 읽을 수 있다. 누구나 알고 있는 사실이다. 하지만 그렇다고 해서 이러한 조작이 내 인지 과정의 일부를 형성한다는 것은 아니다. 상황에 대한 올바른 사고방식은 내 뇌의 시각 및 언어 모듈에서 발생하는 진정한 인지 과정들이 내가 세계에 대해 수행하는 행위에 의해 보완되고 지원된다는 것이다. 내가 세계에 대해 수행하는 행위에 의해 지원된다는 것은 그러한 행위에 의해 부분적으로 구성되는 것과는 다르다.(Rupert 2004; Adams and Aizawa 2001, 2010)

직소 퍼즐에 대해서도 똑같이 말할 수 있다. 여기에 관여된 진정한 인지 과정들은 시지각과 심적 이미지 형성 및 회전 과정들이다. 물론 조각을 집어 들어 조작할 수 없다면 훨씬 더 복잡한 이미지 형성 및 회전 과정을 거쳐야만 할 것이다. 이런 필요가 상당히 줄어드는 것은 조각을 집어 들어 조작할 수 있기 때문이다. 즉 조각들을 가까이 가져와서 서로 맞는지 확인할 수 있기 때문이다. 그럼에도 불구하고 이미지 형성과 회전의 필요성이 완전히 없어지는 것은 아니다. 나는 항상 맞을 가능성이 있는 후보인지에 대한 선행 감각을 기반으로 어떤 조각을 집어 들지 선택한다. 그리고 적어도 부분적인 이미지 형성과 회전의 사전 과정을 통해 이러한 감각을 얻는다. 따라서 직소 퍼즐을 완성하는 과정을 두 종류로 나누는 것이 자연스럽다. 첫째, **진정한**

인지 과정, 즉 조각에 대한 지각과 뒤따르는 이미지 형성 및 회전이 있다. 이러한 과정은 오로지 뇌에서만 일어난다. 둘째, 개별 조각에 대해 수행할 수 있는 신체적 행위가 있다. 조각을 집어 들고 '시도해 보는' 것이다. 이러한 행위는 진정한 인지 과정은 아니지만 인지 과정을 보완하는 데 유용하다. 즉 우리가 수행해야 하는 진정한 인지 과정의 범위를 줄이거나 그 본성을 바꾸어 준다.

이러한 문제 제기는 명백한 것이다. 세계에 대해 내가 수행하는 외부 작업이 나의 인지적 처리를 **보완**하거나 **보충**한다는 주장으로부터 이러한 작업이 그 처리의 **일부**를 형성한다는 주장을 추론하는 것은 건전하지 않기 때문이다. 환경에서 일어나는 일들이 인지 과정을 **초래**하는지(즉 인지 과정에 인과적으로 기여하는지)의 문제와 환경에서 일어나는 일들이 부분적으로 인지 과정을 **구성**하는지의 문제를 혼동해서는 안 된다. 물론 전자에 대한 답은 '그렇다'이다. 환경에서 일어나는 일들은 인지 과정들을 인과적으로 초래한다. 르네 데카르트조차 여기에는 동의할 수 있었을 것이다. 그가 해결했어야 하는 문제, 즉 심적-물리적 상호 작용이 어떻게 일어나는지에 대해 그가 해명할 수 있었다는 가정하에 말이다. 환경에서 일어나는 일들이 인지 과정을 인과적으로 초래한다는 생각은 누구나 받아들이는 지극히 평범한 주장이다. 데카르트적 인지과학은 이 생각을 그저 받아들일 뿐만 아니라 주장한다.

이 문제는 비데카르트적 대안을 개발할 때 반드시 답해야 하는 분명한 문제일 뿐만 아니라, 비데카르트적 인지과학을 4e와 성급하고 경솔하게 동일시해서는 안 되는 이유를 분명히 제시해 주는 문제이기도 하다. 사실상 이 질문은 4e를 더 간단하고, 더 단순하게 축소하는 과정의 시작이라고 할 수 있다. 이를 확인하기 위해 위에서 전개된 반론을 바꿔 말하는 방식을 생각해 보자. 맵퀘스트와 직소 퍼즐의 경우, 내가 수행하는 외부 작업은 진정한 인지 과정들이 작동할 수 있는 유용한 **발판** 또는 **틀**을 제공한다고 말할 수 있다. 즉 내가 세계에 대해 수행하는 행위는 내 인지가 유용하게 착근될 수 있는 발판 또는 틀을 제공한다. 이것이 바로 착근된 마음 이론이다. 내 인지가 착근된 이 발판은 A에서 B로 가는 방법을 알아내거나 직소 퍼즐을 완성할 때 내가 수행해야 하는 (진정한) 인지 과정들의 양을 크게 줄여 준다. 하지만 그렇다고 해서 이 틀이 말 그대로 내가 운전을 하거나 직소를 완성할 때 관여하는 인지 과정들의 일부라는 의미는 아니다.

인지 과정에 대한 전통적인, 즉 데카르트적 사고방식은 참된 인지 과정과 이러한 과정이 이루어지는 틀 또는 발판을 확고하게 구별한다. 이러한 발판은 참된 인지 과정에 인과적으로 영향을 미치고 인지 과정을 촉진할 수 있다. 그러나 데카르트적 인지과학에 따르면, 우리는 진정한 인지와 외적인 인과적 동반 요소들을 혼동하지 않도록 주의해야 한다.(Adams and Aizawa 2001) 이 점은 사실 착근이라는 표현에 의해 전개되어 왔다는 점에 유의해야 한다. 따라서 착근된 마음 이론을 지지하는 것은 비데카르트적 인지과학을 공격하는 방법이 될 수 있다. 적어도 내가 이 관념을 전개시킨 방식에서는 그렇다.

인지와 발판 간의 구별을 부정하는 것은 이 문제에 대한 올바른 해결이 아니다. 그러한 행보는 유혹적일 수 있지만, 버트런드 러셀 (Bertrand Russell)이 말했듯이 정직한 노력보다 도둑질이 갖는 모든 이점 때문에 그럴 뿐이라고 생각된다. 우리는 인과와 구성을 다시 한 번 구별할 필요가 있으며, 인지 과정에 인과적으로 기여하는 것이 무엇이든 그것을 인지 과정의 일부라고 가정하는 함정에 빠져서는 안 된다.(Wheeler 2008 참조) 인지와 발판 사이의 구별이 잘못된 지점에서 이루어졌다고 말하는 것은 (또는 일반적으로 올바른 지점에서 이루어지지 않았다고 말하는 것은) 인지와 발판 사이에 차이가 있다는 것을 부정하는 것이 아니다. 이러한 구별이 없으면 비데카르트적 인지과학은 규정에 의해서만 참이 된다.

비데카르트적 인지과학이 데카르트적 인지과학에 대한 진정한 (즉 흥미롭고 정보가 풍부한) 대안이 되려면, 인지 과정이 그저 환경에 착근된다는 주장보다 더 강력한 주장에 근거해야 한다. 내가 하고자 하는 주장, 여기에서 필요한 주장은 환경, 즉 뇌 외부에서 일어나는 과정이 부분적으로 인지 과정을 말 그대로 **구성**할 수 있다는 주장이다. 즉 뇌 외부에 존재하거나 뇌 외부에서 발생하는 것들이 인지 과정의 부분적인 구성 성분이 될 수 있다는 것이다. 따라서 비데카르트적 인지과학을 데카르트적 대안으로부터 구획 짓기 위해 이용해야 하는 질문은 다음과 같다. 뇌 외부에 존재하는 상태, 과정, 구조가 인지 과정의 일부, 즉 진정으로 인지적인 부분을 형성할 수 있는가? 데카르트적 인지과학은 "아니요"라고 답한다. 인지 과정은 뇌 과정에 의해 독점적으로 실현된다는 것이다. 인지 과정이 뇌 외부에서 일어나는 과정에 의존하는 정도에 따라 이러한 과정은 그것이 자리하고 있는 발판 또는 틀의 일부를 형성하지만 인지의 일부를 말 그대로 형성하지는 않는다.

반면 내가 전개시켜 나갈 비데카르트적 인지과학은 위 물음에 "**그렇다**"고 답한다. 모든 인지 과정이 그런 것은 결코 아니지만, 일부 인지 과정의 경우 뇌 외부에서 일어나는 과정이 말 그대로 인지 과정의 구성 성분이 될 수 있다. 물론 '뇌 외부'가 반드시 '신체 외부'를 의미하는 것은 아니다. 여기에서 새로운 과학이 나누어진다. 새로운 과학의 **체화된** 분파는 인지 과정이 뇌 외부이긴 하지만 인지 유기체의 신체 내부에서 발생하는 과정과 구조에 의해 부분적으로 구성될 수 있는 방식을 강조한다. 그러나 **확장된** 분파는 인지 과정이 인지 유기체의 신체 외부의 더 넓은 환경 안에서 발생하는 과정과 구조로 부분적으로 구성될 수 있다고 주장한다.

이 문제는 심적 현상이 사고하는 주체의 머릿속에 있다고 보는 데카르트적 관점에서도 물론 중요하다. 데카르트적 관점은 마음에 대한 우리의 상식적인 개념과 상식의 토대 위에서 마음을 연구하려는 과학적 시도들 모두를 지지해 왔다. 데카르트적 관점의 성패는 "뇌 바깥에서 일어나는 과정이 인지 과정의 진정으로 인지적인 부분을 형성할 수 있는가"라는 질문에 달려 있다. 만약 그럴 수 있다면 그리고 인지 과정이 심적 과정이라면, 심적인 것에 대한 데카르트적 관점은 폐기되어야 한다. 이 책의 목적은 데카르트적 관점이 사실상 폐기되어야 한다는 것을 보여 주는 것이다.

2. 비데카르트적 인지과학

1. 데카르트적 인지과학의 작용: 마의 시각 이론

이 장의 주요 목표는 비데카르트적 인지과학이 독특한 성향의 철학이나 철학자들의 특이한 주장이 아니라는 것을 보여 주는 것이다. 오히려 적어도 그 가장 최근의 모습에서 비데카르트적 인지과학은 다양한 관련 분과 학문들에서 이루어진 경험적 작업으로부터 동기를 부여받았다. 이 장은 초심자를 대상으로 한다. 즉 이 장은 이러한 경험적 작업에 대한 필요 불가결하게 간략한 그리고 이 때문에 불만족스러운 조사로 이루어져 있다. 이러한 작업에 이미 익숙한 독자라면 3장으로 건너뛰어도 무방하다.

이전 장에서 나는 '비데카르트적 마음 과학', 즉 심적 현상에 대한 비데카르트적 관점에 기반한 과학이라는 표현을 사용했다. 현재 이 표현은 기술적이라기보다는 주로 바람을 나타낸다. 즉 이것은 아직 존재하지 않는 무언가를 가리킨다. 그러나 이 표현이 완전히 공허한 것은 아니다. 이 표현은 이것이 심적 현상에 대한 이론들이나 접근 방식들의 집합을 골라내거나 지칭하는 한 의미를 지닌다. 이 이론들과 접근들은 종종 매우 다르지만 인식 가능하고 반복되는 주제, 즉 심적 작용이 인지 유기체의 뇌 안에서 일어나는 과정들에만 국한되지 않는다는 주장을 중심으로 모여 있다. 심적 작용은 유기체의 신체와 심지어 유기체의 세계로 확장되는 과정들로 부분적으로 구성될 수 있다는 것이다.

이론들의 이러한 무리를 **새로운 과학**으로 기술하는 것은 부정확하거니와 성급한 일이 될 것이다. 부정확한 이유는 이 무리를 구성하는 일부 이론들은 새로운 것이 아니기 때문이다. 100년 가까이 된 이 일반적인 틀 안에서 수행된 몇 가지 연구를 곧 살펴볼 것이다. 성급한 이유는 전통적인 인지과학의 핵심 신조에 대한 반감에도 불구하고 관여된 이론들이 종종 상충하며 일부는 심지어 양립할 수 없는 것으로 판명될 수도 있기 때문이다. 전통적인 인지과학은 인지 과정들을 이해하기 위한 체계적이고 포괄적인 틀로, 그 기본 원칙들이 분명하며 잘 이해된다. 초보적인 새로운 과학은 성숙한 과학을 구성하는 이런 종류의 체계적인 자기 인식을 전혀 갖추지 못한 상태다. 새로운 과학은 아직 명확한 개념적 토대가 없다. 이 장에서는 새로운 과학의 후보인 여러 이론들의 무리를 구성하는 심적 과정들에 대한 몇 가지 설명을 확인하는 데 초점을 맞출 것이다. 이 책의 나머지 부분에서는 이 과학의 적절한 토대를 제공하는 데 주력할 것이다. 그러나 데카르트적 인지과학의 고전적인, 그야말로 패러다임적인 전형을 살펴보는 것부터 시작함이 유용할 것이다. 이를 통해 초보적인 새로운 과학이 도입하고자 하는 것이 정확히 무엇인지 더욱 정밀하게 파악할 수 있을 것이기 때문이다. 데카르트적 인지과학에 관한 한, 데이비드 마

(David Marr 1982)의 시각 이론보다 더 패러다임적인 것은 없다.[1] 실제로 마의 이론은 매우 규범적이어서 전통적인 인지과학이 어떻게 작용하는지에 대한 예를 잘 보여 준다. 뿐만 아니라 마의 이론은 인지과학자들이 그들 자신의 분야를 이해하게 된 방식에도 중요한 역할을 했다. 따라서 이 예는 전통적인 인지과학의 최선의 모습을 보여 주는 동시에 부분적으로 이를 구성하기도 한다. 내가 이 예를 사용하여 이 장과 다음 장들에서 이어질 많은 논의의 배경을 마련하고자 하는 것도 바로 이 때문이다.

상식적인 관점에서 보면 시지각은 세계와 뇌 모두에서 일어나는 과정의 명백한 예인 것 같다. 시지각이 일어나기 위해서는 빛이 망막에 먼저 닿아야 하는데, 이는 뇌 내부가 아니라 세계에서 일어나는 일이다. 물론 시지각이 일어나려면 이후 뇌가 수신한 정보를 처리해야만 한다. 하지만 시지각은 세계에서 이루어지는 과정과 뇌 내부 과정 모두에 걸쳐 있다고 생각할 수 있다. 전통적인 인지과학에서는 이 과정의 전반부를 **지각**이 아니라 **감각**으로 격하시킨다. 따라서 지각에 대한 연구는 시각적 입력이나 감각을 시지각으로 변환하는, 뇌 안에서 일어나는 과정들에 대한 연구로 간주되었다.

---

1 타일러 버지(Tyler Burge 1986)는 데이비드 마의 시각 이론을 외재주의적 또는 비데카르트적 이론화의 예로 제시하며 반론을 제기한다. 그러나 그의 사례는 마가 시각에 대한 설명에 편입시킨, 환경의 본성에 대한 '가정들'의 역할에 의존한다. 이전 장의 논의에 비추어 볼 때, 이러한 가정, 또는 환경적 상황은 시각을 구성하는 과정들이 착근되는 유용한 틀 또는 발판을 제공한다. 그러나 마의 설명에는 이러한 환경적 상황이 시각 자체를 구성하는 과정의 일부를 형성한다는 것을 시사하는 것이 전혀 없다. 따라서 나는 데카르트적 인지과학의 한 예로 마의 설명을 정당하게 사용할 것이다. 이것이 맞다면, 이것은 인지 과정이 환경에 착근되는 것이 데카르트적 인지과학이 혐오할 만한 것이 결코 아님을 다시 한 번 보여 준다. 이에 대한 자세한 내용은 3장을 참조하라.

데이비드 마(1982)의 시각 이론에 따르면 시지각은 망막의 자극(감각)에서 시작해서 세계에 대한 시각 표상(참된 시지각)의 구축과 더불어 정점에 이른다. 시각을 이해한다는 것은 그사이의 과정, 즉 망막의 자극이 점진적으로 진정한 시각 표상으로 변환되는 과정을 이해하는 것이다. 망막 자극을 입력으로, 세계에 대한 시각 표상의 생성을 출력으로 생각한다면, 시각을 이해한다는 것은 입력이 출력으로 변환되는 중간 단계들을 이해하는 것이 된다.

망막의 자극은 다수의 망막 지점들에 분산된 전자기 에너지의 형식으로 나타난다. 이러한 자극 패턴은 흔히 **망막 이미지**라고 불린다. 그러나 망막 이미지는 시각 표상에 훨씬 못 미친다. 이미지는 평면적이고 정적이며 모호하기로 악명 높다. 반면 시각은 3차원의 동적인, 해석된 세계에 대한 지각을 산출한다. 따라서 시지각은 망막 이미지에 담긴 정보를 꾸미고 보강하는 과정을 거쳐야만 하며, 이미지는 어떤 식으로든 **처리되어야만** 한다. 마에 따르면 시각을 이해하는 것은 이러한 처리 과정을 이해하는 것이다.

망막 이미지는 다수의 망막 지점들에 분산된 다양한 강도의 빛으로 이루어진다. 빛 강도의 변화는 관찰자의 환경 내 구조들에 의해 빛이 반사되는 방식에 따른 결과다. 마가 **초기** 시각 처리라고 부르는 것의 목표는 망막 이미지로부터 관찰된 대상의 **가시적** 구조의 표상을 창출하는 것인데, 마의 견해에 따르면 여기에서 가시적 구조란 지각 후 인지 과정에 대한 어떠한 필요도 없이 직접적으로 관찰될 수 있는 구조를 말한다. 표면의 모양과 관찰자에 대한 방향 및 거리가 이러한 의미에서 가시적 구조의 예에 해당한다. 반면 테이블, 개, 자동차 등 대상을 특정 유형으로 인식하는 것은 초기 시각 처리의 범위를 벗어나는 추론 과정을 포함한다.

초기 시각 처리의 첫 번째 단계는 마가 **초벌 스케치**(primal sketch)라고 부르는 것을 구축하는 것으로 이루어진다. 초벌 스케치는 망막 이미지에 현전(現前)하는 강도 변화를 표상하며 보다 전역적인 이미지 구조 중 일부를 만들어 낸다. 초벌 스케치는 두 단계로 구성된다. **원시 초벌 스케치**(raw primal sketch)가 구축되는 것이 첫 번째 단계다. 원시 초벌 스케치는 뇌 안에서 실현된(instantiated) 표상적 구조로 망막에 분산된 빛의 패턴을 표상하여 대상의 가장자리와 질감에 대한 정보를 명시적으로 나타낸다. 이 정보를 명시적으로 만들기 위해 뇌는 망막 이미지에 담긴 정보를 등록한 다음 여기에 특정 **변환 규칙**을 적용한다.

변환 규칙은 본질적으로 **추론** 과정과 비슷한데, 이는 물론 직접적인 지각과 추론에 기반한 지각에 대한 마의 구별을 약화시킨다. 아니면 이러한 변환 규칙을 뇌가 만들어 내는 **추측**과 같은 것으로 생각할 수도 있다. 뇌는 망막 이미지에 담긴 정보를 등록한 다음, 이 정보를 바탕으로 그러한 망막 이미지를 생성하기 위해 대상이 어떤 종류의 가장자리와 질감을 가져야 하는지 알아내려고 한다. 예를 들어 **좋은 연속성**으로 알려진 변환 규칙을 생각해 보자. 뇌는 망막 이미지에서 선의 현전을 감지하고, 이를 대상의 가장자리를 나타내는 것으로 간주한다. 선은 특정 지점에서 멈추지만 얼마 지나지 않아 원래 선의 경로를 계속 잇는 다른 선이 발견된다. 좋은 연속성 규칙을 통해 뇌는 두 선이 같은 가장자리에 속한다고 추론할 수 있다. 즉 뇌는 선의 간격이 나타내는 것이 두 개의 구별되는 대상이 아니라 가려져 있는 하나의 대상이라고 해석한다. 물론 이 '추측'은 틀릴 수 있다. 하지만 이는 뇌에 굳건히 자리 잡은 좋은 연속성의 규칙에 기반한다. 이 규칙이 뇌에 굳건히 자리 잡은 것은 다른 모든 조건이 동일한 경우 이렇게 추론하는 것이 두 개의 구별되는 대상으로 추론하는 것보다 더 자주 옳았기 때문이다. 뇌는 이런 종류의 변환 규칙을 통해 망막 이미지에 담긴 정보를 본질적으로 꾸며 낸다.

이러한 추론 과정은 **완성 초벌 스케치**(full primal sketch)의 구축에서도 계속된다. 여기에서 뇌는 근접성, 유사성, 공통 운명, 폐쇄성 등 다양한 그룹화 원칙을 적용한다. 다시 말하지만, 기본적인 개념은 같다. 영역, 가장자리, 질감이 뒤섞여 있다고 가정해 보자. 마에 따르면 원시 초벌 스케치는 본질적으로 이렇게 되어 있다. 다음으로 수행해야 할 과제는 어떤 영역, 가장자리 및 질감이 함께 어울리는지 알아내는 것이다. 즉 이 가장자리가 이 영역에 속하는가, 아니면 저 영역에 속하는가? 이 질감이 이 가장자리와 어울리는가, 아니면 저 가장자리와 어울리는가? 그룹화 원칙의 기능은 이러한 종류의 질문에 답하는 것이다. 다시 말하지만, 이러한 원리는 추론 형식과 유사한데, 뇌는 원시 초벌 스케치에 담긴 정보가 완성 초벌 스케치에 의미하는 것이 무엇인지에 대한 최선의 추측을 바탕으로 원시 초벌 스케치에 담긴 정보를 꾸민다. 이처럼 다양한 그룹화 원칙을 적용함으로써 뇌는 더 큰 구조, 경계, 영역 등을 보다 명확하게 식별할 수 있다. 이 새로운 표상 구조가 완성 초벌 스케치이다.

그런 다음 뇌는 이 새로운 표상 구조에 담긴 정보를 심화된 추론 형식들로 꾸민다. 여기에는 깊이, 움직임, 음영 등에 관한 원칙이 작용한다. 그 결과 초기 시각 처리의 정점에 해당하는 2 ½ D 스케치라는 새로운 표상 구조가 만들어진다. 이것은 세계 내 구조들의 배치를 지각자의 관점에서 기술해 준다.

시각의 또 다른 본질적인 측면은 대상을 인식하는 것이다. 마는 특정 모양에 상응하는 대상을 인식하기 위해서는 관찰자가 아닌 대상을 중심으로 하는 처리의 세 번째 표상층이 필요하다고 주장했다. 이러한 수준의 처리를 통해 마가 **3D 대상 표상**이라고 부르는 것이 산출된다. 다시 말하지만, 이러한 새로운 표상 구조가 구축되는 방식은 추론 과정과 유사하다. 여기에서 뇌는 대상에 대한 기술들의 저장된 집합을 활용하여, 2 ½ D 스케치에 담긴 정보에 의해 만족될 가능성이 가장 높은 기술을 찾아낸다.

'추론'과 '추측'은 물론 은유적 표현이며, 뇌는 우리가 논리적 수수께끼를 풀 때와 같은 방식으로 **추론**하지 않는다. 그리고 방금 문을 두드린 사람이 누구인지 추측할 때와 같은 방식으로 **추측**하는 것도 전혀 아니다. 그럼에도 불구하고 우리가 세계를 시각적으로 지각할 때 뇌가 하는 일에 대한 마의 설명은 이 표현이 도움이 될 만큼 이러한 친숙한 개념들과 충분히 유사한 관념들을 채택하고 있다. 세부 사항을 살펴보면, 마의 설명은 **표상**과 **규칙**이라는 불가분하게 관련된 두 가지 개념을 중심으로 이루어져 있다.

(이 점에 대해 많은 혼란이 있었지만) 망막 이미지는 표상이 **아니**다. 망막 이미지는 참도 거짓도 될 수 없으며, 맞지도 틀리지도 않다. 그리고 망막 이미지는 실제로 그것을 초래하는 것에 의해 단순히 초래된다. 모든 표상의 핵심은 그것이 세계에 대해 **규준적** 주장을 한다는 것이다. 즉 표상은 세계가 존재하는 방식에 대해 주장하며, 표상이 실현되거나 활성화되면 세계는 그런 방식으로 **존재해야만 한다**. 세계가 그렇지 않다면 그 표상은 거짓이거나 틀린 것이다. 반면 망막 이미지는 거짓이거나 틀릴 수 없으며, 그저 그 자체일 뿐이다. 그러나 원시

초벌 스케치조차도 이렇지 않다. 가령 좋은 연속성에 대한 추측을 적용하여 초벌 스케치를 특정 방식으로 구축할 때 뇌는 사실상 세계가 존재하는 방식에 대해 주장을 하는 것이다. 뇌가 좋은 연속성 규칙을 적용한다면 관찰자의 세계에는 두 개의 구별되는 대상이 아니라 하나의 가려진 대상이 포함되어야 한다. 이 세계가 실제로는 두 개의 구별되는 대상을 포함하는 것으로 밝혀진다면 그 표상은 틀린 것이다. 왜냐하면 뇌의 '추측'이, 일반적으로는 신뢰할 수 있음에도 불구하고 이 경우에는 잘못되었기 때문이다.

따라서 (둘 중 어떤 형식이건) 초벌 스케치는 표상이지만 망막 이미지는 그렇지 않다. 초벌 스케치를 표상으로 만드는 것은 이것이 좋은 연속성과 같은 변환 규칙의 적용을 통해 구축되었다는 사실이다. 이러한 규칙이 적용되었기 때문에 초벌 스케치는 단순히 있는 그대로일 뿐인 망막 이미지와 달리 세계가 존재하는 방식에 대해 주장할 수 있다. 따라서 세계가 다른 모습으로 밝혀질 경우 우리가 초벌 스케치가 틀리다거나 부정확하다고 정당하게 말할 수 있는 것은 이러한 규칙이 적용되었기 때문이다. 초벌 스케치가 세계에 대해 주장할 수 있게 해 주고, 따라서 참이거나 거짓이 되게 하는 것은 이러한 규칙이다. 초벌 스케치를 규준적인 항목으로 만드는 것은 변환 규칙의 적용이다. 그런데 규준적이라는 것은 어떤 항목이 표상이 되기 위한 필요조건이다. 따라서 궁극적으로 구조에 변환 규칙을 적용하는 것은 적어도 부분적으로는 그 구조를 표상으로 만들어 준다. 마의 시각 이론과 데카르트적 인지과학 일반에서 표상과 (변환) 규칙의 개념은 이처럼 서로 불가분하게 얽혀 있다.

마음이 머릿속 어딘가에 있다는 데카르트적 개념은 데카르트적 인지과학에서 두 가지 주장을 통해 뒷받침되었다.

1. 심적 표상은 인지하는 동물의 뇌 안에서 실현된 구조, 즉 세계에 대한 주장을 하는 구조다.
2. 인지 과정은 심적 표상에 변환 규칙을 적용하는 것으로 이루어진다.

따라서 인지 과정의 내재성은 심적 표상의 내재성에서 비롯된다. 인지 과정은 뇌가 심적 표상에 대해 수행하는 규칙 지배적인 작용이기 때문이다.

2. 실례들: 케빈 오리건의 웹사이트

케빈 오리건(Kevin O'Regan)의 웹사이트(http://nivea.psycho.univ-paris5.fr)는 비데카르트적인 새로운 마음 과학의 후보가 될 수 있는 여러 이론에 대한 탐구를 시작하기에 완벽한 곳이다. 오리건은 지각심리학자로 파리의 프랑스 국립과학연구원(CNRS)에서 일하고 있으며, **변화맹**(change blindness)으로 알려진 현상을 연구하여 이름을 알렸는데, 그의 웹사이트는 이 현상에 대한 몇 가지 좋은 예를 제공한다. 이 사이트에서는 노트르담 대성당, 항공모함에 착륙하는 전투기, 산을 배경으로 호수에서 카누를 타는 사람들 등 다양한 장면을 담은 사진들을 볼 수 있다. 이러한 사진들은 크게 바뀌는데, 사진들이 바뀌는 정확한 방식은 스포일러가 될 수 있으므로 말하지 않겠지만, 정상적인 상황에서는 쉽게 알아차릴 수 있을 만큼 크게 바뀐다. 하지만 변화맹 실험에서의 상황은 정상적인 상황과 매우 다르다.

사진처럼 시각적으로 제시된 장면에 변화가 생기면 일반적으로 시각 기관에 일시적인 신호가 발생한다. 이 일시적인 신호는 이 기관의 저수준(즉 무의식적) 시각 메커니즘에 의해 감지되며, 그 결과 변화의 위치에 주의가 자동적으로 끌리게 된다. 변화를 알아차리는 것은 이 때문이다. 그러나 변화맹 실험에서는 일시적인 시각적 메커니즘의 역할을 무효화하는 방법이 발견되었다. 이 실험은 여러 가지 방법으로 수행할 수 있다(오리건의 웹사이트를 방문하면 이 모든 실험을 볼 수 있다). 한 가지 방법은 변화가 일어나는 순간 전체 시야에 매우 짧은 전역적 깜빡임을 겹쳐서 보여 주는 것이다. 즉 장면을 순간적으로 단순한 회색 틀로 대체한다. 그러면 회색으로 변한 기간 동안 사진에 변화가 생긴다. 또 다른 방법은 미끼 역할을 하도록 장면에 진흙이 튀는 것처럼 보이는 여러 개의 국부적 교란을 동시에 창출하여 국부적인 일시적 메커니즘의 효과를 최소화하는 것이다. 도약안구운동, 눈 깜빡임 또는 영화 시퀀스의 컷과 일치하도록 사진에 변화를 주어도 같은 종류의 효과를 얻을 수 있다. 이러한 모든 경우에서 짧은 전역적 교란은 국부적인 일시적 메커니즘을 뒤덮게 되고, 그럼으로써 일시적 메커니즘은 그 정상적인 역할, 즉 우리의 주의를 끄는 역할을 수행하지 못하게 된다.

오리건(1992)과 다른 연구자들(가령 Blackmore et al. 1995; Rensink, O'Regan and Clark 1997)이 수행한 실험에 따르면 이러한 종류의 조건에서는 변화가 크고 시야 전체에서 발생함에도 불구하고 관찰자가 변화를 보는 데 큰 어려움을 겪는 것으로 나타났다. 전형적인 경우라면 일부 변화들을 다른 변화들보다 쉽게 발견할 수 있다. 그러나 어떤 변화는 발견하기가 매우 어렵고, 모든 변화는 변화가 가려지는 경우, 그렇지 않은 경우에 비해 발견하기가 더 어렵다. 한 실험에서 오리건은 관찰자가 변화가 일어나는 순간에 변화를 직접 보고 있으면서도 변화를 알아채지 못할 수 있다는 것을 보여 주기도 했다.(O'Regan et al. 2000)

사이먼스와 레빈(D. J. Simons and D. Levin 1997)은 컴퓨터 화면에서 실제 상황으로 전환할 때도 동일한 종류의 결과를 얻을 수 있다는 것을 보여 주었다. 한 가지 놀라운 실험은 코넬 캠퍼스에서 이루어진 슬랩스틱 시나리오인데, 여기에서 실험자는 길을 잃은 척하며 아무 의심 없는 행인에게 다가가 길을 물어본다. 사실 사이먼스와 레빈은 슬랩스틱 코미디의 세계 헤비급 챔피언이다. 행인이 대답하기 시작하면 큰 문을 짊어진 두 사람이 질문자와 행인 사이로 걸어 들어간다. 그런데 그사이에 원래의 질문자가 다른 사람으로 교체된다. 이때 방향을 알려 주는 사람 중 50%만이 이 변화를 알아차렸다. 두 실험자는 키도 다르고, 옷도 다르고, 목소리도 달랐는데도 말이다. 변화를 알아차린 사람들은 두 실험자와 거의 같은 연령적·인구학적 특성을 가진 학생들이었다. 후속 연구에서 실험자가 다른 사회 그룹에 속하는 건설 노동자의 모습으로 등장했을 때 학생들은 변화를 알아차리지 못했다. 사이먼스와 레빈(1997, p. 266)이 내린 결론은 다음과 같다. 우리가 변화를 감지하지 못하는 것은 "우리가 한 관점에서 다음 관점으로 이어지는 시각 세계에 대한 정확한 표상을 갖추고 있지 못하기 때문"이라는 것이다. 우리는 현재 장면의 '대략적인 요점'만 부호화한다. 즉 우리에게 중요한 한에서 무슨 일이 일어나고 있는지 감을 잡을 수 있을 정도로만 그리고 필요할 때 더 지적인 정보 검색을 할 수 있을 정도로만 부호화한다.

이와 관련된 실험으로 전문 학술지의 페이지를 장식한 최고의 제목이라고 할 수 있는 '우리 가운데 있는 고릴라'라는 제목의 논문을 탄생시킨 실험에서 사이먼스와 차브리스(Simons and C. Chabris 2000)는 피험자들에게 백인 팀과 흑인 팀, 이렇게 두 팀이 팀당 한 명씩 농구공을 패스하는 동영상을 시청하게 했다. 그리고 각 피험자에게 백인 팀의 패스 성공 횟수를 세도록 요청했다. 그 후, 피험자들에게 다른 특이한 점을 보았는지 여부를 물었다. 영상이 시작되고 약 45초 정도가 지나면 침입자가 등장해 선수들 사이로 걸어 들어온다. 침입자는 우산을 들고 있는 여성의 반투명 형상 또는 고릴라 복장을 한 남성의 반투명 형상을 하고 있었다. 일부 실험에서는 고릴라 복장을 한 여성 또는 남성이 완전히 불투명한 형태로 제시되었다. 반투명 조건에서는 피험자의 73%가 고릴라를 보지 못했고, 불투명 조건에서도 35%의 피험자가 고릴라를 보지 못했다.(Simons 2000, p. 152) 사이먼스는 "우리는 우리가 주의를 기울이지 않고 예상하지 않은 자극에 어느 정도까지 눈이 멀어 있는지 깨닫지 못하며, 중요한 사건은 우리의 주의를 현재의 작업이나 목표로부터 자동적으로 끌어낼 것이라는 잘못된 믿음을 갖고 있다"고 결론지었다.(2000, p. 154) 이것은 변화맹와 밀접한 관련이 있는 **부주의맹**(inattentional blindness)의 한 예다.

다음 장에서는 이러한 현상을 설명하려는 시도를 좀 더 자세히 살펴볼 것이다. 현재의 목적에서는 두 가지 점에 주목할 필요가 있다. 첫째, 변화맹 현상과 부주의맹 현상은 전통적으로 시각 표상에 부여된 역할이 다소 과대평가되었다는 것을 보여 주는 것으로 보인다. 내부 시각 표상의 역할은 시각 세계의 복잡하고 상세한 복제들(simulacra)을 제공하는 것이 아니라 상황의 '대략적인 요점'을 제공하는 것임을 보여 주기 때문이다. 즉 일반적으로 시각 표상은 지각된 세계에 대한 지도를 제공하는데, 이 지도는 부분적이고 불완전하며 우리가 시각 경험 안에 문제없이 주어진 것으로 여기는 종류의 세부 사항을 결여하고 있다. 그런데 우리가 결국 시각적으로 경험하는 것은 우리 주변 세계의 대략적인 요점이 아니다. 우리는 주변 세계를 매우 구체적이고 풍부하고 상세하게 경험한다. 따라서 시각 표상 그 자체는 시각 경험의 현상학적 특성을 설명해 줄 수 없다.

둘째, 시각 표상의 역할이 축소되면서 시각 표상과 시각현상학 사이에 생긴 간극은 주변 세계에 작용하는 유기체의 능력으로 채워진다. 우리는 시각 경험의 현상학의 일부로 우리가 올바르게 받아들이는 복잡성, 상세함, 풍부함을 내부적으로 정확하게 재생성할 필요가 없다. 대신 시각적으로 감지할 수 있는 우리 주변의 세계를 구성하는 복잡성, 상세함, 풍부함을 활용하면 된다. 이 세계에 끊임없이 주의를 돌리고 전환함으로써 우리는 이 세계에 담긴 복잡성, 상세함, 풍부함을 활용할 수 있다. 그리고 그럼으로써 이를 내부적으로 재생성할 필요를 없앨 수 있다.

이러한 개념은 다음 장에서 더 자세히 살펴볼 것이다. 일단 여기에서는 표상의 역할이 약화되고 행위의 역할이 증대되는 일반적인 설명 방식이 장래의 새로운 과학을 구성하는 여러 이론들을 통해 반복되고 있다는 점에 주목하기로 하겠다.

3. 생태학적 시지각 이론

앞 절에서 살펴본 지각에 대한 이러한 **행화적** 설명의 몇몇 가장 중요한 특징들은 코넬대학의 심리학자 제임스 깁슨(James J. Gibson)이 예견한 것이다. 깁슨이 1950년대 후반부터 1979년 사망할 때까지 발전시킨 설명은 시지각의 **생태학적 이론**으로 알려졌다. 처음 20년 동안 이이론은 심리학자와 철학자 모두로부터 시각에 대한 매우 혼란스런 '마술적' 설명이라는 비난을 널리 받았다. 그러나 이제는 비데카르트적 인지과학의 부상이 사실상 제임스 깁슨의 연구를 입증하는 것이라는 인식이 서서히 퍼지기 시작하고 있다.

앞서 살펴본 바와 같이 마의 예와 같은 종류의, 시지각에 대한 전통적인 접근 방식은 다음과 같은 종류의 설명틀을 충실히 준수한다.

1. 지각은 망막에 부딪히는 빛 에너지에 의한 망막 자극으로 시작된다.
2. 그 결과 여러 다양한 지점들에 분포된 강도 값으로 특징지어지는 망막 이미지가 생성된다.
3. 망막 이미지는 진정한 지각으로 여겨지기에는 충분하지 않은, 상대적으로 적은 정보를 전달한다.
4. 지각이 일어나기 위해서는 망막 이미지에 포함된 정보를 다양한 정보 처리 작업을 통해 보완하고 꾸며야만(즉 처리해야만) 한다.
5. 이러한 정보 처리 작업은 지각하는 유기체의 피부 내부에서 발생한다.

이 틀은 시지각이 망막 이미지에서 시작된다고 가정한다. 깁슨의 첫 번째이자 아마도 가장 중요한 통찰은 시지각이 망막 이미지가 아니라 깁슨(1966, 1979)이 **광배열**이라고 불렀던 것에서 시작된다는 것을 알아낸 것이다.

태양 빛은 **지상 매질**인 공기를 채워, 반향의 '안정 상태'에 놓인다. 이 안정 상태에서 환경은 물체들의 표면 사이를 이동하는 광선들로 가득 차 있다. 공간의 어느 지점에서든 빛은 모든 방향으로부터 수렴한다. 따라서 각 지점에는 시각적 입체각들의 조밀하게 중첩된 집합으로 간주할 수 있는 것이 있는데, 이 입체각들은 불균질적인 빛의 강도들로 이루어져 있다. 그러므로 적어도 지금은 관찰자를 작은 입체각들로 나뉜 구에 둘러싸인 점으로 상상할 수 있다. 빛의 강도와 파장의 혼합은 각 입체각마다 다르다. 빛의 이러한 공간적 패턴이 바로 광배열이다. 빛은 정보를 담고 있는데, 광배열의 구조는 빛이 반사된 표면의 본성과 위치에 따라 결정되기 때문이다.

광배열은 여러 구간 또는 각도로 나뉜다. 이들 각각은 서로 다른 표면에서 반사된 빛을 포함하며, 각 구간에 포함된 빛은 평균 강도 및 파장의 분포 측면에서 다른 구간들에 포함된 빛과 달라진다. 광배열의 구간들 사이의 경계는 강도와 파장의 분포의 변화를 나타내기 때문에 세계 내 물체들의 3차원 구조에 대한 정보를 제공한다. 더 섬세한 세부 수준에서 각 구간은 빛이 반사되는 표면의 질감에 따라 결정되는 방식으로 세분화된다. 따라서 이 수준에서도 광배열은 물체와 지형의 추가적인 속성들에 대한 정보를 전달할 수 있다.

광배열의 중요성을 깨달은 것은 여러 면에서 깁슨의 핵심적인 통찰이다. 사실상 깁슨의 나머지 생태학적 접근은 광배열을 개념적 우선순위에 맞게 적절한 위치에 배치하는 데서 비롯된다. 광배열은 **외부 정보 보유 구조**다. 이것은 지각하는 유기체의 피부 바깥에 존재하며 이것이 존재하기 위해 지각하는 유기체에 의존하지 않는다는 매우 명백한 의미에서 외부적이다. 광배열은 또한 환경에 대한 정보를 담고 있다. 깁슨에 따르면 광배열에는 그것을 형성한 환경의 특성을 특정하기에 충분한 정보가 담겨 있다. 깁슨에게 정보는 본질적으로 **법칙적인** (nomic) **의존성**이다. 환경의 구조는 그것을 둘러싸고 있는 물리적 환경의 구조에 법과 유사한 방식, 즉 법칙적인 방식으로 의존한다. 광배열이 더 넓은 환경에 대한 정보를 담고 있는 것은 이러한 의존성 덕분이다. 깁슨이 말했듯이 광배열은 환경에 **특정적**이다. 이 때문에 유기체의 지각 체계가 배열의 광학 구조를 감지할 때 유기체는 이 구조가 무엇을 특정하는지 알아차릴 수 있다. 따라서 지각하는 유기체는 배열이 아닌 구조를 알아차리는데, 더 중요한 것은 지각하는 유기체가 배열에 구현된 환경에 대한 정보를 활용할 수 있는 위치에 있다는 것이다.

일단 광배열을 환경에 대한 정보를 구현하는 외부 구조로 인정하면, 지각과 관련된 정보 중 일부가 지각자의 환경에 존재한다는 사실을 인정할 수밖에 없다. 이것은 평범한 관찰처럼 보일 수 있다. 하지만 이로부터 중요한 결론이 뒤따른다. 우리가 특정한 지각적 과제에 직면했다고 가정해 보자. 우리가 광배열이라는 개념을 받아들인다면, 이 과제와 관련된 정보 가운데 적어도 어떤 것은 배열 안에 있을 것이라는 점을 인정해야 한다. 깁슨이 제안한 것처럼 이 정보만으로도 과제를 수행하기에 충분할 수도 있다. 하지만 그렇지 않을 수도 있는데, 이 경우에는 배열에 포함된 정보를 보완하거나 꾸미는 내부 처리 작업을 상정해야 할 수도 있다. 그러나 그렇다고 하더라도 한 가지 사실은 분명하다. 유기체가 광배열에서 얼마나 많은 정보를 이미 이용할 수 있는지 이해하지 못하면 유기체가 어떤 내부 처리 작업을 수행해야 하는지 추정할 수 없다는 사실이다. 광배열에서 유기체가 이용할 수 있는 정보가 많을수록 유기체가 수행해야 하는 내부 처리는 줄어든다. 시지각에 관여된 내부 과정을 이해하는 것은 지각하는 유기체가 환경 속에서 이용할 수 있는 정보를 이해하는 것에 비해 논리적·방법론적으로 부차적이다.

시지각을 이해하는 다음 단계는 지각하는 유기체가 광배열에 포함된 정보를 어떻게 이용할 수 있는지에 대해 설명하는 것이다. 여기에서 우리는 독특하게 깁슨다운 또 다른 요소, 즉 **행위**에 대한 강조를 발견할 수 있다. 깁슨이 지적하듯이 그리고 거의 반세기가 지난 지금 행화적 접근 방식이 이 점을 그대로 반영하고 있듯이, 지각은 행위와 불가분한 관계에 있다. 지각하는 유기체는 보통 정적인 생명체가 아니다. 능동적으로 환경을 탐색한다. 광배열은 그럴 수 있는 능력을 갖춘 모든 유기체가 활용할 수 있는 정보의 원천이다. 그러나 수동적인 관찰자에게는 영향을 미치지 않는다. 살아 있는 유기체는 능동적으로 광배열을 **시험한다**. 관찰자가 움직이면 전체 광배열이 변환되며, 이러한 변환에는 세계 내 사물들의 배치, 모양, 방향에 대한 정보가 담겨 있다.

지각하는 유기체는 움직임으로써 광배열의 변환에 영향을 미치고, 그럼으로써 깁슨이 배열에 포함된 **불변** 정보라고 부르는 것을 식별하고 적절히 활용할 수 있다. 불변 정보는 하나의 정적인 광배열 그 자체로부터는 얻을 수 없으며, 하나의 광배열이 다른 광배열로 변환

될 때에만 관찰자에게 이용될 수 있다. 예를 들어 **수평선 비율 관계**로 알려진 것을 생각해 보자.(Sedgwick 1973) 수평선은 특정 높이에서 물체와 교차한다. 그리고 같은 높이의 모든 물체는 관찰자와의 거리에 상관없이 수평선에 의해 같은 비율로 잘린다. 이것은 불변 정보의 한 예다. 유기체는 움직임으로써 광배열에 변환을 가져와야만 이러한 정보를 감지할 수 있다. 이런 의미에서 정보는 유기체 내부에 있는 것이 아니다. 정보는 유기체-환경 관계의 변화의 함수로 존재한다.

따라서 깁슨의 설명에서 결정적인 두 가지 주장은 다음과 같다. (i)지각하는 유기체 외부의 구조인 광배열은 적절한 능력을 갖춘 생명체에게 정보의 소재지이며, (ii)생명체는 광배열에 작용하여 광배열 내에 변환을 초래함으로써 이 정보를 적절히 활용하거나 자기 자신에게 이용 가능하게 만들 수 있다. 사실상 지각하는 생명체가 하는 일은 환경을 탐색하는 데 이용할 수 있는 정보를 자기 자신에게 이용 가능하게 만들기 위해 외부 구조, 즉 광배열을 조작하는 것이다. 그리고 유기체가 정보를 자기 자신에게 **이용 가능하게 만든다**는 주장은 유기체가 정보를 스스로 감지하기 쉽게 혹은 감지할 수 있게 만든다는 것을 뜻한다. 물체들의 상대적 높이에 대한 정보는 유기체의 환경 안에 담겨 있다. 그러나 유기체는 이 정보를 직접 이용할 수 없다. 유기체는 그것이 움직일 때에만 그리고 그럼으로써 주변광의 구조에 변환을 일으킬 때에만 정보를 이용, 즉 감지할 수 있다.

깁슨은 통상 심적 표상이라는 개념에 적대적인 것으로 이해되어 왔으며, 일반적으로 그의 설명은 심적 표상의 필요성을 부정하는 것으로 제시된다. 하지만 나는 덜 낙관적인 또 다른 해석을 통해 깁슨의 설명이 갖는 진정한 가치를 보존할 수 있다고 생각한다. 깁슨이 이러한 해석을 지지했든 안 했든 상관없이 그리고 적어도 일부 현대 깁슨주의자들은 이러한 해석을 지지하지 않는 것으로 알고 있지만, 이 해석은 그의 전반적인 이론과 양립 가능하다.

마의 시각 이론으로 대표되는 옛 과학의 일반적인 윤곽을 떠올려 보자. 지각은 내부 정보 보유 구조, 즉 초벌 스케치로부터 3D 대상 표상에 이르기까지 표상적 항목들의 조작과 변환으로 구성된다. 깁슨의 설명은 내부 정보 보유 구조의 조작과 변형에 대한 필요성 중 적어도 일부를 외부 정보 보유 구조인 광배열의 조작과 변형으로 대체한다. 깁슨의 이론 자체에는 (아마도 그의 이론에 대한 그의 진술과는 반대로) 내부 정보 보유 구조의 조작과 변형에 전통적으로 할당된 **모든** 역할을 외부 정보 보유 구조의 조작과 변형이 대신할 수 있음을 함의하는 것은 없으며 심지어 이를 제안하는 것도 없다.(Rowlands 1995) 내부 정보 보유 구조의 조작과 변형에 전통적으로 부여된 역할이 외부 정보 보유 구조의 조작과 변형에 의해 정확히 **얼마나 많이** 대체될 수 있는지는 물론 경험적인 문제다. 그리고 깁슨의 이론이 전자의 모든 역할을 후자가 대신할 수 있음을 함의한다고 생각할 이유는 전혀 없다. 그러나 결정적으로 유기체가 환경 내의 관련 구조를 조작하고 변환하여 지각적 과제를 수행하는 데 필요한 정보를 자기 자신에게 이용 가능하게 만들 수 있는 방식과 그 정도를 이해하지 못하면, 우리는 유기체의 지각적 능력을 설명하기 위해서 어떤 그리고 얼마나 많은 종류의 내부 정보 처리 작업을 가정해야 하는지 알 수 없다.

따라서 우리는 깁슨의 연구에서 초기 새로운 과학에 특징적인 두 가지 주제, 즉 표상의 약화와 행위의 증대의 조합을 볼 수 있다. 새로운 과학은 데카르트적 인지과학에서 심적 표상이라는 개념이 담당하는 역할에 대해 의문을 제기하며, 적어도 나의 해석에 따르면, 이에 대한 제한된 적대감이 있다. 그리고 새로운 과학은 전통적으로 심적 표상이 담당하던 역할 중 적어도 일부는 세계에 적절한 방식으로 작용하는 지각하는 유기체에 의해 대신 수행될 수 있다고 본다.

4. 사랑을 담아 러시아에서

깁슨의 연구가 내가 새로운 과학이라고 부르는 것의 한 버전으로 드러난다는 것은 이 과학이 사실 그렇게 새로운 것은 아님을 보여 준다. 새로운 과학이 얼마나 오래된 것인지에 대한 더 놀라운 예는 이전 장에서 간략하게 언급한 연구에서 찾을 수 있다. 소련의 두 심리학자 알렉산더 루리아와 레프 비고츠키(1930/1992)의 연구다.

데카르트적 개념은 헐리(S. Hurley 1998)가 제시한 감각, 인지, 행위 사이의 관계에 대한 **수직적 샌드위치** 모델로 자연스럽게 표현될 수 있다. 이 모델은 시각에 대한 마의 설명에 분명히 함축되어 있는데, 본질적으로 마음의 입력-출력 모델이다. 감각은 체계에 입력을 제공하며, 행위는 체계의 출력이다. 그리고 인지는 뇌 안의 정보 보유 구조를 조작하고 변환하는 정보 처리 작업으로 이루어진다. 데카르트적 인지과학의 한 가지 눈에 띄는 특징은 지각을 인지의 일부로 샌드위치 중간에 위치시키며, 따라서 지각을 감각과는 상당히 다르게 본다는 점이다. 하지만 직관적으로 지각은 사고, 추론, 기억과 같은 다른 유형의 인지 과정보다 세계와 훨씬 더 밀접하게 연결되어 있다는 사실을 인정해야 할 것이다. 지각의 출발점은 감각이지만, 다른 유형의 인지 과정은 그렇지 않다고 주장할 수도 있다. 따라서 지각을 샌드위치의 속 재료에서 찾으려면 지각은 속 재료의 바깥 부분에 있다고 봐야 한다. 지각은 버거가 아니라 양상추, 작은 오이, 마요네즈라는 것이다.

이러한 직관적인 주장은 우리가 직면한 생태학적이고 행화적인 주장에 대한 **수축적** 반응이라고 부를 수 있는 것을 시사한다. 수축적 반응은 이러한 주장을 수용하되 그 영향력을 크게 제한하고자 하는 것으로 기본적인 입장은 "지각을 기꺼이 내주겠다"는 것이다. 수축적 입장은 지각이 외부 정보 보유 구조의 조작과 변환에 관여하며 따라서 지각하는 유기체의 환경으로 확장된다는 것을 받아들인다. 또한 지각이 유기체의 머릿속에서 일어나는 과정들에 국한되지 않는다는 것도 인정한다. 하지만 수축적 입장이 인정하는 것은 여기까지만이다. 수축적 입장은 진정한 인지, 즉 인지 중추는 인지 유기체의 뇌 내부에서 일어나는 과정들에 제한된다고 분명하게 선을 긋는다. 다시 말해, 지각은 지극히 주변적이고 매우 독특한 형식의 인지이므로 인지 일반을 이해하기 위한 템플릿으로 사용될 수 없다는 것이다.

이러한 반응은 샌드위치 모델 자체는 그대로 유지하되, 그 구성 재료에 대한 우리의 이해만 재정비할 뿐이다. 즉 지각은 두 가지 구성 요소로 나뉘는데, 그중 하나는 샌드위치의 속 재료에 있고 다른 하나는 빵에 있다는 것이다. 결론은 분명하다. 새로운 과학이 데카르트적 개념에 일격을 가하려면 지각에 국한된 주장만으로는 안 되며, **인지 중추**에 대한 주장을 해야 한다는 것이다. 초기 새로운 과학의 일반적인 전략은 인지 중추가 실제로 우리가 생각하는 것만큼 중추적이지 않다는 것을 보여 주는 것이었다. 다시 말해, 인지는 지금까지 우리가 알고 있거나 기꺼이 받아들였던 것보다 훨씬 더 지각과 비슷하다는 것이다.

이 일반적인 주제의 초기의 발전, 그러나 그럼에도 불구하고 중요한 발전은 소련의 심리학자 알렉산더 루리아와 레프 비고츠키의 연구에서 찾아볼 수 있다. 1930년에 처음 출판되었지만 1992년까지 영어로 번역되지 않은 고전적인 연구 시리즈에서 루리아와 비고츠키는 두 가지 유형의 사람들이 직면한 기억 과제의 차이에 대해 논한다. 한편에는 부족장의 메시지를 한 단어 한 단어 기억해야 하는 아프리카 사신이 있다. 다른 한편에는 페루의 **크비누** 장교가 있다. 크비누스(kvinus)는 고대 페루, 중국, 일본 및 기타 여러 지역에서 사용된 매듭들의 체계다. 이는 본질상 관습적인 외부 표상이며 문자 언어의 전신인데, 다양한 종류의 정보, 예를 들어 군대 현황, 인구조사 통계, 세금 등을 기록하거나 가령 '외딴 지방에' 같은 지시 사항을 전달하는 데 사용되었다. 페루의 **추디**(chudi) 부족에는 크비누스를 묶고 통역하는 임무를 맡은 특별 장교가 있었다. **크비누** 체계 개발 초기에는 구두 설명이 동반되지 않으면 다른 사람의 크비누스를 읽을 수 있는 경우가 거의 없었다. 그러나 시간이 지남에 따라 체계는 국가의 모든 주요 문제를 기록하고 법률과 사건을 묘사하는 데 사용할 수 있을 정도로 개선되고 표준화되었다.

루리아와 비고츠키는 **크비누스**의 발달이 이를 사용할 수 있는 사람들이 채택한 기억 전략에 지대한 영향을 미쳤을 것이라고 주장한다. 비슷한 외부 표상 체계가 없는 아프리카 사신은 부족장의 장황한 메시지를 말 그대로 기억해야 한다. 그는 메시지의 일반적인 요점만 단순히 기억하는 것이 아니라 추장이 말한 단어들의 연속을 정확하게 기억해야 하는데, 이는 훨씬 더 어려운 일이다. 반면 페루의 **크비누** 장교는 자신이 묶은 매듭에 담긴 정보를 기억할 필요가 없다. 그는 매듭에 담긴 정보에 접근할 수 있는 '부호'만 기억하면 된다. 아프리카 사신은 전달할 정보를 기억하기 위해 뛰어난 생물학적 기억에 의존한다. 이런 종류의 기억에 대한 페루 장교의 의존도는 훨씬 낮으며, 부호를 기억하는 정도에 불과하다. 일단 부호를 알게 되면, 그는 크비누 체계에 담긴 잠재적으로 무한한 양의 정보를 활용할 수 있다.

루리아와 비고츠키는 이런 종류의 외부 정보 저장소를 이용할 수 있게 되면 기억이 어떻게 발전할지 쉽게 알 수 있다고 주장한다. 외부 형식의 정보 저장소가 점점 더 많아지고 정교해짐에 따라 있는 그대로의 생물학적 기억의 중요성은 점점 더 감소할 것이라는 것이다. 따라서 루리아와 비고츠키는 명백히 생물학적인 유형의 기억은 점점 사라지려는 경향을 보일 것이라고 예측한다. 이것이 가장 명백한 함축을 갖는 것은 일화 기억에 대해서이다.(상자 2.1 참조) 즉 원시 문화와 어린이 모두의 뛰어난 일화 기억은 문화화 과정에서 현저히 감소하리라는 것이다. 따라서 기억의 문화적 진화는 또한 퇴화, 즉 흔적으로 남아 있는 형식들의 사라짐이기도 하다.

적절한 부호를 배운 페루의 크비누 장교는 아프리카 사신이 평생 습득할 수 있는 것보다 더 많은 정보에 접근할 수 있다. 그런데 이것은 뇌의 내부적 발달에 의한 것이 아니다. 페루 장교에게 부과된 내부적인 요구, 즉 그가 내부적으로 처리해야 하는 정보의 양은 아프리카 사신보다 훨씬 적다. 페루 장교는 더 적은 내부 비용으로 더 많은 정보를 적절히 활용할 수 있는 입장에 있다. 크비누스는 매우 기본적인 외부 표상 체계이며, 구현할 수 있는 정보의 양과 종류가 엄격하게 제한되어 있다. 하지만 더 많은 양과 종류의 정보를 전달할 수 있는 더 정교한 형식의 외부 표상, 특히 언어가 개발됨에 따라 이러한 정보를 활용할 수 있는 부호를 학습함으로써 얻을 수 있는 이점도 그에 따라 증가한다.

상자 2.1　다양한 종류의 기억하기

오늘날 심리학자들은 일반적으로 기억의 유형을 세 가지로 구분한다. 그런데 루리아와 비고츠키가 연구할 당시에는 이 세 가지 구분이 명확하게 제시되지 않았다. 따라서 나는 이들의 주장을 현대적 용어로 번역했다.

　1. **과정적 기억**은 고정된 행위 패턴이 아닌 학습된 행위 패턴의 기억 구성 요소이다. 과정적 기억을 갖는다는 것은 이전에 학습한 어떤 일을 하는 방법을 기억하는 것이다. 이러한 이유로 과정적 기억을 **방법적 지식**(knowing how, Ryle 1949) 또는 **습관 기억**(Bergson 1908/1991; Russell 1921)이라고 부르기도 한다. 과정적 기억의 가장 명백한 예는 자전거 타기, 피아노 연주, 스키 타기와 같은 체화된 기술이다. 과정적 기억은 이전 사건들에 대한 의식적 회상과는 본질적으로 아무 관련이 없다. 즉 원칙적으로 어떤 일을 하는 방법을 알면서도 그렇게 되기 위해 배운 것을 완전히 잊어버릴 수 있다.

　2. **의미 기억**은 사실에 대한 기억이다.(Tulving 1983) 예를 들어 와가두구가 부르키나파소의 수도라는 것을 기억하는

경우가 의미 기억에 해당한다. 이 범주가 **믿음** 범주와 어느 정도까지 구별되는지는 명확하지 않다. 와가두구가 부르키 나파소의 수도라고 믿는 것과 이 사실을 기억하는 것의 차이점은 무엇인가? 믿음이나 기억의 주체는 이것들을 갖기 위해 어떤 사실을 의식적으로 회상하거나 파악할 필요가 없다. 즉 믿음은 발생적인 항목이 아니라 기질적인 항목이다.(상자 3.1 참조) 따라서 의미 기억은 단순히 믿음의 하위 집합일 가능성이 높다. 모든 믿음이 의미 기억의 자격을 갖춘 것은 아니다. 고양이가 매트 위에 있다는 것을 지각하고 이를 근거로 고양이가 매트 위에 있다는 믿음을 형성한 경우, 고양이가 매트 위에 있다는 것을 기억한다고 주장하는 것은 매우 이상할 것이다. 반면 모든 의미 기억은 믿음과 토큰 동일적인 것으로 보인다. 즉 내가 p를 믿지 않고 p를 기억한다는 주장은 모순되는 것처럼 보인다는 것이다.

3. '회상 기억'(Russell 1921)이라고도 불리는 **일화 기억**은 체계적으로 모호한 표현인데, 종종 주체의 삶에서 앞서 있었던 일화들에 대한 기억을 가리키는 데 사용된다.(Tulving 1983, 1993, 1999; Campbell 1994, 1997) 하지만 때때로 이전 **경험**에 대한 기억을 가리키는 것으로 여겨지기도 한다. 예를 들어 로크(J. Locke)는 (일화적) 기억을 "과거에 가졌던 지각을, 이전에 그것을 가진 적이 있다는 지금의 추가적 지각과 더불어서 되살리는" 마음의 힘으로 이해했다.(1690/1975, p. 150) 비슷한 맥락에서 브루어(W. Brewer)는 일화 기억을 과거의 특정 순간에 있었던 자신의 현상적 경험을 되살리는

것으로 정의한다. 브루어에 따르면 일화 기억에는 기억된 일화가 과거에 자신이 개인적으로 경험한 것이라는 믿음이 동반된다.(Brewer 1996, p. 60) 따라서 일화 기억의 개념이 갖는 모호성은 일화 경험과 일화에 대한 경험 사이의 모호성이라고 할 수 있다. 이러한 모호성은 상당하지만, 일화 기억에 대한 충분히 정교한 설명 안에 수용될 수 있다.

루리아와 비고츠키에 따르면, 문자 문화권에서 기억은 페루의 크비누 장교에게서 볼 수 있는 내부와 외부 과정 사이의 역동적인 상호 작용을 따른다. 외부 정보 보유 구조 — 문자 언어가 그 가장 분명하고 중요한 예다 — 에 기억 과제의 일부를 떠맡기는 것은 근대 기억의 특징이다. 적어도 의미 기억의 경우, 기억은 주로 우리 주변의 풍부하고 다양한 정보 저장소에 연결될 수 있는 '부호'를 보유하는 것으로 이루어진다.

루리아와 비고츠키의 기억에 대한 설명은 앞서 살펴본 생태학적 및 행화적 지각 모델과 본질적인 많은 측면에서 유사하다. 이들의 설명에서 결정적인 것은 (i)기억 주체의 외부에 존재하고, (ii)해당 기억 과제와 관련된 정보를 담고 있는 구조에 대한 개념이다. 필요한 '부호'를 가지고 있다면 기억 주체는 이러한 구조를 사용하거나 배치하여 주어진 기억 과제를 완수하기 위해 수행해야 하는 내부 정보 처리의 양을 줄일 수 있다. 루리아와 비고츠키의 설명에 따르면, 외부 표상 구조는 적어도 부분적으로 내부 표상 구조를 대리할 수 있다. 따라서 데카르트적 인지과학에서 심적 표상에 의해 수행되는 역할의 적어도 일부는 기억 주체가 세계에 대해 적절한 방식으로 수행하는 행위에 의해 대신될 수 있다. 멀린 도널드(Merlin Donald 1991)는 근대적 마음의 기원에 대한 자신의 설명에서 이 일반적인 주장을 인상적으로 발전시켰다.

5. 신경망과 상황적 로봇공학

지난 20년간 로봇공학의 발전은 두 가지 요인에 의해 결정적으로 형성되었다. 첫째, 인지에 대한 **연결주의 또는 신경망 모델**의 발전이 있었다. 둘째, 인지 과정의 모델링에서 환경적 상호 작용, 즉 환경적 요인 또는 상황의 조작 및 활용이 담당하는 역할이 주목되었다. 그런데 이 두 가지 요소는 서로 무관하지 않다.

상자 2.2 **신경망**

신경망은 본질적으로 **패턴 매핑** 장치다. 패턴 매핑은 네 가지 상이한 유형의 과정으로 구성된다. 패턴 인식은 주어진 패턴을 보다 일반적인 패턴에 매핑하는 것이다. 패턴 **완성**은 불완전한 패턴을 동일한 패턴의 완전한 버전에 매핑하는 것이다. 패턴 **변환**은 한 패턴을 그것과 다르지만 관련된 패턴에 매핑하는 것이다. 그리고 패턴 **연합**은 한 패턴을 그것과 관련 없는 다른 패턴에 임의로 매핑하는 것이다.(Bechtel and

---

Abrahamsen 1991, p. 106)

신경망은 대략적으로 뉴런에 해당하는 **노드** 또는 **단위**의 모음으로 구성된다. 각 노드는 다양한 다른 노드에 연결될 수 있다. 기본 개념은 한 단위의 활성화가 그것과 연결된 다른 단위의 활성화에 영향을 미칠 수 있거나 영향을 미친다는 것이다. 이러한 영향의 본성은 적어도 세 가지 차원에 따라 달라질 수 있다. 첫째, 연결의 **강도**가 다양할 수 있다. 두 단위 A와 B 사이의 연결 강도는 A의 활성화가 B로 얼마나 전달되는지에 따라 달라진다. A의 활성화가 B로 전달되는 방식으로 A와 B가 연결되어 있다 하더라도 A의 활성화의 절반이 전달될 수도 있고, ¼이 전달될 수도 있다. 예를 들어 A가 레벨 q에서 발화하지만 B에 전달되는 활성화의 양은 $2q$인 경우와 같이 A의 활성화가 B로 전달될 때 증강될 수도 있다.

두 번째 유형의 가변성은 연결이 **흥분적**일 수도 있고 **억제적**일 수도 있다는 사실에서 비롯된다. 모든 조건이 동일할 때 (둘 사이의 연결 강도에 따라 결정되는 방식으로) A의 활성화가 B의 활성화를 일으키는 경향이 있거나 B가 이미 발화 중인 경우 B의 활동을 증가시키는 경향이 있는 경우 A와 B 사이의 연결은 흥분적이다. A의 활성화가 B의 활동을 멈추거나 약화시키는 경향이 있다면 A와 B 사이의 연결은 억제적이다.

가변성의 세 번째 원천은 모든 단위가 그 수준 아래에서는 발화하지 않는, 활성화의 **역치** 수준을 (반드시 가질 필요는 없지만) 가질 수 있다는 사실에서 비롯된다. 따라서 예를 들어 A의 활성화 수준 q가 B로 전달되더라도 B의 역치 수준이 q보다 높은 경우 B는 발화하지 않는다.

신경망의 단위들은 **층들**, 즉 **입력층, 출력층** 및 하나 혹은 그 이상의 **은닉층**으로 배열된다. 그리고 단위들 간의 연결은 층들 사이 및 층들 안에서 모두 발생한다.

우리의 목적상 신경망의 세부 사항보다는 신경망의 특징적인 장단점이 더 중요하다. 특히 신경망은 특정 과제에는 매우 능숙하고 또 다른 과제에는 매우 서툴다. 신경망의 큰 매력은 신경망이 잘하는 과제는 인간이 쉽게 또는 비교적 쉽게 수행할 수 있는 종류의 과제라는 점이다. 반대로 신경망이 그리 잘하지 못하는 종류의 과제는 인간도 어렵게 여기는 과제다. 반면 전통적인 기호 체계에서는 그 관계가 반대다. 전통적인 '규칙과 표상' 체계는 인간이 어렵게 생각하는 과제에는 매우 능숙하지만, 인간이 쉽게 여기는 과제에는 매우 서툴다. 이는 신경망이 전통적인 체계보다 훨씬 더 현실적인 인간 인지 모델을 제공할 것임을 시사한다.

넓게 말하자면, 인간과 연결주의 체계가 매우 잘하는 것으로 보이는 과제들은 패턴 매핑, 즉 패턴 인식, 완성, 변환, 연합 작업으로 쉽게 환원될 수 있는 과제들이다. 여기에는 시지각/인지 과제, 범주화, 기억에서 정보 불러오기 그리고 다수의 문제들, 부분적인 문제들, 일관되지 않은 제약이 있는 문제들에 대한 적절한 해결책 찾기 등이 포함된다. 인간과 신경망이 상대적으로 잘하지 못하는 과제에는 논리적·수학적 계산과 형식적 추론 일반이 포함된다.

신경망의 관점에서 볼 때, 형식적 추론과 같은 과정의 문제점은 패턴 매핑 작업으로 환원될 수 없는 것처럼 보인다는 점이다. 이러한 추론은 패턴 매핑에 의해 복제될 수 없는 것으로 보이는 구조를 따르고 있다. 그러나 문제는 양쪽 모두에 있다. 규칙과 표상 접근법에 따르면, 형식적인 추론 과정에 참여하는 인간의 능력은 인간의 뇌 내부에 심적 표상과 이러한 표상의 변환을 지배하는 규칙이 존재한다는 점에 의해 설명된다. 이러한 규칙과 표상은 논리나 수학과 같은 형식적 체계의 규칙 및 표상과 유사하다. 그런데 이러한 접근 방식의 문제점 중하나는 인간이 수학이나 연역 논리에 관여되는 것 같은 형식적 추론 과정에 왜 그렇게 서툰지 이해하기 어렵다는 것이다. 더 정확히 말하자면, 전통적인 접근 방식에서는 형식적 추론 과정에서 인간이 보이는 특징적인 오류 패턴에 인간이 왜 그렇게 취약한지 알기 어렵다. 형식적 추론이 규칙에 따라 구조를 조작하는 문제라면 그리고 관련 구조와 규칙이 뇌에 포함되어 있다면, 우리는 형식적 추론에서 오류가 없지는 않더라도 적어도 지금보다는 훨씬 더 나은 모습을 보여야 할 것같다.

신경망 접근법은 정반대의 문제, 즉 인간이 형식적 추론을 어떻게 그렇게 잘할 수 있는지 설명하는 문제에 직면한다. 신경망은 패턴 매핑 작업에 특화되어 있으며, 형식적 추론 과정은 이러한 작업으로 환원되지 않는다. 따라서 신경망 접근법은 인간이 실제로 달성한 형식적 추론 능력 수준을 어떻게 달성했는지 설명하는 데 어려움을 겪을 것으로 보인다. 요컨대, 수학 및 형식논리학에서 나타나는 종류의 형식적 추론과 관련하여 인간은 전통적인 접근 방식이 예측하는 것만큼 잘하지도 않고 신경망 접근법이 예측하는 것만큼 서툴지도 않다.

우리의 목적상 중요한 것은 연결주의 이론가들이 형식적 추론에 대한 인간의 역량을 설명하기 위해 채택한 전략이다. 럼멜하트(D. Rumelhart), 맥클레랜드(J. McClelland), PDP 연구 그룹(PDP Research Group, 1986)이 수학적 추론에 관여하는 우리의 능력에 대해 제시한 신경망 설명은 연결망이 적절한 방식으로 활용할 수 있는 더 큰 환경에 연결망을 착근한다는 개념에 기반을 두고 있다. 수학적 추론을 생각해 보자. 예를 들어 2×2=4와 같이 매우 간단한 곱셈의 경우 대부분의 사람들은 보는 것만으로도 답을 알 수 있다. 럼멜하트 등은 이것이 신경망에 의해 쉽게 모델링될 수 있는 종류의 패턴 완성 메커니즘의 증거라고 제시한다. 그러나 우리 대부분은 더 복잡한 곱셈에 대한 답은 그렇게 쉽게 식별할 수 없다. 예를 들어 343×822를 머릿속으로 계산하기란 쉽지 않다. 대신, 우리는 큰 과제를 반복되는 일련의 작은 과제들로 축소하는 외부 형식주의를 활용한다.(Clark 1989 참조) 따라서 우리는 종이에 숫자를 적고 2×3, 2×4 등 일련의 간단한 패턴 완성 작업을 거치는데, 이때 중간 결과들은 잘 정의된 알고리즘에 따라 종이에 저장한다. 럼멜하트 등의 요점은 수학적 구조를 조작할 수 있는, 신경망 외부의 추가 체계의 일부로 포함되어 있다는 의미에서 착근된 신경망이 우리에게 있다면, 내부적으로 실현된 수학 기호들을 상정할 것을 표면상 요구하는 긴 곱셈과 같은 과정을 그런 것이 필요 없는 다른 과정으로 환원할 수 있다는 것이다. 이 착근된 망의 주요 특징은 다음과 같다.

1. '2', '×', '3' 등과 같이 외부 구조를 인식하는 데 필요한 패턴 인식 장치.
2. '2×3='과 같이 이미 인식된 패턴을 완성하는 데 필요한 패턴

완성 장치.

두 종류의 장치 모두 신경망에서 쉽게 실행될 수 있다.

3. 환경 내 수학적 구조를 조작할 수 있는 능력.

따라서 예를 들어 '2×3='이라는 패턴을 인식하면 착근된 체계가 그 패턴을 완성한 다음 결정적으로 숫자 '6'을 쓰거나 기록할 수 있다. 그러면 체계가 인식할 수 있는 새로운 패턴이 형성되고, 이를 완성하고 기록하면 또 다른 패턴을 인식하고 완성하는 식으로 체계가 작동한다.

이러한 방식으로 긴 곱셈같이 내부적으로 실현된 수학 기호들을 상정할 것을 요구하는 것처럼 보이는 과정도 **외부**의 수학적 구조들에 대한 조작 과정과 쌍결합된 패턴 인식 및 완성의 **내부** 과정으로 환원될 수 있다. 따라서 이 수학적 과제가 수행되는 전체 과정은 신경망 내부의 요소와 외부의 요소에 걸쳐 있는 **혼성적인** 과정이다. 이러한 요소 중 어느 것도 내부적으로 실현된 수학 기호에 대한 상정에 관여하지 않으며, 그러한 기호의 변환을 지배하는 내부적으로 실현된 규칙을 상정할 것을 요구하지도 않는다. 내부 기호와 규칙이 담당한다고 생각되었던 역할은 대체로 **외부** 기호와 규칙 그리고 필요에 따라 이러한 기호를 조작하는 능력에 의해 대체되었다. 그리고 내부 잔여물은 비기호적 패턴 인식과 완성 작업으로 구성된다.

이 전략은 지금까지 살펴본 지각 및 기억에 대한 설명과 마찬가지로 과제의 일부 인지적 부담을 세계에 **떠넘기는** 방식으로 작동한다. 패턴 매핑 작업은 이러한 체계에서 상당히 쉽게 구현할 수 있는 작업이라는 점에서 인간의 인지 체계에 대한 요구는 **상대적으로** 낮은 것처럼 보인다. 따라서 다시 한 번, 우리는 수학적 및 기타 종류의 형식적 기호와 같은 특정 유형의 내부 표상을 인간의 뇌가 훨씬 쉽게 실행할 수 있는 내부 과정으로 대체하는 것을 볼 수 있다. 그리고 이러한 대체로 인해 생긴 설명의 공백은 유기체가 주변 세계에 작용하는 능력으로 채워진다. 이처럼 내적 표상의 역할이 약화되고 행위의 역할이 증대되는 것이 장래의 새로운 과학의 특징이다.

상황적 로봇의 발전은 이러한 기본 개념의 보다 일반적인 발전으로 간주될 수 있다. 이러한 발전은 클라크(1989)가 **수평적 미시 세계**와 **수직적 미시 세계**라고 부르는 것 사이의 구별을 중심으로 이루어진다. 미시 세계는 연구 영역을 제한한 것이다. 지능을 한꺼번에 이해할 수 없다는 점을 감안할 때, 지능을 쉽게 이해할 수 있는 조각들로 분해하는 접근 방식이 필요하기 때문이다. 분해는 두 가지 방식으로 가능하다. 먼저 수직적 미시 세계는 인간 수준의 인지 능력의 작은 부분을 연구 대상으로 삼는다. 따라서 데카르트적 인지과학의 유명한 연구 프로그램은 영어 동사의 과거형 생성, 체스 게임, 피크닉 계획과 같은 것에 초점을 맞추었다. 그런데 이러한 접근 방식은 몇 가지 우려를 낳는다. 아마도 가장 중요한 것은 수직적 미시 세계를 모델링하는 것과 같은 종류의 문제를 해결할 때 우리는 (부지불식간에) 우리가 깔끔한, 설계 지향적 해결책을 이용하고 있다고 오해할지도 모른다는 점이다. 이러한 해결책은 현존하는 구조를 활용해야 할 필요에서 비롯되는 생물학적 해결책과는 전혀 다른 것이다. 클라크(1997, p. 13)의 말처럼 우리는 짝, 먹이, 포식자를 인식하기 위해 선택된 패턴 인식 기술 덕분에 체스의 대가가 될 수 있는지도 모른다. 하지만 체스 실력을 모델링하기 위한 깔끔한, 설계 지향적 해결책을 찾고 있다면, 패턴 매핑 작업은 이와 거리가 멀다.

반면 수평적 미시 세계는 비교적 단순한, 실제 또는 가상의 생명체의 **완전한** 행동 능력으로 이루어진다. 수평적 미시 세계에 초점을 맞춤으로써 우리는 생물학적 필수 사항들, 가령 현존하는 구조와 해결책들의 활용, 손상에 대한 대처, 실시간 반응, 감각과 운동 기능의 통합 등을 잊지 않는 가운데 인간 수준의 지능에 제기되는 문제들을 단순화할 수 있다. 지난 20년간 로봇공학 및 인공지능 분야에서 가장 영향력 있는 연구는 수평적 미시 세계에 대한 이해에 초점을 맞춰 왔다.

바로 이 지점에서 신경망과 매우 유사한 것이 등장한다. 많은 수평적 미시 세계는 신경망과 결정적인 방식으로 유사한 유형의 아키텍처, 즉 **포섭 아키텍처**에 의해 모델링되기 쉽다. 그런데 여기에서 주의해야 할 점은 포섭 아키텍처의 활용을 옹호하는 가장 영향력 있는 학자 중 한 명이 이것을 신경망과 구별하는 데 주의를 기울이고 있다는 점이다. 로드니 브룩스(Rodney Brooks 1991, p. 147)는 이렇게 말한다.

신경망은 연결주의의 모(母) 이론이며 연결주의는 신경망의 최근 모습이다. 신경망 연구자들은 연결망 노드들이 뉴런의 모델로 생물학적 중요성을 갖는다고 주장한다. 하지만 실제 뉴런에서 발견되는 수천 개의 연결에 비해 모델링된 연결의 수가 아주 적다는 점을 고려할 때 대부분의 모델들은 매우 타당하지 않은 것으로 보인다. 우리는 유한 상태 기계들을 연결망 노드들로 선택하는 데에 아무런 생물학적 의미가 없다고 주장한다.[2]

신경망의 단순성을 고려할 때, 신경망의 생물학적 중요성에 대한 주장은 물론 항상 미약했다. 하지만 이를 인정한다고 해서 포섭 아키텍처와 신경망 사이의 중요한 유사성을 간과해서는 안 된다. 신경망과 마찬가지로 포섭 아키텍처는 회로의 '층들'로 구성되며, 이러한 층들은 복잡한 메시지를 전송하는 것을 통해서가 아니라 다른 층이 특정 상태에 진입했을 때 한 층을 끄거나 켜는 간단한 신호를 통해 통신한다. 포섭 아키텍처를 신경망의 한 종류로 간주할지 여부는 대체로 규정의 문제다. 하지만 브룩스처럼 그렇게 간주하지 않더라도 둘 사이에 깊은 유사성이 있다는 것은 알아야 한다.

브룩스는 여러 개의 고유한 활동 생성 하위 체계들 또는 '층들'로 구성된 다수의 단순한 '창조물들'을 개발했다. 이러한 층들 각각은 입력에서 행위로 이어지는 완전한 경로로 이루어져 있는데, 이는 포섭 아키텍처에 특징적인 것이다. 층들은 연결된 다른 층의 활동을 증대, 즉 자극하거나, 그 활동을 방해하거나, 또는 중지하는 간단한 신호들을 통해 서로 통신한다. ('포섭' 아키텍처라는 표현은 이러한 방식으로 한 층이 다른 층의 활동을 포섭할 수는 있지만 더 복잡한 방식으로 통신할 수는 없다는 사실에서 유래한다.)

이러한 방식에 따라 설계된 창조물은 다음과 같은 종류의 층들로 구성될 수 있다.(Brooks 1991, p. 156)

층1 초음파 소나(sonar) 센서 고리를 통한 물체 회피. 이를 통해 물체가 전방에 있는 경우 창조물, 즉 모봇(mobot =mobile robot)

---

2 여기에 주목하게 해 준 데 대해 마이크 윌러에게 감사한다.

이 정지하고 막히지 않은 방향으로 방향을 바꿀 수 있다.

층2 물체 회피층이 현재 비활성 상태인 경우, 탑재된 장치가 임의의 경로 방향을 생성하여 창조물이 방황하도록 할 수 있다.

층3 이 층은 방황층을 중지시키고 대신 창조물을 새로운 현장으로 데려가는 먼 목표를 설정할 수 있다.

층들은 점진적으로 추가될 수 있으며, 새로운 층이 추가될 때마다 새로운 완전한 기능적 역량을 갖추게 된다. 이러한 창조물에는 중앙 계획자, 처리 단위 또는 데이터 저장소가 필요하지 않다. 대신 경쟁하는 행동들의 집합에 의해 구동되며, 이러한 경쟁 행동들은 그 자체로 환경적인 입력에 의해 구동된다. 이러한 창조물에는 지각과 인지 사이의 정확한 구분선이 존재하지 않는다. 지각 부호가 중앙 부호로 변환되어 탑재된 추론 장치들에 의해 공유되는 지점도 없다. 오히려 환경 자체가 몇 가지 기본적인 행동 반응을 통해 창조물을 성공으로 이끈다.

포섭 아키텍처는 전통적인 데카르트적 인지과학에서 채택하는 방식과 전혀 다른 방식으로 체계들을 분해한다. 데카르트적 인지과학은 수직적 미시 세계들에 대한 식별을 기반으로 체계들을 분해한다. 반면 포섭 아키텍처는 체계들을 국소적, 즉 수직적 기능이나 역량이 아닌 전역적, 즉 수평적 활동이나 과제들로 분해한다. 브룩스는 이렇게 말한다.

[이러한] 대안적 분해는 시각과 같은 주변 체계들과 중앙 체계를 구분하지 않는다. 오히려 지능 체계의 근본적인 분할은 그것을 **활동**을

생성하는 하위 체계들로 나누는 직교 방향으로 이루어진다. 각 활동 또는 행동 생성 체계는 감지를 행위로 개별적으로 연결한다. 우리는 활동 생성 체계를 층이라고 부른다. 활동은 세계와의 상호 작용 패턴이다. 우리의 활동의 다른 이름은 아마도 기술(技術)일 것이다. (Brooks 1991, p. 146)

결정적인 개념은 층들이 수행하는 활동은 체계의 환경을 전제로 하며, 환경 없이는 의미가 없다는 것이다. 각 층의 활동은 환경과의 긴밀한 상호 작용으로 이루어지며 이에 의해서만 이해될 수 있다. 따라서 다양한 활동들을 이해하는 데 환경의 각 측면의 구조는 해당 층의 내부 영역의 구조만큼이나 중요하다.

다시 한 번, 우리는 새로운 과학을 구성하기 위해 경쟁하는 여러 이론들에 특징적인 설명 패턴, 즉 행위의 증대와 결합된 표상의 약화를 확인할 수 있다. 전통적인 접근 방식에서는 창조물이나 모봇에 일련의 표상들과 이러한 표상들로 무엇을 할 것인지에 대한 일련의 규칙을 내장하려고 시도했다. 브룩스와 다른 사람들이 채택한 접근 방식에서는 이렇게 하지 않는다. 대신 모봇에 포섭 아키텍처를 제공하는데, 이 포섭 아키텍처의 각 층은 기능적으로 완전한 신경망을 이루고 있다. 그리고 모봇의 기능과 관련하여 설명이 부족한 부분은 모봇이 환경 내 구조를 올바른 방식으로 활용하는 능력을 통해 설명한다. 이 전략에서는 전통적인 의미의 표상에 어떤 역할도 할당하지 않는다. 그런 할당은 필요가 없다. 브룩스의 유명한 말처럼, **세계는 그 자체로 최선의 표상이다.**

6. 결론

새로운 과학을 구성하는 여러 이론들에 대한 이러한 조사는 포괄적이지도 완전하지도 않다. 예를 들어 인지에 대한 역동주의적 접근 방식(van Gelder 1994)과 이러한 접근 방식에 기반한 상황적 아동 발달에 대한 중요한 설명(Thelen and Smith 1994)에 대한 논의는 생략했다. 그러나 이 조사는 그 목적을 달성하기에는 충분히 포괄적이었다. 목적은 두 가지다. 첫째, 규칙과 표상에 기반한 전통적인 데카르트적 접근 방식과 중요한 측면에서 분기되는 심적 과정의 본성에 대한 과학적 연구가 상당히 많이 이루어지고 있음을 보여 주는 것이다. 둘째, 전통적인 규칙과 표상에 의한 접근 방식과 이러한 여러 대안적 이론들 사이의 주요 분기점을 큰 틀에서나마 식별하는 것이다. 새로운 이론과 그리 새롭지 않은 이론으로 구성된 대안적 이론들은 전통적인 접근 방식에 비해 표상의 역할이 약화되고 행위의 역할이 증대되는 특징이 있다. 표상의 역할이 약화되는 것은 행위의 역할이 증대되어야만 가능하다는 점에서 이 둘은 서로 연결되어 있으며, 표상의 약화로 인해 발생하는 설명의 공백은 행위의 증대로 채워진다.

이 여러 이론들을 표면적으로나마 반데카르트적인 것으로 만드는 것은 행위의 증대다. 이러한 증대의 근간에는 다음과 같은 견해가 자리한다. 즉 인지와 그 밖의 심적 과정들은 유기체의 뇌 안에서만 독점적으로 일어나지 않으며, 부분적으로는 유기체가 뇌 밖의 세계, 즉 신체나 더 넓은 환경에서 혹은 이에 대해 하는 일로 인해 달성된다는 것이다.

이 중 어느 것도 아직 명확하게 밝혀지지 않았다. 다음 장의 기능은 필요한 명확성 중 최소한이나마 밝히는 것이다.

3. 체화되고 착근되고 행화되고 확장된 마음

1. 데카르트적 인지과학(요약)

전통적인 인지과학은 심적 상태와 과정을 특정 주체, 사람, 또는 유기체의 머리 안에만 배타적으로 있는 것으로 보는 데카르트적 관점의 연장선상에 있다. 데카르트적 인지과학은 심적 **표상**과 그에 대해 수행되는 **작업**에 대한 이론적 장치를 통해 이러한 관점을 발전시켰다. 즉

1. 인지 과정은 세계에 대한 정보를 담고 있는 구조들의 조작과 변환으로 이루어진다.
2. 이러한 정보 보유 구조는 심적 표상이라고 알려져 있다.
3. 심적 표상은 인지 유기체의 뇌 안에 자리하는 구조다.

심적 표상은 보통 뇌 상태 또는 뇌 상태에 의해 실현되는 고차적인 기능적 속성으로 간주된다. 어떻게 해석하든 심적 표상은 뇌 안에서 그리고 오직 뇌 안에서만 발견되는 것이므로, 그에 대한 조작과 변

환 역시 뇌 안에서 일어나는 과정이다. 인지 과정은 바로 이러한 조작 및 변환 작업이므로 인지 과정은 뇌에서 발생하는 과정이며, 따라서 인지 과정은 뇌 과정이거나 또는 뇌 과정에 의해 독점적으로 실현되는 과정이다. 물론 심적 표상의 조작과 변환은 무작위로 일어나는 것이 아니라 특정 원칙이나 규칙에 따라 일어난다. 따라서 이러한 관점을 종종 인지 이해를 위한 **규칙과 표상** 접근법이라고 부르기도 한다. 표상 그리고 표상이 조작되고 변환되는 규칙은 모두 오직 신경적으로만 실행되며, 따라서 인지 유기체의 뇌 내부에서 일어난다.

인지과학을 발전시키는 상이한 방법들은 다양한 방식과 다양한 범위에서 인지에 대한 이러한 규칙과 표상 개념을 포기할 수 있다. 예를 들어 신경망 또는 연결주의적 접근은 이러한 그림의 구성 요소 중 **규칙**을, 적어도 지금까지 이해되어 왔던 의미로는, 포기하는 것으로 일반적으로 생각된다. 신경망을 옹호하는 사람이건 비판하는 사람이건 일부 사람들은 그것을 구성 요소 중 심지어 **표상**까지 포기하는 것으로 여긴다. 하지만 나는 신경망을 이해하는 좀 더 그럴듯한 방법은 표상의 지도적 개념을 포기하는 것이 아니라 수정하는 것이라고 생각한다.

그러나 인지에 대한 고전적 접근 방식과 연결주의적 접근 방식 사이의 이러한 차이가 우리의 목적에는 중요하지 않다. 이 두 접근 방식은 이 책의 중심 논증의 표적이 되는 가정을 공유하고 있기 때문이다. 즉 신경 집합체에 활성화 패턴을 퍼뜨리는 규칙과 표상을 포기하더라도 우리는 여전히 뇌 내부에 있는 구조와 과정을 다루고 있다. 인지 과정에 대해 참인 것이 무엇이든 간에 그것은 인지 유기체의 뇌 내부에서 일어나는 과정이다. 이것은 인지에 대한 고전적 접근 방식과 연결주의적 대안 모두가 동의할 수 있는 가정이다. 그리고 비데카르트적 인지과학은 이러한 공통 가정을 거부하는 것으로 정의된다.

첫 장에서 살펴본 것처럼 새로운 과학은 다양한 조류들로 구성되어 있다. 그리고 이 조류들 모두가 인지 과정이 항상 뇌 내부에서 일어난다는 가정을 거부한다 하더라도 (비록 우리는 1장 말미에서 이를 의심할 만한 몇 가지 이유를 발견하기 시작했지만) 이들은 완전히 다른 방식과 전혀 다른 이유로 그렇게 한다. 이제 체화, 착근, 행화, 확장이라는 개념에 대해 살펴보도록 하겠다.

2. 체화된 마음

먼저, 마음에 대한 이야기에 관해 첫 장에서 있었던 권고를 기억해 보자. 우리 대부분에게는 마음을 우리의 다양한 심적 상태와 과정들의 배후에 놓여 있고 이들을 하나로 묶어 주는 어떤 것 그리고 이러한 모든 상태와 과정들이 속해 있는 어떤 것으로 생각하는 끈질긴 경향이 있다. 마음을 이런 식으로 생각한다면, 데카르트적 형식이든 비데카르트적 형식이든 인지과학은 마음에 대한 과학이 아니라 심적 과정에 대한 과학이다. 물론 마음을 심적 상태와 과정들의 연결망에 지나지 않는다고 생각하면 상황이 달라진다. 흄이 이와 유사한 견해를 가지고 있었을지도 모른다는 점에서 흔히 마음에 대한 **흄적인** 견해로 알려진 이 관점에서 볼 때 인지과학은 정말로 마음의 과학이라고 할 수 있을 것이다.[1] 그러나 마음이 이런 의미에서 흄적인지 아닌지에 대한 합

---

1 나는 데이비드 흄이 "이와 유사한 견해를 가지고 있었을지도 모른다"고 말하지만 그가 정말

의가 없는 상황이므로 나는 새로운 마음 과학을 근본적으로 심적 상태와 과정에 대한 과학으로 계속 간주할 것이다. 따라서 내가 **체화된 마음 이론**이라고 부르는 것은 **체화된 심적 과정의 이론**이라고 부르는 것이 더 정확하다. 그러나 이런 표현은 다소 번거로우므로 체화된 마음 이론으로 계속 표현하기로 하겠다. 하지만 이것은 일반적으로 그런 것처럼 마음에 관한 이론이 아니라 심적 과정에 관한 이론으로 이해되어야 한다.

이 이론에 따르면, 전부는 결코 아니지만 적어도 일부 심적 과정은 뇌 과정뿐만 아니라 뇌 과정과 더 넓은 신체 구조 및 과정의 조합에 의해서도 구성된다. 이 이론은 샤피로(L. Shapiro 2004)와 다마지오(A. Damasio 1994) 등에 의해 옹호되었다. 여기에서는 샤피로의 옹호에 초점을 맞출 텐데, 체화된 마음 이론의 주장을 이해하기 위한 개념적 토대를 제공하고자 하는 이 절의 관심사에 샤피로의 옹호가 좀 더 밀접한 관련이 있다고 생각되기 때문이다.

샤피로(2004)는 그가 **분리 가능성** 논제(separability thesis, ST)라고 부르는 것을 지속적으로 공격한다. ST에 따르면 마음은 신체에 본질적인 요구를 하지 않는다. 인간 같은 마음은 인간 같지 않은 몸에도 얼마든지 존재할 수 있다는 것이다. 샤피로는 이에 반대하면서 그가 **체화된 마음 이론**(embodied mind thesis, EMT)이라고 부르는 것을 옹호한다. EMT에 따르면 "마음은 그것이 담겨 있는 신체를 깊이 반영하며",

로 그랬다고는 생각하지 않는다. 흄이 실제로 이런 견해를 갖고 있지 않았다고 생각하는 이유에 대해서는 에드워드 크래그(Edward Craig 1982, 3장)를 참조하라. 그럼에도 불구하고 마음에 대한 이러한 견해는 자아에 대한 흄적인 견해라고 불리기에 충분할 정도로 어김없이 흄에게 속하는 견해로 여겨진다.

따라서 "마음의 속성에 대한 지식을 바탕으로 신체의 속성을 예측하는 것이 종종 가능하다".(Shapiro 2004, p. 174) EMT에 대한 샤피로의 주장은 본질적으로 다음과 같은 생각에 기반한다.

> 심리적 과정은 신체의 기여 없이는 불완전하다. 인간에게 시각은 인간 신체의 특징들을 포함하는 과정이다. [⋯] 지각적 과정은 신체 구조를 포함하며 신체 구조에 의존한다. 이것은 다양한 지각 능력에 대한 기술이 신체 중립성을 유지할 수 없다는 것을 의미하며, 인간이 아닌 신체를 가진 유기체는 비인간적인 시각 및 청각 심리를 가질 것임을 의미한다.(Ibid., p. 190)

예를 들어 시각적 깊이 정보를 처리할 때 뇌는 두 눈의 차이 정보를 효율적으로 이용한다. 만약 눈이 두 개 이상 또는 그 이하이거나 눈 사이의 거리가 다르다면, 차이로부터 깊이를 계산하는 뇌 과정은 상당한 수정이 필요할 것이다. 따라서 "인간의 시각에는 인간의 몸이 필요하다".(Ibid., p. 191) 다른 지각 능력도 마찬가지다. 인간의 청각 체계는 인간의 귀 사이의 거리에 맞게 조정되어 있다. 이 거리 때문에 소리는 각 귀에 약간 다른 시간에 도달하며, 그 차이는 소리가 나오는 방향에 대한 중요한 정보를 담고 있다. 따라서 뇌는 귀 사이의 거리를 음원의 방향을 결정하는 방법으로 이용한다. 그리고 뇌는 이 거리에 맞게 조정된다. 즉 거리를 변경하면 뇌의 조정도 변경되어야 한다. 또한 소리가 특정 크기와 밀도의 머리를 통과한다는 사실은 음원의 방향 등에 대한 중요한 정보를 추가로 제공한다.

다음은 샤피로가 EMT 논제를 개진할 때 사용한 비유다.(Ibid.,

185ff.) 잠수함 조종에 대한 사용 설명서를 상상해 보자. 물론 이 설명서는 잠수함에 특화된 것이다. 일부 겹치는 내용이 있을 수 있지만 비행기 조종법을 가르치는 데는 쓸모가 거의 없을 것이다. 잠수함 조종에서 비행기 조종, 버스 조종 등으로 기술을 전수할 수 있는 범용 설명서나 프로그램은 존재하지 않는다. 샤피로는 잠수함 매뉴얼이 심적 활동을 뒷받침하는 연산 알고리즘과 유사하다고 주장한다. 즉 뇌가 작동하는 규칙들, 즉 심적 표상을 조작하고 변환하는 규칙들은 제대로 작동하기 위해 이 규칙들을 실행 또는 실현하는 기저 아키텍처의 본성에 의존한다는 것이다. 그리고 이 아키텍처에는 뇌뿐만 아니라 더 넓은 신체 구조가 포함된다고 샤피로는 주장한다. 뇌가 심적 표상들을 조작하고 변환하는 규칙은 뇌가 체화되어 있는 신체에 의존하는데, 이러한 의존은 부분적이지만 결정적이다. 그런데 샤피로는 한 가지 중요한 측면에서 이 비유가 충분히 깊지 않다고 주장한다. 즉 "잠수함의 존재는 설명서의 지침이 담고 있는 정보를 변화시키지 않는다. 잠수함을 파괴해도 설명서의 지침은 변하지 않는다".(*Ibid*., p.186) 그러나 인간 인지에 대한 사용 설명서는 인간 인지가 그 안에서 부분적으로 실행되는 신체 구조가 없다면 아무런 의미가 없다. 샤피로는 그의 주장을 **신체 중립성** 개념에 대한 공격으로 규정한다. 이 개념은 "신체의 특성은 사람이 소유하는 마음의 종류에 아무런 차이를 만들지 않는다"는 것이며, "마음은 그것을 실현하는 신체/뇌의 종류로부터 추상화될 수 있는 프로그램"이라는 생각과 연관되어 있다.(*Ibid*., p.175)

샤피로처럼 인지 과정의 본성을 설명하고 이해하는 데 더 넓은 신체 구조에 호소하는 것은 체화된 장르의 전형적인 모습이다. 그러나 샤피로의 주장을 해석하는 방법에는 적어도 세 가지가 있으며, 그 중 하나는 다른 것보다 훨씬 더 강력하다. 첫 번째 해석은 철학자들이 인식적 해석이라고 부르는 것이다. 여기에서 '인식적'이란 대략적으로 '우리의 지식 또는 우리가 알 수 있는 것과 관련된 것'을 의미한다. 이러한 방식으로, 즉 인식적으로 이해할 때 샤피로의 주장은 인지 과정이 자리 잡고 있는 더 넓은 신체 구조를 이해하지 않고서는 인지 과정의 본성을 이해하는 것이 불가능하다는 것이 된다.[2] 예를 들어 (a)뇌가 귀에 붙어 있고, (b)귀는 서로 일정한 거리에 있으며, (c)소리가 각 귀에 도달하는 시간에는 보통 약간의 차이가 있고, (d)도착 시간의 이러한 불일치가 음원의 방향에 대한 정보를 담고 있다는 사실들을 고려하지 않고서는 뇌가 소리의 방향을 계산하는 방법을 이해할 수 없다는 것이다. 이러한 사실들을 알지 못하면 뇌가 음원의 방향을 식별하는 과제를 어떻게 해내는지 이해할 수 없는데, 사실들이 달라지는 경우 뇌는 다른 방식으로 일들을 수행해야 할 것이기 때문이다. 예를 들어 우리에게 한쪽 귀만 있다면 우리가 활용할 수 있는 차이 정보가 없을 것이고, 뇌는 음원의 방향을 성공적으로 식별하기 위해 그에 상응하는 더 많은 작업을 수행해야 할 것이다.

체화된 마음 이론에 대한 이러한 인식적 해석은 사소하지 않지

---

2 마크 롤랜즈(Mark Rowlands 1999)에서 나는 확장된 마음 이론, 또는 당시에는 '환경주의'라고 부르기를 선호했던 이론의 존재적 버전과 인식적 버전을 구별했다. 즉 나는 확장된 마음 이론을 심적 과정이 무엇인지에 대한 존재적 주장과 심적 과정을 이해하는 최선의 방법에 대한 인식적 주장으로 구별했다. 나는 후자는 전자의 중요한 귀결이며, 전자, 즉 존재적 주장이 확장된 마음을 이해하는 가장 흥미롭고 중요한 방법이라고 주장했다. 이 절의 논의는 부분적으로 이러한 구별을 체화된 마음 이론에 적용한 것이다. 그러나 여기에서는 존재적 주장의 두 가지 버전을 구별할 것이다.

만, 인지 과정에 대한 전통적인 개념의 많은 부분을 그대로 유지한다. 이것은 가령 진정한 인지는 뇌 안에서 일어난다는 생각, 즉 신경적 표상의 변환으로 이루어진다는 생각과 양립 가능하며, 다만 특정 사례에서 일어나는 이러한 변환 과정의 특성을 이해하려면 이러한 변환이 착근되어 있는 더 넓은 신체 구조를 이해해야 한다는 조건을 추가할 뿐이다. 인식적 해석에 따르면, 더 넓은 신체 구조는 이러한 인지 과정이 자리하고 있는 일종의 신체적 **맥락**을 제공한다. 또한 이러한 과정이 어떻게 작동하는지 제대로 이해하려면 이러한 맥락을 이해할 필요가 있다. 하지만 그렇다고 해서 인지와 신체적 맥락이 구별되지 않는다는 의미는 아니다. 진정한 인지는 여전히 뇌 안에서 발생한다고 주장할 수 있으며, 이러한 주장은 체화된 마음 이론의 인식적 독해와 양립 가능하다.

체화된 마음 이론에 대한 두 번째 가능한 해석은 철학자들이 인식적이라기보다는 **존재적**이라고 부르는 것이다. 여기에서 '존재적'은 대략적으로 (사물이 어떻게 있는지에 대한 우리의 지식이 아니라) '사물이 어떻게 있는지에 관련된 것'을 의미한다. 두 번째 해석에 따르면, 체화된 마음 이론은 더 넓은 신체 구조에 대한 인지 과정의 **의존**에 대한 이론이다. 즉 인지 과정이 오직 이러한 구조와 함께 또는 협력해서만 작동하도록 설계되었다는 의미에서 더 넓은 신체 구조에 **의존한다**는 것이다. 적절한 신체 구조가 부재하는 경우, 유기체는 인지적 과제의 통상적인 레퍼토리를 완수하지 못할 수 있는데, 이는 유기체가 이러한 과제들을 수행하기 위해 보통 이용하는 과정들이 오직 부재하는 구조와 더불어서만 작동하기 때문이다. 이 의존 논제는 다양한 방식으로 이해할 수 있다. 한 가지 방식은 이를 인지 과정의 본성에 대한 우연적인 주장으로 이해하는 것이다. 우연적인 주장이란 실제로 일부 인지 과정들은 제대로 기능하기 위해 더 넓은 신체 구조에 의존하는 방식으로 발전해 왔지만 반드시 이런 방식으로 발전할 필요는 없었다는 주장이다. 즉 인지 과정은 더 넓은 신체 구조와 독립적으로 작동하도록 발전할 수도 있었지만, 그저 이런 방식으로 발전한 것일 뿐이라는 것이다. 좀 더 낙관적이라면 이를 **필연적** 참으로 바꾸려고 시도할 수도 있다. 이 맥락에서 우연적 참과 필연적 참 사이의 차이는 **하지 않는다**와 **할 수 없다** 사이의 차이와 같다.(상자 3.1 참조) 필연적 의존성에 대한 주장으로 이해할 때 체화된 마음 이론은 일부 인지 과정들이 원칙적으로 더 넓은 신체 구조와 독립적으로 기능할 수 **없다**는 주장이다. 즉 어떤 인지 과정들은 그것들이 실제로 발달한 신체적 맥락과 독립적으로 기능하도록 발전될 수 없었다는 것이다. 나는 의존성에 대한 주장을 필연적 참의 지위로 끌어올리는 것은 지나치게 낙관적인 것이라고 강하게 의심하지만, 이것은 우리가 지금 판단할 필요는 없는 문제다.

다시 말하지만, 체화된 마음 이론에 대한 의존 해석은 사소하지 않다. 그러나 이 해석에는 인지에 대한 전통적인 시각을 그대로 유지하는 분명한 면모가 있다. 즉 의존 해석을 수용하는 경우, 진정한 인지는 뇌 안에서만 독점적으로 발생한다는 주장이 여전히 유지될 수 있다. 진정한 인지는 올바르게 기능하기 위해 더 넓은 신체 구조 및 과정에 의존할 수 있지만, 이러한 더 넓은 신체 구조 및 과정이 인지의 일부를 형성한다고 생각할 이유는 없다. 의존, 심지어 **본질적인** 의존조차도 훨씬 더 많은 논증 없이는 구성이 되지 않는다.[3] 가령 태양 복사(輻射)에 의해 생성되지 않은 피부 변색은 햇볕으로 인한 화상이 아니라는 점에서 햇볕으로 인한 화상은 (본질적으로) 태양 복사에 의존한다. 그러나 이것이 태양 복사가 말 그대로 햇볕으로 인한 화상의 일부 또는 구성 요소라는 것을 의미하지는 않는다.(Davidson 1987)

첫 장에서 나는 많은 경우 환경이 인지 과정에 인과적으로 기여한다는 의미에서 환경이 인지 과정을 **추동한다**는 다소 명백한 사실을 지적하는 것만으로는 데카르트적 마음 개념에 도전할 수 없다고 주장했다. 인지 과정은 환경적 요인에 의존한다. 이것은 데카르트주의자라면 누구나 동의할 수 있는 지극히 온건한 주장이다. 일부 인지 과정들은 특정한 환경적 상황과 협력해서만 작동하도록 설계되었다고 주장함으로써 연결을 강화한다 해도 인지 과정을 뇌 안에서 발생하는 것으로 보는 데카르트적 그림은 훼손되지 않는다. 데이비슨(D. Davidson)의 선탠 예시를 수정하여 이 점을 설명할 수 있다. 일반적으로 선탠이라고 불리는 피부색의 변환은 자외선의 존재라는 특정한 환경적 상황으로부터 피부를 보호하기 위한 양식이며 특정한 환경적 상황에서만 기능하도록 설계되었다. 그러나 선탠은 피부에서 발생하며 오직 피부에서만 발생한다.(Davidson 1987) 인지 과정이 환경적 상황에 의존적이며 심지어 본질적으로 의존적이라고 말하는 것은 인지 과정이 인지하는 주체의 뇌 안에서 그리고 오직 뇌 안에서만 존재한다는 주장을 훼손하지 않는다. 우리는 체화된 마음 이론을 신체적 의존에 대한 주장으로 해석하는 것과 관련하여 정확히 동일한 지적을 할 수 있다. 인지 과정이 더 넓은 신체 구조와 환경에 의존적이고 심지어

---

3 이 점은 체화된 마음이 아닌 확장된 마음의 맥락에서 프레드 아담스와 켄 아이자와(2001, 2010) 그리고 로버트 루퍼트(2004)가 강력히 (그리고 내가 보기에 올바르게) 제기한 것이다.

본질적으로 의존적이라는[4] 주장은 인지 과정이 뇌 내부에서만 독점적으로 발생한다는 주장을 거부하도록 강요하지 않는다.

체화된 마음 이론에 대한 가장 강력하고 따라서 가장 흥미로운 세 번째 해석도 역시 **존재적** 해석인데, 세 번째 해석은 의존이 아니라 **구성** 혹은 **조직**(composition)이라는 개념에 기초한다.[5] 세 번째 해석에 따르면 인지 과정은 뇌 안에 실현된 구조와 작동에 국한되지 않고 더 넓은 신체 구조 및 과정을 통합한다. 이러한 광범위한 신체 구조 및 과정은 부분적으로 인지 과정을 **구성하며**, 인지 과정의 **구성 성분**을 이룬다. 인지 과정에 대한 데카르트적 관점, 즉 인지 과정이 인지 유기체의 뇌 안에서만 독점적으로 일어난다는 생각에 직접적이고 근본적으로 도전하는 것은 세 번째 해석뿐이기 때문에 세 번째 해석은 체화된 마음 이론에 대한 해석들 가운데 가장 흥미롭다. 체화된 마음 이론의 세 번째 해석이 옳다면, 샤피로의 예로 돌아가 볼 때, 귀 사이의 거리와 각 귀에 소리가 도달하는 시간 차이는 음원의 방향을 계산하는 과정의 문자 그대로 일부 또는 구성 성분이 될 수 있다. 이 거리와 그로 인한 불일치는 인지가 그저 의존하는 것일 뿐 인지와 무관한 것이 아니라 인지 과정의 진정한 일부다.

이것은 체화된 마음 이론에 대한 단연코 가장 급진적이고 흥미로운 해석이다. 그렇기 때문에 옹호하기도 가장 어렵다. 이 해석을 지

---

4 [옮긴이] 원문에는 '독립적'이라고 표기되어 있다. 저자에게 오류를 확인한 후 '의존적'으로 번역하였다.
5 롤랜즈 1999에서 나는 확장된 마음(일명 환경주의)이 (의존보다는) 구성에 대한 존재적 주장으로 가장 잘 이해된다고 주장했다. 그러나 거기에서 나는 존재적 주장의 의존 버전과 구성 버전을 명시적으로 구별하지 않았다. 지금은 구별하고 있는데, 이는 부분적으로 아담스와 아이자와(2001, 2010), 루퍼트(2004)의 저작 덕분이다.

지할 때, 우리는 첫 번째 장의 마지막 절에서 내가 커다란 문제라고 불렀던 것으로 바로 돌아가게 된다. 체화된 마음 이론을 의존 가설로 이해할 수 있다면, 굳이 구성 가설을 지지해야 할 이유가 있을까? 우리는 인지 과정이 임무를 수행하기 위해 더 넓은 신체 구조 및 과정에 의존한다는 것을 기꺼이 인정할 수 있다. 하지만 여기서 더 급진적인 그리고 그렇기 때문에 직관적으로 믿기 어려운 주장, 즉 더 넓은 신체 구조 및 과정이 인지 과정을 구성한다는 주장이나 인지 과정의 구성 성분이라는 주장으로 나아가야 할 이유는 무엇일까? 의존 가설의 경우 데카르트적 직관과 이를 바탕으로 구축된 전통적인 인지과학을 상당 정도 고수하게 해 준다는 점을 고려할 때, 구성 해석을 지지하는 것은 불필요할 뿐만 아니라 동기 부여가 되지 않는 것처럼 보이며, 분명히 불안정해 보인다.[6]

그럼에도 불구하고 이 책은 구성 해석을 옹호할 것이다. 전부는 아니지만 일부 인지 과정들은 더 넓은 신체 구조 및 과정에 의해 조직되고 구성된다고 주장할 것이다.

3. 확장된 마음

내가 확장된 마음 이론이라고 부르고자 하는 견해는 운반자 외재주의(Hurley 1998 ; Rowlands 2006), 능동적 외재주의(Clark and Chalmers 1998), 위치 외재주의(Wilson 2004), 환경주의(Rowlands 1999) 등 다양한 이름

6 이러한 견해는 루퍼트 2004에서 확인할 수 있다.

으로 불린다. '확장된 마음'은 앤디 클라크와 데이비드 차머스(David Chalmers)가 1998년 동명의 논문에서 창안한 명칭이다. 모든 명칭에는 문제가 있게 마련인데, '확장된 마음'도 예외가 아니다. 하지만 이 용어가 거의 정착되었기 때문에 이 책에서는 이 용어를 사용하기로 하겠다. 반면 내가 클라크와 차머스의 용어를 채택하고 있긴 하지만 내가 확장된 마음이라고 부르는 것은 적어도 한 가지 중요한 점에서 이들의 입장과 다르다.

먼저, 내가 확장된 마음 이론으로 의미하는 것은 다음과 같다. 즉 전부는 아니지만 적어도 일부 심적 과정은 넓게 해석될 때 인지 유기체가 주변 세계에 대해 수행하는 행위들에 의해 부분적으로 (그리고 내가 옹호하려는 버전에서는 **우연적으로**) 구성된다는 의미에서 인지 유기체의 환경으로 확장된다는 것이다.

문제의 심적 과정은 주로 **인지** 과정이며, 적어도 당분간은 여기에 초점을 맞출 것이다. 유기체가 주변 세계에 대해 수행하는 행위는 외부 구조를 조작하고 활용하고 변환하는 행위다. 이러한 구조에 특징적인 것은 이 구조가 주어진 인지적 과제의 완수와 관련된 정보를 담고 있다는 것이다. 인지 유기체는 이러한 구조에 적절한 방식으로 작용함으로써 그 정보가 자신과 후속 인지 작업에 이용되도록 만들 수 있다. 즉 인지 유기체가 이러한 구조에 대해 수행하는 행위의 기능은 구조 안에 단순히 **존재하는** 정보를 유기체 및/또는 후속 처리 작업에서 **이용할 수 있는** 정보로 변환하는 것이다. 확장된 마음 이론에 따르면, 이것은 인지 과정의 일부, 즉 진정한 인지적 부분을 형성할 수 있다. 따라서 내가 이해하고 옹호할 확장된 마음 이론은 일부 인지 과정들은 부분적으로 인지 유기체의 환경 내 정보 보유 구조들의 조작, 활용 및/또는 변환으로 구성된다는 이론이다. 즉 확장된 마음 이론은 다음과 같은 주장으로 정의된다.

확장된 마음

1. 세계는 지각, 기억, 추론 (그리고 아마도 경험) 등의 과정과 관련된 정보의 외부 저장소다.
2. 인지 과정은 내부 작업과 외부 작업에 걸쳐 있는 혼성적 과정이다.
3. 외부 작업은 넓게 해석될 때 **행위**의 형식을 취한다. 즉 주어진 과제의 완수에 관련된 정보를 담고 있는 환경 구조를 조작, 활용 및 변환하는 형식을 취한다.
4. 내부 과정 중 적어도 일부는 주체에게 환경 내 관련 구조를 적절하게 이용할 수 있는 능력을 제공하는 것과 관련된다.

그러므로 나의 이해에 따르면 확장된 마음 이론은 (1)**존재적** 이론이자 (2)**부분적**이고 (3)**우연적**인 (4)**구성**에 대한 이론 그리고 (5)**일부** 심적 과정에 대한 이론이다.[7]

1. 이것은 심적 과정을 이해하는 최선의 방법에 대한 **인식적** 이론이 아니라 (일부) 심적 과정이 무엇인지에 대한 이론이라

---

7 확장된 마음 이론을 이해하는 다른 가능한 방법들이 있지만 이것이 내가 롤랜즈 1999에서 개진하고 옹호한 이론의 현황이다.

는 의미에서 **존재적** 이론이다. 이러한 존재적 주장은 물론 인식적 결과를 낳는다. 즉 유기체가 환경 내 관련 구조를 조작, 활용, 변환할 수 있는 정도를 이해하지 않고서는 일부 심적 과정의 본성을 이해할 수 없다는 것이다.(Rowlands 1999) 그러나 이러한 인식적 결과는 확장된 마음 이론 자체의 일부가 아니다. 사실, 인식적 주장은 이 이론에 대한 부정과 양립 가능하다.[8]

2. (일부) 토큰 심적 과정은 부분적으로 환경 구조의 조작, 활용, 변환으로 구성된다는 주장이다. 모든 심적 과정에는 환원할 수 없는 내부 구성 성분, 즉 신경적이고 때로는 더 광범위한 신체적 구성 성분이 언제나 있다. 확장된 마음의 어떤 버전도 심적 과정이 세계에 대해 수행되는 조작적이고 활용적이며 변환적인 작업들로만 전적으로 구성될 수 있다고 주장하지 않을 것이다.[9]

3. 확장된 마음 이론은 심적 과정의 구성에 대한 필연적 참, 즉 일부 심적 과정은 **필연적으로** 환경 조작 과정 등에 의해 부분적으로 구성된다는 것을 주장하는 것으로 이해될 수도 있다.(상자 3.1 참조)[10] 그런데 이러한 이해는 가능하긴 하지만 바람직한 것은 아니다. 앞으로 살펴보겠지만, 확장된 마음 이

---

8 왜냐하면 이 인식적 주장은 곧 논의할 약한 주장, 즉 착근된 마음 이론의 귀결이기도 하기 때문이다.

9 이 명백한 점을 반복해야 하는 경우가 얼마나 많은지 정말 놀랍다.

10 광기에 가까운 열정을 가진 사람은 어떤 심적 과정은 환경을 조작하는 과정에 의해 필연적으로 구성된다고 주장하고 싶은 유혹을 느낄 수도 있다. 이러한 필연성 주장에 대한 대물적 (de re) 버전은 양상화된 대언적(de dicto) 주장보다 훨씬 더 그럴듯할 수 있다.

론의 근본적인 근거는 상당히 자유주의적인 형식의 **기능주의**에 있다.[11] 그리고 자유주의적 기능주의의 전체 취지는 동일한 (유형의) 심적 과정을 실현하는 다양한 방법의 가능성을 열어 두는 것이다. 따라서 확장된 마음 이론을 필연적인 참을 주장하는 것으로 이해하면, 이 이론의 주요 동기가 훼손될 위험에 처하게 된다.

4. 확장된 마음 이론(이하 줄여서 '확장된 마음')은 (일부) 심적 과정의 **조직** 또는 **구성**에 대한 주장이다. 조직은 **의존**과는 상당히 다른 관계다. 따라서 확장된 마음은 환경적 착근보다 더 강력하고 독특한 주장이며, **착근된** 마음의 주장과 명확하게 구별되어야 한다.(4절 참조) 착근된 마음의 주장에 따르면, 일부 심적 과정은 오직 특정 환경 구조와 더불어서만 작동하며 실제로 특정 환경 구조와 더불어서만 작동하도록 설계되었기 때문에, 후자가 없으면 전자는 그것이 작동해야 하는 방식으로 그것이 해야 할 일을 할 수 없다. 이처럼 일부 심적 과정은 제대로 작동하기 위해 더 넓은 환경에 의존하며, 이러한 의존은 아마도 본질적이다. 반면 확장된 마음은 심적 과정이 이러한 방식으로 더 넓은 발판 체계, 즉 이러한 과정의 작동을 아마도 결정적인 방식으로 촉진하는 체계 안에 **자리하고** (situated) 있다고 단순히 주장하지 않는다. 만약 이렇게 주장한다면 이것은 의존에 대한 주장이 될 것이다. 확장된 마음은

---

11 특히 확장된 마음과 기능주의 사이의 연관성에 대해서는 '에딘버러 기능주의자들'의 연구, 즉 앤디 클라크 2008a, b 및 메아크 월러 2008을 참조하라.

우리가 이러한 더 넓은 발판 체계에 대해 하는 일들이 부분적으로 우리의 (일부) 심적 과정을 조직하거나 구성한다고 주장한다.[12]

상자 3.1 필연과 우연

어떤 (참인) 진술이 필연적이라고 말하는 것은, 대략적으로 말하자면, 일이 반드시 그렇게 되어야만 하며, 다른 방식으로는 결코 될 수 없다고 주장하는 것이다. 따라서 그 진술은 사실일 뿐만 아니라 사실이어야만 한다. 반면 어떤 (참된) 진술이 우연적이라고 말하는 것은 그것이 참이지만 거짓이었을 수도 있다고 말하는 것이다. 진술에 기술된 것이 사실이지만 그렇지 않을 수도 있었다는 것이다.

이 책에서 나는 확장된 마음 이론을 우연적 참을 표현하는 것으로 이해하려고 한다. 일부 인지 과정이 환경 구조의 조작, 활용 및/또는 변환 과정을 통합하는 방식으로 발전한 것은 우연적인 사실이다. 인지 과정이 꼭 이런 방식으로 발전할 필요는 없었다. 인지 과정은 순전히 내적인, 즉 신경적인 과정으로 발전할 수도 있었지만 실제로는 그렇지 않았으

---

12 아담스와 아이자와(2001, 2010), 루퍼트(2004)는 의존과 구성의 구별을 이용하여 확장된 마음을 공격한다. 확장된 마음을 지지하기 위해 사용된 논증은 환경적 과정에 의해 인지 과정이 구성된다는 것이 아니라 인지 과정이 환경적 과정에 의존한다는 것만을 확립할 뿐이라는 것이다. 이들의 주장은 다음 장에서 더 자세히 논의할 것이다.

며, 적어도 모든 인지 과정들이 그렇지는 않았다. 어떤 사람들은 확장된 마음 이론을 필연적 참으로 격상시키고 싶어 할지도 모르지만, 나는 아니다. 그리고 나는 이보다 더 강력한 주장을 옹호하는 어떤 논증도 성공적으로 진행된 적이 없다고 생각한다.

확장된 마음의 독특함과 중요성은 확장된 마음을 심적 과정이 환경 조작 과정에 의해 부분적으로 **구성**된다는(이러한 과정에 단순히 의존하는 것이 아니라) **존재적** 주장(인식적 주장이 아니라)을 하는 것으로 이해하는 데 달려 있다. 이것이 내가 확장된 마음 이론을 이해하는 방식이다. 또한 이것이 클라크와 차머스가 동일한 제목의 논문(1998)에서 지지하고 옹호한, 확장된 마음에 대한 이해인 것 같다.(상자 3.2 참조) 그러나 내가 옹호하고자 하는 이론의 버전에는 적어도 강조점에 있어서 현저한 차이가 있다. 이 차이가 강조점의 차이 이상인지 여부는 불분명하지만, 이 시점에서 위에서 정의한 확장된 마음의 버전과 클라크와 차머스가 옹호한 버전을 비교하는 것은 유용한 일이다.

클라크와 차머스는 오토의 수첩에 있는 "현대미술관은 53번가에 있다"라는 문장이 현대미술관이 53번가에 있다는 오토의 믿음과 동일하다고 주장하는 것으로 해석되는 경우가 많다. 그런데 이 해석은 너무 단순하다. 더 정확한 해석은 수첩에 적힌 문장이 오토에 의해 올바른 방식으로 활용될 때 그리고 오직 그때에만 그 문장이 오토의 믿음으로 간주될 수 있다는 것이 될 것이다. 여기에서 지도적인 원칙은 클라크와 차머스가 말한 대로이다.

> 우리가 어떤 과제에 직면할 때 **만약 머릿속에서 이루어졌다면** 우리가
> 주저 없이 인지 과정의 일부로 인식했을 세계의 일부가 기능한다면,
> 그 세계의 일부는 (주장하건대) 인지 과정의 일부다.(1998, p. 8)

그런데 이 주장은 용납할 수 없을 정도로 모호하다. 문제의 '세계
의 일부'가 오토의 수첩에 있는 문장이라면, 그 문장이 어떻게 하나의
과정으로 기능할 수 있는지 물어야 한다. 이 모호해 보이는 이야기는
두 가지 가능한 해석을 숨기고 있는 것 같다.

1. 첫 번째 해석은 다음과 같다. 오토의 수첩에 있는 문장이 오
   토에 의해 적절하게 활용되어 올바른 종류의 주변 심리 상태
   와 과정들(문장에 대한 오토의 지각, 전시회를 보고 싶은 오
   토의 욕구 등)로 구성된 맥락 안에 놓일 때, 이 문장은 오토의
   믿음 중 하나라는 것이다. 이 해석은 토큰 인지 상태인 믿음
   을 외부 구조인 문장과 동일시한다.

상자 3. 2 **오토의 흥미로운 사례**

다음은 클라크와 차머스(1998)가 고안한 고전적인 — 이제
겨우 10년밖에 되지 않은 것을 고전적이라고 기술하는 것이
맞다면 — 사고 실험이다. 오토는 알츠하이머병의 초기 단

계에 있다. 오토에게는 잉가라는 친구가 있는데, 잉가는 비슷한 병을 앓고 있지 않다. 잉가는 보고 싶은 전시회 광고를 신문에서 보게 된다. 전시회는 현대미술관에서 열리고 있었다. 잉가는 잠시 생각하다가 현대미술관이 53번가에 있다는 것을 떠올리고 출발한다. 잉가는 현대미술관이 53번가에 있다는 믿음을 가지고 있는 것 같다. 그리고 그녀는 기억을 참조하기 전에도 이러한 믿음을 가지고 있었다. 물론 기억이라는 행위를 하기 전에 이런 믿음은 **일어나고 있지 않았다**. 하지만 대부분의 믿음은 이렇다. 우리가 가진 대부분의 믿음에 대해 우리는 우리가 그것을 가지고 있다는 것을 어떤 특정 순간에도 알아차리지 못한다. 나는 현대미술관이 53번가에 있다고 믿지만, 이것은 (보통) 내가 이 사고 실험에 대해 생각할 때에만 의식적으로 품는 믿음이다. 대부분의 경우 우리의 믿음 대부분은 **기질**의 형식으로 존재한다. 즉 특정 상황에서 어떤 일을 하고 말하려는 우리의 경향으로 존재한다. 잉가의 믿음은 잉가가 그것에 의식적으로 접근하기 전에는 기질의 형식으로 존재했다. 그리고 이러한 기질의 근거는 그 믿음이 잉가가 접근하기를 기다리면서 잉가의 기억 어딘가에 있었다는 것이다.

　　오토는 다른 많은 알츠하이머병 환자와 마찬가지로 환경에 담긴 정보에 의존하여 일상생활을 영위한다. 오토는 어디를 가든 수첩을 가지고 다니며 충분히 유용하다고 판단되는 새로운 정보를 알게 되면 수첩에 기록한다. 그래서 그는 이전에 습득한 정보가 필요할 때마다 수첩을 찾아본다. 사실상 오토의 수첩은 생물학적(즉 뇌에 기반한) 기억이 일반적으로 수행하는 종류의 역할을 한다. 오토는 현대미술관에서 열리는 전시회에 대한 기사를 읽고 전시회가 보고 싶어서 수첩을 들여다본다. 수첩에는 미술관이 53번가에 있다고 적혀 있고, 그는 예상대로 그곳으로 간다.

클라크와 차머스(C&C)에 따르면, "오토는 수첩을 보기 전에도 미술관이 53번가에 있다고 믿었다고 가정하는 것이 타당해 보인다".(1998, p. 12) 이는 잉가가 기억 행위 이전에 믿음을 가지고 있었다는 주장과 유사하다. 왜냐하면 C&C에 따르면,

> 관련 측면들에서 두 사례는 완전히 유사하다. 수첩이 오토에게 담당하는 역할은 기억이 잉가에게 담당하는 역할과 똑같다. 수첩의 정보는 일상적인 비발생적 믿음을 구성하는 정보와 마찬가지로 기능하며, 단지 이 정보는 우연히도 피부 너머에 있을 뿐이다.(1998, p. 12)

잉가는 신문에서 전시회 광고를 보고, 전시회가 보고 싶어서 미술관에 가기로 결정한다. 그리고 현대미술관이 53번가에 있다는 사실을 떠올리며 그 방향으로 향한다. 마찬가지로 오토도 신문에서 전시회 광고를 보고, 전시회가 보고 싶어서 미술관에 가기로 결정한다. 그리고 수첩을 보고 현대미술관은 53번가에 있다는 것을 알아내어 그 방향으로 향한다. "현대미술관은 53번가에 있다"라고 적힌 수첩의 항목은 해

당 믿음이 잉가의 심리에서 기능하는 것과 똑같은 방식으로 오토의 심리에서 기능하는 것으로 보인다. 즉 오토의 수첩에 있는 항목은 잉가의 믿음이 그녀의 욕구와 상호 작용하는 것과 똑같은 방식으로 오토의 욕구(가령 전시회를 보고 싶은 욕구)와 상호 작용한다. 그리고 상호 작용은 동일한 행위, 즉 오토와 잉가 모두 53번가 방향으로 출발하는 행위 안에서 발생한다. 그렇다면 왜 오토의 수첩에 적힌 항목을 그의 믿음 중 하나로 간주해서는 안 되느냐고 C&C는 묻는다. 악명 높게도 이들은 오토의 수첩에 적힌 항목이 그의 믿음 중 하나라는 것을 부정할 어떤 이유도, 즉 어떤 **정당한** 이유도 없다고 주장한다. 이들에 따르면, 오토의 믿음은 머릿속에만 존재하는 것이 아니다. 그것은 그의 수첩에도 존재한다. 그리고 이것은 오토에게만 해당되는 것이 아니라 우리 모두에게 해당된다.

2. 두 번째 해석은 다음과 같다. 문장을 조작 및/또는 활용하는 과정은 전체 인지 과정의 진정한 인지적 부분이라는 것이다. 문제의 전반적인 과정은 **기억**하거나 **믿는** 과정일 것이다. 여기에 관여된 조작은 수첩의 해당 페이지를 열고 페이지 방향을 조정하여 오토가 문장을 감지할 수 있도록 하는 것이다. 두 번째 해석에 따르면, 이러한 조작은 문장에 담긴 정보를 그저 **존재**하는 것에서 오토 및/또는 그의 후속 처리 작업에 **이용 가능한** 것으로 변환한다. 그리고 이러한 역할을 수행함으로써

문장의 조작은 기억하기 또는 믿기의 전체 과정에서 진정으로 인지적인 부분을 형성한다.[13]

두 번째 해석은 외부 구조의 조작이 더 큰 인지 과정의 진정으로 인지적인 부분이라고 주장한다. 그러나 이렇게 조작된 구조를 인지적 상태와 동일시하는 데는 미치지 못한다. 이 책에서 옹호하는 확장된 마음의 버전은 두 번째 해석에 함축된 것이다. 그리고 첫 번째 해석을 거부하는 데에는 매우 타당한 이유가 있다고 생각한다. 아직 확신이 서지 않았다면 상자 3.3에서 그 이유를 찾을 수 있다.

상자 3.3 확장된 마음에 대한 잘못된 이해 방식

'확장된 마음'에서 클라크와 차머스(1998)는 다음과 같은 주장을 옹호하는 것으로 흔히 간주된다.

(O) "현대미술관은 53번가에 있다"라는 문장은 적절한 상황에서는 오토의 믿음 중 하나와 동일하다.

대략적으로 말하자면, 적절한 상황이란 오토가 적절한 방식으로 문장을 활용하는 상황을 말하는데, 문장을 활용하기 위해 오토는 적합한 내부 처리 작업에도 참여해야만 한

---

13 물론 나는 이 주장을 옹호하는 논증을 아직 펼치지 않았다. 즉 외부 구조에 담긴 정보를 그저 존재하는 것에서 이용 가능한 것으로 변환하는 조작적 과정이 그럼으로써 더 큰 인지 과정의 진정으로 인지적인 부분을 이룬다고 아직 논증하지 않았다. 이 주장에 대한 논증은 다음 장들에서 전개될 것이다.

다. 나는 클라크와 차머스가 (O)를 주장하고 있다고 확신하지 않으며, 심지어 (O)를 의도하고 있다고도 확신하지 않지만, 이 해석 문제는 제쳐 두기로 하겠다. 그들의 견해에 대한 이러한 해석은 널리 퍼져 있다. 예를 들어 클라크(2008)의 저서 『수퍼사이징 더 마인드』에 대한 최근의 매우 영향력 있는 서평에서 제리 포도르(Jerry Fodor 2009)는 (C&C의 원래 주장과 관련하여) 다음과 같이 썼다. "오토의 수첩의 내용은 오토의 생각과 't'가 들어가는 의도(intention)에서 파생된 것이기 때문에, 그 항목의 내포성(intensionality)은 그것이 오토의 마음의 일부라는 것을 주장하지 않는다." 즉 오토의 수첩에 있는 항목들은 믿음과 달리 그 지향성이 단지 파생된 것에 불과하기 때문에 믿음이 아니라는 것이다. 클라크와 차머스에 대한 이러한 고의적 비판은 그들이 오토의 수첩에 있는 항목이 오토의 (일부) 믿음과 동일하다고 주장한다고 가정할 때만 타당하다. 어쩌면 이들은 정말로 이러한 주장을 하고 있는지도 모른다. 하지만 그렇지 않기를 바란다. 왜냐하면 그 주장은 옹호될 수 없는 것이기 때문이다. 하지만 그렇다고 해서 이것이 확장된 마음 이론을 거부해야 함을 함의하는 것은 아니다. 이 이론을 이해하는 훨씬 더 그럴듯한 다른 방법이 있기 때문이다.

확장된 마음 이론은 심적 유형이 아닌 심적 토큰에 관한 이론이다. EMT는 무엇보다도 심적 항목들의 위치에 관한 이론인데, 심적 유형은 만약 어딘가에 있다면 도대체 어디에 있는 것인지 명확하지 않다. 따라서 (O)는 문장 토큰, 즉 오토의 수첩 안에 적힌 물리적 글과 토큰 믿음 사이의 동일성을 주장하는 것으로 이해되어야 한다. 그런데 토큰 문장은 토큰 믿음과 동일시될 수 있는 종류의 토큰이 아니기 때문에 이러한 동일시에는 문제가 있다는 것이 나의 주장이다. (O)는 궁극적으로 비정합적이다.

문제를 전개하기 위해 먼저 토큰 개념을 (부분적으로) 구성하는 두 가지 주장을 상기해 보자. 첫째, 토큰은 날짜가 정해져 있고 반복할 수 없는 개체다. 가령 서기 79년 베수비오 화산 폭발은 이 화산의 어떤 후속 폭발과도 토큰 동일성을 갖지 않는다. 토큰은 왔다가 사라지며 결코 재발하지 않는다. 둘째, 토큰은 동일성의 전이성을 따른다. 즉 만약 토큰 x = 토큰 y 그리고 토큰 y = 토큰 z라면, 그렇다면 x = z이다. (O)의 문제점은 두 조건 모두 만족시킬 수 없다는 것이다.

이제 오토[14]가 C&C가 허용하는 방식으로 자신의 수첩을 활용하고 있다고 가정해 보자. (O)에 따르면 다음 주장은 참이다.

(1) "현대미술관은 53번가에 있다"라는 문장 토큰은 현대미술관이 53번가에 있다는 오토의 토큰 믿음과 동일하다.

그런데 다른 누군가도 마찬가지로 C&C가 허용하는 방

---

14 [옮긴이] 원문에는 '오스카'라고 표기되어 있다. 저자에게 오류를 확인한 후 '오토'로 번역하였다.

식으로 수첩을 활용하고 있다고 가정해 보자. 예를 들어 잉가도 알츠하이머 병마에 굴복하게 되었고 자신의 수첩을 만드는 수고로움을 감수하는 대신 오토의 수첩을 활용하기로 결정했다고 가정해 보자. 적절한 수정을 통해 C&C가 오토에게 규정하는 조건들을 충족하는 예를 만들 수 있다. 즉 오토가 수첩에 항목을 입력할 때마다 잉가가 이를 목격하고 오토가 입력한 정보를 의식적으로 보증했다고 가정할 수 있다. 이 경우 이 수첩은 오토와 마찬가지로 잉가에게도 쉽고 안정적으로 접근 가능하다는 등의 가정을 할 수 있을 것이다. 하지만 이 점을 더 강조하지는 않겠는데, 그 이유는 잉가가 수첩을 올바른 방식으로 활용할 수 있다는 사실을 부정하더라도 오토가 수첩을 반복적으로 사용할 때 동일한 문제가 발생하기 때문이다. 이러한 상황에서 (O)는 우리로 하여금 (2)를 받아들이게 하는 것 같다.

(2)"현대미술관은 53번가에 있다"라는 문장 토큰은 현대미술관이 53번가에 있다는 잉가의 토큰 믿음과 동일하다.

그러나 토큰-동일성의 전이성에 따르면, (2)는 오토의 믿음 토큰이 잉가의 믿음 토큰과 동일하다는 것을 의미하게 된다. 이 경우 유의해야 할 점은 오토와 잉가는 동일한 유형의 두 개의 토큰 믿음을 각각 갖는 것이 아니라는 점이다. 이 경우는 구별되는 두 사람이 동일한 토큰 믿음을 갖는 경우다. 토큰이 날짜가 있고 반복 불가능한 개체라면 이는 물론 불가능하다.

아마도 C&C는 오토 외의 누군가가 올바른 방식으로 수첩을 활용할 수 있다는 것을 부정함으로써 이러한 가능성을 방지하려고 할 수 있다. 이 전략이 효과가 있을지는 모르겠지만(위 내용 참조) 여기에서는 이 점을 강조하지 않겠다. 이 전략이 효과적이라고 해도 다음과 같은 문제를 배제할 수는 없다. 주어진 시점 t에 오토가 (O)에 따라 문장 토큰에 믿음과 동일한 자격을 주는 방식으로 자신의 수첩을 활용한다고 가정해 보자. 따라서,

(3) 시점 t에 "현대미술관은 53번가에 있다"라는 문장 토큰은 현대미술관이 53번가에 있다는 오토의 토큰 믿음과 동일하다.

그러나 오토가 시점 t에 이렇게 할 수 있다면, 오토가 별개의 시점인 t*에 적절한 방식으로 수첩을 활용하는 것을 막을 수 있는 것은 아무것도 없다. 따라서,

(4) 시점 t*에 "현대미술관은 53번가에 있다"라는 문장 토큰은 현대미술관이 53번가에 있다는 오토의 토큰 믿음과 동일하다.

이 역시 동일성의 전이성에 따르면, 시점 t에서의 오토의 토큰 믿음이 시점 t*에서의 그의 토큰 믿음과 동일하다는

것을 의미하게 된다. 다시 한 번 말하지만, 이 경우 오토는 동일한 믿음 유형의 두 개의 구별되는 믿음 토큰들을 실현하는 것이 아니다. 오토는 하나의 동일한 믿음 토큰을 두 가지 구별되는 사례들에서 가지는 것이 된다. 그런데 토큰은 날짜가 있고 반복 불가능한 개체이기 때문에 이는 다시 한 번 불가능하다. 즉 (O)는 동일한 주체가 하나의 동일한 믿음 토큰을 서로 다른 시점에 소유할 수 있다는 유감스런 결과를 가져온다(동일하거나 다른 시점에 한 명보다 많은 주체가 소유할 수도 있다). 이는 비정합적이므로 (O)는 거부되어야 한다.

　무엇이 잘못되었는가? 문장 토큰은 오토의 수첩에 적힌 물리적 글자다. 따라서 오토는 이 토큰을 여러 사례들에서 활용할 수 있다. 그러나 문장 토큰은 이러한 모든 사용 사례들에서 그 자체와 토큰 동일성을 갖는다. 그런데 동일성의 전이성에 따르면 오토의 믿음 토큰은 그것이 발생하는 모든 경우에 그 자체와 토큰 동일성을 가져야 한다. 그리고 이것은 비정합적이다. 필요한 것은 매우 분명하다. 즉 오토가 시점 t에 문장 토큰을 활용할 때 그것이 오토가 다른 시점 t*에 활용하는 문장 토큰과 구별되는 토큰으로 인정되도록 토큰들을 개별화하는 방식이 필요하다. 그러나 이것은 사실상 문장 토큰 또는 기입된 글자 토큰을 오토가 소유한 토큰 믿음과 동일시하는 것을 거부해야 함을 뜻한다. 즉 (O)를 (O*)로 대체해야 한다는 것이다.

　(O*) 오토가 시점 t에 그의 수첩에 있는 문장을 활용하

는 것은 (적절한 조건들을 충족할 때) 현대미술관이 53번가에 있다고 그가 믿는 과정의 일부다.

문제의 과정은 물론 과정 토큰이다. 따라서 오토가 수첩에 있는 문장을 별개의 시점 t*에 같은 방식으로 활용할 때, 이는 자동적으로 별개의 과정 토큰의 (일부로) 자격을 갖추게 된다. 잉가가 적절한 조건(즉 C&C가 허용할 만한 것으로 간주하는 조건)을 충족하는 방식으로 문장을 활용하는 경우도 마찬가지다. 각각의 경우마다 고유한 과정 토큰이 있으므로 비정합성 문제를 피할 수 있다.

위의 논증이 맞다면 (O)는 거부되어야 한다. 그런데 (O)를 거부하는 것은 확장된 마음 이론을 거부하는 것과 동일하지 않다. (O)는 확장된 마음의 주장에 대한 일반적인 해석을 나타내지만, 이 이론을 심적 상태 토큰과 외부 구조 토큰 간의 동일성에 대한 주장으로 이해하는 것은 사실 유익하지 않다. (O*)에 함축되어 있고 (O)의 거부에도 영향을 받지 않는 훨씬 더 유익한 접근 방식은 확장된 마음 이론을 토큰 인지 과정의 부분적 구성에 대한 주장으로 이해하는 것이다. 오토가 수첩을 올바른 방식으로 활용할 때, 이는 미술관의 위치를 믿거나 기억하는 전체 과정의 일부(진정으로 인지적인 부분)를 이룬다. 우리는 확장된 마음 이론의 이러한 버전을 '과정 외재주의'라고 부르고, (O)에 함축된 일종의 '구조 외재주의'와 대조해 볼 수 있는데, 구조 외재주의는 심적 상태 토큰을 환경 구조 토큰과 동일시한다는 점에서 과정 외재주의와 다르다.

확장된 마음에 대한 나의 버전은 구조 외재주의가 아닌 과정의 형식을 띠며 인지적 상태는 거의 필요로 하지 않는다. 이것의 틀은 순전히 인지 과정의 관점에서 지어진다. 확장된 마음을 이해하는 가장 좋은 방법은 이러한 과정 중심의 설명이다. 따라서 확장된 마음에 대한 나의 버전에서 "현대미술관은 53번가에 있다"라는 항목은 오토가 이 항목을 어떻게 사용하든 그리고 그 항목이 자리한 심리적 환경이 무엇이든 간에 오토의 어떤 믿음과도 동일하지 않다. 확장된 마음 이론을 인지적 상태가 환경 구조와 동일할 수 있다고 주장하는 것으로 이해해서는 안 된다. 이 이론은 인지적 상태에 대해 아무것도 주장하지 않는다는 것이 이 이론에 대한 올바른 이해다. 이 이론은 인지 과정에 관한 이론이며, 인지 과정 중 일부가 부분적으로 환경 구조를 조작, 활용, 변환하는 과정으로 구성되어 있다고 주장한다. 우리가 외부 구조를 갖고 하는 일, 즉 외부 구조를 조작하고, 활용하고, 변환하는 일이 전체 인지 과정의 진정으로 인지적인 부분을 구성한다는 것이다. 이러한 개념은 환경 구조가 인지 과정의 일부를 형성할 수 있다는 생각과 양립 가능하다. 하지만 환경 구조가 인지적 상태와 동일하기 때문에 그런 것은 아니다. 인지 과정의 일부를 형성하는 것은 환경 구조의 조작이며, 따라서 이러한 구조는 조작되는 과정의 일부인 한에서만 과정의 일부를 형성한다.

4. 착근된 마음

확장된 마음 이론은 무엇보다도 인지 과정의 **조직** 또는 **구성**에 관한 이론이며 일부 인지 과정이 부분적으로 환경적 과정으로 구성된다고 주장한다. 따라서 확장된 마음은 일부 인지 과정이 부분적으로 더 넓은 신체 구조 및 과정으로 구성된다는, 체화된 마음 이론에 대한 세 번째 해석과 유사하다. 두 경우 모두에서 이러한 구성 주장은 우리가 인지 과정을 **이해하는** 방법에 대한 인식적 주장과 구별되어야 하는 존재적 주장이다. 그러나 체화된 마음 이론(이하 줄여서 '체화된 마음')과 관련하여 살펴본 것처럼, 이 이론을 조직이나 구성이 아닌 **의존**에 대한 주장으로 보는 또 다른 존재적 해석 방식이 있다. 이에 따르면, 체화된 마음은 (일부) 인지 과정들이 성공적으로 기능하기 위해 더 넓은 신체 구조 및 과정에 의존한다는 주장으로 해석된다.

따라서 우리는 확장된 마음을 해석하는 데에도 그에 상응하는 방식이 있을 것이라고 예상할 수 있다. 그런데 이러한 예상은 사실 옳지만 오해의 소지가 있다. 이런 식으로 해석하면 결국 우리가 얻게 되는 것은 확장된 마음의 또 다른 버전이 아니라, **착근된 마음** 이론(이하 줄여서 '착근된 마음')이라는 전혀 다른 이론이기 때문이다. 종종 확장된 마음과 혼동되기도 하지만, 착근된 마음은 훨씬 더 약하고 덜 흥미로운 아주 다른 이론이다.

착근된 마음에 따르면 인지 과정은 종종 (그리고 일부 버전에서는 본질적으로) 환경에 착근되어 있다. 인지 과정은 일반적으로 인지 과정이 무엇을 하는가, 즉 인지 과정의 **기능**에 의해 생각된다. 시지각을 예로 들어 보자. 앞서 마의 시각 이론에 대한 논의에서 살펴본 것처럼,

지각을 이해하는 흔한 방법은 지각을 자극에서 시각 표상까지의 입력-출력 기능으로 이해하는 것이다. 자극은 망막 이미지, 즉 망막에 분포된 빛의 강도 패턴이다. 시지각의 기능은 이를 세계에 대한 시각 표상으로 변환하는 것으로, 일련의 단계를 거쳐 완성된다. 그런데 우리는 두 가지 주장을 구별하도록 주의해야 한다. 한편으로는 지각 및 기타 인지 과정은 기능에 의해 가장 잘 이해된다는 일반적인 주장이 있다. 이 주장은 **기능주의**로 알려져 있는데, 널리 사용되는 이 용어의 의미들 중 적어도 하나에서 이 주장은 기능주의라 할 수 있다. 기능주의에 대해서는 다음 장에서 더 자세히 살펴볼 것이다. 다른 한편으로는 지각과 같은 인지 과정을 정의해 주는 특정한 역할의 식별에 대한 주장도 있다. 이 주장들은 상당히 다르다. 지각이 그 기능적 역할, 즉 지각이 하는 일에 의해 정의된다고 말하는 것과 지각이 특정한 기능적 역할에 의해 정의된다고 말하는 것은 완전히 다른 이야기다. 예를 들어 지각이 기능적 역할에 의해 정의된다는 것은 인정하지만 그 역할이 망막 이미지를 시각 표상으로 변환하는 것임은 부정할 수 있다.

지금은 주어진 인지 과정의 기능적 역할이 무엇이든 간에 주어진 인지 과정이 그 기능적 역할에 의해 정의된다는 일반적인 주장을 바탕으로 논의해 보겠다. 특정한 역할을 수행하려면 특정한 일들을 해야 하는데, 전통적으로 이러한 일들은 뇌가 수행하는 것으로 간주된다. 따라서 시지각에 대한 전통적이고 영향력 있는 사고방식에 따르면 망막 이미지를 시각 표상으로 변환하는 과제는 뇌가 담당한다. 바로 여기에 환경적 **착근**이라는 개념이 들어선다. 즉 우리는 환경에 적절한 방식으로 의존함으로써 인지적 과제의 완수라는, 인지 과정을 정의하는 역할을 이행하기 위해 뇌가 해야 하는 일의 복잡성을 줄일 수 있다는 것이다.

이 일반적인 관념은 이미 첫 장에서 제시되었다. A에서 B로 이동하기 위해 내 뇌가 수행해야 하는 작업의 복잡성은 외부 정보 보유 구조(GPS 또는 맵퀘스트 인쇄물)를 활용함으로써 줄어든다. 직소 퍼즐을 완성하기 위해 내 뇌가 수행해야 하는 작업의 복잡성, 즉 심적 이미지의 형성 및 회전은 내가 퍼즐 조각들을 집어 들어 수동으로 재배열함으로써 줄어든다. 일반적으로 착근된 마음 이론의 지도적 개념은 유기체가 인지적 과제를 완수할 때 그것이 수행해야 하는 내부 처리의 양을 줄이는 방식으로 환경 내 구조를 **활용할** 수 있다는 것이다. 유기체가 환경을 적절히 활용할 수 있는 능력을 갖추고 있다면, 과제의 복잡성 중 일부는 환경이 떠맡는다.

이것은 **존재적** 주장인데, 확장된 마음 이론은 조직 또는 구성에 관한 이론인 반면, 착근된 마음 이론은 의존에 관한 이론이다. 착근된 마음 이론에 따르면, 일부 인지 과정은 오직 환경 구조와 함께 또는 협력해서만 작동하도록 설계되었다는 의미에서 환경 구조에 의존한다. 적절한 환경 구조가 부재하는 경우 유기체는 인지적 과제의 통상적인 레퍼토리를 완수하지 못할 수 있는데, 이는 유기체가 이러한 과제들을 수행하기 위해 보통 이용하는 과정들이 부재하는 구조와 더불어서만 작용하기 때문이다. 또는 유기체가 이러한 작업을 완수할 수는 있지만 가령 시간이 더 오래 걸리거나 실수를 더 많이 하는 등 최선이 아닌 방식으로 완수할 수도 있다. 이러한 의존성 이론은 (일부) 인지 과정이 작동하는 방식에 대한 우연적 사실 또는 (일부) 인지 과정의 본성에 대한 필연적 참으로 다양하게 이해할 수 있다. 그러나 우리가 의존 관계를 아무리 긴밀하게 만들어도 그것은 **여전히** 의존 관계이지 구성 관계가 아니다.

착근된 마음 이론은 그 자체로 흥미로운 이론이다. 그러나 이 이론에는 인지 과정에 대한 전통적인 데카르트적 그림을 거의 그대로 유지하는 분명한 면모가 있다. 일부 인지 과정이 환경에 착근되어 있다는 생각을 지지하는 경우 진정한 인지는 오직 뇌 안에서 진행된다는 생각을 여전히 고수할 수 있기 때문이다. 이러한 뇌 과정은 환경의 도움을 받아야만 인지적 기능을 이행하도록 설계되었을 수 있지만, 그렇다고 해서 이러한 과정이 뇌가 아닌 다른 곳에서 일어난다는 말은 아니다. 인지는 그 효율성을 위해 뇌 외부의 사물들에 의존할 수 있지만, 여전히 뇌 안에서 일어나는 일이지 뇌 외부에서 일어나는 일이 아니라는 것이다. 지금까지 살펴본 바와 같이, 인지 과정이 환경에 의해 유도된다는 것은 그 과정이 환경적으로 **구성된다**는 것을 함의하지 않는다. 그렇다고 가정하는 것은 인과와 구성을 혼동하는 것이다.(Adams and Aizawa 2001, 2010; Rupert 2004)

이 때문에 착근된 마음 이론은 최근의 논쟁에서 다소 독특한 위치를 차지한다. 이것은 그 자체로 흥미로운 이론이기는 하지만, 인지에 대한 데카르트적 그림을 해체한다는 관점에서 보면 확장된 마음 이론만큼 급진적이거나 흥미롭지는 않다. 따라서 최근의 논쟁에서 이 이론은 실제로 확장된 마음에 대한 주장의 유효성을 인정하면서도 그 결과는 제한하고자 하는 사람들이 주로 채택하는 경향이 있다.(Adams and Aizawa 2001, 2010; Rupert 2004) 즉 착근된 마음 이론은 환경 내 적절한 구조에 의존하고 이를 이용함으로써 내부 인지 작용의 복잡성을 줄일 수 있는 다양한 방법이 있다는 것을 인정하지만, 그럼에도 불구하고 진정한 인지는 뇌에서만 일어난다고 주장하고자 하는 사람들에게 일종의 신(新)데카르트주의적 대체 입장으로 이용되는 경향이 있다. 다음 장에서 착근된 마음이 담당하는 역할에 대해 더 자세히 살펴보겠다.

5. 행화된 마음

당신이 병을 들고 있는 맹인이라고 가정해 보자.(O'Regan and Noë 2001) 당신은 병을 들고 있다는 느낌이 든다. 하지만 실제로 어떤 촉감을 갖는가? 피부를 살짝이라도 문지르지 않으면 촉각 정보는 상당히 줄어들고 온도에 대한 정보는 수용체의 적응 등을 통해 곧 사라진다. 그러나 감각 자극이 부족함에도 불구하고 당신은 손에 병을 들고 있다는 느낌이 든다. 전통적인 접근 방식에 따르면, 뇌는 감각 자극에 담긴 빈약한 정보를 사실상 이 자극의 원인이 될 가능성이 가장 높은 사물에 대한 다양한 추론 또는 '추측'을 통해 보완하고 증강하고 꾸민다. 그 결과 병에 대한 내부적 **접촉**(즉 촉각) 표상이 구축된다.

　　그러나 맥케이(D. Mackay 1967)는 다른 설명을 제시한다. 즉 감각 자극에 담긴 것 이상의 정보가 환경에 존재하며, 이 정보는 당신이 병을 들고 있다는 것을 특정하기에 충분하다는 것이다.[15] 더 정확하게 말하자면, 뇌는 특정 **잠재력**에 조율되어 있다. 예를 들어 뇌는 병의 표면을 따라 손을 살짝 밀면, 유입되는 감각 신호에 부드럽고 시원한 유리 표면과 관련된 전형적인 변화가 일어날 것이라는 사실에 조율되어 있

---

15 맥케이의 사례는 케빈 오리건과 알바 노에(Alva Noë 2001)가 인용한 것이다.

다. 또한 뇌는 손을 위로 충분히 밀어 올리면 (손이 병의 목 부분으로 이동하므로) 손으로 감싸고 있는 물체의 크기가 줄어든다는 사실에 조율되어 있다. 병을 잡는 감각은 특정 유형의 행위를 수행할 때 경험이 어떻게 변할지에 대한 이러한 **예상**으로 구성된다. 여기에서 맥케이는 에드문트 후설(Edmund Husserl 1913/1982)이 개진한 현상학적 현전에 대한 설명에 (명시적으로) 의존하고 있었다.

다시 말하지만 후설을 따르고 있는 맥케이에 의하면, 병을 보는 것은 적어도 한 가지 측면에서 병을 만지는 것과 유사하다. 뇌가 감각운동 상호의존성(contingencies)의 특정한 그물망에 관한 지식을 추출한 경우 우리는 병을 본다는 인상을 갖게 된다. 예를 들어 눈을 병의 목 부분을 향해 위로 움직이면 병의 좁은 영역이 중심 시야에 들어올 때 발생하는 일에 전형적인 방식으로 감각 자극이 바뀔 것이라는 사실에 대한 지식이 있다. 또한 눈을 아래로 움직이면 병의 라벨이 중심 시야에 고정될 때 일어나는 일에 전형적인 방식으로 감각 자극이 바뀔 것이라는 사실 등에 대한 지식도 있다.

맥케이의 논의는 오늘날 지각에 대한 **행화적** 접근 방식으로 알려진 접근 방식에 대한 중요한 초기 설명이라 할 수 있다. 지각에 대한 **행화적** 접근 방식은 최근 오리건과 노에(2001, 2002), 노에(2004), 톰슨 (E. Thompson 2007)에 의해 이론적으로 크게 발전했다. 나는 이것을 **행화된 마음** 이론(이하 줄여서 '행화된 마음')이라고 부를 것이다. 이 절에서는 이 이론과 확장된 마음 이론 사이의 연관성을 살펴보려고 하는데, 이를 위해 노에(2004)의 설명에 초점을 맞출 것이다. 행화주의적 입장의 모든 주요 진술에 대해 동일한 결론을 도출할 수 있다고 전적으로 확신하는 것은 아니지만, 모든 진술을 검토하는 것은 이 장의 범위를 벗어나는 일이 될 것이기 때문이다.[16] 실제로 외부 정보 보유 구조에 대한 행위라는 개념을 중심으로 하는 확장된 마음에 대한 나의 버전을 행화주의적 입장의 한 버전으로 인정하는 방식으로 행화주의적 입장을 이해하는 방식이 있다. 그럼에도 불구하고, 여기에서 나의 주된 관심사는 3절에서 전개한 확장된 마음을 행화주의적 입장의 영향력 있는 한 가지 진술, 즉 노에(2004)가 제시한 진술과 구별하는 것이다. 이렇게 하는 것은 확장된 마음과 (노에 버전의) 행화된 마음의 내용을 명확히 하는 데 도움이 될 것이다.

당신이 정육면체를 보고 있다고 가정해 보자. 물론 어떤 특정 순간에도 당신은 정육면체 전체를 볼 수 없다. 일부 표면만 볼 수 있을 뿐이다. 그럼에도 불구하고 당신은 분명히 정육면체를 보고 있는 것처럼 느낀다. 행화적 설명에 대한 노에의 기본 개념은 다음과 같은 구절에 잘 나타나 있다.

정육면체와 관련하여 우리가 움직일 때, 우리는 우리의 움직임에 따라 정육면체의 측면이 어떻게 변하는지 배운다. 즉 정육면체의 시각적 잠재력을 마주한다. 따라서 정육면체의 시각적 잠재력을 마주한다는 것은 그것의 실제 모양을 마주하는 것이다. 어떤 대상을 단지 그 측면에 근거하여 정육면체로 경험하는 것은 정육면체의 측면 변화와 움직임 사이의 관계에 대한 감각운동적 지식을 경험 안에서 활용하기 때문이다. 도형이 어떻게 보이는지에 기초하여 도형을 정육면체로 경험한다는 것은 우리가 움직일 때 그것의 모양이 **어떻게** 변

16 내가 이 점에 대해 의심할 수 있게 해 준 토니 케메로에게 감사한다.

하는지를 이해하는 것이다.(Noë 2004, p.77)

또 다른 예로 토마토에 대한 시각 경험을 생각해 보자. 토마토를 보면 토마토의 정면만 보이지만, 우리는 토마토를 입체적이고 둥근 것으로 경험한다. 그런데 토마토 앞에 있는 후추 단지가 토마토에 대한 시야를 가린다고 가정해 보자. 이때 우리는 토마토를 서로 연결되어 있지 않은 토마토 부분들의 쌍이 아니라 하나의 **토마토로서** 경험한다. 시각 장면의 명백한 한계에도 불구하고 토마토는 **현상학적으로** 우리에게 **현전한다**는 것이다. 전통적인 설명에 따르면 이는 토마토에 대한 시각 표상의 구축, 즉 시각적 인상을 일으키는 원인에 대한 뇌의 **추측** 덕분이다. 하지만 노에는 이에 반박한다.

> 토마토의 부피와 뒷면 등 토마토의 전체성에 대한 우리의 지각적 감각은 우리 몸을 왼쪽이나 오른쪽으로 움직이면 토마토의 더 많은 부분이 시야에 들어올 것이라는 암묵적 이해(기대)로 이루어진다. 토마토의 보이지 않는 부분과 우리의 관계는 감각운동 상호의존성의 패턴에 의해 매개된다. 가림(occlusion) 현상에 대해서도 전반적으로 비슷한 점을 지적할 수 있다.(*Ibid.*, p.63)

세부 사항들로부터 추상화하면 일반적인 개념이 분명해진다. 세계를 시각적으로 지각하는 것은 두 가지로 구성된다.

1. 우리가 움직이거나 시야의 대상이 우리를 기준으로 (또는 시야의 대상과 관련하여 움직이는, 가령 그 대상 앞에 있는 다

른 대상을 기준으로) 움직일 때 대상에 대한 우리의 경험이 어떻게 변할지에 대한 기대. 노에는 이것을 **감각운동적 지식** 또는 **감각운동 상호의존성에 대한 지식**이라고 부른다. 우리의 기대가 정확하다면, 이는 우리가 관련된 감각운동 상호의존성에 숙달했기 때문이다.

2. 세계에 대해 행위하는 능력, 즉 시각 양상을 통해 환경 구조를 탐사하고 탐색하는 능력.

물론 일단 보기에는 확장된 마음 이론과 행화된 마음 이론 사이에 공통점이 많은 것 같다. 공통점이 얼마나 많은지 보기 위해 앞서 설명한 확장된 마음의 특성, 특히 처음 세 가지 조건을 떠올려 보자. 첫째,

- 세계는 지각, 기억, 추론, 경험들의 과정과 관련된 정보의 외부 저장소다.

행화된 마음은 확장된 마음과 거의 같은 방식으로 이 주장을 이용하는 것처럼 보인다. 시각 세계가 시각 양상에 의해 마음대로 탐색될 수 있는 안정된 정보 저장소라는 사실은 시각 표상에 전통적으로 부여된 역할을 적어도 부분적으로 대신할 수 있다. 토마토가 연속적이며 구조화된, 안정된 정보 저장소라는 사실, 즉 시각 주체가 그 부분이나 측면에 마음대로 주의를 기울일 수 있는 정보 저장소라는 사실은 토마토에 대한 우리의 시각 경험에 함축된 현상학적 현전에 대한 감각, 즉 토마토가 우리에게 제시하는 측면 외에도 이와 체계적으로

관련된 다른 측면이 토마토에 있다는 우리의 감각을 뒷받침한다. (물론 같은 방식으로 병은 주체가 마음대로 탐색할 수 있는, 촉각적으로 얻을 수 있는 안정된 정보 저장소다.) 둘째,

- 적어도 일부 심적 과정은 내부 작업과 외부 작업에 걸쳐 있다는 점에서 혼성적이다.

다시 말하지만, 이 주장 역시 행화된 마음이 지지하는 것으로 보인다. 표상주의적 설명은 주체 안에 내부의 시각 표상이 생성된다는 관점으로 '보기'를 설명한다. 따라서 표상주의적 설명에 따르면 시지각은 감각, 즉 망막에 대한 빛의 강도 분포가 끝나는 지점에서 시작되며, 시각 표상을 생성하는 내부 과정들로 이루어진다. 반면 행화주의적 접근 방식에서는 시각 양상을 통해 시각적으로 접근 가능한 구조를 탐사하고 탐색하는 것이 시각 표상에 전통적으로 부여된 역할 중 적어도 일부는 대신할 수 있다고 본다. 뇌 안에서 무슨 일이 일어나고 있는지는 이 과정에서 분명히 결정적으로 중요할 것이다. 그러나 행화주의자들의 설명이 옳다면, 뇌 안에서 일어나고 있는 일이 세계를 시각적으로 지각하는 과정을 모두 아우른다고 가정하는 것은 잘못된 일이 될 것이다. 시각 표상이 관여되는 한, 시각 표상은 기껏해야 시각적 상황의 요점만 알려 줄 뿐이며, 세부적인 내용은 적절한 탐사와 탐색 행위를 통해 채워져야 한다.[17] 그렇다면 행화적 마음은 시지각의

---

17 이것은 오리건과 노에(2001)가 광범위하게 논의한 **변화맹** 결과의 주요 교훈이다. 오리건과 노에는 피험자가 적절한 차폐 조건하에서 시각 장면의 중요한 변화조차 알아차리지 못한다는 사실은 피험자가 이 장면에 대한 상세하고 복잡한 내부 표상을 형성하지 못했음을 강력

혼성 개념을 지지하는 것으로 보인다. 마지막으로,

- 외부 작업은 주어진 과제 수행과 관련된 정보를 담고 있는 환경 구조의 조작, 활용, 변환과 같은 **행위**의 형식을 띤다.

물론 환경 내 시각적 구조를 탐사하고 탐색하는 것도 이러한 의미에서 행위의 한 형식인 것으로 보인다. 예를 들어 문제의 시각적 과제가 주체를 둘러싼 시각적 환경의 구조, 풍부함, 복잡성을 반영하는 경험을 생성(즉 행화)하는 것이라면, 행화적 설명은 이러한 특징들이 내부적으로 재생성되어야 할 필요성, 즉 이것들이 시각 표상의 특징으로 재생성되어야 할 필요성을 부정한다. 오히려 지각하는 주체는 안정된 외부 정보 저장소에 담긴 구조, 풍부함, 복잡성을 탐사하고 탐색하는 활동에 **활용**하고, 이러한 구조적 풍부함과 복잡성을 반영하는 경험을 행화하는 데 이것들을 이용한다. 따라서 행화된 마음은 확장된 마음을 특징짓는 세 번째 조건에도 부합하는 것으로 보인다.

표면적으로 볼 때, 행화된 마음은 내가 확장된 마음에 대해 제시한 특징을 가깝게 따르는 것 같다. 따라서 처음에는 행화적 마음을 단순히 확장된 마음의 한 버전으로 생각하고 싶은 유혹이 든다. 실제로 나는 한때 그런 유혹을 받았고 행화된 마음의 특징을 그렇게 묘사하기도 했다.(Rowlands 2002, 2003) 지금 나는 그것이 성급했다고 생각한다. 확장된 마음과 적어도 노에가 개진한 행화된 마음은 서로 다른 견해일 뿐만 아니라 이들이 서로 양립 가능한 견해인지조차 명확

하게 시사한다고 주장한다.

하지 않다. 확장된 마음과 행화된 마음 사이에서 확인된 유사점들은 무엇보다도 지각하는 주체가 세계를 탐사하고 탐구하는 데에 행화된 마음이 할당한 역할에 달려 있다는 것에 주목할 필요가 있다. 그런데 자세히 분석해 보면 이 역할이 지나치게 과장되었다는 것을 알 수 있다. 노에가 개진한 행화된 마음이 이런 종류의 활동에 본질적인 역할을 할당하는지 여부가 도무지 불분명하기 때문이다. 이 절의 나머지 부분에서는 그의 행화된 마음이 탐색 **활동보다는 기대와 능력에** 달려 있다고 주장할 것이다. 그리고 기대와 능력 가운데 그 어느 것도 행화된 마음이 확장된 마음의 한 버전이 되기 위해 필요한 의미에서 확장되었다고 생각할 만한 설득력 있는 이유가 없음을 보일 것이다.(Rowlands 2009b)

내가 주장한, 행화된 마음을 구성하는 두 가지 주장을 상기해 보자. 시각적으로 세계를 지각하는 것은 다음 두 가지로 구성된다.

1. 우리가 움직이거나 시야의 대상이 (또는 시야의 대상과 관련하여 움직이는, 가령 그 대상 앞에 있는 다른 대상이) 움직일 때 대상에 대한 우리의 경험이 어떻게 변할지에 대한 기대. 이것은 **감각운동적 지식** 또는 **감각운동 상호의존성에 대한 지식**이다.
2. 세계에 대해 행위하는 능력, 즉 시각 양상을 통해 환경 구조를 탐사하고 탐색하는 능력.

주장 (1)은 감각운동적 **지식**에 관한 것으로, 감각운동적 지식은 특정한 환경적 상황이 우발적으로 주어질 때 우리의 경험이 어떻게 변할지에 대한 기대들의 관련 집합으로 이루어진 지식이다. 주장 (2)는 세계에 대해 행위할 수 있는 우리의 능력에 관한 것이다. 그렇다면 행화된 마음이 지각에 대한 확장된 설명을 산출한다는 주장에 대한 판단은 다음과 같은 질문, 즉 우리의 기대나 행위 능력(또는 둘 다)이 확장되었다고 가정할 만한 이유가 있는가 하는 질문에 대한 답에 달려 있게 된다. 특정한 우발적 상황이 발생할 때 우리의 경험이 어떻게 변할지에 대한 우리의 기대가 (일부) 심적 과정들이 확장되는 방식에 대해 확장된 마음이 주장하는 방식으로 확장된다고 생각할 이유가 있는가? 환경 구조를 탐사하고 탐색하는 우리의 능력이 세계로 확장되거나 세계에 분산되는가? 이 두 질문에 대한 답이 모두 "아니요"라면, 우리는 행화된 마음이 지각 과정에 대한 확장된 설명을 산출한다는 생각을 거부해야 할 것이다. 나는 두 질문에 대한 답은 아마도 모두 "아니요"라고 주장할 것이다. 따라서 겉보기와는 달리, 행화된 마음은 지각 과정에 대한 확장된 설명을 아마도 산출하지 못한다고 주장할 것이다.

주장 (1): 감각운동적 지식

우리가 움직이거나 시야의 대상이 움직일 때 대상에 대한 우리의 경험이 어떻게 변할지에 대한 기대가 확장될 이유는 거의 없는 것 같다. 이러한 종류의 기대가 우리의 경험을 구성한다는 생각은 현상학적 전통에서 비롯된 것인데, 이러한 종류의 기대가 현상학적 전통에서 확장된 심적 과정의 예로 도입되지 않았음은 분명하다. 따라서 이러한 기대가 **반드시** 확장된 기대여야 할 이유는 분명 없다. 하지만 그럴지도 모른다고 가정할 만한 이유가 있는가?

노에(2004)는 이러한 기대가 실용적 지식 또는 **방법적 지식**의 한 형식이라고 주장한다. 그러나 다시 말하지만, 이런 종류의 방법적 지식이 확장된 것이라고 생각할 이유는 거의 없다. 가령 실용적 지식은 **과정적 관점**, 즉 이론상 잘 따르면 주어진 과제를 완수할 수 있도록 해줄 지침들의 목록에 의해서 흔히 생각된다. 그러나 이러한 종류의 지침들이 확장되었다고 생각할 이유는 없으며, 이것들은 이런 방식으로 이해되어 오지도 않았다.

만약 우리가 행화된 마음과 확장된 마음을 더 밀접하게 맞추고자 한다면, 하이데거식 현상학을 진지하게 도입하는 것이 한 가지 방법이 될 수 있다. 예를 들어 우리가 하이데거-드레퓌스-월러 축이라고 부를 수 있는 것에 영향을 받았다면, 감각운동적 지식이 명제적[18] 지식으로 환원될 수 있다는 것을 부정하고 싶을 것이다.[19] 우리가 세계와 관계 맺는 방식은, 그 관계가 지각적인 경우를 포함하여, 궁극적으로 비명제적이다. 세계와 관계 맺는 명제적 양식은 언제나 **세계-내-존재**의 보다 더 근본적인 방식에서 파생된 것이다. 나는 이 견해에 상당히 공감한다. 감각운동적 지식이 이런 것이라면, 그것은 당연히 확장된다. **세계-내-존재**가 확장된다는 단순한 이유 때문이다.

하이데거(1927/1962)에게 **현존재**(Dasein), 즉 인간 존재는 본질적으로 **세계-내-존재**다. 하이데거가 말하는 현존재란 먼저 인간이 있

---

18 [옮긴이] 원문에는 '과정적'으로 표기되어 있으나 맥락상 '명제적'이 맞다고 생각되어 '명제적'으로 번역하였다. 오류 여부에 대해 저자에게 문의하였으나 답을 얻지 못했다.

19 하이데거(M. Heidegger 1927/1962), 휴버트 드레퓌스(H. Drefus 1992), 마이크 월러(2005)를 참조하라.

고, 이에 더하여 모든 인간이 본질적으로 가지고 있는 세계-내-존재라는 속성이 있다는 뜻이 아니다. 그의 주장은 인간이 곧 세계-내-존재라는 것이다. 즉 우리 각자의 존재(being)는 서로 관련된 실천들(practices)의 연결망으로 구성되어 있다는 것이다. 이러한 각 실천은 관련 항목들의 도구적 연결망을 전제로 한다. 우리는 인간의 실천들이 더 넓은 도구 체계에 착근되어 있다고 말함으로써 이를 기술하고 싶은 유혹을 느낄 수 있다. 그러나 이렇게 말하는 것은 결정적으로 오해의 소지가 있다. 이 관계를 **착근**으로 기술하는 것은 실천과 실천이 착근되는 도구적 연결망 사이의 구별을 전제하는데, 이 구별이야말로 하이데거가 부정하고자 했던 것이기 때문이다. 도구는 부분적으로 실천을 구성한다. 『존재와 시간』의 제1부는 이러한 의미에서 인간을 단순히 실천들의 체계로 이해하려는 시도다. 따라서 우리 각자는 실천과 그 실천을 구성하는 도구적 연결망을 모두 통합한다. 그런데 이것이 근본적인 견해라면, 인지는 우리가 하는 모든 것이 확장된다는 단순한 이유로 확장된다. 우리는 인간을 일반적인 종류의 생물학적 경계를 지닌 생물학적 개체로 생각해서는 안 된다. 인간 존재는 단순히 실천, 즉 그것을 부분적으로 실현하는 도구적 연결망 안에서 일어나는 실천에 불과하다. 우리가 경험의 있음 직한 궤적에 대해 가질 수 있는 모든 기대는 이러한 보다 근본적인 세계-내-존재에서 파생된 것이다. 이러한 하이데거식 견해에서는 우리가 하는 심적 작업이 확장되는지 여부가 특별한 문제가 될 수 없다. 우리의 감각운동적 지식을 구성하는 기대가 확장된다는 주장도 사소한 방식으로 참이 될 것이다. 확장된 마음도 마찬가지다.

이 하이데거식 행보의 상대적 매력에 대한 판단은 독자의 몫으로 남겨 두겠다. 어쨌든 이것이 노에의 입장에서 따를 수 있는 행보인지는 분명하지 않다. 적어도 많은 가정들을 뒤섞지 않는다면 말이다. 하이데거—드레퓌스—윌러 축은 감각운동적 지식의 비명제적, 따라서 과정적[20] 본성을 강조한다. 그런데 비록 노에의 공식적인 입장은 감각운동적 지식이 방법적 지식이라는 것이지만, 그가 제시하는 이 지식의 실제 예들은 모두 명제적 지식(knowing that)의 형식인 것 같다. 앞서 인용한 구절을 떠올려 보자.

> 토마토의 부피와 뒷면 등 토마토의 전체성에 대한 우리의 지각적 감각은 우리 몸을 왼쪽이나 오른쪽으로 움직이면 토마토의 더 많은 부분이 시야에 들어올 **것이라는** 암묵적 이해(기대)로 이루어진다.(노에 2004, p.63; 강조는 필자)

이것은 방법적 지식이라기보다는 명제적 지식이다. 앞서 인용한 다른 구절을 보자.

> 어떤 대상을 단지 그 측면에 근거하여 정육면체로 경험하는 것은 정육면체의 측면 변화와 움직임 사이의 관계에 대한 감각운동적 지식을 경험 안에서 활용하기 때문이다. 도형이 어떻게 보이는지에 기초하여 도형을 정육면체로 경험한다는 것은 우리가 움직일 때 그것의 모양이 **어떻게** 변하는지를 이해하는 것이다.(*Ibid.*, p.77)

---

20 [옮긴이] 원문에는 '비과정적'으로 표기되어 있으나 '과정적'의 오기로 생각되어 '과정적'으로 번역하였다. 오류 여부에 대해 저자에게 문의하였으나 답을 얻지 못했다.

여기에서 노에는 적어도 우리가 움직일 때 사물의 모양이 '어떻게' 변하는지를 이해하는 것에 대해 이야기한다. 그러나 노에의 방법적 이해는 명제적 이해와 상호 교환될 수 있는 것처럼 보일 정도로 그 의미가 완화되어 있다. 결국, 우리가 움직일 때 사물의 모양이 **어떻게** 변하는지를 이해한다는 것은 무엇인가? 이것은 우리가 이렇게 움직이면 대상의 모양이 이러저러하게 바뀔 것이라는 **것을** 이해하는 데 지나지 않는 듯하다. 다시 말해, 노에가 주장한 문법은 오도적이다. 그는 방법적 이해(understanding how)에 대해 이야기하는 것처럼 보이지만 실제로는 **명제적** 이해(understanding that)에 대해 이야기하고 있다.(Rowlands 2006, 2007)[21]

따라서 노에의 이해에 따른 감각운동적 지식이 확장된 것으로 간주된다면, 우리는 적어도 선언(宣言)적 지식이나 이해의 일부 토큰들이 확장된 경우를 제시해야 할 것이다. 그리고 그저 어떤 선언적 지식이 아니라 지각에 함축된 선언적 지식과 관련하여 그렇게 해야 한다. 그런데 이것은 매우 어려운 일이다. 따라서 행화된 마음과 확장된 마음 사이에 더 강한 연관성이 있다면, 우리는 행화된 마음을 구성하는 두 번째 특징인 세계에 대해 행위하는 능력, 즉 시각 양상을 통해 세계의 구조를 조사하고 탐색하는 능력에서 그것을 찾아야 할 것이다.

---

21 여기에서 나는 방법적 지식과 명제적 지식 사이에 차이가 없다는 제이슨 스탠리와 티모시 윌리엄슨(Jason Stanley and Timothy Williamson 2001)의 주장을 되풀이하는 것이 아니다. 반대로 나는 스탠리와 윌리엄슨이 분명히 잘못되었다고 생각한다. 합법적인 구별이 있지만 노에는 그것을 이끌어 내지 못하고 있다. 특히 그의 설명에 따르면 감각운동적 지식을 구성하는 기대는 명제적 기대(expectations that)다.

주장 (2): 세계에 대해 행위하는 능력

시각 환경을 탐사하고 탐색하는 능력이 확장되는지 여부를 판단할 때, 우리는 **능력**과 그 능력의 **행사** 간의 친숙한 구분을 이끌어 낼 필요가 있다. 주장(2)를 이해하는 방법에는 두 가지가 있는데, 하나는 다른 하나보다 훨씬 더 강력하다. 약한 해석에 따르면, 시각적으로 세계를 지각하기 위해서는 시각 양상을 통해 세계를 탐사하고 탐색하는 **능력**만 있으면 된다. 이러한 능력을 실제로 **행사**할 필요는 없다. 세계를 실제로 탐사하고 탐색할 필요가 없다는 말이다. 주장(2)의 더 강력한 해석에 따르면, 시각적으로 세계를 지각하려면 시각 양상을 통해 세계를 탐사하고 탐색하는 능력뿐만 아니라 그러한 능력을 실제로 행사하는 것이 필요하다.

먼저 약한 주장을 생각해 보자. 세계를 탐사하고 탐색하는 능력이 확장된다고 생각할 만한 이유가 있을까? 능력과 그 능력의 행사가 구별된다고 할 때, 그럴 만한 이유는 없는 것 같다. 내가 피아노를 연주하는 것은 공간적·시간적으로 확장된 과정이며, 그 구성 성분 중 하나인 피아노 자체의 건반들을 중심으로 이루어진다. 하지만 평생 피아노를 한 번도 접해 보지 못해서 그 능력을 발휘할 기회를 갖지 못하더라도 피아노를 연주할 수 있는 능력은 가질 수 있다. 능력의 소유와 능력의 행사 사이의 구별은 인간적이든 아니든 모든 종류의 능력에 적용될 수 있다. 정자에 의한 난자의 수정은 그 구성 성분으로 정자와 난자를 모두 포함하는 과정이다. 그러나 정자는 운의 변화로 인해 적시에 적절한 장소에 있지 못하더라도 이러한 능력을 가지고 있다. 분명한 교훈은 능력의 행사가 확장된 과정이라고 할지라도 능력 자체는 그렇지 않다는 것이다. 능력은 확장된 마음 이론이 요구하는 의미에서 확장되지 않는다.

물론 일부 능력이 **체화될** 수 있는 것은 사실이다.[22] 다음은 존 호글랜드(John Haugeland)가 타이핑 능력에 대해 논의한 내용이다

[내 뇌 안의] 어떤 특정한 맥박 패턴이 어떤 경우 'A'에 대한 나의 타이핑으로 귀결된다는 사실은 발생한 패턴이 어떤 맥박 패턴인지를 훨씬 넘어서는 여러 우발적 상황에 달려 있다. 우선 그러한 사실은 내 손가락의 길이, 근육의 강도와 속도, 관절의 모양 등에 달려 있다. 물론 나머지 알파벳을 입력하는 것으로부터 신발 끈을 묶는 것에 이르기까지 손으로 하는 다른 모든 작업들도 이와 마찬가지로 특정 맥박 패턴과 기타 구체적인 우발적 상황에 **동시에** 의존할 것이다. 그러나 이러한 다양한 의존성이 각각 기여하는 바를 '분별할' 방법은 필요하지 않으며, 그렇기 때문에 내용은 그것이 어떤 손가락으로 향하는지에 관계없이 맥박 패턴에 일관되게 할당될 수 있다.(Haugeland 1995, p. 253)

이 점에 대해서는 호글랜드의 의견에 쉽게 동의할 수 있을 것 같다. 많은 능력은 그것을 가지고 있는지 여부가 뇌 안에서 일어나는 일의 문제일 뿐만 아니라 훈련이나 생물학적 부여를 통해 신체에 내장된 기질의 문제이기도 하다는 의미에서 체화된다. 나의 서핑 능력은

---

22 물론 전부는 아니다. 멀리 떨어진 사무실에 앉아 있으면서도 내 집의 창문을 심적으로 상상하고 그 개수를 세는 내 능력은 더 넓은 신체 구조 및 과정으로 구성되지 않은 능력이다. 이 능력의 소유는 순전히 내 뇌 안에서 일어나는 일에 의존하는 것 같다.

단순히 적절한 형식의 실용적 지식을 부호화하는 나의 뇌의 문제일 뿐만 아니라 오랜 훈련 과정을 통해 필요한 신체적 기질이나 경향을 습득한 나의 몸의 문제이기도 하다. 이러한 기질이 없다면 뇌 안에서 일어나는 일은 서핑 능력으로 이어지지 않을 것이다. 모든 능력이 체화되는 것은 아니지만 일부 능력이 체화된다는 것은 부인할 수 없는 것 같다. 그러나 우리가 보았듯이 확장된 마음은 체화된 마음과는 상당히 다른 이론이다. 둘 모두를 **구성**에 대한 존재적 이론으로 이해하더라도 신체 구조에 의한 구성은 환경 구조에 의한 구성과는 매우 다르다. 시각 양상을 통해 세계를 탐사하고 탐색하는 능력에 대한 행화된 마음의 호소는 우리에게 지각에 대한 체화된 관점의 방향을 제시할 수 있다. 그러나 이러한 호소 자체만으로 지각에 대한 확장된 설명을 산출할 수는 없다.[23]

같은 종류의 고려를 통해 일부 능력은 환경에 **착근되어** 있다는 결론을 내릴 수 있다. 서핑을 배우는 과정에서 습득한 신체적 기질은 특정한 환경 조건에 맞게 조정되어야 한다. 예를 들어 7피트 11인치 미니말(Mini-mal)에서 서핑할 수 있는 능력이 5피트 11인치 스러스터(Thruster)에서 서핑할 수 있는 능력으로 이어지지는 않는다. 그런데 앞서 살펴본 바와 같이 확장된 마음은 심적 과정이 착근되어 있다는 주장과 구별되며 이보다 훨씬 더 강한 주장이다. 심적 과정이 환경적 구성 성분들을 갖는다는 주장, 즉 심적 과정이 부분적으로 머리 밖의 세계에서 일어나는 과정들로 구성된다는 주장은 단순히 심적 과정이

---

23 물론 이것이 반드시 행화주의적 관점의 약점인 것은 아니다. 확장된 설명을 함의하지 않는 것은 많은 사람들에게 약점이 아니라 강점으로 간주될 수 있다. 여기에서 내가 관심을 두는 것은 행화적 설명과 확장된 설명을 적절하게 구별하는 것뿐이다.

더 넓은 환경에 의존하고 심지어 본질적으로 의존한다는 주장보다 훨씬 더 놀라운 주장이다. 전부는 결코 아니지만 많은 능력이 뇌의 활동, 후천적이거나 선천적인 신체적 기질, 환경적 피드백으로부터 비롯된 복잡한 구성물이라는 사실을 받아들일 수 있다. 하지만 그렇다고 해서 능력에 대한 확장된 설명을 받아들일 수 있는 것은 아니다.

주장 (2)에 대한 보다 강한 해석에 따르면, 시각적으로 세계를 지각하려면 시각 양상을 통해 세계를 탐사하고 탐색하는 능력뿐만 아니라 그러한 능력을 행사하는 것도 필요하다. 물론 많은 능력의 행사는 세계로 확장되는 과정들로 이루어지며 세계 내 항목들을 그 구성 성분으로 포함한다. 따라서 (2)의 강한 해석은 확실히 확장된 마음을 함의하는 것 같다. 그런데 문제는 이러한 강한 해석이 지극히 개연성이 없어 보인다는 점이다.

물론 즉각적인 문제는 **새로운** 시각적 현상을 설명하는 데 있다. 노에의 예로 돌아가서 한 번도 본 적이 없는 토마토를 마주쳤다고 가정해 보자. 조건 (1)에 따르면 토마토의 모양을 지각하는 것은 관련된 감각운동 상호의존성을 파악하는 것으로 이루어진다. 즉 토마토를 기준으로 내가 움직이거나, 토마토가 나를 기준으로 움직이거나, 토마토를 가리는 물체가 있는 등에 따라 나의 시각 경험이 어떻게 변화하는지 이해하는 것에 관여한다. 이제 여기에 조건 (2)의 강한 해석을 추가한다고 가정해 보자. 토마토의 모양을 지각하는 것은 시각 양상을 통해 세계를 탐사하고 탐색하는 능력을 실제로 행사하는 것에 관여한다. 하지만 이는 능력을 행사하기 전에는 토마토의 모양을 볼 수 없다는 것을 함의한다.

분명한 대응은 이전 경험에 호소하는 것이다. 비록 이 특정한 토마토를 본 적은 없을지 모르지만 비슷한 모양의 토마토들을 봐 왔기 때문에 환경을 탐사하고 탐색하는 능력을 실제로 발휘할 필요가 없다는 것이다. 이러한 이전 경험을 바탕으로 내가 토마토를 기준으로 이동하는 것과 같은 특정 사건에 따라 내 경험이 어떻게 변할지 예측할 수 있다는 말이다.

그러나 이 대응은 두 가지 문제에 직면한다. 첫 번째는 반응에 내재적인 문제이고, 두 번째는 행화된 마음이 지각에 대한 확장된 설명을 산출하는 것으로 간주될 가능성과 관련된 문제다. 첫 번째 문제는 새로운 시각적 형태를 지각할 수 있는 가능성에 관한 것이다. 지금까지 접해 보지 못한 형태를 가진 대상에 대해 (2)의 강한 해석은 그 대상을 시각적으로 탐사하고 탐색하고 그 결과 경험이 어떻게 변화하는지 목격하기 전까지는 실제로 그 형태를 지각하지 않는다는 것을 함의한다. 이렇게 하지 않으면, 새로운 형태를 지각하지 못할 것이라는 것이다. 행화적 설명에 대한 이 강한 해석에 따르면, 대상의 새로운 시각적 속성 모두 마찬가지다.

물론 여기에서 우려되는 점은 행화적 설명이 지각과 후속 인지 작업을 혼동한다는 것이다. 즉 본질적으로 행화적 접근 방식은 **지각과 판단을 결합시켜 버린다는 것이다.**[24] 보는 것에 **가까운** 무언가가 확실히 탐사 및 탐색 활동 이전에 진행되어야 하는 것처럼 보인다. 절대적 (simpliciter) 탐사 및 탐색 활동은 없다는 것이다. 탐사 및 탐색 활동은 아무렇게나 하는 것이 아니다. 탐사 및 탐색 활동은 상황의 시각적으로 두드러진 특징에 의해 인도된다. 예를 들어 새로운 형태가 갖는 시

24 이 혐의는 찰스 지베르트(Charles Siewert 2006)에 의해 제기되었다.

각적 잠재성을 탐색할 때 우리의 탐색을 인도하는 것은 무엇일까? 분명한 대답은 우리의 탐색을 인도하는 것은 그 형태에 대한 우리의 지각이라는 것이다. 우리는 분명히 무언가를 보고 있으며, 우리가 보는 것에 대한 가장 자연스러운 후보는 바로 그 형태다. 우리는 그것이 정확히 어떤 형태인지 알지 못할 수 있으며, 이것은 후속 탐색이 우리에게 알려 주는 것이다. 그런데 이 후자의 문제는 지각이 아니라 판단의 문제다.

두 번째 문제는 우리의 관심과 더 밀접한 관련이 있다. 노에는 주장 (2)에 대한 강한 해석을 지지하는 것 같다. 예를 들어 앞서 인용한 구절에서 그는 지각이 "신체적 기술에 대한 소유 그리고 이의 행사에 의해 구성된다"고 말한다.(Noë 2004, p.25)[25] 그러나 때때로 그의 주장은 감각운동 능력을 실제로 행사하는 것이 시각적 속성을 지각하는 학습 과정 중에만 필요하다고 제안하는 것 같다. 다음의 구절이 그 예다. "우리는 스스로 움직여야만 감각운동 의존의 관련 패턴들을 시험할 수 있고 또한 그럼으로써 배울 수 있다."(Ibid., p.13)

그러나 환경을 탐사하고 탐색하는 능력을 발휘하는 것이 시각적 속성을 지각하는 방법을 **학습하는** 데만 필요한 반면, 이전에 접한 속성을 실제로 지각하는 데는 단순히 그 능력만으로 충분하다면, 이는 시각적 속성을 지각하는 방법을 배우는 것만이 확장된 과정이 될 것임을 의미한다. 이미 접했던 속성을 지각하기 위해서는 특정한 우발적 상황에 따라 경험이 어떻게 변할지와 관련된 기대 그리고 환경의 관

---

25 사실 그는 이것을 의문문 형식으로 표현했다. 그러나 문맥을 보면 이것이 그가 지지하고자 하는 주장임이 분명하다.

련 부분을 탐사하고 탐색할 수 있는 능력만 있으면 된다. 그리고 여기에서 전개된 논증이 옳다면, 이 중 어떤 것도 확장된 과정이라고 생각할 이유가 없다.

우리는 상황을 딜레마의 형식으로 나타낼 수 있다. 만약 행화적 마음이 세계를 시각적으로 탐사하는 능력을 실제로 행사하는 것이 지각에 필요하다고 주장한다면, 이는 그럴듯하지 않다. 반면 이러한 능력의 행사가 학습 단계에서만 필요하다고 주장한다면, 이는 확장된 마음의 지극히 약화된 버전, 즉 지각 그 자체가 아닌, 지각의 학습에 대한 확장된 설명만을 산출하는 데 불과할 뿐이다. 후자의 설명에 관한 한, 행화적 마음은 우리에게 기대와 능력의 소유를 중심으로 하는 견고한 내재주의적 설명을 제공한다. 물론 이것이 반드시 나쁜 것은 아니다. 행화적 마음에 대한 이러한 온건한 내재주의적 해석을 많은 사람들은 행화주의에 대한 타격으로 간주하기보다는 오히려 행화주의에 유리한 것으로 간주할 것이다. 그러나 이것은 만약 데카르트적 선조들과는 근본적으로 다른, 마음에 대한 비데카르트적 과학이 존재한다면 적어도 노에가 발전시킨 형식의 행화적 마음은 그 중심에 있지 않을 것임을 시사한다.

따라서 행화적 마음을 비데카르트적 과학의 핵심으로 되돌리려는 시도는 어떤 식으로든 지각과 지각에 대한 학습 사이의 구분을 약화시켜야 하는데, 학습이 지각에 유사한 것보다 지각이 학습에 훨씬 더 유사하다는 것이 드러나는 방식으로 그렇게 해야 한다. 흥미롭게도 학습과 지각의 구분을 약화시키려는 시도는 헐리와 노에(2003) 및 헐리(2010)에서 찾을 수 있다.[26] 여기에서 학습-지각의 구별은 훈련-훈련 후의 구별로 표현된다. 이러한 구별을 약화시키려는 시도는 헐리가 '충분성 질문'이라고 부르는 것에서 '설명적 질문'이라고 부르는 것으로 관심을 옮기려는 시도에 기반한다. 지각 경험과 관련하여 충분성 질문은 "주어진 내용을 지닌 시각 경험 P를 위해 체계 내 무엇이면 충분할까?"가 될 것이다. 이에 상응하는 설명적 질문은 "왜 이 신경적 상태가 시각 경험 P의 신경적 상관자인가?"가 될 것이다. 따라서 헐리는 지각 경험의 **가장 국지적인 메커니즘**에 대한 문제로부터 경험의 질과 특성에 대해 **최선의 설명**을 제공하는 것은 무엇인가에 대한 문제로 초점을 전환할 것을 제안한다. 헐리는 지각 경험에 충분한 국지적 메커니즘은 지각 주체 내부에 있을 수 있지만, 경험의 질과 특성에 대한 최선의 설명은 "특징적인 확장된 역학"에 눈을 돌려야 할 것이라고 주장한다. 즉 지각 경험의 질과 특성에 대한 최선의 설명은 뇌, 몸 그리고 세계에 대한 능동적인 탐사 또는 탐색을 통합하는 분산된 과정에 눈을 돌려야만 한다는 것이다.

하지만 안타깝게도 이 시도는 효과가 없을 것 같다. 그 이유를 알아보기 위해 내가 롤랜즈 2003에서 이끌어 낸 구별, 즉 어떤 속성의 소유와 그 속성을 소유한 사물의 **위치** 사이의 구별을 생각해 보자. 예를 들어 행성임이라는 속성을 생각해 보자. 어떤 물체가 이 속성을 소유하려면 그 물체가 외부의 사물, 예를 들어 그 물체가 그 궤도를 공전하는 태양과 일정한 관계에 서 있어야 한다. 이러한 관계에 서 있는 것이 곧 어떤 것을 행성이 되게 해 주는 것이며, 따라서 어떤 것이 행성인 이유에 대한 설명에서는 이러한 것을 언급해야 한다. 그러나 이로부터 행성이 그것의 중심인 태양이 있는 곳이라면 어디에든 있다는

26 이 사실을 알려 준 앤디 클라크에게 감사의 말을 전하고 싶다.

결론이 도출되는 것은 아니다. 속성의 소유 문제와 속성의 소유에 대한 설명은 이 속성을 소유하는 토큰 항목의 위치에 관한 문제로 이어지지 않는다.[27] 우리는 경험의 질과 특성에 대한 최선의 설명은 특징적인 확장된 역학에 호소할 수 있다는 헐리의 의견에 동의할 수 있다. 그리고 이 역학이야말로 경험이 이러한 질이나 특성을 소유하는 원인이므로 이 역학이 최선의 설명이라는 데 동의할 수 있다. 그러나 이로부터 경험이 확장된다는 결론이 도출되지는 않는다.[28] 다시 말해, 관심의 초점을 전환하려는 헐리의 시도를 받아들인다고 해도 이러한 행보는 기껏해야 지각적 과정에 대한 **착근된** 설명만을 산출할 것이다. **확장된** 설명은 산출하지 않을 것이다.[29]

6. 체화되고 확장되고 연합된 마음

현재 착근된 마음은 확장된 설명에 대한 주장의 유효성을 인정하면서도 그 결과를 제한하려는 사람들이 채택한, 한 걸음 후퇴한 신데카르트적 입장이라고 할 수 있다. 그러나 적어도 노에가 제시하는 형식의

---

27 이 점은 원래 도널드 데이비슨(1987)으로 거슬러 올라간다. 무언가가 햇볕에 타려면 그것은 태양 복사와 일정한 관계에 있어야 한다. 그러나 이로부터 햇볕에 의한 화상이 태양 복사로 '확장'되어야 한다는 결론이 따라 나오지는 않는다. 행성의 예는 신시아 맥도널드(Cynthia Macdonald 1990)에 의한 것이다.

28 클라크(곧 발표 예정)도 비슷한 주장을 지지한다.

29 사실 환경적 착근에 대한 주장이 정당화될 수 있는지도 명확하지 않다. 행성의 예에서 분명히 알 수 있듯이, 경험에 대한 내재론자가 되면서도 어떤 경험이 특정 속성을 소유하는 것이 '특징적인 확장된 역학'에 의존한다는 주장을 공평하게 받아들일 수 있다. 이것은 착근 개념을 수용 가능한 범위를 넘어 확대하는 것처럼 보인다.

행화적 마음이 환경을 의식하는 형식의 내재주의와 크게 다른지는 전혀 분명하지 않다. 즉 하이데거식의 현상학적 존재론이 주입되지 않는 한, 행화적 설명은 여전히 인지 과정에 대한 체화 및/또는 착근된 설명만을 산출할 뿐이다. 즉 지각 학습을 제외하고는 확장된 설명을 산출하지 못한다. 따라서 이 장의 주장이 옳다면, 비데카르트적 인지 과학의 핵심에는 체화된 마음과 확장된 마음이 있다는 것을 알 수 있다. 이 장의 시작에서 언급했던 네 가지 e는 사실상 두 가지로 축소되었다.

그런데 체화된 마음과 확장된 마음은 하나의 중심 개념에 의해 통합된다. 즉 체화된 마음과 확장된 마음은 (일부) 인지 과정의 (부분적) 구성에 대한 존재적 이론이라는 점에서 공통적이다. 비데카르트적 마음 개념의 핵심이 바로 이 개념이다. 즉 일부 인지 과정들은 부분적으로 인지하는 주체의 뇌 외부에 위치한 구조와 과정들로 구성된다는 것이다. 인지 과정은 신경적 구조 및 과정, 신체적 구조 및 과정 그리고 환경적 구조 및 과정의 **연합체**이다. 따라서 우리는 체화된 마음 이론과 확장된 마음 이론을 하나로, 즉 **연합된 마음**(amalgamated mind)으로 통합할 수 있다. 새로운 과학은 심적 과정을 연합으로 보는 관점을 토대로 할 것이다.

인지 과정이 확장된다는 개념은 잘못된 종류의 이미지를 쉽게 불러일으킬 수 있다. 확장이 공간적 개념이며 따라서 **위치** 개념과 밀접하게 연관되어 있기 때문이다. 인지 과정의 위치 문제는 우리가 갖지 말아야 할 관심으로 우리를 쉽게 빠져들게 할 수 있다. 즉 인지 과정이 확장된다는 개념은 우리가 심적 과정을 다음과 같이 오해하도록 우리를 쉽게 유혹할 수 있다. 인지 과정은 뇌 바깥으로 뻗어 나가며 분명한 공간적 위치를 가지고 있는데, 다만 뇌 밖 세계의 넓은 영역을 포함한다는 것이다. 이것이야말로 확장된 인지를 **잘못** 이해하는 방식이다. 일반적으로 인지 과정은 기껏해야 모호한 위치를 가지며, 불확정적일 수도 있다. 즉 주어진 토큰 인지 과정이 어디에서 발생하는지에 대한 사실이 없을 수도 있다. 확장된 마음이라는 은유가 우리로 하여금 그렇게 가정하도록 유혹하듯이, 인지 과정은 뇌나 두개골 바깥으로 늘어난 고무줄처럼 확정적인 확장된 경계를 갖지 않는다. 인지 과정에는 확정적인 경계가 전혀 없다. 확장된 마음 이론은 **공간적으로 한계가 없는** 마음 이론이라고 부르는 것이 더 정확할 수 있다. 그러나 이런 명칭이 결코 충분히 매력적이지 않음을 직시할 수밖에 없다.

이 점에서는 **연합된** 마음 이론이 조금 더 낫다. 새로운 과학에서 중요한 것은 인지 과정의 **조직** 또는 **구성**이며, 그 위치는 우선적으로 중요한 것이 아니기 때문이다. 인지 과정의 정확한 위치에 대한 주장은 그 구성에 대한 주장으로부터 어떤 방식으로도 곧바로 따라 나오지 않는다. 그것은 인지 과정을 구성하는 요소들이 정확한 공간적 위치를 가지고 있는지 여부에 달려 있을 것이다. 그러나 이로부터 따라 나오는 것은 그러한 과정이 어디에 위치하지 **않는지**에 대한 주장이다. (일부) 토큰 인지 과정이 신경적·신체적 및/또는 환경적 구조와 과정의 연합이라는 주장인 연합된 마음 이론은 모든 인지 과정이 인지 유기체의 머리 안에 있지는 않다는 것을 함의한다. 그러나 이 이론에서 가장 중요한 것은 위치가 아니라 구성의 문제다.

인지 과정을 신경적·신체적·환경적인 것의 연합으로 간주하는 AM, 즉 **연합된 마음** 이론은 체화된 마음 이론과 확장된 마음 이론을 모두 포괄한다. 겉보기에는 이질적인 이러한 영역들의 연합은 활용, 조작, 변환이라는 개념에 기반한다. 이렇게 연합된 뇌 외부의 구조 및 과정이 신체적 구조 및 과정일 때, 활용이라는 개념이 연합의 가능성의 최전선에 있을 공산이 크다. 뇌는 가령 음원의 거리와 방향을 처리할 때 유기체의 귀 사이의 거리를 **활용한다**. 그러나 이렇게 연합된 뇌 외부의 구조 및 과정이 또한 몸 외부에도 존재할 때에는 조작과 변환이 전면에 등장할 수 있다. 환경의 정보 보유 구조를 **조작할** 때 유기체는 그 구조가 담고 있는 정보를 단순히 존재하는 것에서 이용 가능한 것으로 **변환할** 수 있다. 이렇게 함으로써 유기체는 이제 후속 처리 작업에서 해당 정보를 활용할 수 있다.

연합의 개념은 체화된 마음 이론과 확장된 마음 이론을 모두 통합한다. 이러한 통합의 가능성은 체화된 마음과 확장된 마음의 논제가 상충된다고 생각했던 많은 사람들에게 놀라움으로 다가올 텐데, 그 이유는 나중에 살펴볼 것이다. 다음 장에서는 연합된 마음에 대한 옹호를 시작하겠다.

4. 연합된 마음에 대한 반론들

1. 연합된 마음: 도전들

연합된 마음 이론은 체화된 마음 이론과 확장된 마음 이론을 결합한 것이다. 그리고 체화된 마음 이론과 확장된 마음 이론은 좀 더 일반적인 관념, 즉 인지 과정들이 부분적으로 신경 외적인 과정들에 의해 이루어져 있다는 생각의 버전들이다. 인지 과정들이 부분적으로 신체적인 과정 및/또는 보다 넓은 환경적인 과정들에 의해 구성되어 있다는 생각 말이다. 연합된 마음 이론(이하 '연합된 마음')은 이처럼 마음이 뇌 밖에서도 구성된다는 주장이다. 그런데 연합된 마음은 체화 이론과 확장 이론 모두를 포함하기 때문에, 그에 대한 주요 도전들은 세 가지 범주로 나눌 수 있다.

1. 확장된 마음 이론에 대한 도전들
2. 체화된 마음 이론에 대한 도전들
3. 이 둘의 결합에 대한 도전들

세 번째 유형의 도전은 다음과 같다. 즉 체화된 마음과 확장된 마음이 개별적으로는 각각 문제가 없더라도, 이들은 서로 양립 불가능하기 때문에 연합된 마음이 그리는 방식으로 결합될 수 없다는 것이다.

이제 이러한 도전들에 대해 순서대로 논의하겠다.

2. 확장된 마음과 이에 대한 불만들

최근 확장된 마음 이론은 많은 반론들의 표적이 되어 왔는데, 이 반론들은 크게 다음과 같은 네 가지 유형으로 분류될 수 있다.

1. **차이 논증** 이 유형의 반론은 내부 인지 과정 그리고 확장된 마음 이론이 인지적이라고 주장하는 외부 과정 사이의 중요한 차이를 지적한다. 그리고 그럼으로써 두 과정 모두가 단일한 심리적 종류의 예로 간주되어야 한다는 주장에 대해 의문을 제기한다. 루퍼트(2004)와 포도르(2009)가 이러한 반론을 강하게 제기했다.

2. **결합-구성 오류** 이 유형의 반론은 확장된 마음 이론이 진정한 인지와 외래적인, 인과적으로 동반되는 요소들을 혼동한다고 주장한다. 보다 정확하게 말하자면 인지를 구성하는 구조 및 과정을 인지가 그 안에 (그저) 인과적으로 착근되어 있는 구조 및 과정과 혼동한다는 것이다. 이러한 반론은 이미 몇 차례 언급했는데, 아담스와 아이자와(2001, 2010)가 이러한 반론을 전개했고, 이와 다소 다른 방식으로 루퍼트(2004)

도 이러한 반론을 제시했다.

3. **인지의 부풀림 반론**   이 반론에 따르면 확장된 인지 과정을 인정하는 경우 우리는 미끄러운 경사로에 놓이게 된다. 이러한 과정을 일단 허용한다면, 우리는 어디에서 멈추게 될 것인가? 인지적인 것에 대한 우리의 개념은 지나치게 넓어질 것이고, 우리는 명백하게 인지적이지 않은 모든 종류의 구조와 과정들까지도 인지적인 것의 범주에 허용해야만 하게 될 것이다.

4. **인지의 표식 반론**   이 반론에 따르면 확장된 마음 이론은 인지의 어떤 합당한 표식과도 양립할 수 없으므로 기각되어야 한다. 인지의 표식이란 어떤 과정이 인지로 간주되는 것이 (그리고 아마도 그렇게 간주되지 않는 것이) 언제인지를 명시하는 기준 또는 조건들의 집합이다. 이 반론은 인지의 어떤 타당한 기준도 확장된 마음 이론이 언급하는 종류의 확장된 과정들을 인지 자격이 있는 것으로 간주하지 않으리라는 것이다. 이 반박은 아담스와 아이자와(2001, 2010)에 의해 전개되었다.

이 장의 다음 몇 절들에서는 처음 세 가지 반론들이 모두 인지의 표식 반론으로 귀결된다고 주장할 것이다. 처음 세 가지 반론들은 인지의 표식 반론을 전제로 하거나 만족스러운 인지의 표식 또는 기준을 제공함으로써 해결될 수 있다는 점에서 인지의 표식 반론으로 귀결된다.

3. 차이 논증: 확장된 마음속 동등성과 통합

확장된 마음 이론은 **동등성** 개념에 근거한 것으로 종종 생각된다. 이때 동등성이란 대략적으로 말하면 인지와 관련된 외부 과정과 인지적이라고 널리 받아들여지는 내부 과정 사이의 유사성을 말한다. 확장된 마음이 동등성 개념에 의존한다는 사실은 종종 클라크와 차머스가 **동등성 원리**라고 부르는 개념에 구체화되어 있고 이를 통해 입증된다고 여겨진다.

> 우리가 어떤 과제에 직면할 때 **만약 머릿속에서 이루어졌다면** 우리가 주저 없이 인지 과정의 일부로 인식했을 과정으로 세계의 일부가 기능한다면, 그 세계의 일부는 (주장하건대) 인지 과정의 일부다.(Clark and Chalmers 1998, p.8)

확장된 마음에 대한 비판자들은 동등성 원리를 언제 외부 과정이나 구조가 인지적인 것으로 이해되어야 할지, 즉 언제 인지 과정의 진정으로 인지적인 부분으로 이해되어야 할지에 대해 **유사성에 기반한** 기준을 도입하는 것으로 예외 없이 이해해 왔다. 아주 대략적으로 말하자면, 동등성 원리를 이렇게 이해할 때, 외부 과정이 내부 인지 과정과 충분히 유사한 경우 외부 과정도 인지 과정으로 간주될 수 있다.

차이 논증을 뒷받침하는 것은 동등성 원리의 역할에 대한 다음과 같은 해석이다. 즉 동등성 원리는 인지가 확장된 것으로 정당하게 간주될 수 있는 때가 언제인지에 대해 유사성에 기반한 기준을 도입한다는 것이다. 예를 들어 최근 포도르는 차이 논증을 전개하면서 오토와 잉가의 사례가 동등성을 가진다고 주장되지만, 사실 이들은 그저 그런 것처럼 보일 뿐이며 그렇게 보이는 것은 클라크와 차머스가 오토와 잉가의 시나리오를 부정확하게 기술한 탓이라고 주장한다.

> 잉가는 미술관의 주소를 기억하고 있다는 것을 기억하고, 자신의 기억에 대한 기억을 참조한 다음 자신이 가지고 있다고 기억하는 기억을 참조하여 미술관에 도착하는 것이 분명 아니다. […] 오토가 '외부' 기억을 참조하는 것은 그가 내부 기억을 가지고 있다는 것을 전제로 하는 것 같지 않다. […] 그러나 잉가가 미술관이 어디에 있는지에 대한 내부 기억을 참조하기 위해 소급을 각오한 채 먼저 자신이 미술관이 어디에 있는지를 기억하는지 여부에 대한 다른 내부 기억을 참조할 필요는 없다. […] 결국 오토의 사례와 잉가의 사례 사이에는 비대칭성이 내재되어 있다. 실제로 오토는 잉가보다 한 가지 과정을 더 거친다. […] 잉가가 자신의 기억에 대한 '기억을 참조한다는 것'은 가짜이며 특히 나쁜 가짜인데, 잉가의 사례를 실제보다 더한층 오토의 사례처럼 보이게 만들기 때문이다.(Fodor 2009, p.15)

다시 말해 클라크와 차머스가 의존하는 내부와 외부의 동등성은 겉으로만 그렇게 보일 뿐 실제로는 성립하지 않기 때문에 클라크와 차머스의 주장은 유효하지 않다는 것이다.

비슷한 맥락에서 루퍼트는 내가 전개한 확장된 기억에 대한 주장(Rowlands 1999)과 관련하여 자신의 전략을 다음과 같이 설명한다.

> 나의 주장은 확장된 '기억' 상태(과정)의 외적 부분은 내적 기억(기

억하는 과정)과 너무 다르기 때문에 별개의 종류로 다루어야 한다는 것이다. 이는 근거 없는 유비를 토대로 HEC[확장된 인지에 대한 가설](즉 확장된 인지적 상태는 전적으로 내적인 인지적 상태와 유사하며, 따라서 이들은 해석상 인지적으로 동일한 종류이고 그러므로 확장된 인지적 상태는 존재한다는 가설)를 주장하고 싶은 유혹을 막아준다.(Rupert 2004, p.407).

우리는 나중에 이 전략의 구체적인 적용 사례를 살펴볼 것이다. 하지만 지금은 구체적인 적용 사례보다는 일반적인 전략에 초점을 맞추겠다. 포도르와 루퍼트의 반론은 동등성 원리의 기능에 대한 다음 가정, 즉 동등성 원리의 기능은 기억과 같은 인지 과정이 세계로 확장될 수 있는 것이 언제인지에 대해 유사성에 기초한 기준을 도입하는 것이라는 가정을 근간으로 한다. 동등성 원리에 따르면 **만약** 외부 과정이 내부 인지 과정과 충분히 유사하다면, **그렇다면** 외부 과정 역시 인지 과정으로 간주된다. 이러한 가정을 전제로 포도르와 루퍼트는 기억에 관련된 외부 과정은 사실 내부 인지 과정과 충분히 유사하지 **않기** 때문에 인지 과정의 자격이 없다고 주장한다. 아마도 이것은 귀납적 논증으로 의도된 것 같다. 즉 인지와 관련된 내부 과정과 외부 과정은 충분히 유사하지 않기 때문에 동등성 원리는 외부 과정을 인지적인 것으로 간주할 이유가 되지 못한다는 것이다.[1]

그러나 차이 논증은 확장된 마음에 대한 논증을 제대로 이해하지 못하고 있다.[2] 사실 확장된 마음 이론은 확장된 과정이 언제 인지

---

1 물론 연역적으로 이해하면 이 주장은 잘못된 것이다.

과정으로 정당하게 간주될 수 있는지에 대해 유사성에 기반한 기준에 의존하지 않는다. 동등성 개념은 실제로 확장된 마음의 중요한 개념이긴 하다. 그러나 그에 못지않게 중요한 것으로 **통합**의 개념이 있다. 통합이란 이질적인 유형의 과정들이 **바로 그 서로 다른 특성**으로 인해 그들 중 하나만으로는 달성할 수 없는 과제를 인지 유기체가 수행할 수 있도록 이질적인 유형의 과정들을 서로 맞물리게 하는 것이다.(Menary 2006, 2007; Sutton 2010)

이러한 **통합주의적** 관점에서 볼 때, 내부 과정과 외부 과정 사이의 **차이점**은 유사점만큼이나 중요하거나 심지어 그보다 더 중요하다. 인지가 환경으로 확장되는 이유는 특정한 인지적 과제의 수행과 관련하여 내부 과정이 할 수 없는 일(또는 확장된 마음 이론을 어떻게 이해하느냐에 따라, 특정 경우에는 내부 과정이 **하지 않는** 일이라고 단순히 말할 수도 있겠다)을 외부 과정이 할 수 있기 때문이다. 외부 구조 및 과정은 내부 구조 및 과정과 상당히 다른 속성을 가지고 있으며, 바로 이러한 차이로 인해 인지 수행자는 내부 인지 과정만으로는 수행할 수 없는 특정 과제를 수행할 수 있는 기회를 얻게 된다. 이러한 차이가 없다면 외부 과정은 **무용지물**이 될 것이다.

예를 들어 나는 『마음속의 몸』(Rowlands 1999)에서 기억 저장의 외부 형식의 상대적인 **영속성**과 **안정성**을 강조하고 이것이 문화화 과정에서 생물학적 기억 전략의 발달에 미치는 영향을 고찰했다. 기억의 외부 형식의 발달이 유용한 동시에 생물학적 기억의 특성에 중요

---

2 이 사실을 가장 먼저 명확하게 깨달은 사람은 리처드 메너리로 생각된다. 확실히 그는 나보다 한참 전에 이 사실을 깨달았다. 특히 메너리 2006, 2007을 참조하라. 그는 이 논문들이 발표되기 훨씬 전부터 여러 학술 대회에서 이 점을 지적해 왔다.

한 영향을 미친 것은 이러한 영속성과 안정성이 내부의 생물학적 과정에는 나타나지 않기 때문이다.(Donald 1991 참조) 더 최근에는 오리건과 노에(2001, 2002) 그리고 노에(2004)가 외부 세계의 영속성과 안정성이 시지각을 구성하는 데에서 갖는 중요성을 강조했다. 세계는 시각 양상에 의해 마음대로 탐사되고 탐색될 수 있는 안정적이고 상대적으로 영속적인 구조를 제공하며, 그럼으로써 전통적으로 이해되는, 적어도 특정 종류의 시각 표상에 대한 필요를 없애 준다는 것이다.[3]

나는 『마음속의 몸』에서 가령 언어 체계 특유의 재귀적이고 조합적인 구조와 같은 외부 체계의 독특한 구조를 강조했는데, 이러한 구조는 내부의 생물학적 과정에는 없는 것이다. 나는 유기체가 인지적 과제를 수행할 때 세계의 구조를 적절히 활용할 수 있다면 이런 종류의 구조를 내부적으로 복제할 필요가 없다고 주장했다. 따라서 다시한 번 말하지만 세계와 그 안에서 일어나는 과정의 중요성은 바로 세계가 내부 과정에는 없는 구조를 가짐으로써 우리로 하여금 머릿속에서만으로는 할 수 없는 일을 할 수 있게 해 준다는 사실에서 비롯된다.[4]

따라서 확장된 마음의 사례가 동등성 위에만 세워져 있다고 가정하는 것은 옳지 않다. 마찬가지로 중요한 것이 내부 과정과 외부 과정 사이의 차이다. 외부 구조가 갖는 다른 속성들이야말로 인지 수행자가 내부 과정만으로는 달성할 수 없거나 사실상 달성하지 않는 것들을 달성할 수 있게 해 준다. 확장된 마음 이론에서 통합 개념이 갖

---

3   물론 이러한 맥락에서 행화주의적 설명이 한 기여의 중요성은 이전 장의 논증에 의해 완화된다. 이 논증이 옳다면, 적어도 노에가 옹호하는 형식의 행화주의는 지각 처리에 대한 확장된 설명을 제공하지 않는다.
4   수전 헐리(1998)도 이 생각을 강력하게 옹호한다.

는 중심적인 역할을 고려할 때, 차이 논증처럼 단순히 내부 과정과 외부 과정 사이의 차이를 언급하는 것만으로 확장된 마음 이론에 대한 반대의 근거를 제시할 수는 없다. 확장된 마음 이론에 대한 제대로 된 이해는 그러한 차이를 **예측하는** 동시에 **요구한다**. 따라서 차이 논증의 반론은 실패한다.

그러나 확장된 마음에서 통합의 역할이 중요하다고 해서 동등성의 역할을 간과해서는 안 된다. 확장된 마음은 동등성과 통합을 모두 요구한다. 그리고 두 가지를 모두 제대로 이해하고 각각에 적절한 위치와 역할을 할당할 것을 요구한다. 인지적 통합이라는 개념에만 순전히 기반하여 확장된 마음에 대한 사례를 개발하려고 한다고 가정해 보자. 이렇게 하면 확장된 마음 이론은 또 다른 반대에 직면할 수 있게 된다. 확장된 마음 이론이 인지적이라고 간주되는 내부 과정과 외부 과정 사이의 중요한 구분을 요구한다면, 외부 과정이 진정한, 내부적인 인지적 처리의 단순한 외부적 동반 요소가 아니라 정말로 인지의 일부라고 가정해야 하는 이유는 무엇인가? 즉 이전 장에서 발전된 확장된 마음과 착근된 마음 사이의 구별을 고려할 때 그리고 내부 인지 과정과 인지에 관여된 확장된 과정 사이에 상당한 차이가 있다고 할 때, 외부 과정을 진정한 내부 인지 과정들이 착근되어 있는 외래의 발판의 일부로 가정하지 않는 이유는 무엇인가? 다시 말해 내부 과정과 외부 과정 사이의 차이에 의존하는 것은 착근된 마음 이론은 지지하지만 확장된 마음 이론은 지지하지 않는 것 같다.(Rowlands 2009a)

인지에 관여된 내부 과정과 외부 과정 사이의 차이에 대한 통합주의자의 강조를 고려할 때, 단순히 내부 과정의 유비적 확장을 통해 외부 과정의 인지적 지위를 확립하는 것은 불가능하다. 따라서 확장된 과정의 인지적 지위를 옹호하려면 이러한 외부 과정이 인지 과정이라는 주장을 옹호할 다른 방법이 필요하다. 다른 방법이 있는지는 확실하지 않지만, 한 가지 방법은 인지적인 것에 대한 적절하고 제대로 동기 부여된 기준 또는 표식, 즉 인지에 관여된 외부 과정이 단순히 인지 과정이 착근되어 있는 외래의 발판이 아니라 정말로 인지 과정이라는 주장을 확장된 마음 이론이 정당화할 수 있는 기준을 제시하는 것이다. 요약하자면, 통합주의적 대응은 차이 논증을 모면하긴 하지만 확장된 마음 이론을 인지의 표식 반론에 취약하게 남겨 두고 있다는 것이다.

이러한 맥락에서 적절하고 제대로 동기 부여된 인지의 표식을 제시하는 것은 내부 과정과 외부 과정 사이의 차이점이 갖는 중요성을 정당하게 고려하는 동시에 내부 과정과 외부 과정 사이에 충분한 수준의 동등성을 다시 도입하여 후자가 진정으로 인지적이라고 가정할 이유가 없다는 혐의를 피할 수 있게 해 줄 것이다. 여기에서 다시 도입되는 동등성은 특정한 과정들 사이에서 성립되는 동등성이 아니라는 점에서 적절한 종류의 동등성이다. 우리는 내부 과정과 외부 과정이 상당히 다를 수 있다는 생각을 지켜야 한다(많은 경우 외부 과정의 **중요점**이 바로 여기에 있기 때문이다). 따라서 여기에서 도입되는 동등성은 인지의 표식으로 식별할 수 있는 추상적이고 일반적인 인지적 특징들에 관련된 동등성이다. 이러한 특징들은 보다 구체적인 특징들과 관련해서는 아무리 다를지라도 내부 및 외부 과정 모두에 의해 소유될 수 있을 정도로 충분히 추상적인 특징들이다. 인지에 관여된 외부 과정이 사실상 인지적이라는 주장을 보증하는 것은 바로 이러한 추상적인 특징들이다.(Rowlands 2009a, b, c)

4. 결합-구성 오류

결합-구성 오류 반론은 약간 다른 형식들을 취할 수 있다. 아담스와 아이자와에 따르면,

> 이것은 확장된 마음 이론가들이 저지르는 가장 흔한 실수다. 이 오류 패턴은 어떤 대상이나 과정이 어떤 인지 수행자와 어떤 방식으로 쌍 결합되어 있는 실제 또는 가상의 사례들에 주목한다. 그리고 대상이나 과정이 인지 수행자의 인지 기관 또는 인지적 처리의 일부를 구성한다는 결론에 빠진다.(Adams and Aizawa 2001, p. 408)

루퍼트도 비슷한 반대 의견을 표명했는데, 좀 더 신중하게 표현했다. 다시 한 번 내 버전의 확장된 마음을 언급하며 그는 이렇게 썼다.

> 그러나 롤랜즈는 외부 저장소의 내용에 적용된, 내부적으로 표상된 부호를 이용하는 것이 왜 그것이 함축하는 것으로 보이는 것, 즉 HEMC가 아니라 HEC를 함축하는지 명확하게 설명하지 않는다.(Rupert 2004, p. 410)

HEC는 확장된 인지 가설로, 루퍼트는 이를 착근된 인지에 대한 가설인 HEMC와 올바르게 구분하고 있다. 루퍼트는 외부 과정을 내부의 인지 과정이 인과적으로 착근될 수 있는 일종의 외래적 발판으로 간주하는 대신, 인지의 **진정한** 일부로 간주할 만한 이유가 무엇이냐고 묻는다. 즉 확장된 마음 이론에 대한 논증이 착근된 마음 이론 이상의

것을 지지한다고 생각할 이유가 무엇이냐는 것이다.

혼동에 대한 비난은 두 가지 다른 방식으로 해석할 수 있다. 한 가지는 확장된 마음의 지지자들이 인지와 그 외래적인, 인과적으로 동반되는 요소들 사이의 구별을 전혀 알아차리지 못한 채 논의를 진행했다는 해석이다. 즉 확장된 마음의 지지자들은 인지 과정의 **구성**과 인지 과정이 **인과적**으로 상호 작용할 수 있는 외래 구조 사이에 차이가 있다는 사실을 전혀 알아차리지 못하고 있다는 것이다. 그런데 이러한 비난은 말도 안 되는 것이다. 확장된 마음에 대한 논증을 이해하는 가장 자연스러운 방식은 전통적으로 인지의 외래적인, 인과적으로 동반되는 요소들로 간주되었던 것을 사실상 인지 자체의 일부로 재해석하는 **논증**으로 이해하는 것이다. 그리고 이것은 구성과 인과적 쌍결합을 분별없이 **혼동하는** 것과는 거리가 멀다. 또한 일반적으로 볼 때, X와 Y가 비록 인과적으로 관련되어 있을지라도 지금까지 별개인 범주들로 간주되어 왔다면, X와 Y의 동일성을 **주장하는** 것은 X와 Y를 혼동하는 것이 아니다.

확장된 인지와 착근된 인지를 **혼동하고** 있다는 루퍼트의 비난을 야기한 것이 확장된 마음에 대한 나의 논증이므로, 나의 논증을 살펴보겠다. 나는 『마음속의 몸』에서 어떤 경우들에서는 인지에 관여된 외부 과정, 즉 인지 유기체의 환경 내 정보 보유 구조에 대한 신체적 조작 및 활용이 흔히 인지적이라고 간주되는 과정의 추상적이고 일반적인 특징을 갖는다고 주장했다. 반면 확장된 마음의 통합주의적 토대가 요구하는 구체적인 방식에서는 차이를 갖는다고 주장했다. 이러한 외부 과정은 인지적 과제를 수행하기 위해 채택된다. 이들은 정보 처리, 즉 정보 보유 구조의 조작 및 변환 등에 관여한다. 이러한 처리는 이전에는 이용할 수 없었던 정보를 유기체가 이용할 수 있게 하는 등의 결과를 낳는다. 즉 나는 이러한 종류의 외부 과정이 인지의 특정 기준을 충족한다는 것을 보여 줌으로써 그것의 인지적 지위를 논증했다.

한 가지 예를 더 들자면 **확장된 마음**에 대한 클라크와 차머스의 논증도 마찬가지다. 예를 들어 오토의 경우 그들은 오토의 수첩에 있는 항목은 손상되지 않은 뇌에서 믿음이 실현될 때 믿음이 수행하는 것과 충분히 유사한 기능적 역할을 하기 때문에 오토의 믿음들의 하위 집합으로 인정될 수 있다고 **논증한다**. 이들의 논증은 우리가 통상 인지 영역의 단순히 외래적인, 인과적 동반 요소들로 간주하는 것을 사실상 그 영역 자체의 일부로 간주해야 한다는 것을 보여 주려는 시도다.

그러나 혼동에 대한 비난을 이해하는 좀 더 자비로운 방식도 있다. 자비로운 방식으로 이해될 때, 비난은 확장된 마음을 옹호하는 사람들이 구성과 인과관계 사이에 중요한 차이가 있다는 사실을 알아차리지 못한 채 무턱대고 논의를 진행한다는 것이 아니다. 그들은 그 차이를 알고 있지만, 어떤 이유로든 그들의 주장에서 그 차이를 무시하고 있다는 것이다. 예를 들어 『마음속의 몸』에서 제시한, 확장된 인지 과정에 대한 나의 논증은 충분히 명시적이지 않고/않거나, 중요한 점에서 불충분한 인지의 기준에 근거하고 있다고 비판할 수 있다. 클라크와 차머스의 경우, 그들의 주장은 앞서 인지적이라고 받아들여진 것과의 유사성에 토대를 둔 인지의 기준에 의존하고 있는데, 이 기준은 어떤 이유에서든 부적절하다는 반론이 제기될 수 있다.

이 비난들은 합리적이며, 답을 요구할 자격이 있다. 하지만 이들은 양면적이다. 예를 들어 나의 주장이 충분히 명시적이지 않거나, 또는 부족한 인지의 기준을 이용하여 전개되었다고 가정해 보자. **만약**

내가 명시적이고 적절하며 제대로 동기 부여된 인지의 기준을 가지고 있다면 그리고 내가 『마음속의 몸』에서 확인한 종류의 외부 과정들이 이 기준을 충족한다면, 나는 왜 내 견해가 착근된 마음 이론이 아니라 확장된 마음 이론을 함의하는지 분명히 밝힌 것이 될 것이다. 이런 상황에서는 비난의 두 가지 의미 가운데 어떤 의미에서도 내가 인과와 구성을 혼동한다는 비난은 실체가 없는 것이 된다.

따라서 보다 일반적으로 말하자면, 차이 논증과 마찬가지로 결합-구성 오류 반론도 인지의 표식 반론으로부터 파생된 것이다. 확장된 마음의 옹호자들이 인지의 적절한 기준을 제공할 수 있다면 그리고 그들이 인지적이라고 간주하는 외부 과정들이 이 기준을 만족시킨다는 것을 입증할 수 있다면, 그들이 구성과 단순한 쌍결합을 혼동한다는 비난은 실체가 없는 것이 될 것이다. 다음 장에서 나는 인지에 대한 명시적이고 적절하며 제대로 동기 유발된 기준이라고 내가 주장할 것을 제안하고 옹호할 것이다.

5. 인지의 부풀림

인지의 부풀림 반론은 본질적으로 오토의 수첩에 대한 클라크와 차머스의 논의와 관련하여 주로 제기되는 미끄러운 경사로 논증이다. 반복하자면, 오토는 알츠하이머 초기 단계에 접어들었기 때문에 일상생활에 도움이 될 수 있는 다양한 사실들, 예를 들어 현대미술관이 53번가에 있다는 사실 등을 적는 수첩을 가지고 다닌다. 한 가지 해석에 따르면 클라크와 차머스는 오토의 수첩에 있는 문장들이 오토의 믿음들의 하위 집합을 구성할 수 있다고 주장한다. 즉 이들은 오토의 수첩에 있는 항목들이 말 그대로 오토가 가진 믿음이 될 수 있다고 주장한다. 왜냐하면 이 항목들은 장애가 없는 오토의 친구 잉가의 심리에서 잉가의 믿음이 하는 역할과 충분하고 적절하게 유사한 기능적 역할을 오토의 축소된 심리에서 수행하기 때문이다.

인지의 부풀림 반론은 이 주장을 출발점으로 삼는다. 오토의 수첩에 있는 문장들이 믿음이라는 것을 기꺼이 인정한다면 왜 거기에서 멈추는가? 오토가 자주 이용하는 전화번호부의 항목에 대해서는 그러한 지위를 허용하지 않는 이유는 무엇인가? 왜 이것들은 오토의 믿음 가운데 하나로 여기지 않는가? 왜 하필 거기에서 멈추는가? 오토가 수첩을 이용하는 것과 비슷한 방식으로 인터넷에 포함된 모든 것을 이용할 수 있다면, 오토는 왜 인터넷에 포함된 모든 것을 믿지 않는 것일까?

클라크와 차머스는 믿음에 대한 **의식적 지지** 기준을 옹호함으로써 이러한 팽창 문제를 방지하려고 한다. 오토의 수첩에 있는 항목들은 믿음으로 간주되는 반면 오토의 전화번호부에 있는 항목들은 믿음으로 간주되지 않는데, 이는 오토가 전자는 어느 시점에서 의식적으로 지지한 반면, 후자는 그렇게 하지 않았기 때문이다. 그러나 이 조건은 의문의 여지가 있다. 믿음은 의식적 경험을 통해서뿐만 아니라 부지불식간에도 형성될 수 있으며, 아마도 우리는 무의식적으로 형성된 믿음이 인지적 상태의 집합에서 자동적으로 배제된다고 여기지 않을 것이기 때문이다.[5]

---

5 마틴 고드윈(Martin Godwyn)은 (미발표 원고) 「누가 인지적 부풀림을 두려워하는가?」(Who's

이전 장에서 나는 오토의 수첩에 있는 항목들이 그의 믿음들의 하위 집합을 형성한다는 클라크와 차머스의 주장을 거부했다. 대신 나는 인지적 상태가 아닌 인지 과정에 의해서만 확장된 마음 이론을 공식화했다. 오토가 현대미술관의 위치를 기억하는 과정은 자신의 수첩에 대한 오토의 조작이 포함된 과정일 수 있다. 하지만 그렇다고 해서 수첩에 적힌 항목들이 인지적 상태로서 자격을 갖추고 있다는 결론이 따라 나오는 것은 아니다. 후자의 주장은 거부되어야 한다. 따라서 클라크와 차머스가 직면한 팽창 문제는 믿음과 같은 인지 상태들과 관련된 문제이고, 나는 확장된 마음 이론을 인지 상태에 의해 공식화하는 것을 거부했기 때문에 확장된 마음 이론에 대한 나의 버전은 이러한 반론에 영향을 받지 않는다고 생각할 수도 있을 것이다.

하지만 안타깝게도 그렇지 않다. 인지 과정에 대해서도 비슷한 팽창 문제가 발생한다. 망원경을 이용한다고 가정해 보자.[6] 그 망원경이 **반사경**이라고 가정해 보자. 그리고 망원경이 하나의 거울 이미지를 다른 거울 이미지로 변환하는 방식으로 작동한다고 가정해 보자. 거울 이미지는 정보 보유 구조로, 거울의 구체적인 속성들과 시각적 환경의 속성들에 의해 결정되는 매핑 기능을 통해 그 속성들이 체계적으로 결정된다. 따라서 망원경의 작동은 정보 보유 구조의 변환을 기반으로 한다. 나는 이러한 변환을 이용해서 망원경이 없었다면 달성할 수 없었을 인지적 과제, 즉 멀리 있는 물체를 지각하는 과제를 해낸다. 따라서 망원경 내부에서 일어나는 과정들은 인지적 과제를 수행

afraid of cognitive bloat?)에서 이 점을 지적했다.
6 이 예는 리처드 새뮤얼스(Richard Samuels)와의 대화에서 얻은 것이다.

하기 위해 이용되는 정보 처리 작업이다. 확장된 마음 이론이 사실이라면 왜 이러한 과정들은 인지로 간주되지 않는가? 관련된 유사한 예들을 쉽게 생성할 수 있다. 예를 들어 계산기나 컴퓨터 내부에서 발생하는 과정을 인지 과정으로 간주하지 않으려면 어떻게 해야 할까? 이 것 역시 인지적 과제를 수행하기 위해 채택되는 정보 처리 작업이다. 확장된 마음에 대한 클라크와 차머스의 버전이 인지적 상태의 팽창 문제에 직면한다면, 나의 버전은 인지 과정에 대한 유사한 문제에 직면하는 것 같다.

나는 인지의 부풀림 반론은 인지에 대한 적절한 기준을 통해 반박될 수 있다고 주장할 것인데(이 주장은 나중으로 미뤄야 하지만) 이 반박의 핵심은 어떤 상태나 과정에 인지적이라는 자격을 주는 데에서 **소유권** 개념이 수행하는 역할에 있다. 망원경, 컴퓨터, 또는 계산기에서 발생하는 과정들은 적어도 인지의 부풀림 반론에 관련해서는 어느 누구의 소유도 아니다. 나는 어떤 것이 인지적인 것으로 간주되기 위해서는 반드시 누군가 또는 무엇인가에 의해 소유되어야 한다고 주장할 것이다. 하지만 이 주장을 옹호하기 위해서는 먼저 인지의 기준부터 옹호해야 한다.

6. 인지의 표식 반론

인지의 표식 반론은 두 가지 형식을 취할 수 있다. 이 중 좀 더 신중한 형식의 반론은 다음과 같다. 즉 **확장된 마음**의 주장을 판단하기 위해서는 인지에 대한 적절한 기준이 있어야 하는데, 우리에게는 그러한 기준이 없다는 것이다. 좀 더 낙관적인 형식의 반론은 그러한 기준이 있지만, 이 기준은 확장된 마음의 주장을 배제한다고 주장한다. 나는 신중한 형식의 반론과 낙관적인 형식의 반론 모두 지지될 수 없다고 주장할 것이다. 이를 위해 나는 명시적이고 적절하며 제대로 동기 부여되었다고 내가 주장할 인지의 기준을 제시하고, 이것이 확장된 마음의 주장과 모순되기는커녕 그 주장을 실제로 뒷받침한다는 것을 보여 줄 것이다.

따라서 인지에 대한 적절한 기준을 제시하면 인지의 표식 반론, 그리고 이 장의 주장이 옳다면, 확장된 마음에 대한 다른 세 가지 반론을 모두 해소할 수 있을 것이다. 다음 장에서 나는 그러한 기준을 제시할 것이다.

7. 체화된 마음에 대한 반론들

이제 확장된 마음 이론에 대한 주요 반론들을 검토했으므로, 이러한 각각의 반론이 적절한 수정을 거쳐 체화된 마음 이론에도 적용될 수 있는지 비교적 쉽게 살펴볼 수 있다. 그런데 이러한 반론들은 이전 장에서 내가 지지한 체화된 마음 이론의 해석에만 적용되며 이 해석에 특별히 맞춰질 것이라는 점에 유의해야 한다. 다시 말해 이러한 반론들은 체화된 마음 이론을 대안적 해석, 즉 신체적 **의존**에 대한 존재적 이론 또는 인지 과정을 이해하는 최선의 방식에 관한 **인식적** 이론으로 이해할 때가 아니라 (부분적인) 신체 **구성**에 대한 **존재적** 이론으로 이해할 때 체화된 마음 이론에 적용된다. 실제로 이러한 반론들은 각기 다른 방식으로 모두 다음과 같은 질문을 던진다. 체화된 인지에 대한 논증이 더 약한 대안들이 아니라 존재적 구성 이론을 확립하는 것으로 생각할 만한 어떤 이유가 있는가?

1. **차이 논증** 전통적인, 즉 신경적 인지 과정들 그리고 체화된 마음 이론이 호소하는 더 넓은 신체적 과정들 사이에는 상당한 차이가 있다. 이는 이 두 가지를 단일한 종류의 심리적 사례들로 볼 수 있는 것인지에 대해 의문을 던진다.

2. **결합-구성 오류** 체화된 마음 이론은 인지를 외래적인, 인과적 동반 요소들과 혼동한다. 즉 인지를 구성하는 구조 및 과정을 인지가 (단지) 인과적으로 착근된 구조 및 과정과 혼동한다.

3. **인지의 부풀림** 더 넓은 신체적 과정들을 인지의 영역으로 인정하는 것은 우리를 미끄러운 경사로에 놓이게 한다. 그 끝은 어디일까? 인지적인 것에 대한 우리의 개념은 지나치게 넓어질 것이고, 우리는 명백히 비인지적인 모든 종류의 과정들을 인지적인 것으로 간주해야 할 것이다.

4. **인지의 표식 반론** 체화된 마음에 의해 호소되는 종류의 더 넓은 신체적 과정이 인지적이라는 주장은 인지에 대한 타당한 표식이나 기준을 위반한다.

여기에서도 인지의 표식 반론은 앞서와 똑같은 이유에서 결정적이다. 다른 모든 반론들은 인지의 표식 반론을 전제로 하거나 또는 인지의 적절한 기준을 제시함으로써 해결될 수 있다.

차이 논증과 관련하여 체화된 마음 이론은 전통적으로 이해되는 인지 과정과 체화된 마음이 인지적이라고 주장하는 더 넓은 신체적 과정 사이에 상당한 차이가 있음을 인정할 것이다. 이러한 더 넓은 과정이 신경적 과정이 아니라는 점을 감안할 때 상당한 차이는 불가피한 것이다. 그러나 이러한 광범위한 신체적 과정이 관련된 신경적 과정과 적절히 결합될 때 인지에 대한 적절한 기준을 충족시킬 수 있음을 입증할 수 있다면, 이러한 차이는 광범위한 신체적 과정이 인지 과정이라는 주장에 결코 불리하지 않을 것이다.

수정된 **결합-구성 오류** 반론에 따르면 체화된 마음 이론은 인지 과정을 이러한 과정이 착근된 더 넓은 구조와 혼동한다. 즉 체화된 마음 이론은 인지 과정이 더 넓은 신체적 과정에 의해 **구성된다고** 주장하는 것처럼 보이지만, 실제로는 인지 과정이 더 넓은 신체적 구조 및 과정에 인과적으로 **착근되어** 있다고 주장하는 것에 불과하다는 것이다. 그러나 다시 말하지만 이러한 더 넓은 신체적 과정이 관련된 신경적 과정과 결합되어 인지의 적절한 기준을 충족할 수 있음을 보여 줄 수 있다면 이 반론은 실체가 없게 될 것이다. 이러한 기준을 제시함으로써 체화된 마음 이론은 우리가 단지 외래의 우연적인 발판으로 생각했던 더 넓은 신체적 과정을 유기체가 수행하는 인지적 작업으로 간주해야 함을 보여 줄 수 있을 것이다.

인지의 **부풀림** 반론에 대한 적절한 논의는 인지에 대한 적절하고 제대로 동기 부여된 기준이라고 내가 주장할 기준이 마련된 후에야 가능하다. 다음 장에서 그러한 기준을 제시할 텐데, 기본적인 생각은 확장된 마음에서 발전된 것과 같다. 인지의 적절한 기준이 소유권 조건, 즉 인지로 간주되는 모든 과정은 인지 유기체 또는 주체가 소유하는 것이어야 한다는 조건을 포함해야 한다는 것이다. 이러한 소유권 조건은 인지의 부풀림 혐의를 약화시킨다는 것이 나의 주장이다.

따라서 모든 반론들은 궁극적으로 인지의 표식 반론으로 거슬러 올라간다. 체화된 마음 이론을 옹호하기 위해서는 신경적 과정을 더 넓은 신체적 과정과 결합한 결과 나타난 **조합**이 인지의 적절하고 제대로 동기 부여된 기준을 충족시킨다는 것을 보여 주어야만 한다. 더 넓은 신체적 과정 자체가 이 기준을 충족한다는 것을 보여 줄 필요는 없다. 체화된 마음 이론은 더 넓은 신체적 과정이 단독으로 혹은 그 자체로 인지적일 수 있다고 주장하는 것이 아니기 때문이다. 만약 그렇다면 그것은 어리석은 짓이 될 것이다. 체화된 마음의 주장은 광범위한 신체적 과정이 관련된 신경적 과정과 결합될 때 인지의 표식을 충족할 수 있다는 것이다. 마찬가지로 앞서 살펴본 바와 같이, 확장된 마음 이론 역시 인지 유기체의 신체 외부에서 일어나는 과정이 그 자체로 인지적인 것으로 간주될 수 있다고 주장하지 않는다. 확장된 마음 이론에 따르면 인지적이라고 할 수 있는 것은 신경적 과정과 환경 구조를 조작하는 과정의 조합이다.

다음 장에서는 인지의 표식 또는 기준을 제시하고 옹호할 것이다. 그리고 이 표식이 인지과학의 전통적인, 즉 내재주의적인 사례들에서 말하는 '인지'의 의미를 정확하게 포착하고 있다고 주장할 것이다. 그리고 더 나아가 이 기준이 체화된 마음과 확장된 마음의 주장을 훼손하는 것이 아니라 오히려 그러한 주장을 뒷받침한다고 주장할 것이다.

8. 체화된 마음과 확장된 마음의 화해

새로운 마음 과학이 직면한 세 번째 유형의 문제는 체화된 마음 이론과 확장된 마음 이론 각각에 관한 것이 아니라, 이 두 가지를 일관된 방식으로 결합할 수 있는 가능성에 관한 것이다. 문제는 각 이론이 고유한 가정에 기반을 두고 있으며, 체화된 마음 이론과 확장된 마음 이론의 기반이 되는 가정은 단순히 서로 다른 것이 아니라 실제로 양립할 수 없다고 생각하는 사람들이 많다는 것이다. 이것이 맞다면 그리고 새로운 과학이 체화 및 확장 개념에 기반을 둔다면 새로운 과학은 개념적으로 엉망인 것처럼 보인다. 그 이유를 알아보기 위해 확장된 마음부터 시작하여 각 이론의 관련 가정을 살펴보겠다.

상자 4.1   **기능주의**

기능주의에 따르면 심적 현상은 **인과적 또는 기능적 역할**에 따라 식별된다. 비유를 들어 보겠다. 기화기는 자동차 엔진 내부 어딘가에 위치한 물리적 대상이다(적어도 구형 자동차에서는 그렇다. 좀 더 최근 모델에서는 연료 분사 시스템이 이를 대체했다). 기화기란 무엇인가? 더 정확하게 말하자면, 어떤 것을 기화기로 만들어 주는 것은 무엇인가? 이에 대한 답은 기화기는 그것이 하는 일에 의해 정의된다는 것이다. 대략적으로 말하자면 연료 흡입 매니폴드에서 연료를 흡입하고 공기 흡입 매니폴드에서 공기를 흡입하여 두 가지를 적

절한 비율로 섞은 다음 그 혼합물을 연소실로 보내는 일을 하는 것이 바로 기화기다. 이 역할을 수행하는 것이 바로 기화기이며, 자동차에서 이 역할을 수행하는 것은 무엇이든지 기화기로 간주된다. 대부분의 기화기는 매우 비슷하게 보이는 경향이 있다. 그러나 이것은 우발적인 사실에 지나지 않는데, 기화기가 이 역할을 수행하는 한 어떻게 생겼는지는 중요하지 않기 때문이다. 물리적 구조와 시행의 세부 사항은 기화기가 수행하는 역할에 비해 덜 중요한데, 무언가를 기화기로 만들어 주는 것은 이러한 세부 사항이 아니라 역할의 수행이기 때문이다. 물론 모든 물리적 대상이 기화기 역할을 할 수 있는 것은 아니며, 예를 들어 젤리 덩어리는 그럴 수 없다. 따라서 기능적 역할이 물리적으로 시행되는 방식에 대한 세부 사항이 아무런 관련도 없는 것은 아니다. 하지만 기화기의 역할을 수행할 수 있는 적절한 물리적 구조만 있다면, 실제로 이 역할을 수행하는 한 그것이 무엇이든 상관없다.

기능주의는 심적 속성의 본성에 대해서도 비슷한 관점을 취한다. 즉 기능주의에 따르면 심적 속성은 그것이 하는 일, 즉 기능적 역할에 의해 정의된다. 심적 현상들은 무엇을 하는가? 기본적으로 심적 현상들은, 복잡하지만 원칙적으로 분석 가능한 다양한 방식으로, 상호 간에 관련되어 있고, 지각, 행동과 관련되어 있다. 비가 온다는 믿음을 생각해 보자. 이러한 믿음은 보통 특정한 환경 조건에 대한 지각에 의해 발생하는데, 가장 분명한 조건은 비가 내리는 것이다. 물론 다른 환경 조건(가령 모르는 사람이 창문 밖에서 호스를 사용하는 경우)에 대한 지각도 이러한 믿음을 일으킬 수 있다. 하지만 비는 이러한 믿음의 가장 전형적인 원인이다. 이러한 믿음은 특정 종류의 행동으로 이어질 수 있다. 예를 들어 집을 나설 때 우산을 가지고 나가는 것은 비가 온다는 믿음 때문이다. 그러나 이러한 믿음은 단독으로가 아니라 다른 심적 상태들과 함께 작용할 때만 행동에 영향을 미친다. 우리는 비가 온다고 믿기 때문에 우산을 들고 나가지만, 비에 젖지 않고 싶을 때만 그렇게 한다. 건조한 상태를 유지하고자 하는 바람, 즉 **욕구** 역시 행동에 필요하다는 것이다. 그리고 이 믿음과 욕구의 조합은 우산이 우리를 젖지 않게 해줄 것이라고 믿는 경우, 우산을 이용하기에 바람이 너무 세지 않다고 믿는 경우, 우리가 집어 든 것이 우산이라고 믿는 경우 등에만 우리의 행동을 낳을 것이다. 여기에서 드러나는 것은 심적 상태들, 지각 그리고 행동이 복잡하게 얽힌 네트워크이다. 기능주의에 따르면 각각의 심적 상태는 이 네트워크에서 차지하는 위치, 즉 지각, 다른 심적 상태들 및 행동과의 관계에 의해 정의된다. 즉 이 네트워크에서 심적 상태의 위치를 명시하는 것은 곧 그 상태를 정의하는 것이다. 물론 그러한 정의는 기괴할 정도로 길어질 것이다. 실제로 하나의 심적 상태만 해도 기능적으로 정의하기 위해 평생을 바친다 하더라도 그 일을 끝낼 시간이 없을지도 모른다. 하지만 이런 실질적 문제와는 별도로 기능주의는 심적 현상이 무엇인지에 대한 일반적인 시각을 제시한다는 강점이 있다. 일반적인 시각이란 심적 현상들이 광대한 인과적 체계, 즉 상호 관련된 인과적 연계들의 체계를 형성하며, 각각의 심적 속성은 이 체계에서 차지하는 위치, 즉 다른 심적 상태들, 지각 자극들, 행동 반응들과 그것이 맺는 인과적 연계에 따라 개별화된다는 것이다.(상자 1.1 참조)

확장된 마음 이론의 근간을 이루는 가장 중요한 가정은 심적 상태 및 과정에 대한 **기능주의**인 것 같다.(Clark 2008a, b) 사실 확장된 마음 이론이 전제하는 기능주의는 매우 자유주의적인 성격을 띠고 있다. 앞서 살펴본 바와 같이, 클라크와 차머스가 확장된 마음에 대한 사례를 개발하는 데 오토를 이용한 것은 그들이 기능주의를 지지하고 있음을 분명히 보여 준다. 오토의 수첩에 적힌 항목이 믿음에 해당하는지 여부를 판단하는 데 결정적인 것은 그것이 지각, 행동 및 기타 심적 상태들과 상호 작용하는 방식이다. 수첩에 적힌 항목이 전시회를 보고 싶다는 욕구와 결합되면 오토는 53번가 방향으로 출발하게 된다. 일반적으로 클라크와 차머스는 오토의 수첩에 있는 항목이 오토의 심리에서 기능적 역할을 하며, 이는 잉가의 심리에서 믿음이 하는 기능적 역할과 충분히 유사하므로 수첩에 있는 항목도 오토의 믿음으로 간주해야 한다고 주장한다. 오토의 수첩에 있는 항목과 믿음의 보다 표준적인 사례 사이에는 차이가 있지만, 이러한 차이는 수첩의 항목을 믿음으로 간주할 수 없을 만큼 중요한 것은 아니다.

기능주의에 대한 이러한 지지는 확장된 마음에 대한 클라크와 차머스의 전개에만 국한된 것이 아니다. 『마음속의 몸』에서 전개한 확장된 마음에 대한 나의 주장도 인지 과정은 그것이 무엇을 하고 어떻게 하는지에 따라 정의될 수 있다는 생각에 기초한다. 대략적으로 말하자면 인지 과정의 기능은 유기체가 인지적 과제(가령 세계를 지각하고, 지각된 정보를 기억하고, 기억된 정보를 바탕으로 추론하는 등)를 수행할 수 있도록 하는 것인데, 정보 보유 구조의 조작, 변환, 활용을 통해 그렇게 한다는 것이 나의 생각이었다. 우발적인 사실로서, 관련된 정보 보유 구조들 중 일부는 인지 유기체의 신체 외부에 있는 구조들이며, 따라서 관여된 조작 과정들도 마찬가지로 신체 외부에 있다고 나는 주장했다. 그러므로 확장된 마음에 대한 나의 주장 역시 이 정도만큼은 기능주의적 주장이라고 할 수 있다.

실제로 확장된 마음에 대한 대부분의 주장은 기능주의적이다. 그런데 이뿐만이 아니다. 기능주의를 이해하는 방법 중에는 확장된 마음 이론이 직접적이고 거의 사소한 결과로 나타나는 것도 있다.[7] 기능주의는 심적 과정을 실현하는 물리적 구조의 세부 사항에 대한 원칙적인 무관심에 기반한다고 널리 알려져 있다. 심적 상태나 과정에 중요한 것은 물리적 실현이 아니라 기능적 역할이기 때문이다. 원칙적으로 물리적 실현에 대해 무관심하다는 것은 해당 구조나 메커니즘이 심적 상태나 과정을 정의하는 기능적 역할을 실현하기만 하면 그것으로 충분하다는 것을 뜻한다. 그 역할을 수행할 수 있는 한, 메커니즘에 대한 다른 어떤 것도 중요하지 않다. 다시 말해, 구조나 메커니즘은 간접적으로만, 즉 기능적 역할을 실현하거나 지지하는 한에서만 관

---

7   이 점에 대해 깨닫게 된 것은 마이크 월러 덕분이다. 내가 아는 한, 월러는 '확장된 마음 II' 학술 대회에서 발표한 논문 「현상학, 실천주의, 확장된 마음」(Phenomenology, Activism, and the Extended Mind)에서 이 주장을 최초로 제기했다. 그 후 출간된 논문인 「마음, 사물, 물질성」(Mind, Things, and Materiality, 2008)과 「확장된 기능주의에 대한 옹호」(In Defense of Extended Functionalism, 2010)에서도 그는 이 점을 지적했다.

련이 있다. 오리처럼 걷고 오리처럼 말한다면, 기능주의자에게 그것
은 오리다. **어떻게** 오리처럼 걷고 말하는지는 직접적인 관련이 없다.

확장된 마음 이론은 사실 기능주의의 또 다른 결과, 즉 덜 친숙하
지만 궁극적으로 덜 분명하지는 않은 결과에 기초하고 있다. 기능주
의자에게는 물리적 구조와 메커니즘의 세부 사항들뿐만이 아니라 그
위치 역시 간접적으로만 관련이 있다. 기능주의에서 어떤 것이 특정
종류의 심적 상태나 과정으로 인정되는지 여부와 직접적으로 관련되
는 것은 그것이 필요한 기능적 역할을 수행하는지 여부뿐이다. 어떤
메커니즘이 이러한 역할을 실현하거나 수행하는지는 중요하지 않다.
그리고 결정적으로, 실제로 이러한 역할을 실현하거나 수행하기만
한다면 이러한 메커니즘이 어디에 위치하는지는 중요하지 않다. 기능
주의에 따르면, 일관되게 이해될 때, 기능적 역할을 실현하는 메커니
즘의 위치는 그 메커니즘의 물리적 세부 사항만큼이나 관련이 없다.
둘 다 오직 간접적으로만 관련이 있다. 언제나 중요한 것은 주어진 기
능적 역할이 실현되는지 여부이지, 그 역할이 **어떻게, 어디에서** 실현되
는지가 아니다. 기능주의자에게는 어떤 것이 **어떻게** 오리처럼 걷고 말
하는지 중요하지 않으며, **어디에서** 오리처럼 걷고 말하는지도 중요하
지 않다.

기능주의에 대한 이러한 이해를 **자유주의**라고 부르기도 하는데,
이는 **쇼비니즘**과 반대되는 개념이다. 어떤 과정에 대한 기능주의적 묘
사가 유용할 수 있는 설명적 수준에는 여러 가지가 있다. 기능주의의
일부 버전에서는 어떤 사물이 어떻게 오리처럼 걷고 말할 수 있는지
가 실제로 중요하다. 이러한 보다 쇼비니즘적인 기능주의의 개념은
루퍼트(2004)가 확장된 마음 이론에 대한 영향력 있는 비판에서 전제

한 것이다. 쇼비니즘적인 기능주의에 대한 루퍼트의 지지는 그가 차이 논증을 전개하는 방식에서 분명하게 드러난다. 루퍼트는 내부 인지 과정과 확장된 마음에서 인지적이라고 주장하는 환경적 과정 사이에 상당한 차이가 있다고 주장한다. 그리고 이러한 차이는 후자가 전자와 동일한 심리적 종류의 일부로 간주되는 것을 배제하기에 충분할 만큼 중요하다고 주장한다.

예를 들어 루퍼트(2004)는 『마음속의 몸』에서 내가 전개한 확장된 기억 개념을 공격하면서 내부 기억 작용의 세분화된 프로파일과 오토의 경우에서 호소되는 종류의 외부 기억 저장소 사이에 상당한 차이가 있다고 주장한다. 예를 들어 내부 (신경적) 기억 작용은 **생성 효과**로 알려진 것의 영향을 받는 것으로 보인다. 피험자가 쌍대 연합(paired associate)의 첫 번째 단어를 제시받았을 때 두 번째 단어를 기억하는 능력은 피험자가 각 연합 단어 사이에 의미 있는 연결을 생성하도록 허용하면 증강된다. 루퍼트는 적어도 일부 확장된 기억 체계들에서는 이러한 생성 효과가 발생하지 않는다고 주장한다. 예를 들어 수첩 기반 체계에서는 쌍을 이루는 연합 단어들 사이에 연결 문장들이 있지만 결정적으로 이러한 문장들은 피험자가 아닌 실험자가 노트북에 입력한 것이며, 이 경우 생성 효과는 발생하지 않는다. 루퍼트는 피험자가 의미 있는 연상을 만들어 내고 이를 수첩에 기록하는 경우 효과가 발생할 수 있다는 점을 인정한다. 물론 이것은 클라크와 차머스가 제시하는 오토의 사례에 훨씬 더 가깝다. 하지만 루퍼트는 이것이 이 체계의 우발적인 특징일 뿐이라고 주장한다. 그리고 이러한 차이는 내부 기억 체계와 확장된 기억 체계를 단일한 설명의 일부로 간주하려는 모든 시도를 약화시킨다고 주장한다.

루퍼트의 주장에 대해 몇 가지 반론을 제기할 수 있다. 가장 분명한 반론으로 어떤 사람의 내부 생물학적 기억이 어떤 이유로든 생성효과를 발휘하지 못한다고 가정해 보자. 그의 기억의 다른 모든 측면은 정상적으로 작동하고 있다. 그에게 세상에 대한 사실들을 물어보는 경우 그는 그 사실들을 알고 있다면 정확하게 대답할 수 있다. 어린 시절의 사건들을 설명해 달라고 요청하면 그렇게 할 수도 있다. 요컨대, 그의 기억은 한 가지, 즉 생성 효과를 발휘하지 못한다는 점을 제외하고는 우리가 지극히 정상적인 것으로 간주할 수 있는 기억이다. 이런 경우 우리는 그가 정말로 기억을 못한다고 진정으로 말하고 싶을까? 그럴 것 같지 않다. 생성 효과는 인간 기억의 주변적인 특징이며 생성 효과의 부재 그 자체만을 근거로 어떤 과정을 기억으로 간주하지 못할 만큼 결정적인 것은 아니다.(Wheeler 2008)

그러나 여기에서 나의 목적은 루퍼트의 주장을 평가하는 것이 아니라 그 주장의 전제를 파악하는 것이다. 루퍼트는 확장된 마음 이론이 받아들일 수 있는 것보다 더 쇼비니즘적인 형식의 기능주의를 전제로 하고 있는 것 같다. 루퍼트의 주장은 거친 기능적 프로파일만으로는 심리적 종류의 동일성 조건들을 확정할 수 없다는 생각에 근거한다. 생성 효과가 그 한 가지 예인 세분화된 기능적 세부 사항들도 이러한 동일성 조건들을 확정하는 중요한 요소들이라는 것이다.

그러나 후자의 주장은 확장된 마음 이론이 받아들일 수 있는 주장이 아니다. 확장된 마음 이론은 총체적인 기능적 역할을 중요시하는 자유주의적 형식의 기능주의를 전제로 한다. 루퍼트의 반론은 훨씬 더 쇼비니즘적인 기능주의 개념을 전제로 하며, 이에 따르면 세분화된 기능적 세부 사항들도 중요하다. 이런 정도만큼 루퍼트의 반론은 선결문제 요구의 오류를 범하고 있다.(Wheeler 2008) 루퍼트가 전제하는 기능주의의 쇼비니즘적인 버전을 선호할 만한 독립적인 이유가 있다면 문제는 달라질 것이다. 부분적으로 이런 종류의 반응을 예상하여 루퍼트는 내부 기억과 확장된 기억을 모두 포함할 수 있을 만큼 일반적인 심리적 종류는 세부 사항이 너무 부족해서 아무것도 설명해 주지 못할 것이라고 주장한다. 그러나 이러한 주장은 단지 더 많은 선결문제들을 요구할 뿐이다. 사실 생성 효과를 제외한, 일반적으로 기억 회상과 관련된 모든 특징을 보이는 사람이 기억할 수 있다는 사실을 부정하는 것이 타당하지 않다면, 생성 효과는 기억을 정의하는 특징이라기보다는 우발적인 특징으로 보이며, 이는 물론 바로 자유주의적 기능주의 개념이 함의하는 것이다. 그리고 이것이 맞다면 기억이 확장된 체계에 속한다는 견해를 철회할 이유가 없다.

따라서 확장된 마음 이론은 총체적인 기능적 프로파일이 심리적 종류의 유형-동일성 조건들을 확정하는 데 결정적이라고 보는 자유주의적 기능주의 개념을 전제한다. 그러므로 보다 쇼비니즘적인 형식의 기능주의를 전제로 하는 반론은 선결문제 요구의 오류를 범하는 것이다. 그러나 선결문제 요구의 오류에 대한 혐의는 양쪽 모두 통할 수 있다. 기억의 경우, 생성 효과는 기억의 주변적인 측면으로 어떤 과정이 기억에 포함되는지 여부를 확정하는 데 결정적이지 않다고 주장하는 것과 쇼비니즘적인 형식의 기능주의보다 자유주의적 형식의 기능주의를 선호할 만한 일반적인 이유가 있다고 주장하는 것은 전혀 다른 문제다. 이는 두 가지 이유 때문이다. 첫째, 어떤 과정을 기억 과정으로 규정하는 데 생성 효과와는 다른, 기억의 다른 측면들이 어쩌면 더 중요할 수 있으며, 이러한 과정들은 자유주의적 접근 방식에서 채택하는, 기능적 유형을 식별하는 광범위한 개괄적 방식 안에서는 포착되지 않을 수 있다. 둘째, 어쩌면 어떤 종류의 인지 과정들에는 자유주의적 기능주의 개념이 단순히 더 적합한 반면, 또 다른 종류의 인지 과정들에는 쇼비니즘적인 형식의 기능주의가 더 적합할 수 있다. 그렇다면 자유주의적 기능주의와 쇼비니즘적인 기능주의 사이의 논쟁은 사례별로 판정해야 할 것이다. 그렇다면 문제는 그런 판정을 어떻게 내리는가 하는 것이다. 어떤 기준을 토대로 자유주의적 기능주의와 쇼비니즘적인 기능주의의 주장 사이에서 판단을 내릴 것인가? 그러한 판정을 내릴 때 어떤 기준을 따를 것인가?

그러나 더 시급한 문제가 있다. 확장된 마음이 자유주의적 기능주의의 한 형식에 기초한다면, 많은 사람들의 눈에 이것은 확장된 마음을 체화된 마음과 거의 양립할 수 없을 위험에 처하게 하는 것처럼 보인다. 적어도 체화된 마음의 주창자들은 체화주의가 자유주의적 형식의 기능주의를 거부할 것을 요구한다고 일반적으로 생각하기 때문이다.(Clark 2008a) 따라서 이전 장에서 우리는 샤피로가 자신의 체화된 마음 이론을 그가 ST라고 부르는 분리 가능성 논제, 즉 마음은 신체에 본질적인 요구를 하지 않으며, 따라서 인간과 같은 마음은 인간과 같지 않은 신체에도 존재할 수 있다는 논제에 반대되는 것으로 이해하는 방식을 살펴보았다. 샤피로는 ST를 본질적으로 자유주의적 형식의 기능주의의 표현으로 이해한다. 앞서 살펴본 바와 같이 자유주의적 기능주의에서 인지 과정의 물리적 실행에 대한 세부 사항은 부차적인 중요성만을 가질 뿐이며, 정말로 중요한 것은 관련 기능적 역할이 실현되는지 여부이다. 따라서 인간과 같지 않은 신체가 인간과 같은 인지 과정에 결정적인 역할을 실현한다면, 그것만으로도 인간과 같지 않은 신체가 인간과 같은 마음을 소유하는지 여부를 판단하는 데 결정적인 역할을 할 수 있다.

그러나 샤피로의 체화된 설명은 자유주의적 기능주의와는 양립할 수 없지만, 보다 쇼비니즘적인 형식의 기능주의와는 완벽하게 양립할 수 있다. 그 이유를 알아보기 위해 잠수함 사용 설명서에 대한 샤피로의 비유를 떠올려 보자. 사실 이 비유가 훼손하는 것은 인지 과정에 대한 기능주의적 설명 그 자체가 아니라, 이 설명이 어떤 모습이어야 하는지에 대한 특정한 그리고 독특하게 자유주의적인 개념이다. 보다 정교한 형식의 기능주의는 기능적 역할들을 그것들이 포함하고 의존하는 신체 구조들로부터 분리하여 이해할 수 없다는 것을 받아들일 수 있다. 그렇다면 관련된 잠수함 사용 설명서는 다음과 같이 보일 것이다. 여기에는 잠수함 조종 방법에 대한 일련의 지침들이 포함되어 있지만 잠수함의 특징에 대한 언급도 빼놓을 수 없다. 따라서 수심 증가에 대한 지침은 다음과 같이 보일 수 있다. "맨 왼쪽 열에 있는 빨간색 손잡이를 당기세요. 왼쪽에서 두 번째 열에 있는 파란색 전구가 깜박이기 시작할 때까지 이 손잡이를 계속 당기고 계세요. 그런 다음 다시 밀어 넣으세요." 이미 잠수함을 조종하고 있거나 적어도 물리적으로 조종할 수 있는 위치에 있지 않으면, 이 설명서를 완전히 이해할 수도, 성공적으로 이용할 수도 없다. 하지만 그럼에도 불구하고 사용 설명서는 일종의 기능주의 프로그램으로 간주할 수 있다. 설명서, 즉 프로그램은 잠수함의 실존적 운명과 무관하게 존재한다. 잠수함 없이는 프로그램을 이용할 수 없거나 제대로 이해할 수 없을 뿐이다.

여기에서 서술된 기능주의의 형식은 샤피로의 신체 중심주의와 양립 가능하지만 확장된 마음에 대한 표준적 주장과 양립 가능할 만큼 충분히 추상적이지 않다. 요컨대, 샤피로의 신체 중심주의는 기능주의의 한 형식과 양립할 수 있지만, 이 형식이 신체 구조와 메커니즘에 대한 명시적인 언급을 포함할 만큼 충분히 쇼비니즘적일 경우에만 양립할 수 있다. 그리고 앞서 살펴본 바와 같이 확장된 마음 이론은 자유주의적 형식의 기능주의를 전제로 한다. 그렇지 않으면 루퍼트 (2004)가 제기한 종류의 반론에 취약해진다. 물론 잠수함 및 다른 형식의 차량들에 대한 지침을 포함할 수 있을 만큼 충분히 추상적인, 더 일반적인 설명서가 있을 수 있다면 체화된 마음과 확장된 마음의 화해가 다시 논의될 수 있을 것이다. 그러나 사실상 그러한 범용 설명서는 없다는 것이 체화된 마음 이론의 주장이다.

9. 연합된 마음을 더욱 발전시키기 위해 필요한 것들

이 장에서는 연합된 마음을 발전시키기 위해 필수적인 두 가지 분명한 과제를 확인했다. 우선, 기능주의의 문제를 중심으로 한 필수 과제가 있다. 이는 서로 다르지만 연관된 두 가지 측면에서 연합된 마음 이론에 매우 중요하다. 첫째, 확장된 마음이 자유주의적 형식의 기능주의에 의존하는 것은 확장된 마음을 선결문제 요구의 오류에 대한 비난에 취약하게 만들 수 있다. 둘째, 더 걱정스러운 것은 확장된 마음 이론이 자유주의적 형식의 기능주의에 의존하는 것이 확장된 마음 이론을 체화된 마음 이론과 양립 불가능하게 만드는 것처럼 보인다는 점이다. 체화된 마음 이론은 보다 쇼비니즘적인 형식의 기능주의밖에 받아들일 수 없기 때문이다. 따라서 연합된 마음이 직면한 첫 번째 필수 과제는 이러한 문제들을 해결하는 것이다.

이어질 장들에서는 기능주의를 가능한 한 방정식에서 제거함으로써 이 필수 과제를 수행할 것을 제안할 것이다. 7장과 8장에서는 기능주의에 의존하지 않는 체화된 마음 이론과 확장된 마음 이론, 즉 연합된 마음 이론에 대한 주장을 전개할 것이다. 물론 전개될 주장이 기능주의와 필연적으로 양립 불가능하다는 말은 아니다. 하지만 이 주장은 자유주의든 쇼비니즘이든 기능주의적 가정에 의존하지 않는다. 이 주장은 특정한 사례들에 대해서 자유주의적 형식과 쇼비니즘적인 형식의 기능주의의 상반된 주장을 판정할 수 있는 수단을 제공한다. 더욱이 이 주장은 체화된 마음 이론과 확장된 마음 이론을 모두 지지하며, 정확히 동일한 이유로 지지하기 때문에 두 이론의 양립 가능성 문제도 해결해 준다.

연합된 마음이 직면한 두 번째 필수 과제는 적절하고 제대로 동기 부여된 인지적 표식 또는 기준을 제시하는 것이다. 이것이 필요한 것은 다음과 같은 두 가지 이유 때문이다. 첫째, 확장된 마음 이론을 뒷받침하는 데 이용된 논증들이 실제로는 착근된 마음 이론을 뒷받침할 뿐이라는 비난(그리고 인지의 부풀림, 인과와 구성 간의 혼동 등과 관련된 부수적인 문제들)으로부터 확장된 마음 이론을 옹호하기 위해 필요하다. 둘째, 체화된 마음 이론을 뒷받침하는 데 이용된 논증들이 인지 과정이 더 넓은 신체 구조 및 과정들에 의해 이루어지고 구성되기보다는 그러한 구조 및 과정들에 의존한다는 주장을 뒷받침할 뿐이라는 (해당) 비난으로부터 체화된 마음 이론을 옹호하기 위해 필요하다. 즉 확장된 마음 이론과 체화된 마음 이론에 대한 구성적 해석들에 대한 주장은 의존 해석보다 많은 것을 확립한다는 것을 보이기 위

해 필요하다.[8]

이 두 가지 요건은 분명하지는 않지만 매우 중요한 방식으로 연결되어 있다. 다음 장에서는 요구되는 종류의 인지의 표식 또는 기준을 제시하겠다. 이 기준은 네 가지 조건들로 구성되는데, 이 조건을 충족하는 과정은 인지적이라고 간주되기에 **충분하다**고 주장할 것이다. 이 중 세 가지 조건은 비교적 문제가 되지 않는다. 그러나 네 번째 조건은 분명히 까다롭다. 네 번째 조건은 인지 과정에 대한 소유권 조건으로, 어떤 과정이 인지 과정으로 인정받으려면 반드시 어떤 인지적 주체 또는 유기체가 그것을 소유해야 한다는 조건이다. 주체 없이는 인지 과정도 없다. 주체가 인지 과정을 소유할 수 있는 조건들에 대한 적절한 설명을 개발하는 것은 놀라울 정도로 어려운 작업인데, 이 책의 후반부 대부분을 이 작업에 할애할 것이다. 여기에서의 프로젝트는 인지 과정의 소유권이 무엇에 의해 **구성되는지**에 대한 설명을 개발하는 것이 될 것이다. 그런데 이 질문에 답하기 위해 사실상 연합된 마음에 대한 새로운 주장을 전개할 것이다. 이것은 기능주의에 의존하지 않고, 체화된 마음과 확장된 마음을 단일한 지도 원리 아래 통합하는 주장이다. 만약 이 주장이 성공한다면, 연합된 마음에 대해 상상할 수 있는 가장 강력한 지지 기반이 될 것이다.

다음 장에서 전개할 인지의 기준은 연합된 마음이 직면하는 두 가지 문제 사이의 연결 고리를 제공한다. 이 기준을 통해 우리는 체화된 마음 이론과 확장된 마음 이론을 개별적으로 겨냥하여 이루어진

8 [옮긴이] 원문에는 "[…] 의존 해석보다 많은 것을 확립하지 않는다는 것을 […]"로 표기되어 있다. 저자에게 오류를 확인한 후 위와 같이 번역하였다.

주장들을 거부할 수 있다. 이 기준의 네 번째 조건, 즉 소유권 조건을 충족하려면 체화된 마음과 확장된 마음을 모두 동등하게 그리고 동일한 이유로 포괄하는 연합된 마음에 대한 논증을 개발해야 한다. 이 논증은 체화된 마음과 확장된 마음이 본질적으로 동일한 사고의 버전인 이유를 명확하게 해 줄 것이다. 따라서 모든 것이 잘 진행된다면 인지의 기준은 하나의 변증법적 돌로 두 마리의 새를 잡게 될 것이다.

5. 인지의 표식

1. 기준: 무엇에 유용한가?

과학이 그 주제를 이해해야 한다는 것은 어떤 의미에서이며, 과학은 어느 정도까지 그 주제를 이해해야 할까? 이 질문에 대한 답은 뻔해 보일 수 있다. 물론 과학은 그것이 고찰해야 할 대상을 이해해야 한다. 그렇지 않고서야 어떻게 그것을 고찰할 수 있겠는가? 그러나 문제는 보기만큼 분명하지 않다. 예를 들어 어떤 것을 물리적으로 만들어 주는 것에 대한 정확한, 혹은 심지어 적절한 이해가 물리학을 진행하기 위해 필요한가? 생물학은 어떤 것을 생물로 만들어 주는 것이 무엇인지에 대한 정확한 정의를 요구하는가? 두 가지 모두에 대한 답은 "아니요"인 것 같다. 물리학은 물리적이라는 것이 무엇인지에 대한 우리의 이해에 여러 가지 중요한 변화들이 일어난 가운데에서도 살아남았다. 생물학은 살아 있는 것들에 대한 과학이라는 일반적인 관념은 어떤 것을 살아 있는 것으로 만들어 주는 것이 무엇인지에 대한 합의가 없다는 사실에 잘 대처해 왔다. 물리적이라는 것이 무엇인지, 생물이라는 것이 무엇인지에 대한 이해는 관련 과학들이 발전하면서 서서히 드러나는 것이라고 생각하는 것이 기껏해야 최선이다. 그렇다면 이러한 이해는 각 과학이 진행되기 위해 반드시 요구되는 것은 아니다.

인지과학 종사자들로부터 두 가지 유형의 태도를 포착할 수 있다. 한편에는 인지과학의 과제는 인지 과정들을 추상화의 다양한 수준들에서 모델링하는 것에 불과하다고 생각하는 실용주의자들이 있다. 자기 해석에 대한 더 깊은 질문, 즉 내가 하는 일이 정확히 무엇인가에 대한 질문은 철학자의 몫이며 인지과학 자체의 실천과는 엄밀히 말해 별로 관계가 없다는 입장이다. 내가 생각하기에 좀 더 타당한 다른 태도는 인지 개념에 대한 심도 있는 이해를 인지과학적 기획 그 자체에 속한 것으로 간주한다. 즉 이러한 이해가 인지과학적 기획을 출발 시점부터 이끌어 가는 것이 아니라 이러한 기획으로부터 서서히 떠오르는 것으로 본다. 이런 점에서 이 같은 태도는 과학을 세계 해석과 관련된 활동으로 볼 뿐만 아니라 자기 해석의 가능성을 그 기본 요소들 중 하나로 포함하고 있는 활동으로 보는 전통을 반영하는 것이다.(하이데거 1927/1962) 사실 인지과학이 그 타당한 과제에 착수하기 전에 인지가 무엇인지에 대한 적절한 이해가 필요하다는 생각을 옹호하는 사람은 거의 없다.

이 장의 관심은 인지의 기준을 개발하는 것이 될 것이다. 아주 대략적으로 말하자면 어떤 과정을 인지 과정으로 간주할 수 있는 경우가 어떤 경우인지를 알려 주는 기준이다. 하지만 단언컨대 이것은 인지과학 일반이 그 과제를 수행하기 위해 인지의 기준을 필요로 한다고 생각하기 때문이 아니다. 인지과학 일반에는 인지의 기준이 필요하지 않지만, 연합된 마음에는 인지의 기준이 반드시 필요하기 때문이다. 이전 장에서 살펴본 바와 같이 연합된 마음이 진정한 실체를 가지려면 환경적·신체적 착근 또는 의존에 대한 주장들로 무너져서는 안 된다. 이러한 주장들은 옛 과학에 쉽게 동화될 수 있기 때문이다. 그러나 환경적 또는 신체적 의존에 대한 주장들로 무너지지 않으려면, 연합된 마음은 그것이 호소하는 신체적·환경적 활용 및 조작이 환원 불가능한 신경적 요소를 포함하는 전체 인지 과정들의 진정으로 인지적인 부분들을 이룬다는 주장을 펼칠 수 있어야 한다. 따라서 목표는 신체 및 환경 구조들의 조작과 활용이 인지의 타당한 기준을 충족할 수 있다는 것을 보여 주는 것이다. 이렇게 할 수 있다면 신체 및 환경 구조들을 조작하거나 활용하는 과정은 전체 인지 과정에 대한 단순한 인과적 기여자가 아니라 전체 인지 과정의 **진정으로 인지적인 구성 요소**로 간주될 자격을 충분히 갖추게 될 것이다.

2. 기준에 대한 기준들

인지의 표식은 어떤 과정이 인지적인 것으로 간주되는 것이 언제인지를 명시하는 기준이다. 이를 명시하는 기준은 어떤 과정이 인지적인 과정으로 간주되기 위한 충분조건을 제공한다. 그런데 어떤 과정이 인지 과정으로 간주되지 **않는** 경우를 명시하는 기준이 필요할 수도 있다. 이렇게 할 수 있다면 이 기준은 어떤 과정이 인지 과정으로 간주되기 위한 **필요조건**을 제공할 것이다. 그런데 후자의 기준은 여기에서 추구하지 않을 것이다. 이 장에서 개발하고 옹호하고자 하는 인지의 표식은 어떤 과정이 인지로 간주되기 위한 충분조건만을 제공하며, 이 이상은 주장하지 않을 것이다. 이전 장에서 확인한 반론들에 대응하기 위해 연합된 마음에 필요한 것은 이것뿐인데, 그 이유는 곧 분명해질 것이다. 또 다른 이유도 있는데, 이것은 인지의 표식에 대한 동기가 가장 잘 부여되고 인지의 표식이 가장 잘 옹호되는 방식에서 비롯된 것이다. 이 이유 역시 곧 살펴볼 것이다.

인지의 표식이 어떤 과정이 인지적인 것으로 인정받기 위한 충분조건을 제공한다고 할 때, 다음 질문은 어떻게 그럴 수 있는가가 될 것이다. 이것은 일련의 조건들, 즉 어떤 과정이 그것들을 충족하는 경우 그 과정을 인지적인 과정으로 간주하기에 충분할 일련의 조건들을 나열함으로써 가능하다. 이 조건들 전체는 인지의 기준을 구성한다. 이전 장에서의 주장이 옳다면, **확장된** 마음 이론에 인지의 기준이 필요한 이유는 분명하다. 확장된 마음 이론에 대한 모든 알려진 반론들은 확장된 마음 이론이 그러한 기준을 제시하지 못한다는 인식에 직간접적으로 의존하는 것처럼 보이기 때문이다. **체화된** 마음 이론에 그러한 기준이 필요한 이유도 분명하다. 그러한 기준이 없으면 체화된 마음 이론은 인지 과정이 더 넓은 신체 구조 및 과정에 의존한다는 주장만 확립할 뿐 그러한 구조 및 과정에 의해 부분적으로 구성된다는 주장은 확립하지 못한다는 비난에 취약해진다. 그런데 그 구체적인 내용에 대한 질문들은 잠시 무시하더라도, 그 기준이 정확히 어떤 **종류**의 것이어야 하는지 아직 명확하지 않다. 특히, 필요한 기준의 **범위**와 **성격**에 대해 질문이 제기될 수 있다.

먼저 **범위** 문제를 고려해 보자. '인지'라는 용어는 사실상 대문자 또는 소문자 'c'로 철자할 수 있는데, 대문자 'C'를 사용하면 그 의미가 상당히 좁아진다. 이런 의미에서 인지는 통상적으로 지각(그리고 물론 감각)과 반대되는 개념이다. 즉 이러한 의미에서 인지는 지각 후 처리에 제한된다. 그러나 소문자 'c'를 사용하는, 더 넓은 의미의 '인지'가 있는데, 여기에서 인지는 지각 처리를 포함하는 것으로 이해된다. 이 장과 이 책의 나머지 부분에서 인지에 대해 언급할 때에는 보다 일반적인 의미의 인지, 즉 소문자 'c'를 이용한 '인지'를 언급하는 것으로 이해해야 한다. 또한 '인지적인 것'에 대해 제안된 기준은 이러한 넓은 의미에서 인지적인 항목들과 그렇지 않은 항목들을 구분하기 위한 기준이다.

이제 기준의 성격에 대한 문제를 생각해 보자. 인지의 표식은 어떤 종류의 것이어야 할까? 여기에서 두 가지 뚜렷한 기획을 구분할 필요가 있다. 한편으로는 마음을 **자연화하는** 철학적 기획이 있다. 만약 우리가 이 기획에 참여한다면, 우리는 '인지적인 것'이라는 표현을 완전히 비인지적인(또는 적어도 처음에는 완전히 인지적이지 않은) 용어들로 환원적으로 정의해야 한다고 생각할 수 있다. 그런데 이렇게 생각하는 것은 명료하지만 잘못된 것이다. 반면 인지 과정이 어떻게 작동하는지를 이해하고자 하는 인지-과학적 기획이 있다. 이 기획은 이러한 과정들을 기능적으로 분해하여 점점 더 단순한 구성 성분들로 만드는 것이다. 이 기획에 참여하기 위해 비인지적인 용어들로 '인지'를 정의하는 형식으로 인지를 자연주의적으로 환원할 필요는 없다. 필요한 것은 우리가 관심 있는 것과 그렇지 않은 것을 합리적이되 반드시 폐기할 수 없는 것은 아닌 수준의 정밀도로 구분할 수 있는 수단 뿐이다.

나는 후자와 같은 종류의 기준을 제안하고 옹호할 것이다. 이런 종류의 기준이 확장된 마음 이론과 체화된 마음 이론, 즉 연합된 마음을 함께 구성하는 이론들에 대한 표준적인 반론들을 해소하기에 충분하다고 주장할 것이다. 이 기준을 뒷받침하는 사고는 인지 과정이 무엇인지 이해하려면 인지과학자들이 인지적이라고 말하는 것들에 세심한 주의를 기울인 다음 그들이 그렇게 말하는 이유를 설명해 주는 일반적인 원리, 즉 인지의 일반적인 개념을 파악하는 것이 좋겠다는 것이다. 그렇다고 해서 인지과학자들의 선언에만 얽매여야 한다는 뜻은 아니다. 인지과학자들도 우리와 마찬가지로 실수하거나 혼동할 수 있다. 어떤 경우에는 인지-과학적 실천에서 발견되는 인지에 대한 일반적인 개념이 인지적 지위 또는 그것의 결핍에 대한 구체적인 결정과 양립 불가능할 수도 있다. 부분적으로 인지의 기준의 목적은 인지-과학적 실천에서 구체화된 인지의 일반적 개념과 어떤 과정이 인지적인지에 대한 구체적인 판단을 일관성 있게 제시할 수 있도록 하는 것이다. 즉 이 과정의 목표는 일반적인 원칙과 구체적인 판단이 가능한 한 일관되도록 하는 것이다. 다르지만 구조적으로 유사한 맥락에서 존 롤스(John Rawls)가 말했듯이, 이 과정에서 우리는 인지적 지위에 대한 구체적인 판단과 그러한 판단의 기초가 되는 일반적인 인지 개념 사이에서 **반성적 평형**을 이루려는 목표를 가지고 **양쪽 끝에서부터 작업한다**.

우리의 출발점은 인지-과학적 실천 그 자체 그리고 인지과학자들이 어떤 과정을 인지 과정으로 간주하는지에 대한 구체적인 판단이어야 한다. 따라서 나는 우선 인지-과학적 실천에 대한 면밀한 고찰을 통해 여기에서 제안하는 인지의 기준을 정당화하고 옹호할 것이다.

3. 기준

그러나 기준에 대한 동기 부여와 옹호에 들어가기 전에 먼저 기준이 무엇인지부터 살펴보겠다. 나는 인지-과학적 실천을 고찰할 때 우리가 다음과 같은 인지의 암묵적 표식 또는 기준을 발견한다고 주장할 것이다:

다음과 같은 경우 과정 P는 인지 과정이다.

1. P는 정보 처리, 즉 정보 보유 구조들의 조작 및 변환에 관여한다.
2. 이 정보 처리에는 이 처리 이전에는 이용할 수 없었던 정보를 주체 또는 후속 처리 작업에 **이용 가능하게 만드는 적절한 기능**이 있다.
3. 이 정보는 P의 주체 안에 **표상적** 상태를 산출함으로써 이용 가능해진다.
4. P는 그 **표상적 상태의 주체에게 속하는** 과정이다.[1]

이 기준에 동기를 부여하고 이 기준을 옹호하기 전에 일반적인

---

1 이 기준은 내가 『마음속의 몸』(Rowlands 1999)에서 작업했던, 혹은 적어도 작업했어야 했던 기준의 명시적 버전으로 간주할 수 있다. 그러나 두 가지 차이점이 있다. 첫째, 『마음속의 몸』의 주장은 소유권 개념을 채택하지 않는다. 이 점에서 거기에서 채택된 기준은 불완전하다. 둘째, 『마음속의 몸』에서 나는 인지 과정이라는 개념을 인지적 과제라는 개념에 의해 정의했으며, 이때 인지적 과제는 실물지시적으로 정의되었다. 이러한 작업이 불필요하다고 나를 설득해 준 아론 윌슨(Aaron Wilson)에게 감사를 표한다. 이러한 점에서 『마음속의 몸』에서 채택된 기준은 약간 무르다.

소개와 각 조건에 대한 소개를 몇 가지 할 필요가 있다.

일반적인 소개

앞서 강조했듯이 이 기준은 어떤 과정이 인지 과정으로 간주되기 위한 **충분조건**만을 제공한다. 어떤 과정이 이 네 가지 조건을 만족한다면 그것은 인지 과정이다. 어떤 과정이 이러한 조건들을 만족하지 않는다고 해서 인지 과정이 아니라는 것은 **아니다.** 어떤 과정을 인지 과정으로 간주할 수 있는 다른 방식들도 있을 수 있다. 그러나 이러한 잠재적인 다른 방식들은 현재의 인지-과학적 실천에 의해서는 구체화되거나 인식되지 않고 있다. 내가 강조했듯이 인지-과학적 실천은 이 기준에 동기를 부여하고 이 기준을 옹호하는 출발점이 될 것이다.

조건 (1)

인지가 정보 처리에 관여한다는 것은 이제 흔한 개념이 되었다. 실제로 이것은 인지과학 전통에 구현된 인지 개념의 중심 강령이다. 고전적인 형식의 인지과학은 유기체 또는 체계의 내부 배열, 즉 외적 사태에 대한 정보를 전달하는 배열에 대한 가정에 관여하는 것으로 이해되었다. 채택된 정보라는 개념은 본질적으로 클로드 섀넌(Claude Shannon 1948)이 정교화한 개념 또는 그와 유사한 변형이다. 섀넌에 따르면 정보는 조건부 확률의 관계들로 구성된다. 섀넌이 옹호하는 버전에서 수용체 r은 r이 주어질 때 s의 확률이 1인 경우에만 원천 s에 대한 정보를 전달한다.(Dretske 1981 참조) 덜 낙관적인 다른 버전은 정보의 전달을 조건부 확률의 증가와 연관시키지만 반드시 1의 값에 연관시키지는 않는다. 즉 r이 주어질 때 s의 확률이 r이 주어지지 않을 때 s의 확률보다 클 때만 r은 s에 대한 정보를 전달한다고 본다.(Lloyd 1989)

정보 개념에 대한 어떤 설명을 채택하든 인지에 대한 근본적인 시각은 영향받지 않는다. 인지 과정은 정보 보유 구조에 대해 수행되는 일련의 변환으로 이해된다. 이러한 변환들은 특정 규칙이나 원칙들, 즉 해당 인지 과정의 유형의 특성을 효과적으로 정의하는 원칙들에 따라 이루어질 것이다. 이러한 일반적인 시각의 영향력 있는 한 가지 예를 곧 살펴볼 것이다.

조건 (2)

두 번째 조건은 적절한 기능의 개념에 크게 의존한다. 나는 이 개념을 밀리칸(G. Millikan)이 옹호하는, **원인론적**이라고 알려진 의미로 이해하겠다.(Millikan 1984, 1993) 어떤 것의 적절한 기능은 그것이 **해야 하는 일** 또는 그렇게 하도록 **설계된** 일이다. 심장의 적절한 기능은 혈액을 펌프질하는 것이고, 신장의 적절한 기능은 노폐물을 처리하는 것이다. 인지의 기준에 적절한 기능이라는 개념을 도입하는 것은 인지라는 개념이 부분적으로 **규준적인** 개념임을 상기시킨다. 인지 과정은 제대로 기능하거나 잘못 기능할 수 있으며, 적절하게 기능하거나 부적절하게 기능할 수 있다. 또한 인지 과정은 **실제로** 무엇을 하는지가 아니라 무엇을 **해야 하는지**에 따라 정의된다. 인지 과정이 하는 일과 해야 하는 일 사이의 이러한 구분은 적어도 네 가지 방식으로 나타날 수 있다.

i. 인지 과정 P의 적절한 기능은 이전에는 이용할 수 없었던 정보를 이용할 수 있게 만드는 것이지만, 특정 경우에는 이 기능을 수행하지 못할 수도 있다. 실제로 이 기능을 실현하는 메커니즘의 결함 또는 P가 제공하는 정보를 수신해야 하는 메커니즘의 결함으로 인해 이 기능을 결코 수행하지 못할 수도 있다. 마찬가지로 가령 심장에 결함이 있어 심장이 혈액을 결코 펌프질하지 못하는 경우에도 심장은 여전히 심장이며 혈액을 펌프질하는 것을 그 적절한 기능으로 갖는다. 또 다른 경우, 만약 심장이 막힌 동맥들에 연결되어 있다면 심장은 적절한 기능을 수행하지 못할 것이다.

ii. P는 그것의 적절한 기능을 수행하는 것에 더하여 그것의 적절한 기능이 아닌 모든 종류의 일들을 할 수 있다. 이러한 일들이 P의 적절한 기능이 아닌 이유는 이것들이 그 메커니즘이 확산되어 오늘날까지 존재하게 된 이유를 설명하지 못하기 때문이다. 마찬가지로 심장은 혈액을 펌프질하는 것 외에 소음도 발생시키고 심전도에 꼬불꼬불한 선들도 생성한다. 그러나 심장의 이러한 다른 인과적 결과들은 심장의 적절한 기능의 일부가 아니다. 그 이유는, 세부 사항은 복잡하므로 아주 거칠게 말하자면, 소음은 내지만 혈액을 펌프질하지 않는 심장은 선택되지 않았을 것이고, 반대로 소음 없이 혈액을 펌프질하는 심장은 선택되었을 것이기 때문이다.

iii. P는 우발적인 환경적 상황 C가 있는 경우에만 주체나 후속 작업들에 정보를 이용 가능하게 만드는 적절한 기능을 가질 수 있는데, C는 때때로 존재하지 않을 수도 있고 원칙상 결코 존재하지 않을 수도 있다. 마찬가지로 정자 세포의 기능은 여성의 난자를 수정하는 것이지만, 대부분의 정자 세포는 대체로 때가 맞지 않는 상황으로 인해 이 기능을 수행하지 못한다.

iv. P는 다수의 (아마도 방대한 수의) 다른 과정들과 결합해야만 정보를 이용 가능하게 만드는 적절한 기능을 가질 수 있다. 이러한 상황에서 P가 적절한 기능을 수행하는 것은 다른 과정들이 각자의 적절한 기능을 수행하는 데 달려 있다. 마찬가지로 신장은 노폐물을 생성하는 순환계와 올바른 방식으로 연결되지 않으면 노폐물을 처리할 수 없다.

어떤 것이 인지 과정으로 인정되는지 여부는 단순히 그것이 무엇을 하느냐의 문제가 아니라 무엇을 해야 하느냐의 문제다. 결함이 있는 인지 과정도 여전히 인지 과정이다. 이것이 바로 우리 기준의 두 번째 조건이 기능이라는 개념을 도입한 이유다. 그러나 기능이라는 개념을 인지 과정에 적용하면 심장, 신장, 정자 세포의 경우들에서는 나타나지 않는 추가적인 구분이 필요해진다. 인지 과정이 가질 수 있는 일반적인 기능에는 크게 두 가지 종류가 있다. 두 기능 모두 정보를 이용 가능하게 만드는 것과 관련이 있는데, 이 두 기능은 누가 혹은 무엇이 정보를 이용할 수 있게 하느냐에 따라 구별된다. 어떤 인지 과정들은 인지 유기체 또는 인지 주체가 정보를 이용할 수 있도록 한다. 가령 기억은 성공적으로 수행되면 나에게 정보를 제공하는 인지 과정이다. 지각, 추론 등도 마찬가지다. 그러나 어떤 인지 과정들은 나와 같은 인지 유기체가 아니라 추가적인 무의식적 처리 작업들에만 정보가 이용될 수 있도록 한다. 예를 들어 (앞서 설명했고 곧 다시 설명할) 마(1982)의 시각 이론에 따르면 망막 이미지가 원시 초벌 스케치로 변환되면 시각 주체(예를 들어 나 또는 당신)가 아니라 원시 초벌 스케치를 완성 초벌 스케치로 변환하는 기능을 하는 후속 무의식적 과정들만 정보를 이용할 수 있게 된다.

주체가 정보를 이용할 수 있도록 하는 것과 후속 처리 작업에 정보가 이용될 수 있도록 하는 것 사이의 구분은 중요하며, 실제로 이 책의 후반부에서 전개할 논증에서 결정적인 역할을 할 것이다. 이 구분은 **인격적**(personal) 인지 과정과 **전인격적**(subpersonal) 인지 과정으로 알려진 것 사이의 구분에 해당한다. 주체가 정보를 이용할 수 있게 하는 과정들은 인격적 수준의 과정들이며, 이는 심지어 **만약** 이 과정들이 후속 처리 작업에도 정보가 이용될 수 있도록 한다 해도 마찬가지다.[2] 그러나 정보가 후속 처리 작업에만 이용될 수 있도록 하는 과정은 전인격적 인지 과정이다. 이러한 구분은 인지 과정이 표상의 주체에 속할 수 있는 두 가지 다른 방식에 해당하는데, 이에 대해서는 나중에 더 자세히 설명하겠다.

2 어떤 과정이 주체와 후속 처리 작업 모두에 정보를 제공하는 것이 가능한지 여부에 대해 나는 사실상 아무런 입장에도 서 있지 않다. 가령 존 맥도웰(John McDowell 1994b) 같은 학자들은 둘 다에 전송될 수 있는 공통 내용이 없다는 이유로 이를 부정하고자 할 수 있다. 내가 주장하는 바는 그저 (i)전인격적 과정들은 다른 전인격적 과정들에만 정보를 제공하고 해당 과정들의 주체들에게는 정보를 제공하지 않으며, (ii)인격적 수준의 과정들은 적어도 주체들에게는 정보를 제공한다는 것이다. 이어질 논증에 필요한 것은 이것뿐이다. 이를 명확히 할 수 있게 해 준 마이크 윌러에게 감사한다.

조건 (3)

현재 일부에서는 인지과학이 표상이라는 개념을 버릴 수 있다고 가정하는 것이 유행처럼 번지고 있다. 이러한 추세는 심각하게 혼란스럽다고 생각되지만, 아마도 표상과 같이 매우 모호한 개념을 다룰 때에는 예상되는 일인지도 모른다. 그러나 여기에서 인지의 기준은 어떤 과정이 인지적인 것으로 간주되기 위한 충분조건으로만 제시된 것이지 필요조건으로 제시된 것은 아니라는 점을 기억해야 한다. 따라서 인지에는 표상이 필요하지 않다고 믿는다면 적어도 이 장에서 전개할 논증의 목적상으로는 괜찮다. 하지만 내가 인지의 기준을 표상 개념에 의해 공식화하는 데에는 중요한 전략적 또는 변증법적 이유가 있다.

앞으로 살펴보겠지만 우선 확장된 마음 이론에 대한 어떤 반론들(차이 논증의 버전들)은 인지가 표상(실제로는 매우 특정한 종류의 표상)에 관여한다는 가정에 근거한다. 따라서 처음부터 이를 부정하는 것은 선결문제 요구의 오류에 대한 혐의를 불러일으킬 수 있다. 둘째, 심적 표상에 대한 호소는 적어도 최근까지 인지-과학적 이론화의 주요소였다. 인지에 표상이 필요하다는 것에 대한 부정은 여전히 논란의 여지가 있으며, 나는 확장된 마음 이론과 체화된 마음 이론에 대한 논증을 전개할 때 논란의 여지가 있는 가정은 가능한 한 최소화하고자 한다. 나는 인지의 기준을 이용하여 확장된 인지 이론과 체화된 인지 이론을 주장하고 그럼으로써 새로운 과학을 전반적으로 옹호할 것이다. 따라서 인지의 기준을 발전시킬 때, 나는 반대자가 합리적으로 원할 수 있는 모든 것을 제공하고 싶다. 찾을 수 있는 가장 존중할 만하고 보수적이며 심지어 반동적인 인지-과학적 실천의 버전들에 초점을 맞추고 이러한 종류의 실천을 바탕으로 인지의 기준을 옹호할 것이다. 그리고 나서 확장된 마음 이론과 체화된 마음 이론이 여전히 유효하다고 주장할 것이다. 다시 말해 인지의 기준은 보수적인 기원, 즉 가장 철저한 전통 옹호자라 할지라도 받아들일 수밖에 없는 기원을 가지고 있지만, 급진적인 결과를 초래한다고 주장할 것이다.

이제 인지의 기준이 표상이라는 개념에 호소하는 **이유**를 설명했으니, 이러한 호소가 관여하는 것이 **무엇인지**에 대해 좀 더 명확히 설명할 필요가 있다. 세 번째 조건은 표상이 궁극적으로 **자연주의적** 현상인지 여부에 대해 아무런 입장도 취하지 않는다. 많은 사람들은 대체로 자연주의적인 표상 조건들을 제시하는 것이 가능하며, 어떤 상태가 이러한 조건들을 만족하는 경우 그리고 아마도 오직 이 경우에만 표상적인 것으로 간주될 수 있다고 가정한다. 이러한 자연주의적 가정은 조건 (3)에 의해 강제되지도 않고, 조건 (3)과 양립 불가능하지도 않다.

조건 (3)의 공식화에서 주시해야 할 세 가지 추가 구분이 있다. 첫 번째는 표상적으로 평가 가능한 상태와 의미론적으로 평가 가능한 상태의 구분, 두 번째는 파생적 표상과 비파생적 표상의 구분 그리고 세 번째는 인격적 표상과 전인격적 표상의 구분이다.

(a) **표상적으로 평가 가능한 상태** 대 **의미론적으로 평가 가능한 상태**: 이 표현은 다음과 같은 의미로 사용할 것이다. 어떤 상태는 진리 조건들을 갖는 경우에만, 즉 참이거나 거짓일 수 있는 종류의 상태일 때에만 의미론적으로 평가 가능하다. 표상적 상태라는 개념은 **의미론적으**

로 평가 가능한 상태라는 개념과 공존하지 않으며 이와 동의어는 더욱 아니다. 모든 표상적 상태들이 의미론적으로 평가 가능하다고 가정하는 것은 타당하지 않다. 그러한 상태들은 **적절성 조건들**은 갖춰야 하지만 **진리 조건들**을 갖출 필요는 없기 때문이다. 심적 모델 또는 인지적 지도(map)는 적절성 조건을 갖지만 진리 조건은 갖지 않는다.(McGinn 1989a, b) 즉 심적 모델이나 인지적 지도는 정확하거나 부정확할 수는 있지만 참이거나 거짓일 수는 없다. 진리 개념은, 친숙한 데이비슨식 이유로, 논리적 연결사들(not, and, or 그리고 그 변형들)과 본질적으로 결합되어 있는 반면, 심적 모델은 문장들이 이러한 연결사들과 관련되듯 이러한 연결사들과 관련되지 않기 때문에 참 또는 거짓이 될 수 없다. 따라서 예를 들어 어떤 문장에 대한 부정은 그 자체로 또 다른 **특정한** 문장이 되는 반면, 만약 지도나 모델을 부정하는 것이 가능하다면 그 결과는 구별되지만 불특정적인 지도나 모델에 불과한 것이 될 것이다. 마찬가지로 두 문장을 접속사로 묶으면 또 다른 문장이 되지만 두 지도 또는 모델을 접속사로 묶는 경우 다른 지도 또는 모델이 되지 않는다. 이 점은 비록 종종 이상하게 무시되기는 하지만, 일단 진리와 논리적 연결사들 사이의 관련을 이해한다면 논란의 여지가 없다고 생각한다. 또한 다음에 이어질 논증에서 이 점을 크게 부각시킬 만한 내용은 없다. 하지만 조건 (3)의 표상적 상태들에 대한 지지는 이러한 표상들이 문장과 같다는 생각에 대한 지지로 이어지지 않으며, 따라서 **사고 언어**에 대한 지지를 함의하지 않는다는 점을 강조할 만한 가치는 아마도 있을 것이다.

(b) **파생적 내용과 비파생적 내용**: (3)에서 호소된 표상적 상태의 유형은 **비파생적**인 것이며, 그 의미는 곧 명확하게 설명할 것이다. 즉 이

것은 비파생적 **내용**을 소유하는 표상적 상태다. 파생적 내용은 특정 상태가 소유하고 있는 내용으로 인지 주체의 다른 표상적 상태들 또는 그 행위주체의 언어 환경을 구성하는 사회적 관습에서 파생된 것이다. 비파생적 내용은 그렇게 파생되지 않은 내용이다. 내용의 형식이 비파생적이라는 것은 그것이 환원 불가능하다거나 **독특하다**(sui generis)는 것과 동일하지 않다. 예를 들어 비파생적 내용은 그 내용을 가진 상태의 역사나 정보 전달 프로파일로부터 '파생'되거나 그에 의해 설명될 수 있다. 중요한 것은 **어떤** 내용으로부터 파생되었는가 하는 것이다. 비파생적 내용은 **다른** 내용으로부터 파생되지 않은 내용이며, 환원 불가능한 내용이나 **독특한** 내용이 아니다.

비파생적 내용의 존재 여부는 논란의 여지가 있다. 그러나 조건 (3)에서 호소된 표상적 상태를 비파생적 내용을 소유하는 상태로 이해할 만한 적어도 **세 가지** 이유가 있다.

첫째, 비파생적 내용이 인지의 중심이라는 주장은 확장된 마음 이론을 공격하는 데 이용되어 왔다. 예를 들어 아담스와 아이자와(2001)는 오토의 수첩에 있는 문장들이 오토의 믿음들의 하위 집합을 구성한다는 클라크와 차머스의 주장을 공격할 때, 오토의 수첩에 있는 문장들은 파생적 내용만을 갖고 있다는 점을 근거로 든다. 이러한 정서는 포도르(2009)에 의해 반향을 일으켰다. 이 공격은 나중에 다시 다룰 텐데 나는 이것이 지지될 수 없는 공격이라고 주장할 것이다. 그러나 지금 단계에서는 만약 내가 조건 (3)이 호소하는 표상적 상태들이 오직 파생적 내용만을 소유해야 할 필요가 있다는 것을 허용한다면, 나는 확장된 마음에 유리한 방향으로 논의를 지나치게 기울이고 있다고 간주될 수도 있을 것이다. 이 장에서 추진할 전략은 연합된 마음에 반대하는 사람이 합리적으로 요구할 수 있는 모든 것을 제공하고, 이를 바탕으로 인지의 기준을 개발한 다음, 체화된 마음 이론과 확장된 마음 이론이 여전히 유효하다고 주장하는 것임을 상기하자. 조건 (3)이 호소하는 표상적 상태들이 파생적이지 않다고 주장하는 것은 반대자가 합리적으로 원하는 모든 것을 제공하기 위해 필요하다.

둘째, 인지의 기준을 옹호하기 위해 내가 채택할 전략은 인지-과학적 실천에 대한 고찰을 중심으로 한다. 나는 인지의 기준을 이러한 실천으로부터 비교적 간단한 방식으로 추출할 수 있다고 주장할 것이다. 그러나 앞으로 살펴보겠지만, 비파생적 표상적 상태들(즉 비파생적 내용을 가진 상태들)에 대한 가정은 이러한 실천의 주요소이다.

셋째, 인지의 기준이 우리에게 무엇을 허용할지에 대한 합리적인 기대가 있다. 물론 목표는 인지가 무엇인지 이해하는 것이다.[3] 그리고 전략은 인지로 간주되는 과정들을 그렇지 않은 과정들로부터 구획할 수 있는 기준을 반드시 틀림없지는 않더라도 신뢰할 만한 수준의 정확성을 갖고 제공함으로써 이 목표를 달성하는 것이다. 파생적 내용은 인지 과정들의 작동에서 파생되는 내용이다. 따라서 (3)에 명시된 표상적 상태가 오직 파생적 내용만 가지는 상태여야 한다고 허용하는 것은 이 기준의 주요 근거를 약화시키는 것으로 보인다.

---

3 더 정확하게는, 원칙적으로 인지 과정들의 중요한 하위 집합에 불과할 수 있는 것, 즉 현재 인지-과학적 실천에서 다루는 인지 과정들을 이해할 수 있도록 하기 위한 것이다. 이러한 제한이 필요한 이유는 제안된 기준이 어떤 것이 인지적인 것으로 간주되기 위한 충분조건만 제공할 뿐 필요조건을 제공하는 것은 아니기 때문이다.

'비파생적'이라는 개념에 대해 마지막이지만 중요하게 명확히 해야 할 점이 하나 더 있는데, 이는 앞서 살펴본 마의 시각 모델과 관련하여 가장 잘 설명될 수 있다. 마의 설명은 망막 이미지에서 시작된다. 시각 처리는 이를 원시 초벌 스케치, 완성 초벌 스케치, 2 ½ D 표상으로 연속적으로 변환한다. 완성 초벌 스케치의 내용은 원시 초벌 스케치의 내용에서 파생되는 것일까? 어떤 의미에서는 당연히 그렇다. 완성 초벌 스케치가 내용을 가지는 것은 오직 원시 초벌 스케치가 내용을 갖기 때문이며 이 내용은 다양한 시각 처리 규칙들에 의해 변환되었기 때문이다. 그러나 이것은 비파생적 내용의 조건에서 전제되는 파생의 의미가 아니다. 만약 이것을 파생적 내용으로 간주한다면, 인지 이론화에서 비파생적 내용은 거의 없을 것이다. 기껏해야 처리 흐름의 시작 부분만이 비파생적 내용을 지닌 구조가 될 것이다. 그리고 후속되는 모든 구조들은 오직 파생적 내용만 보유하게 될 것이다.

이를 염두에 두고 변증법적 상황을 떠올려 보자. 나는 비파생적 내용이 확장된 마음에 대한 반론으로 이용되어 왔기 때문에 비파생적 내용의 조건에 동의하고 있는 것이며, 처음부터 속임수를 썼다는 비난을 받고 싶지는 않다. 그러나 처리 흐름의 가장 초기 구조들에 의해서만 소유될 수 있도록 비파생적 내용의 개념을 채택하면 비파생적 내용을 갖지 않는 것은 거의 아무것도 없는 것으로 드러나게 되어 버린다. 하지만 그러면 과장 없이 말하건대 어떻게 비파생적 내용을 확장된 마음에 대한 반론으로 이용할 수 있는지 불분명해진다. 다시 말해 비파생적 내용을 근거로 확장된 마음에 반대하고자 하는 사람들 (예를 들면 아담스와 아이자와, 포도르)은 완성 초벌 스케치의 내용이 단순히 원시 초벌 스케치의 내용에서 비롯된 것이기 때문에 파생적이라고 주장하고[4] 있는 것이 된다. 그리고 내가 애써 강조해 왔듯이, 나는 단순히 확장된 마음에 반대하는 사람들에게 그들이 요구하는 것을 제공하고 있다. 따라서 동일한 처리 흐름 안에 있는 두 개의 전인격적 상태의 내용 사이의 관계, 그중 하나가 다른 하나를 인과적으로 계승하는 관계는 요구되는 의미에서 파생의 관계로 간주될 수 없다. 이러한 상태 중 하나의 내용이 파생된 것이라고 주장하려면 처리 흐름 외부의 요소들을 살펴봐야 한다.[5]

(c) 인격적 및 전인격적: 파생적 표상과 비파생적 표상의 구분은 인격적 상태와 전인격적 상태의 구분과 동일하지 않다. 인격적 상태와 전인격적 상태는 원칙적으로 (비록 후자가 파생적 내용을 가질 수 있는 조건은 극히 드물긴 하지만) 파생적 내용과 비파생적 내용을 모두 가질 수 있다. 이 책의 목적상 더 중요한 것은 인격적 상태와 전인격적 상태 모두 비파생적 내용을 가질 수 있으며, 둘 다 비파생적 의미에서 표상적일 수 있다는 것이다. 이 주장에 대해 일부에서는 이의를 제기하지만, 여기에서 개진하는 입장에 대한 이견은 실체보다는 규정의 문제일 가능성이 높다. 따라서 나는 전인격적 상태도 표상적일 수 있다고 가정할 것이다. 반면 나는 그것들이 인격적 상태와 **동일한 방식으**로 표상적이라고 가정하지는 않을 것이다. 마찬가지로, 나는 전인격적 상태가 일종의 내용을 소유할 수 있다고 가정하겠지만, 그것이 인격적 상태가 소유하는 것과 **같은 종류**의 내용이라고 가정하지는 않을 것이다. 전인격적 상태가 표상적인지 또는 내용을 소유하는지에 관한

---

4 [옮긴이] 원문에는 '부정하고'로 표기되어 있다. 저자에게 오류를 확인한 후 '주장하고'로 번역하였다.

5 이를 명확하게 하도록 허용하고 강요해 준 윌러에게 다시 한 번 감사한다.

논쟁은 거의 항상 전인격적 상태가 소유하는 (소위) 표상적 속성, 즉 내용이 인격적 상태가 소유하는 표상적 속성 또는 내용과 같은 종류의 것인지에 대한 문제로 귀결된다. 그리고 전인격적 상태가 표상적이지 않다거나 또는 내용을 갖지 않는다는 결론은 두 가지가 충분히 유사하지 않다는 주장을 근거로 한다. 전인격적 상태가 표상적일 수 있다는 나의 주장은 전인격적 상태가 표상에 대한 친숙한 종류의 광범위한 자연주의적 기준을 충족한다는 주장을 토대로 한다. 이는 표상이 일반적으로 자연주의적 현상인지 여부에 대해 입장을 표명하지 않는 것과 양립 가능하다. 인격적 수준의 표상이 자연주의적이지 않은 것으로 판명된다 하더라도 전인격적 표상은 거의 확실하게 자연주의적이라는 것은 여전히 사실이다. 인격적 수준의 표상이 자연적이지 않다고 주장하는 주된 이유는 그러한 표상과 의식 사이의 관계 때문인데, 의식을 자연주의적으로 설명하지 못할 때 인격적 수준의 표상을 자연주의적으로 설명할 수 있는 가능성도 배제된다고 여겨지기 때문이다.(예를 들면 McGinn 1991) 그러나 전인격적 상태들은 의식적이지 않으므로 이러한 종류의 고려 사항은 전인격적 상태의 수준에는 해당되지 않는다.

전인격적 표상에 적용되는 표상의 적절한 자연주의적 기준은 거의 확실하게 다음과 같이 보일 것이다. 즉 전인격적인 표상적 상태는 (i)세계에 대한 정보를 전달해야 하고, (ii)그러한 정보를 전달하는 기능을 가지고 있거나, 이 정보를 전달함으로써 인지 유기체가 주어진 과제를 달성할 수 있도록 하는 기능을 가지고 있어야 하며, (iii)세계를 잘못 표상할 수 있어야 하고, (iv)세계로부터 분리될 수 있어야 하며, (v)다른 상태들과 결합할 수 있는 적절한 구조를 가지고 있어야 하고, (vi)유기체의 행동을 인도하는 데 적절한 역할을 수행해야 한다. 물론 이러한 조건을 모두 수용할 필요는 없으며, 각 조건은 다양하게 해석될 수 있다. 이 조건들은 단지 표상에 대한 자연주의적 설명이 제공할 수 있는 종류의 조건들로 제시된 것일 뿐이다. 내가 이러한 자연주의적 조건들의 정확한 특성에 대해 입장을 정하지 않는 것은 아주 간단한 한 가지 이유 때문이다. 내가 따르려는 전략은 우선 인지-과학적 실천에 대한 면밀한 고찰을 통해 위에 제시된 인지의 기준을 옹호하는 것이기 때문이다. 그리고 전인격적 상태에 대한 가정은 전통적인 인지-과학적 실천의 주요소이다.

조건 (4)

앞으로 살펴보겠지만, 연합된 마음 이론을 진지하게 받아들일 때 가장 어려운 함축은 아마도 인지 과정이 인지 주체 또는 유기체에 **속한**다는 것이 갖는 의미를 이해하는 데 있을 것이다.

　나는 인지 과정이 두 가지 다른 방식으로 주체에 속할 수 있다고 주장할 것인데, 하나는 인격적 수준에 관련된 것이고 다른 하나는 전인격적 수준에 관련된 것이다. 나는 인격적 수준이 일차적이라고 주장할 것이다. 전인격적 수준에서 발생하는 인지 과정은 인격적 수준에서 발생하는 인지적 상태 및 과정에 적절한 기여를 하는 한도 내에서 주체에 속한다. 이 개념은 간단하지만 정확하게 표현하기는 매우 어렵다. 나는 **통합**이라는 개념을 통해 이를 시도해 보려 한다. 전인격적 인지 과정은 표상 주체가 소유한 인격적 수준의 상태와 과정에 적절히 통합되는 정도만큼 주체에 속한다. 따라서 핵심은 인격적 수준의 인지 과정이 어떻게 표상 주체에 속할 수 있는지를 설명하는 것이다. 이것이 이 책의 후반부의 과제다.

나는 조건 (4)와는 별도로 조건 (1)~(3)에 동기를 부여하고 조건 (1)~(3)을 옹호하려고 한다. 조건 (1)~(3)은 인지-과학적 실천의 다양한 표준 모델들에 대한 고찰을 통해 추출할 수 있다고 주장할 것이다. 조건 (4)도 이 실천에 내포되어 있지만, 조건 (4)에 대한 옹호의 대부분은 보다 일반적인 타당성을 토대로 이루어질 것이다. (4)에 대한 옹호는 다음 장으로 미루겠다.

4. 기준에 대한 옹호: 인지-과학적 실천

나는 기준의 조건 (1)~(3)을 인지-과학적 실천에 대한 고찰로부터 비교적 간단한 방식으로 추출할 수 있음을 보여 줌으로써 이 조건들을 옹호할 것이다. 여기에서 지침은 다음과 같다. 즉 인지의 표식을 식별하려면 인지과학자들이 인지적이라고 간주하는 종류의 과정들에 세심한 주의를 기울인 다음 이러한 종류의 과정들이 갖는 일반적인 특징들을 식별하는 것이 좋겠다는 것이다. 그러나 연합된 마음에 의해 사전에 그 기준에 동기가 부여되었다는 혐의를 피하기 위해서는 해당 인지-과학적 실천이 **내재주의** 인지과학이어야 하며, 내재주의의 형식이 더 전형적이거나 패러다임적일수록 더 좋다. 이 점에서 데이비드 마(1982)의 시각 이론보다 더 전형적이고 패러다임적인 것은 없다. 이 이론의 세부 사항 중 많은 부분은 이제 확실히 구식으로 보이기 시작했지만, 앞서 주장했듯이 인지과학에서 내재주의에 영감을 받은 이론화는 마에 의해 선동된 일반적인 접근 방식의 주도하에 이루어졌다.

요약하자면, 마(1982)에 따르면 시지각은 정보가 빈약한 망막 이미지의 형성에서 시작된다. (작은 'c'로는 인지적이지만 큰 'C'로는 인지적이지 않은) 적절한 지각 처리의 기능은 이 망막 이미지를 원시 초벌 스케치, 완성 초벌 스케치 그리고 적절한 지각 처리의 정점인 2 ½ D 스케치로 연속적으로 변환하는 것이다. 작업의 각 단계에서 하나의 정보 보유 구조는 다른 구조로 변환된다. 망막 이미지는 정보를 거의 포함하고 있지 않다고 알려져 있지만, 일부 정보를 포함하고 있다. 망막 이미지는 망막을 가로지르는 빛의 강도 값 분포로 구성된다. 강도 값의 분포는 유기체가 보고 있는 물리적 구조에 의해 빛이 반사되는 방식에 따라 법칙적으로 달라지기 때문에 망막 이미지는 이러한 구조에 대한 일부 정보를 포함하고 있다. 시각 처리의 첫 번째 단계는 망막 이미지를 원시 초벌 스케치로 변환하는 것으로 구성된다. 원시 초벌 스케치에는 대상의 가장자리와 질감에 대한 정보가 추가된다. 원시 초벌 스케치에 다양한 그룹화 원칙(예를 들어 근접성, 유사성, 공통 운명, 좋은 연속성, 폐쇄성 등)을 적용하면 더 큰 구조, 경계 및 영역을 식별할 수 있게 된다. 이러한 보다 더 정제된 표상이 완성 초벌 스케치이다. 시지각 처리는 이런 방식으로 계속된다.

세부 사항들로부터 추상화하면 시지각에 대한 매우 명확한 그림이 나타난다. 우선, 지각에는 정보 처리, 즉 정보 보유 구조의 변환(기준의 조건 (1))이 관여된다. 망막 이미지는 원시 초벌 스케치로 변환한다. 그런 다음 추가 처리 작업을 통해 이를 완성 초벌 스케치로 변환하는 등의 과정이 일어난다. 이러한 변환의 결과로 이전에는 이용할 수 없었던 정보를 후속 처리 작업에서 이용할 수 있게 된다(조건 (2)). 따라서 망막 이미지를 원시 초벌 스케치로 변환하는 과정에서 망막 이미지에 없었던 새로운 정보를 후속 처리에 이용할 수 있게 된다. 그리고 원시 초벌 스케치를 완성 초벌 스케치로 변환하는 과정에서 원시 초벌 스케치에서는 이용할 수 없었던 추가 정보를 이용할 수 있게 된다. 지각 처리의 정점은 2 ½ D 스케치이다. 이 스케치에는 추가 처리 작업, 즉 **3D 대상 표상**을 형성하는 지각 후 작업(이것은 믿음 형성 등에서 추가적인 역할을 하도록 이용될 수 있다)에 이용할 수 있는 정보가 담겨 있다. 일반적인 그림은 분명하다. 작업의 각 단계에서 후속 처리 작업에 이용할 수 있는 새로운 정보를 전달하는 새로운 구조를 식별할 수 있다. 따라서 마의 이론은 조건 (2)에 대한 생생한 실례가 된다.

작업의 각 단계에서 우리는 새로운 표상 항목을 발견한다. 망막 이미지는 정보가 빈약하지만 환경에 대한 정보를 일부 담고 있다. 시각 처리의 목표는 이를 시지각과 지각 후 판단의 기초를 제공할 수 있을 만큼 충분히 풍부한 정보 내용을 갖는 항목으로 연속적으로 변환하는 것이다. 따라서 과정의 각 단계는 이전 단계보다 환경에 대해 더 많은 정보를 전달하는 항목에서 절정에 이른다. 망막 이미지를 뒤로 하고 나면, 연속되는 각 항목은 적어도 다음과 같은 최소한의 의미에서 **규준적**이다. 즉 각 항목은 그것이 가지고 있는 속성들과 더불어 실현되기 때문에, 세계는 특정한 방식으로 **존재해야 한다**. 망막 이미지에서는 세계가 존재하는 방식과 존재해야 하는 방식 사이에 구분이 없다. 망막 이미지는 그 원인이 무엇이든 간에 발생하기 때문이다. 그러나 원시 초벌 스케치에는 새로운 정보, 즉 지각 처리의 첫 번째 단계에 의해 제공된 정보가 포함되어 있다. 이것은 사실상 처리 중인 망막 이미지를 생성하기 위해 세계가 어떤 모습이어야 하는지에 대한 뇌의 '추측'이다. 따라서 '추측'이 이루어지면 세계는 특정한 방식으로 존재해야만 한다. 그렇지 않다면 '추측'이 잘못된 것이다. 따라서 처리의 각 연속적인 단계에서 우리는 정보를 전달하고 세계에 대해 규준적인 주장을 하는 항목들을 발견하게 된다. 이러한 항목들은 기본적인 표상적 상태들이다. 더욱이 이 항목들이 표상적 상태로 전달하는 내용은 특정 처리 흐름 외부에 있는 표상적 상태의 내용으로부터 파생되지 않는다. 즉 2 ½ D 스케치의 내용은 완성 초벌 스케치의 내용으로부터 파생되고, 이는 다시 원시 초벌 스케치의 내용으로부터 파생되지만, 이 처리 흐름을 구성하는 연속적인 변환에 관련된 내용은 이 흐름 외부에 있는 표상적 상태의 내용으로부터 파생되지 않는다. 이 것은 확장된 마음에 반대하는 사람들이 인지 과정은 비파생적 내용을 포함해야 한다고 주장할 때 문제가 될 수 없는, '파생적'이라는 말의 무해한 의미다(파생적 내용과 비파생적 내용 사이의 구분에 대한 앞의 논의를 참조하라). 따라서 이 특정 처리 흐름에 구현된 내용은 조건 (3)에서 요구하는 의미에서 비파생적 내용이다.

5. 지각 확장하기

제안된 인지적 기준의 조건 (1)~(3)은 인지-과학적 실천에 대한 패러다임적인 내재주의적 접근 방식을 고찰함으로써 쉽게 추출할 수 있다. 따라서 이러한 조건들은 체화된 마음 이론과 확장된 마음 이론을 옹호하기 위해 고안되었다고 비난받을 수 없다. 그럼에도 불구하고 (1)~(3)은 확장된 인지 모델로부터도 똑같이 쉽고 간단한 방식으로 추출할 수 있다.

먼저 내가 『마음속의 몸』(Rowlands 1999)에서 옹호한 확장된 지각 모델로부터 시작해 보자. 이 모델은 깁슨의 연구에 대한 창의적인 재해석에 토대를 둔다. 그 결과물이 깁슨식이라는 별칭을 붙일 만큼 충분히 깁슨식인지 여부는 (도움이 될지는 모르겠지만, 나는 그렇다고 생각한다) 우리의 목적상 중요하지 않다.

다시 한번 요약하자면, 깁슨(1966, 1979)에 따르면 환경은 물체들의 표면 사이를 이동하는 빛의 광선들로 가득 차 있다. 어느 지점에서든 빛은 모든 방향들로부터 수렴한다. 따라서 환경의 각 물리적 지점에는 빛의 서로 다른 강도와 파장들로 구성된 일련의 시각적 입체각들이 존재한다. 따라서 관찰자를 작은 입체각들로 분할된 구에 둘러싸인 한 지점으로 상상할 수 있다. 빛의 강도와 파장들의 혼합은 각 입체각마다 다르다. 빛의 이러한 공간적 패턴이 바로 **광배열**이다. 광배열의 구조는 빛이 반사된 표면의 본성과 위치에 의해 법칙적으로 결정되기 때문에 빛은 정보를 전달한다.

광배열은 **외부 정보 보유 구조**다. 이것은 지각하는 유기체의 피부 바깥에 존재하며, 존재하기 위해 이 유기체에 의존하지 않는다는 매우 명백한 의미에서 외재적이다. 지각하는 유기체는 광배열에 작용을 가하고 이를 변환시킴으로써 이 행위 이전에는 조건부로는 존재했지만 즉시 이용할 수는 없었던 정보를 스스로 이용할 수 있게 만든다. 관찰자가 움직이면 전체 광배열이 변환되는데, 이러한 변환들에는 세계 내 대상들의 배치, 모양 및 방향에 대한 정보가 포함된다. 따라서 광배열의 변환은 그러한 행위 이전에는 조건부 또는 기질적 형식으로만 존재했던 정보를 유기체가 이용할 수 있게 해 준다.

특히, 지각하는 유기체는 한 배열을 체계적으로 관련된 다른 배열로 변환하여 주변 광배열에 변환을 초래함으로써 깁슨이 배열에 포함된 **불변** 정보라고 부르는 것을 식별하고 잘 활용할 수 있다. 이 정보는 하나의 정적인 배열 그 자체에 포함된 것이 아니라 하나의 광배열로부터 다른 광배열로의 변환에 그리고 **오직** 이 변환에만 포함된 정보다. 이러한 변환이 없는 경우, 불변 정보는 존재하지만 오직 조건부 형식으로만 존재한다. 즉 변환의 특정 유형들이 감각 입력 내의 특정 변화들과 체계적으로 관련될 때만 존재한다.

광배열의 조작, 즉 하나의 광배열을 다른 광배열로 변환하는 것은 하나의 정보 보유 구조를 다른 정보 보유 구조로 변환하는 것이므로 인지의 기준의 조건 (1)을 충족한다. 이러한 변환의 결과는 유기체 또는 후속 처리 작업에서 이전에는 이용될 수 없었던 정보, 즉 불변 정보가 이용될 수 있게 해 주므로 조건 (2)를 충족한다.

이제『마음속의 몸』에서 전개한 확장된 지각 모델에 채택된 깁슨의 이론에 대한 창의적인 재해석에 이르렀다. 이 재해석은 깁슨이 자신의 이론에 대해 말했거나 자신의 이론에 대해 말한 것으로 널리 여겨지는 것과 그의 이론이 실제로 요구하는 것을 구별하는 데 기반을 둔 것이었다. 지각에 대한 깁슨의 설명은 표상에 대한 가정 그리고 보다 일반적으로 표상 개념에 적대적인 것으로 널리 생각된다. 이러한 광범위한 지각이 옳든 그르든(나는 그렇지 않다고 생각한다)『마음속의 몸』에서 개발된 확장된 지각 모델은 깁슨의 설명이 표상에 대한 어떠한 일반적인 적대감도 요구하지 **않는다**는 주장에(심지어 깁슨은 적대감을 요구한다고 틀림없이 생각했다고 하더라도) 근거하고 있다. 깁슨의 입장이 실제로 요구하는 것은 인식론적 관념과 형이상학적 관념이라는 두 가지 긴밀한 관념으로 가장 잘 표현된다.

인식론적 관념은 유기체가 환경 속의 관련 정보 보유 구조들을 어느 정도만큼 조작, 활용, 변환할 수 있는지 이해하지 못하면 유기체가 직면한 내부 정보 처리 과제를 이해할 수 없다는 것이다. 형이상학적인 주장은 시지각이 망막에서 시작되는 것이 아니라 부분적으로는 주변의 정보 보유 구조들을 변환하는 작업들로 구성된다는 것이다. 나는 깁슨의 연구 내용을 설명하고 그 중요성을 뒷받침하는 것은 이러한 주장들이며 표상 자체에 대한 적대감이 아니라고 주장했다.(Rowlands 1995, 1999)

따라서 『마음속의 몸』에서 개발된 확장된 지각 모델은 깁슨의 설명에서 표상에 대한 불필요한 적대감을 제거한 것이다. 이 모델에서 한 광배열을 다른 광배열로 변환하는 것은 정보 보유 구조들의 조작으로 구성된다. 이것은 상황에 따라 뇌 안의 정보 보유 구조들의 조작에 의해 보완될 수 있다. 이러한 종류의 과정들의 정점은 주체에게 표상적 상태, 즉 세계가 이러이러하다는 시각적 인식이 생성되는 것이다(조건 (3)). 그리고 이러한 인식은 피부의 경계를 넘나드는 과정들, 즉 정보 보유 구조들의 조작 및 변환을 통해 이루어져 왔다.

따라서 『마음속의 몸』에서 개발된 확장된 지각 모델에서 기술된 과정들은 인지의 기준 또는 표식의 조건 (1)~(3)을 만족한다. 다시 말해, 『마음속의 몸』에서의 논증은 『마음속의 몸』에 충분히 명시되지 않았지만 (아마도) 암묵적인 형식으로 존재했던 인지의 기준에 기반하여 작동한다. 조건 (4)의 충족 전까지, 외부 구조들의 이러한 조작 및 변환 과정들을 단순히 인지의 소위 진정한, 내부 과정들에 동반되는 외래의 인과적 요소로 간주하는 것이 아니라 인지 과정으로 간주해야 하는 이유를 설명하는 것은 바로 조건 (1)~(3)의 충족이다. 이 주장은 외부 구조들에 대한 조작 및 변환의 과정들이 내부 인지 과정들과 인과적으로 밀접하게 쌍결합되어 있으므로 인지적인 것으로 간주되어야 한다는 것이 결코 아니다. 또한 인지 과정들이 착근되는 환경을 그것들이 제공하기 때문에 인지적이라고 간주되어야 한다는 주장도 아니다. 그게 아니라 외부 구조들에 대한 조작 및 변환의 과정들은 조건 (4)의 충족 전까지 인지의 표식 또는 기준에 부합하기 때문에 인지로 간주된다. 확장된 인지 과정이라는 개념에 대한 반론들이 모두 어떤 식으로든 인지의 표식 반론에 의존하는 정도만큼, 내가 『마음속의 몸』에서 기술한 확장된 지각 모델은 조건 (4)의 충족 전까지 이러한 반론들에 영향을 받지 않는다.

6. 인지 확장하기

이제 내가 『마음속의 몸』에서 개발한 기억에 대한 확장된 설명을 생각해 보자. 이 설명은 네 가지 원칙을 중심으로 조직되었으며, 그중 두 가지 원칙은 우리의 현재 관심과 관련이 있다. 이 두 가지 원칙은 다음과 같다.

> (A) 유기체는 환경의 물리적 구조들을 조작함으로써 기억 과제 T와 관련된 정보를 처리할 수 있다.(Rowlands 1999, p. 122)

(B) 특정 상황에서 외부 구조들에 작용하거나 이들을 조작하는 것은 정보 처리의 한 형식이다.(*Ibid.*, p. 123)

나는 이러한 원칙들을 적절히 구체화하는 것이 위에서 제안한 인지의 기준을 암묵적으로 지지한다고 주장할 것이다.

루리아와 비고츠키(1930/1922)가 강조한, 기억 구성 시 외부 정보 보유 구조들에 대한 우리의 의존을 생각해 보자. 매듭 체계를 이용하여 정보를 저장하는 페루의 **크비누** 장교는 정보 저장의 외부 형식들이 발명되지 않은 문화의 사신과는 매우 다른 방식으로 생물학적 기억을 이용한다.(Rowlands 1999, pp. 134~136) 후자는 정보를 보유하기 위해 생물학적 기억에 의존해야 하며, 보유할 필요가 있는 각 정보 항목마다 새롭게 기억해야 한다. 그러나 **크비누** 장교는 각 매듭에 포함된 정보를 활용할 수 있게 해 주는 '부호'를 기억하는 데에만 생물학적 기억을 활용하면 된다. 이렇게 하면 외부 구조들을 조작하고 활용하는 그의 능력을 통해 잠재적으로 무한한 양의 정보를 이용할 수 있게 된다.

매듭은 그것을 활용하는 주체의 피부 바깥에 존재하는 정보 보유 구조로, 이런 의미에서 매듭은 주체의 외부에 존재한다. 매듭은 다양한 형식으로 활용될 수 있는데 묶을 수도 있고, 수정할 수도 있고, 읽을 수도 있고, 매듭에 포함된 정보를 다른 매듭을 만드는 데 사용할 수도 있다. 이것들은 모두 매듭을 조작하거나 활용할 수 있는 방법들이다. 예를 들어 매듭을 묶거나 이미 묶은 매듭을 수정할 때(예를 들어 관련 정보의 일부 변경을 기록하기 위해) 이는 정보 보유 구조를 조작하거나 변환하는 것이라고 나는 주장했다. 따라서 **크비누** 장교에 의한 매듭의 활용은 인지의 기준의 조건 (1)을 충족한다.

매듭의 이러한 조작 또는 변환의 결과 인지 주체는 이전에는 이용할 수 없었던 정보를 이용할 수 있게 된다. 그런데 매듭은 이런 일을 할 뿐 아니라 이런 일을 하는 것이 매듭의 적절한 기능이다. 물론 지금 우리가 다루는 것은 구별되는 개인이 새로운 정보를 변환하는 것이 아니라 기억하는 경우다. 따라서 관련 시나리오는 다음과 같다. 매듭을 묶는 사람은 생물학적 기억 자원에 대한 다른 요구들로 인해 매듭에 포함된 정보를 잊어버리게 될 수 있다. 그러나 예를 들어 다음 날 매듭을 다시 집어 들 때 그 매듭에 포함된 정보를 다시 이용할 수 있다. 이 경우 매듭은 그것을 묶지 않았다면 이용할 수 없었을 정보를 주체가 이용할 수 있게 하는 적절한 기능을 갖는다. 따라서 이것은 제안된 인지의 기준의 조건 (2)를 충족한다.

매듭을 조작하거나 활용하는 이러한 과정을 통해 주체가 정보를 이용할 수 있게 되는 방식은 주체에게 표상적 상태, 즉 매듭에 대한 지각과 그 안에 담긴 정보 내용의 믿음적(doxastic) 표상들의 후속을 생성하는 형식을 띠고 있다. 물론 전적으로 인지하는 주체의 외부에 있는(즉 피부 바깥에 있는) 과정들을 인지라고 할 수 있다고 주장하는 것은 연합된 마음 이론의 일부가 아니다. 이 이론에 따르면 인지 과정들은 전적으로 내부적이거나 혹은 주체의 피부 안팎 모두에서 일어나는 작업들로 구성된 쌍결합된 전체다. 즉 연합된 마음에 따르면 인지 과정들은 제거 불가능한 내부 요소를 항상 포함한다. 연합된 마음의 대부분의 버전들에 따르면 비파생적 내용을 가진 표상적 상태는 오직 바로 여기, 즉 내부 구성 요소에만 있다.(그러나 대안에 대해서는 Rowlands 2006 참조) 외부 정보 보유 구조인 매듭에 대한 조작은 비파생적 내용을 가진 표상적 상태들을 주체 안에 생성함으로써 주체가 정보를 이용할 수 있게 해 준다. 따라서 이러한 외부 정보 보유 구조의 조작은 제안된 인지의 기준의 조건 (3)을 충족한다. 연합된 마음 이론의 어떤 부분도 매듭이나 다른 형식의 외부 정보 보유 구조가 비파생적인 내용을 갖고 있다는 주장을 요구하지 않는다는 점에 유의해야 한다. 이 점이 중요하다는 것은 곧 드러날 것이다. 비파생적 내용은 이러한 종류의 외부 정보 보유 구조의 활용을 통해 주체 안에 생성된 내부 상태만 소유하면 된다.[6]

　따라서 기억 과정에 대해 기술된 종류의 외부 정보 보유 구조들의 조작, 활용, 변환은 인지의 기준의 조건 (1)~(3)을 충족시키는데, 그 방식은 지각 과정에 대해 마가 기술한 내부 정보 보유 구조의 조작이 이 조건들을 충족시키는 방식과 정확히 동일하다. 따라서 만약 (1)~(3)이 어떤 과정이 인지적인 것으로 인정받는다는 것이 무엇인지를 정말로 부분적으로 묘사하고 있다면, 적어도 이러한 조건들과 관련하여 확장된 마음 이론이 호소하는 종류의 외부 작용들은 고전적인 내부 작용들이 인지적인 것으로 인정되는 것과 같은 방식으로 인지적인 것으로 인정되는 것처럼 보인다.

6　물론, 연합된 마음의 개념에서 외부 구조가 비파생적 정보를 가질 수 있다는 것을 부정하도록 요구하는 것은 아무것도 없다. 외부 정보 보유 구조가 비파생적 정보를 가질 수 있는지 여부는 아마도 사례마다 다를 것이다. 따라서 위에서 논의한 예들에서는 크비누스가 전달하는 정보는 파생적이지만, 광배열이 전달하는 정보는 비파생적이다. 비파생적 정보가 비파생적 내용에 추가되는지 여부는 물론 내용을 정보로만 설명할 수 있는지 여부에 따라 달라진다. 여러 가지 익숙한 이유 때문에 나는 그럴 수 없다고 생각한다.

7. 반론들에 대한 재검토

따라서 이것은 (확장된 마음과 체화된 마음의 결합으로 이해되는) 연합된 마음을 옹호하는 사람들이 채택해야 하는 전략이며, 아마도 널리 채택되어 왔다. 인지 과정은 신경적 과정과 더 넓은 신체적·환경적 과정을 모두 아우르는 혼성적 과정이다. 조건 (4)의 충족 전까지 이러한 혼성적 과정은 위에서 제안된 인지의 기준을 충족하므로 인지로 간주된다. 이러한 과정은 (1) 정보 보유 구조의 조작 또는 활용에 관여하며, 이러한 조작 또는 활용은 (2) 주체 혹은 후속 처리 작업들이 정보를 이용할 수 있게 해 주는 기능을 가지며, 이는 (3) 그 주체 안에 표상적 상태를 생성함으로써 그렇게 한다는 점에서 인지의 자격을 갖는다. 두뇌 외부의 구조들을 조작하거나 활용하는 이러한 과정은 조건 (4)가 충족되기 전까지 이 기준들을 충족하므로, 인지 과정으로 인정된다.

혼성적 과정이 이러한 기준을 만족시킨다는 사실은 순전히 두뇌 외적인 인지 과정이 존재하지 않는 이유를 또한 분명히 해 준다. 연합된 마음 이론은 두 가지 주장으로 나눌 수 있다. 첫째, 외부 구조를 조작, 변환 또는 활용하는 과정은 그것이 적절한 내부(즉 신경적) 과정과 결합되지 않는 한 결코 인지적인 것으로 간주되지 않는다. 둘째, 이러한 방식으로 결합되면 외부 과정은 내부 과정과 동일한 정도와 동일한 이유로 인지적인 것으로 간주될 수 있다. 인지의 기준은 이 두 가지 주장을 모두 설명한다. 논의를 위해 가정한 것처럼 인지는 항상 비파생적 내용을 가진 표상적 상태에 관여하기 때문에 외부 과정 그 자체는 결코 인지적이라고 할 수 없다. 이것은 일반적으로 내부에서만 찾을 수 있다고 가정된다.[7] 인지 과정은 언제나 표상적 상태를 주체 안에 생성하는 것에 관여하며, 이것이 인지 과정이 조건 (3)을 충족하는 방식이다. 따라서 인지의 기준의 조건 (1)~(3)은 모든 인지 과정이 순전히 두뇌 내부적이거나 또는 두뇌 안팎의 과정의 조합이라는 것을 총체적으로 함의한다. 따라서 순전히 두뇌 외적인 인지 과정은 존재하지 않는다. 둘째, 적절한 내부 과정과 결합되면 외부 과정은 조건 (4)가 충족되기 전까지 인지의 기준을 충족시키므로 인지로 간주된다. 즉 내부 과정과 결합될 때 외부 과정은 (1)정보 보유 구조의 조작 또는 변환으로 구성되며, 이는 (2)이러한 조작 또는 변환 이전에는 존재하긴 했지만 이용할 수는 없었던 정보를 주체 혹은 후속 처리 작업에 이용 가능하게 해 주는 적절한 기능을 가지며, 이러한 기능을 (3)표상적 상태를 주체 안에 생성함으로써 수행한다는 점에서 인지 조건들을 충족시킨다.

앞 절들에서 전개한 논증이 옳다면, 연합된 마음이 호소하는 혼성적 과정은 인지의 기준의 적어도 처음 세 가지 조건들은 충족할 수 있다. 따라서 조건 (4)가 충족되기 전까지 이 정도만큼은 인지 과정의 자격이 있다. 나는 다른 반론들이 인지의 표식 반론으로 수렴된다는 주장도 했다. 따라서 더 넓은 신체적·환경적 과정이 그저 인지의 진정한, 내부 과정들이 그 안에서 작용할 수 있는 외부의 인과적 발판 혹은 환경을 제공한다고 생각할 만한 이유가 없다. 과정들의 혼성적 연합들은 인지의 표식 조건 (1)~(3)을 함께 충족하므로 조건 (4)가 충족되기 전까지 그 자체로 인지적인 것으로 인정될 수 있기 때문이다.

7 하지만 대안에 대해서는 롤랜즈 2006을 참조하라.

이 시점에서 확장된 마음 이론에 대한 더 이상의 반론들은 표상의 역할을 중심으로 합쳐지는 경향이 있다. 조건 (3)은 인지 주체가 정보를 이용할 수 있게 되는 것은 그 주체 안에 **표상적** 상태가 생성됨에 의해서라고 주장한다. 이 표상적 상태는 **비파생적** 내용을 가지고 있어야 한다고 가정했다. 이러한 가정은 이 기준과 이를 전제로 하는 연합된 마음 이론을 아담스와 아이자와(2001), 포도르(2009)와 관련된 몇 가지 추가적인 반론으로부터 자유로울 수 있게 해 준다.

확장된 마음에 대한 클라크와 차머스의 버전에 대한 포도르의 반론들 중 하나는 파생적 표상들에 대한 인식된 의존에 토대를 둔다.

어떤 것이 문자 그대로 그리고 비은유적으로 내용을 가지고 있다면, 그것은 심적(즉 마음의 일부)이거나 심적인 어떤 것으로부터 '파생된' 것이다. '비파생적' 내용은 (존 설John Searle의 용어를 빌리자면) 심적인 것의 표식이다. 즉 비파생적 내용은 마음 그리고 오직 마음만이 갖는 것이다.

포도르는 뇌 외부의 항목들은 비파생적 지향성을 갖지 않는다고 생각하는 것 같다. 뇌 외부의 항목들의 내용은 본성보다는 관례에 의해 결정된다는 것이다. 따라서 오토의 수첩에 있는 문장들은 어떤 것(가령 현대미술관의 위치)에 관한 것이지만, 이러한 '관함'(aboutness) 또는 지향성은 오토건 또는 누구건 간에 그 수첩을 사용하는 다른 사람의 (내적인) 심적 상태에서 단지 파생된 것일 뿐이므로 심적 항목이 아니다.

여기에서 포도르는 아담스와 아이자와의 주장을 되풀이하고 있다. 즉 "내재적 내용을 포함하지 않는 과정이 있다면, [비파생적 내용] 조건은 그 과정이 비인지적이라고 결정한다".(2010, p.70) 이것은 그들이 제기한 인지의 표식 반론의 한 버전이다. 앞서 살펴본 바와 같이, 클라크와 차머스는 오토의 수첩에 있는 문장들이 그의 믿음들의 하위 집합을 구성한다고 주장하는 것으로 널리 해석되어 왔으며, 물론 이러한 문장들은 앞서 소개한 의미에서 파생적 내용만을 가지고 있는 외부의 시각적(visuographic) 보유 구조의 예에 해당한다. 앞서 논의한 이유로 나는 오토의 수첩에 있는 문장들을 그의 믿음들 가운데 포함시켜야 한다는 클라크와 차머스의 주장을 거부한다. 그러나 (언어가 그 가장 친숙하고 중요한 사례인) 외부의 시각적 정보 보유 구조들이 기억의 구성에서 중심적인 역할을 한다고 간주한 확장된 기억에 대한 내 자신의 해석도 아담스와 아이자와의 반대에 취약하다고 생각될 수 있다. 그러나 사실 확장된 마음 이론이 제대로 이해된다면, 나나 클라크와 차머스 모두 이러한 반론에 취약하지 않다. 따라서 앞으로의 논증에서 나는 수첩의 항목들이 오토의 믿음들 중 하나라는 클라크와 차머스의 주장이 옳다고 가정하겠다. 이렇게 가정하는 이유는 포도르와 아담스 및 아이자와의 반론이 모두 이 주장에 근거하여 구성되었기 때문이며, 순전히 다음 논증을 위해서, 특히 이러한 반론들이 타당하지 않은 이유를 보여 주기 위해서이다.

아담스와 아이자와에 따르면, 어떤 과정이 인지적인 것으로 간주되려면 비파생적 내용을 가진 상태를 포함해야만 한다.(2001, 2010) 이 주장에 나는 동의한다. 또한 나는 인지적인 것에 대한 나의 기준을 제안하면서 이 가정을 한 적이 있다. 그러나 당황스러운 것은 그들이 이 가정이 확장된 (또는 사실상, 연합된) 마음 이론에 대한 반론의 근거가 된다고 생각한다는 것이다. 내가 누누이 강조했듯이, 확장된 마음 이론은 환경의 조작, 활용, 변환과 같은 뇌 외부 과정이 **그 자체로** 인지적일 수 있다고 주장하지 않는다. 인지 과정이 인지 유기체의 피부 밖, 심지어 뇌 밖에서 전적으로 그리고 독점적으로 이루어지는 과정들로 구성될 수 있다고 주장하는 것이 아니라는 말이다. 반대로 확장된 마음 이론은 인지 과정이 순전히 내부에 있거나 내부 및 외부 구성 요소들에 걸쳐 있는 혼성적 과정이라고 주장한다. 인지 과정은 결코 순전히 외부적이지 않다. 확장된 마음 이론은 외부의 또는 확장된 과정들이 관련된 종류의 내부 과정들과 적절히 결합될 때 그리고 오직 이때에만 갖는 특성에 대한 주장이다. 즉 외부 과정 또는 확장된 과정이 전체 인지 과정, 즉 내부 및 외부 요소들을 모두 아우르는 과정의 진정으로 인지적인 구성 요소라는 주장이다. 외부 과정들은 단지 머릿속에서 일어나는 '진정한' 인지 과정을 촉진하거나 '진정한' 인지 과정이 인과적으로 착근되어 있는 비인지적 동반 요소들에 불과한 것이 아니다.

따라서 확장된 마음 이론은 인지와 관련된 외부 과정들이 인지의 지위를 얻기 위해 내부의 인지 과정들에 의존한다는 주장, 즉 전자는 후자 없이는 인지적이라고 할 수 없다는 주장과 양립할 뿐만 아니라 실제로 이를 강조한다. 그러나 확장된 마음 이론은 이러한 외부 과정들이 필요한 종류의 내부 인지 과정과 적절하게 결합되면, '인지적'이라는 명칭이 내부 과정 자체에 적용될 수 있는 것처럼 전체 과정, 즉 내부 및 외부 과정들의 혼성적 조합에도 정당하게 적용될 수 있다고 주장한다. 그리고 이 책은 전체 과정과 그 외부 구성 요소가 모두 인지의 표식 또는 기준을 충족한다는 관점에서 이러한 주장을 입증한다.

아담스와 아이자와는 오토의 수첩에 있는 항목들이 단지 파생적 내용을 갖는 것에 불과하다는 이유로 확장된 마음 이론에 반대한다. 그러나 확장된 마음 이론을 제대로 이해한다면 이는 상관이 없다. 이 이론에 따르면, 전체 혼성적 과정의 외부 구성 요소는 그 자체로는 인지적이라고 할 수 없다. 그리고 전체 과정에는 분명히 비파생적 내용을 가진 구성 요소들이 포함되어 있다. 따라서 비록 오토의 수첩에 있는 문장들은 비파생적 내용을 갖지 않지만(우리는 아마 이를 받아들일 수 있을 것이다) 이러한 문장들에 대한 오토의 인식은 확실히 비파생적 내용을 갖는다.(Menary 2006, 2007) 또한 문장 s가 내용 c를 전달한다는 오토의 믿음 역시 마찬가지다. 즉 오토의 수첩 속의 문장들은 비파생적 내용을 갖지 않을지 모르지만 그 문장들에 대한 오토의 지각적 또는 믿음적 이해는 비파생적 내용을 확실히 갖는다는 것이다. 이 점은 인지의 기준의 측면에서도 설명할 수 있다. 기준의 조건 (3)에 따르면 인지 과정은 인지 유기체 안에 표상적 상태를 생성하는 방식으로 유기체 또는 후속 처리 작업에 정보가 이용될 수 있도록 해야 한다. 오토가 그의 수첩의 항목에 대한 지각적 또는 믿음적 표상을 형성할 때 이 조건이 충족되며, 이 조건은 수첩의 항목들 자체의 지위와 관계없이 충족된다. 수첩의 항목들이 파생적 내용만을 소유한 표상인지 여부는 확장된 마음 이론과는 전혀 무관하다.

오토의 지각적 표상, 즉 오토 내부의 비파생적 상태는 혼성적인 전체 인지 과정의 일부다. 즉 오토의 수첩에 있는 항목들은 (확장된 마음에 대한 클라크와 차머스의 버전에 대한 광범위한 해석을 믿는다면) 전체 과정의 맥락에서 그리고 오직 이 맥락에서만 믿음의 자격을 가질 수 있다. 그런데 이 혼성적 과정은 비파생적 내용을 지닌 상태를 분명히 포함하므로, 인지가 비파생적 내용을 포함해야 한다는 아담스와 아이자와의 요건은 충족되는 것 같다. 따라서 확장된 마음 이론에 대해 그들이 제기한 반론이 왜 반론으로 성립된다고 그들이 생각하는지 의아하다.

인지적 상태와 수첩의 항목 사이의 동일시를 피하는, 확장된 마음에 대한 나의 과정 지향적 버전에 따를 때 문제는 좀 더 명확해진다. 외부 정보 보유 구조를 조작하는 과정은 그 자체로는 인지적인 것으로 간주되지 않으며, 관련된 내부(즉 신경적) 과정과 적절히 결합될 때만 인지적인 것으로 간주된다. 이러한 방식으로 결합되면 외부의 조작 과정은 인지의 표식을 충족하므로 전체 (연합된) 인지 과정의 진정으로 인지적인 부분으로 간주된다. 모든 인지 과정에는 항상 제거 불가능한 내부 구성 요소가 포함되어 있기 때문에, 외부의 조작 과정 역시 비파생적 내용을 가진 상태들로 구성될 것이다. 따라서 확장된 마음이 답해야만 하는 사례는 제시되지 않았다.

물론 아담스와 아이자와가 인지 과정의 **모든** 부분이 비파생적 내용을 가진 상태를 반드시 포함해야 한다는 것을 보여 주거나, 반대로 어떤 상태가 파생적 내용을 가지고 있는 경우 그 상태는 자동으로 인지의 자격을 얻지 못한다는 것을 보여 줄 수 있다면 상황은 크게 달라질 수 있다. 그러나 이는 매우 그럴듯하지 않은 주장이며, 아담스와 아이자와는 이를 명시적으로 그리고 올바르게 부정하고 있다.

비록 내재적 내용의 존재를 믿을 만한 충분한 이유가 있지만, 인지적 상태가 전적으로 내재적 표상으로만 구성되어야 한다거나 인지적 상태 전체가 내용을 담고 있어야 한다고 생각할 만한 충분한 이유는 없다. 우리가 "각 인지 과정의 각 인지적 상태가 어느 정도까지 비파생적 내용을 포함해야 하는지 불분명하다"고 말한 것은 이 때문이다.(Adams and Aizawa 2010, p.69)

물론 이러한 부정은 전적으로 옳다. 대부분의 인지적 처리는 대부분의 인지적 처리가 표상적 상태를 전혀 포함하지 않는다는 단순한 이유로 인해 비파생적인 표상적 내용을 지닌 상태들을 포함하지 않는다. 오히려 주체의 인지 작용과 관련하여 우리는 비표상적 처리의 넓은 바다 안에 있는 표상적 상태의 작은 섬이라는 일반적인 그림을 받아들여야 할 설득력 있는 이유가 있다. 이는 외재론자에게든 내재론자에게든 똑같이 사실이다.

따라서 시지각에 대한 패러다임적 내재주의 모델로 돌아가 보면, 마의 시각 이론에서 상정된 변환 작용들은 아무것도 표상하지 않는다. 이러한 작용들이 생성하는 중간 상태들은 표상적인 것으로 간주될 수 있을지 모르지만, 이를 생성하는 과정들은 그렇지 않다. 예를 들어 원시 초벌 스케치에 (다른 것들 중에서도) **공통 운명**이나 **좋은 연속성**과 같은 원리를 적용하면 완성 초벌 스케치가 생성된다. 그러나 원시 초벌 스케치에 대한 공통 운명이나 좋은 연속성의 적용이 표상하는 것은 무엇인가? 이러한 적용은 어떤 내용을 담고 있는가? 각각에 대한 답은 '아무것도 아니다'이다. 원시 초벌 스케치는 (일종의) 내용을 소유하고 있으며, 여기에 조작적 원리들이 적용될 때 완성 초벌 스케치도 내용, 역시 일종의 내용을 소유할 수 있게 된다. 그러나 하나가 다른 하나로 변환되는 작용은 아무것도 표상하지 않는다. (이 사실은 인지적 변환을 추론 규칙에 잘못 동화시킴으로써 종종 가려진다.

인지적 변환은 추론 규칙의 관점에서 기술될 수 있지만, 그 자체가 추론의 형식인 것은 아니다.) 인지적 상태는 표상적이지만, 한 인지적 상태가 다른 인지적 상태로 변환되는 과정은 표상적이지 않다. 그럼에도 불구하고 그것들에 대해 인지의 지위를 부정하는 것은 타당하지 않다. 마의 변환 작용이 인지로 간주되지 않는다면 무엇이 인지로 간주되는지 알기 어렵기 때문이다. 물론 인지적이라는 지위는 여기에서 제안한 인지의 기준에서도 그대로 유지된다. 이러한 과정들이 인지적인 이유는 이 과정들이 적절한 기능을 수행할 때 그리고 필요한 종류의 다른 과정들과 결합될 때, 표상적 상태들을 산출할 수 있고 그럼으로써 이전에는 이용할 수 없었던 정보가 주체나 후속 처리 작업에 이용될 수 있게 해 주기 때문이다. 인지적인 것에 대한 우리의 기준이 옳다면, 인지 과정은 단독으로 또는 다른 과정들과 결합하여 비파생적 내용을 지닌 상태를 일반적으로 산출할 수 있는 종류의 것이어야 한다. 그러나 인지적인 것으로 간주되는 모든 것이 반드시 비파생적 내용을 가지고 있어야 한다고 주장하는 것은 그야말로 잘못된 것이다.

이 점에 대한 아담스와 아이자와의 명백한 묵인을 감안할 때, 그들이 왜 확장된 마음 이론이 답해야 할 사례를 제시했다고 생각하는지 의문이 든다. 확장된 마음 이론이 제기하는 종류의 혼성적 과정들은 비파생적 내용을 가진 상태들을 언제나 분명하게 포함하기 때문이다. 여기에서 옹호하는 인지의 기준은 사실상 이것을 필연으로 끌어올린다. 이 기준에 따르면, 인지적 처리의 정점은 인지 주체 안에 표상적 상태를 생성함으로써 정보를 (유기체 또는 후속 처리 작업에) 이용 가능하게 만드는 것이다. 오토의 경우, 이 요건은 수첩의 내용들에 대한 오토의 지각적 또는 믿음적 표상을 통해 충족될 수 있다. 확장된 마음 이론이 순전히 외부적인 인지가 아닌 혼성적 또는 연합된 인지의 가능성을 함의하는 것으로 제대로 이해될 때, 비표상적 내용 조건은 명확하게 충족되는 조건이다. 따라서 아담스와 아이자와의 반론은 실체가 없는 것이다.

아담스와 아이자와에게 한 가지 선택지가 남아 있을 수도 있다. 확장된 마음 이론에서 상정하는 종류의 혼성적 과정들, 즉 내부 및 외부 구성 요소들에 걸쳐 있는 과정들을 생각해 보자. 두 구성 요소들 간의 결정적인 차이점은 외부 구성 요소에는 비파생적 내용을 지닌 상태가 결코 포함되지 않는다는 점이라고 아담스와 아이자와는 주장할지도 모른다. 이러한 혼성적 과정들에는 비파생적 내용이 언제나 포함될 수 있지만, 이는 항상 내부 작용에만 부여되고 외부 작용에는 결코 부여되지 않는다는 것이다. 그리고 그렇기 때문에 외부 과정들은 인지에 단순히 동반되는 요소들에 지나지 않는다는 것이다.

이에 대응할 수 있는 방법에는 두 가지가 있다. 하나는 아담스와 아이자와의 전제에 이의를 제기하는 것이고 다른 하나는 전제를 인정하되 이로부터 결론은 여전히 도출되지 않는다는 것을 보여 주는 것이다. 사실 나는 다른 곳에서 이 전제에 이의를 제기한 적이 있다.(Rowlands 2006) 그러나 여기에서는 논증의 편의를 위해 아담스와 아이자와의 전제를 인정하고 그들이 원하는 결론이 여전히 도출되지 않는다고 주장하겠다.

인지를 구성하는 기능적 역할들의 실행과 관련하여 가능성은 낮지만 확실히 생각해 볼 수 있는 내재주의적인 제안을 상상해 보자. 이 실행은 (일부) 인지 과정들에 대한 확장된 마음의 개념과 유사한 방식으로 혼성적이다. 즉 관련된 신경적 과정들은 인과적으로 쌍결합되어 있지만 기능적·구조적으로 분리 가능한 두 가지 영역, 즉 뇌 영역 R(표상용)과 뇌 영역 P(처리용)에 국한되어 있는 것으로 밝혀졌다. 영역 R에서는 표상적 상태들이 신경적으로 실현된다. 영역 P는 이러한 상태들에 대해 수행되는 변환 작용들의 신경적 기반을 이룬다. 두 영역은 성공적인 협력을 보증하는 데 필요한 모종의 친밀한 방식으로 인과적으로 쌍결합되어 있다. 영역 R에는 비파생적 내용을 지닌 상태들이 포함되어 있지만, 영역 P는 그렇지 않은데 영역 P는 어떤 종류이건 표상적 내용을 지닌 상태들은 포함하지 않는다는 단순한 이유 때문이다.[8]

　신경적 실행의 세부 사항들이 위에서 기술한 대로 밝혀진다면, 단순히 영역 P가 비파생적인 표상적 내용을 지닌 상태를 포함하지 않는다는 이유로 영역 P에서 발생하는 변환 작용들은 인지적이지 않다고 하는 것은 타당하지 않을 것이다. 즉 이러한 변환 과정들이 영역 R에서 발생한 인지의 '진정한' 과정에 단지 부수적으로 동반되는 외래의 인과적 요소들이라고 주장하기를 원할 것인가? 그것은 이상하고 받아들이기 매우 힘든 형식의 입법이 될 것이다. 그리고 그것은 물론 여기에서 옹호하는 인지의 기준이 배제하는 형식의 입법이다. 이 기준에 따르면 이 과정들은 인지적인데, 왜냐하면 이들이 적절한 기능을 이행할 때 그리고 필요한 종류의 다른 과정들과 결합될 때, 이들은 표상적 상태들을 산출할 수 있고 그럼으로써 이전에는 이용될 수 없

8　이 글을 쓰고 나서 윌슨과 앤디 클라크(2008)가 본질적으로 같은 주장을 하고 있다는 것을 알게 되었다. 또한, 유감스럽게도 그들이 훨씬 더 화려하고 재미있는 방식으로 그렇게 했다는 것을 발견했다. 내가 때때로 얼마나 고집 세고 괴팍한 사람인지 보여 주기 위해 지루한 버전을 고수하겠다.

었던 정보가 주체 또는 후속 처리 작업에 이용될 수 있게 하기 때문이다. 인지 과정은 단독으로 또는 다른 과정들과 결합하여 보통 비파생적 내용을 지닌 상태를 산출할 수 있는 종류의 것이어야 한다. 그러나 인지적인 것으로 간주되는 모든 것이 반드시 비파생적 내용을 가지고 있어야 한다고 주장하는 것은 명백히 잘못된 것이다. 분명히 인지적인 일부 과정들은 비파생적 내용을 결코 갖지 않는데, 이것은 그것들이 내용 자체를 아예 갖지 않는다는 단순한 이유 때문이다. 어떤 과정의 인지적 지위를 확정하는 데 결정적인 것은 비파생적 내용을 갖는 상태들을 생성하는 데 기여하는 역할이다. 그 과정이 실제로 그러한 내용을 갖는 상태인지의 여부는 관련이 없다.

8. 결론

이 장에서 나는 인지적인 것의 표식 또는 기준, 즉 어떤 과정이 인지적이라고 인정받기 위한 충분조건을 확인했다. 나는 이 기준이 패러다임적으로 내재주의적인 인지 모델들에 의해 전제되고, 이러한 모델들을 의미가 통하게 해 주고 체계화해 준다는 것을 보여 줌으로써 이기준을 옹호했다. 그런 다음 이 기준에 따르면 확장된 마음과 체화된 마음 모두에 의해 호소되는 종류의 혼성적 과정들을 인지적인 것으로 인정할 수 있다고 주장했다. 그러나 지금까지의 논의는 잠정적이고 불완전하다. 나는 문제의 혼성적 과정들이 이 기준의 첫 세 가지 조건을 만족한다고 주장했을 뿐이며, 이제 네 번째 조건을 만족한다는 것을 보여 줄 필요가 있다.

네 번째 조건에 따르면, 인지 과정으로 간주되는 모든 것은 조건 (3)에서 언급된 표상적 상태의 주체에게 속해야 한다. 즉 그 과정은 인지적 주체에 의해 소유되어야 한다. 따라서 이것을 **소유권 조건**이라고 부르겠다. 앞의 세 가지 조건은 비교적 간단하지만 소유권 조건은 문제가 매우 많다고 주장할 것이다. 그러나 새로운 과학에 반대하는 내재주의자들에게 도움을 줄 수 있는 방식으로 문제가 되는 것은 아니다. 오히려 양쪽 모두에게 동등하게 문제가 된다. 소유권 조건을 충족시키기 위해서는 의식의 개념과 그것이 체화되고 확장될 수 있는 방식에 대한 광범위한 탐구가 필요하며, 이것이 이 책의 후반부의 주제다. 먼저 다음 장에서는 소유권 조건을 살펴보고 이것이 왜 그렇게 문제가 되는지 설명하겠다.

6. 소유권의 문제

1. 소유권과 팽창의 문제

이전 장에서는 인지의 표식 또는 기준을 제시하고 옹호하기 시작했다. 이 기준은 과정들의 관점에서 공식화되었다. 즉 이 기준은 어떤 과정이 인지적인 것으로 간주되기 위한 충분조건들을 제공한다. 상태역시 인지적인 것으로 인정받을 수 있지만, 오직 유기체 안에서 실현되는 인지 과정들에 기여함으로써만 인정받을 수 있다. 따라서 이 기준에서 상태의 주요 역할은 표상적 항목으로서의 역할이다. 이것들은 인지 과정들에 의해 생성되며, 표상적 항목으로서 유기체 또는 후속처리 작업에 정보가 이용될 수 있게 만드는 기능을 할 수 있다는 점에서 중요하다.

기준의 조건 (4)에 따르면, 어떤 과정이 인지적인 것으로 인정받으려면 그것은 주체에 속하거나 주체에 의해 소유되어야 한다. 주체가 없는 인지 과정이란 존재하지 않는다. 우리의 목적상 주체의 개념은 상당히 광범위하게 이해될 수 있다. 예를 들어 문제의 주체가 개인이 아닌 집단일 수 있는 가능성을 배제하고 싶지 않다.[1] 그럼에도 불구하고, 자유주의적으로 이해되더라도 주체에 대한 호소는 문제가 있다고 생각될 수 있다. 특히 인지의 기준을 순환적으로 만드는 것으로 생각될 수 있다. 결국, 아무 종류의 주체나 인지 과정을 소유할 수 있는 것이 아니므로, 문제의 주체는 인지적 주체여야 한다. 그러나 인지적 주체는 인지 과정의 주체인 것 같다. 따라서 이 기준은 어떤 과정이 인지적이라는 것이 무엇인지에 대한 이해를 설명하기보다는 전제한다.[2] 그러나 이 순환성은 단지 겉으로만 그렇게 보이는 것일 뿐이다. 사실 이것이 보여 주는 것은 기준이 순환적이라는 것이기보다는 재귀적이라는 것이다. '인지적 주체'로 내가 뜻하는 것은 기준의 조건 (1)~(4)를 만족하는 모든 유기체에 다름 아니다. 보다 정확하게는, S가 정보 처리 작업(즉 정보 보유 구조의 조작 및/또는 활용)을 소유(즉 관여)하고, 이러한 작업이 주체 또는 주체에 의해 실현된 후속 처리 작업에 지금까지 이용할 수 없었던 정보를 제공하는 적절한 기능을 가지고 있으며, 이러한 적절한 기능이 주체 안에 비파생적 내용을 소유한 표상적 상태를 생성함으로써 실현되는 경우 S는 인지적 주체다. 즉 조건 (4)에서 요구하는 의미의 '주체'는 조건 (1)~(3)을 만족하는 과정들을 소유한 개인이다. 이것이 '주체'라는 용어로 내가 의미하는 전부다.

내가 보기에 진정한 문제는 인지적 주체가 무엇인지를 설명하는 것이 아니라 그러한 주체가 자신의 인지 과정들을 소유(또는 실현)할

---

1 이 점을 명확히 하도록 독려해 준 마이크 윌러에게 감사한다.
2 서신으로 이의를 제기해 준 프레드 아담스에게 감사한다.

수 있다는 것이 어떤 의미인지를 설명하는 것이다. 즉 인지 과정이 정당하게 주체에게 **속할 수** 있다는 의미를 설명하는 것이야말로 문제라는 것이다.[3] 나는 이 장의 대부분을 이 문제가 깊고 어려운 문제라는 것을 설득하는 데 할애할 것이다. 그리고 그 이상으로, 이것이 정통 내재주의자이든 연합된 마음의 어떤 다른 버전이든 간에 인지 과정에 대한 **모든** 설명에 대해 문제라는 것을 설득하려고 노력할 것이다. 소유권 문제는 데카르트주의자와 반데카르트주의자를 차별하지 않는 기회가 균등한 문제이다. 이 문제에 대한 해결책을 제시하는 것이 이 책의 나머지 부분의 과제다. 이 문제에 대한 고찰을 시작하는 유용한 방법은 앞의 두 장에서 약속 어음처럼 흐릿하게 남겨 놓고 거의 회피했던 문제, 즉 인지의 **부풀림** 문제를 통해 살펴보는 것이다.

인지의 **부풀림** 문제는 일반적으로 인지 과정이 아니라 인지적 상태와 관련하여 발생하는 문제로 생각된다. 특히 인지의 부풀림에 대한 비난은 전형적으로 오토의 수첩에 있는 항목들이 오토가 겪은 다양한 신경적 과정들과 적절히 결합될 때 그의 믿음들의 하위 집합을 구성한다는 클라크와 차머스의 주장과 관련해서 일어난다. 오토의 수첩에 적힌 항목들이 믿음의 자격을 가질 수 있다고 기꺼이 인정한다면, 왜 거기에서 멈추는가? 예를 들어 오토가 자신의 전화번호부에 있는 항목들을 정기적으로 그리고 신뢰를 가지고 이용한다면, 이러한 항목들도 그의 믿음에 속한다고 말해야 하지 않을까? 또는 오토가 인

---

3 아론 윌슨(2001)은 확장된 마음의 맥락에서 소유권 문제의 중요성을 인식하고 있는 것 같다. 그러나 그의 논의는 (i) 개체에 귀속되는 심적 속성들을 소유하기 위해 그 개체는 어떤 모습이어야 하는지에 대한 문제와 (ii) 그러한 개체가 그러한 속성들을 소유한다는 것이 무엇인지에 대한 설명의 상당히 분명한 융합으로 인해 무효화되는데, 이는 그가 두 번째 문제는 다루지 조차 않기 때문이다. 이 두 번째 문제가 이 장의 초점이다.

터넷을 정기적으로 그리고 신뢰를 가지고 이용한다면, 그의 믿음이 월드 와이드 웹의 내용들을 포함한다고 주장해야 하지 않을까?

이 책에서 내가 옹호하는 확장된 마음의 버전이 과정의 측면에서 공식화되고, 통상적인 부풀림 문제는 상태의 측면에서 공식화된다는 점을 감안할 때, 내가 옹호하는 확장된 마음의 버전은 부풀림 문제에서 자유롭다고 생각할 수 있다. 결국 나는 오토의 수첩에 적힌 항목이 믿음이라는 것을 부정할 것이다. 그러나 문제는 그렇게 쉽게 회피되지 않는다. 인지적 상태가 아니라 인지 과정에 적용되는 부풀림 문제의 버전이 있다. 이 첫 절에서는 이 버전의 문제를 확인할 것이다.

앞의 예로 돌아가서 망원경을 사용한다고 가정해 보자.[4] 망원경은 반사경이므로 하나의 거울 이미지를 다른 거울 이미지로 변환하는 방식으로 작동한다. 거울 이미지는 정보를 담고 있는 구조로, 거울의 특정 속성들과 시각적 환경의 속성들에 의해 결정되는 매핑 기능을 통해 그 속성들이 체계적으로 결정된다. 따라서 망원경의 작동은 정보 보유 구조의 변환에 기초를 두므로 조건 (1)을 만족한다. 망원경 내부에서 발생하는 과정들은 다른 과정들과 결합하여 일반적으로 표상적 상태를 산출할 수 있는 종류의 과정들이다. 이는 이 상태의 내용이 비파생적일 때에도 마찬가지다. 따라서 내 안에서 일어나는 다른 과정과 결합하여 표상적 상태, 예를 들어 토성의 고리에 대한 시지각을 산출할 수 있다. 이것은 비파생적 내용을 가진 표상적 상태이다. 따라서 망원경 내부에서 일어나는 과정들은 조건 (3)을 만족한다. 그리고 망원경 내부에서 일어나는 과정들의 적절한 기능은 이전에는 이용

---

4 리처드 새뮤얼스가 대화 중에 이 예를 제안했다.

될 수 없었던 정보(예를 들면, 토성 고리의 지구에 대한 현재 방향)가 나와 내 내부의 후속 처리 작업(예를 들면, 추론 과정들)에서 이용될 수 있도록 하는 것이며, 따라서 조건 (2)를 만족한다. 따라서 망원경 내부에서 일어나는 과정은 인지의 기준의 조건 (1)~(3)을 만족한다. 이러한 조건들이 인지에 충분하다면 망원경 내부의 과정들도 인지로 분류되어야 할 것이다.

비교적 유사한 예들을 쉽게 생성할 수 있다. 예를 들어 계산기나 컴퓨터 내부에서 일어나는 과정들을 인지 과정으로부터 제외하려면 어떻게 해야 할까? 이러한 과정들은 (1)정보 보유 구조들의 변환을 포함하는 것으로 보인다. 또한 (3)다른 과정들과 결합할 때 표상적 상태를 생성할 수 있는 종류의 과정들이다. 따라서 계산기 내부에서 일어나는 과정들이 나의 뇌 안에서 일어나는 작용들과 결합될 때, 예를 들어 내가 화면에서 작동 결과들을 읽을 때, 내 안에 표상적 상태를 생성할 수 있다. 그리고 (2)이러한 과정의 적절한 기능은 계산기나 컴퓨터가 작동하기 전에는 이용할 수 없었던 정보(즉 내가 나중에 추가 처리 작업에 이용할 수 있는 정보)를 내가 이용할 수 있게 하는 것으로 보인다. 따라서 계산기와 컴퓨터 내부에서 발생하는 과정들은 (1)~(3)의 조건을 충족하는 것으로 보이며, 따라서 더 이상의 제약이 없다면 인지적인 것으로 간주될 수 있다.

이는 인지적 상태가 아니라 인지 과정에 적용되는 **인지의 부풀림** 문제다. 근본적으로 이 문제는 인지 개념이 **왜, 어떻게** 그리고 결정적으로 **누가**라는 세 가지 분리 가능한 측면으로 구성되어 있다는 생각을 반영한 것이다. 인지의 왜와 **어떻게**라는 측면은 인지 과정이 해야 할 일을 어떻게 수행하고 왜 그렇게 하는지에 관한 것이다. 인지의 **왜,**

즉 넓게 이해하면 인지의 기능은 이전에는 이용할 수 없었던 정보를 후속 처리 작업이나 유기체 자체에 이용 가능하게 해 주는 것이다. 인지 과정들은 아마도 동일한 일반적 종류의 다른 과정들과 결합하여 표상적 상태들을 생성함으로써 이러한 기능을 수행하는데, 이것이 바로 인지의 **어떻게**이다. 그리고 이러한 상태의 생성은 정보 처리 작업, 즉 정보 보유 구조들의 조작 및 변환의 결과다. 인지의 기준의 처음 세 가지 조건은 인지의 **왜**와 **어떻게**의 측면을 포착한다. 그러나 인지의 **왜**와 **어떻게**라는 측면 외에 **누구**라는 환원할 수 없는 측면도 있다. 인지 과정이 다른 어떤 측면을 지니든 간에, 또한 인지 과정의 형식과 기능의 구체적인 세부 사항들이 무엇이든 간에, 그러한 과정은 항상 누군가 또는 무언가에 속한다. **주체가 없는** 인지 과정이란 존재하지 않는다. 인지 과정은 언제나 **소유자**, 즉 기준의 조건 (1)~(3)을 만족하는 상태와 과정의 주체인 소유자를 갖는다. 조건 (4)인 소유권 조건은 이러한 개념을 포착할 것을 시도한다. 이 개념을 적절히 포착하지 못하면 인지 과정에 적용되는 부풀림 문제, 즉 내 망원경과 컴퓨터 안의 과정이 인지적인 것으로 간주되는 문제에 즉시 직면하게 된다.

확장된 마음 이론이 이 문제를 다루는 데는 두 가지 방법이 있는 것 같다. 첫 번째는 내 망원경과 컴퓨터에서 일어나는 과정들이 직관에도 불구하고 인지적이라는 결론을 **수용하는** 것이다. 두 번째는 확장된 마음 이론이 이러한 결론을 **피할** 수 있다는 것, 즉 이 이론은 이러한 과정들이 인지적이라는 주장을 지지하지 않는다는 것을 보여 주는 것이다. 그러나 더 미묘한 선택지도 있다. 앞서 설명한 두 가지 방법들은 사실 양립 불가능하지 않다. 인지 과정이라는 개념은 두 가지 전혀 다른 종류의 과정들을 포괄하기 때문이다. 한편으로는 **인격적 수준**

의 인지 과정이 있다. 다른 한편으로는 **전인격적** 인지 과정이 있다. 이러한 구분은 기준의 조건 (2)에 포착되어 있다. 이 조건은 인지 과정들이 관련된 인지 과정들의 완료 이전에는 이용 불가능했던 정보를 주체가 이용할 수 있게 하거나 또는 후속 처리 작업에 이용될 수 있게 하는 기능을 가진다고 선언적(選言的)으로 말한다. 그 주체가 정보를 이용할 수 있도록 만드는 기능을 가진 과정들은 인격적 수준의 인지 과정들이다. 이는 이 과정들이 정보가 후속 처리 작업에서도 이용 가능하게 만드는지 여부와 무관하게 그렇다. 후속 처리 작업에서만 정보가 이용 가능하도록 해 주는 기능을 가진 과정들은 전인격적 인지 과정들이다. 따라서 언급된 미묘한 선택지는 전인격적 수준의 과정에 대해서는 부풀림 문제를 수용할 수 있지만 인격적 수준의 과정에 대해서는 이를 피할 수 있다는 생각에 기반한다. 인격적 수준에서 부풀림이 일어날 가능성은 전인격적 수준에서 부풀림이 일어날 가능성보다 반박될 수 있는 가능성이 훨씬 더 크다. 더 나아가, 상대적으로 온건한 주장인 전인격적 수준의 부풀림을 수용하는 것은 이보다 훨씬 더 반박되기 쉬운 인격적 수준의 부풀림을 거부하는 것을 가능하게 한다고 나는 주장할 것이다. 이것이 바로 내가 이 장에서 추구할 전략이다.

좀 더 자세히 말하자면, 나는 네 가지 주장을 펼치려고 한다. 첫째, 소유권 문제는 확장된 마음의 옹호자에게만큼이나 데카르트적 내재주의자에게도 문제가 된다고 주장할 것이다. 인지의 부풀림 문제에 지나치게 집중하는 것은 이 사실을 가리는 단점이 있다. 그러나 나는 인지 과정이 어떤 주체에 의해 소유되어야 한다는 조건을 데카르트적 내재주의자는 문제없이 파악하고 있는 반면, 연합된 마음의 옹호자는 그렇지 않다는 생각은 지지될 수 없다는 것을 보이고자 노력할 것이다.

둘째, 망원경, 컴퓨터 또는 계산기에서 일어나는 과정들은 적절한 조건들이 충족될 때 전인격적 인지 과정에 해당한다고 주장할 것이다. '적절한' 조건들은 인지의 기준에서 확인된 조건들이다. 그러나 망원경, 컴퓨터 또는 계산기에서 일어나는 과정들은 인격적 수준의 인지 과정들은 아니다. 즉 나는 전인격적 인지 과정들에 대해서는 부풀림 문제를 수용하되 인격적 수준의 과정들에 대해서는 이를 거부할 것이다. 망원경, 컴퓨터 또는 계산기에서 일어나는 과정들이 결코 인격적 수준의 인지 과정들이 될 수 없다는 말은 아니다. 하지만 이런 일이 일어날 수 있는 조건들은 매우 드물 것이다. 전형적으로 그리고 거의 항상, 망원경 내부의 과정들과 그와 유사한 과정들은 인격적 수준의 인지 과정이 아니다.

셋째, 인격적 인지 과정과 전인격적 인지 과정 사이의 구분은 소유권 조건을 제한할 것을 요구한다고 주장할 것이다. 인지 과정이 주체에 의해 소유되는 방식에는 두 가지 매우 다른 방식이 있다. 인지 과정에 대한 인격적 수준의 소유권은 전인격적 수준의 소유권과는 상당히 다르다. 즉 전인격적 인지 과정이 소유되기 위해 충족되어야 하는 조건들은 인격적 수준의 인지 과정이 소유되기 위해 충족되어야 하는 조건들과 매우 다르다. 보통 전인격적 인지 과정들의 소유권은 특정 종류의 **인과적 통합**의 관점에서 이해된다. 즉 전인격적 인지 과정들은 한 개인의 전반적인 인지적 삶에 적절하게 통합될 때 그 개인에게 속한다. 그리고 그 주체가 인격적 수준의 인지 과정들의 소유자라면, 전인격적 과정들은 그 주체가 겪는 인격적 수준의 인지 과정들에 **적절하게 기여할** 때 그 주체의 인지적 삶에 적절하게 통합될 수 있다.

전인격적 과정이 인격적 수준의 과정들의 전개에 '적절한' 기여를 하는 데 요구되는 통합의 정확한 본성을 상세히 설명하는 것은 극도로 어려운 기술(技術)적 문제이다. 나는 전인격적 과정들의 소유권은 인과적 통합이라는 개념의 관점에서 가장 잘 이해할 수 있음을 보이기 위해 몇 가지 일반적인 주장들을 정리해 볼 것이다. 하지만 통합의 어떤 형식들이 소유권을 위해 충분한지 명시하는 기준을 제시하는 까다로운 기술적 작업은 시도하지 않을 것이다. 대신 나의 관심은 좀 더 기본적인 문제에 있다. 이것은 이 장의 네 번째이자 궁극적으로 가장 중요한 과제가 될 것이다.

넷째, 주체가 그, 그녀, 혹은 그것의 인격적 수준의 인지 과정들을 소유한다는 것이 무엇인지 설명하는 작업을 시작하겠다. 이 장에서 이 작업을 시작하는 것은 인격적 수준의 인지 과정들의 소유권에 대한 그럴듯해 보이는 설명을 조사하고 고찰하는 것을 포함한다. 그러나 이러한 설명은 처음에는 그럴듯해 보이지만 결국에는 그저 파생적인 설명에 불과한 것으로 드러날 것이다. 한편 이것의 파생적 특성은 중요한데, 이것이 인격적 수준의 인지 과정들에 대한 소유권의 근본적인 뿌리들을 가리키는 방향을 제시하기 때문이다.

이 설명을 개발하는 것이 사실상 이 책의 나머지 부분의 주제다. 그리고 나는 여기에 큰 기대를 걸고 있다. 이 설명이 제대로 개발되면, 체화된 마음 이론과 확장된 마음 이론 그리고 이 둘의 결합으로 이해되는 연합된 마음 이론 역시 이 설명으로부터 명백하고, 사실상 전적으로 일상적인 결과로 순조롭고 우아하게 드러날 것이다.

2. 소유권: 통합 대 봉쇄

인지를 제대로 이해하려면 인지의 **왜**와 **어떻게**뿐만 아니라 인지의 **누구** 차원도 이해해야만 한다. 주체 없는 인지 과정이란 존재하지 않는다. 이것이 옳다면, 소유권 조건은 확장된 인지 과정들뿐만 아니라 뇌 내부의 인지 과정들도 충족해야만 한다. 이 조건을 충족하는 것이 뇌 내부의 인지 과정들의 경우에서 덜 문제가 되는 것처럼 보이는 것은 지지될 수 없는 소유권 모델을 암묵적으로 채택한 데서 비롯된 것이다. 이 모델이란 인지 과정에 대한 주체의 소유권이 그 주체 경계 내의 **공간적 봉쇄**에 의해 설명될 수 있다는 가정을 말한다. 대략적으로 말하자면, 인지 과정 P가 주체 S의 **내부**에서 발생하는 경우에만 인지 과정 P가 주체 S에 속한다는 것이다. 나는 이러한 소유권 기준은 옹호될 수 없다고 주장할 것이다. 공간적 봉쇄가 우리가 겪는 일차적인 신체적 과정들 중 **어떤** 것에 대해서라도 소유권의 그럴듯한 기준이 될 수 있는지 실로 의심스러우며, 더 **강력한 이유로** 인지 과정들에 대해서도 마찬가지다.

이를 이해하기 위해 비인지적인 생물학적 과정의 예로 소화를 생각해 보자.[5] 소화 과정을 다른 사람의 것이 아닌 나의 것으로 만드는 것은 소화 과정이 다른 사람이 아닌 내 안에서 일어난다는 사실이라는

---

5 아담스와 켄 아이자와(2001)도 소화의 예를 사용하지만 다소 다른 목적으로 사용한다. 이들은 소화를 가령 파리가 먹이를 소화하는 과정처럼 외부에서 일어날 수 있는 과정의 예로 사용한다. 그들은 인지 역시 외부에서 일어날 수 있지만 실제로는 외부에서 일어나지 않는다고 주장한다. 내가 여기에서 소화의 예를 든 것은 외부적 인지라는 개념을 뒷받침하기 위해서가 아니다. 소화 과정과 관련하여 내가 관심 있는 것은 단순히 소유권 문제이지 위치 문제가 아니다.

것은 분명해 보일 수 있다. 그러나 공간적 봉쇄는 소화 과정의 소유권에 대한 잘못된 지침일 뿐이며, 따라서 이러한 주장은 거부해야 한다. 소화 과정이 내 것이 되려면 내 몸 안에서 일어나는 것만으로는 충분하지도 필요하지도 않다. 먼저 **필요성**의 문제를 생각해 보자. 소화 과정이 외부에서 일어나는 경우를 상상해 보자. 예를 들어 소화관에서 관련 효소를 충분히 생산할 수 없다고 가정해 보자. 비록 과감하고 그럴듯하지 않지만 그럼에도 불구하고 해결책이 될 수 있는 한 가지 방법은 소화관을 외부 장치로 재편성하여 관련 효소를 추가한 다음, 소화관을 다시 몸으로 되돌려 평소와 같은 방식으로 작업을 완료하는 것이다. 이 시나리오를 이해하는 가장 자연스러운 방법은 나의 소화 과정이 내 몸 밖으로 나와 필요한 외부의 도움을 받는 경우로 생각하는 것이 될 것이다. 이 과정은 잠시 동안 내 몸 밖에 있다고 해서 내 것이 되는 것을 멈추지 않는다. 이 주장의 근간이 되는 직관을 잠시 살펴보겠다.

이 주장이 맞다면 외부 장치의 특수한 특성은 그것이 이러한 적절한 기능을 실현할 수 있는 한 대체로 상관이 없다. 예를 들어 외부 장치가 다른 사람의 몸이라고 가정해 보자. 즉 내 소화관이 일시적으로 다른 사람의 소화관으로 통하도록 재편성되었다고 가정해 보자. 각 관의 음식 내용물은 (어떻게든!) 분리되어 있지만, 이러한 결합이 다른 사람의 소화 효소가 내 소화관으로 전달되어 내가 섭취한 음식물의 소화를 돕도록 해 준다고 가정할 것이다. 그 후 내 소화관은 다시 내 몸으로 들어가 평소와 같은 방식으로 마무리된다. 이것은 나의 소화 과정이 공간적으로 다른 사람의 몸 안에서 일어나고 실제로 다른 사람의 소화 효소를 사용하는 경우로 보일 것이다. **충분성**에 대해서도 같은 주장을 할 수 있다. 예를 들어 위치가 뒤바뀌어 다른 사람의 소화관이 내 소화관으로 통하도록 재편성된다면 소화 과정이 일시적으로 내 몸 안에서 일어나겠지만, 이 소화 과정은 내 것이 아니다.

　필요성과 충분성의 부족 모두의 기저에는 두 가지 관련된 직관이 있다. 첫째, 소화 과정은 그것의 적절한 기능, 즉 섭취한 음식을 분해하고 후속 호흡 과정을 위해 에너지를 방출하는 기능에 의해 정의된다는 것이다. 둘째, 어떤 소화 과정이 나와 관련하여 이러한 적절한 기능을 이행하면 이 소화 과정은 나의 것이다. 이 경우 분해되는 것은 나의 음식이고, 에너지는 나의 호흡 과정들을 위해 방출된다. 소화 과정은 적절한 기능에 의해 정의되며, 어떤 소화 과정이 나와 관련하여 그 기능을 이행하는 경우 그것은 나의 것이다. 이 말이 맞다면 소화 과정의 소유권과 위치 사이의 연결은 단지 우발적일 뿐이다. 소화 과정의 소유권은 공간적 봉쇄가 아니라 일종의 **통합**에 의해 결정되는 것 같다. 어떤 소화 과정이 내 것이 되려면 그것이 나의 다른 생물학적 과정들에 올바른 방식으로 통합되는 것이 필요하고 또한 그것으로 충분하다. 그것은 내가 섭취한 음식을 분해하는 것으로 구성되는 정도만큼 나의 **섭취** 과정에 통합된다. 그리고 이러한 과정들이 계속될 수 있도록 에너지를 방출하는 정도만큼 나의 다른 **호흡** 과정들에 통합된다. 적절한 통합의 기준은 적절한 기능에 의해 결정된다. 소화 과정이 나의 다른 생물학적 과정들에 적절하게 통합되는 것은 그것이 그러한 과정들과 관련하여 그 적절한 기능을 이행할 때다.

　나는 이것이 전인격적 인지 과정들의 소유권을 이해하는 데 적합한 모델을 제공한다고 생각한다. 공간적 봉쇄가 전인격적 인지 과정들의 소유권 기준으로서 실패하는 것은 **기능주의**, 즉 인지 과정은 그것이 하는 일에 의해 정의된다는 생각에 대한 일반적인 믿음에서 비롯된다.[6] 물리적 실행의 세부 사항이 심리적 종류의 동일성 조건들을 확정하는 데 결정적이지 않은 것처럼, 같은 이유로 물리적 위치의 세부 사항도 그러한 종류의 예들의 소유권을 확정하는 데 결정적이지 않다. 기능주의를 받아들이면 공간적 봉쇄에 기반한 인지적 소유권 개념을 고수할 수 없다. 과정이 어디에 있느냐는 과정이 하는 일에 영향을 미치는 범위 내에서만 (그리고 결정적으로 이 일을 누구에게 하느냐에 관련해서만) 관련이 있다.

전인격적 인지 과정의 소유권은 공간적 봉쇄보다는 본질적으로 기능주의적인 **통합** 개념의 관점에서 더 그럴듯하게 이해될 수 있다. 전인격적 인지 과정의 소유권은 그 과정의 기능 그리고 결정적으로 그 기능이 **누구**에게 이행되는지와 관련하여 이해되어야 한다. 소화는 기능적 과정이며, 소화 과정의 소유권을 확정할 때 결정적인 것은 이 기능이 이행되는 데 관련되는 개인이다. 마찬가지로 전인격적 인지 과정의 소유권을 이해하는 가장 그럴듯한 방법은 기능적 통합이라는 개념에 의해서다. 소유권을 확정하는 데 결정적인 것은 해당 전인격적 인지 과정이 그것의 (적절한) 기능을 이행하는 데 관련된 개인이며, 그 과정이 공간적으로 속해 있는 개인이 아니다.

사실 이런 주장은 익숙한 것이며, 최근 수십 년 동안 잘 알려진

---

6 앞서 내가 기능주의를 가능한 한 방정식에서 제거하자고 제안했던 것을 알고 있다. 내가 앞으로 전개할 연합된 마음에 대한 논증에서 기능주의 원칙은 제거될 것이며, 이 논증은 다음 두 장에서 전개될 것이다. 여기에서 나는 인지 과정의 소유권에 대해 이야기하고 있다. 그리고 나는 전인격적 인지 과정의 소유권에 대해 설명하면서 기능주의를 방정식에서 제거하는 것이 가능하다고 생각하지 않는다(따라서 '가능한 한'이라는 전제를 달았다). 다음 장들에서 살펴보겠지만, 인격적 수준의 인지 과정으로 관심을 돌리면 문제는 크게 달라진다. 이 점을 명확히 할 것을 권고해 준 윌러에게 감사한다.

사고 실험들의 주제였다. 필연성 문제에 관련하여, 즉 인지 과정이 나의 것이기 위해 내 몸 안에서 일어나는 것이 **필수적인지** 여부의 문제에 관련하여, 나의 심적 삶을 어떻게든 내 몸 밖으로 끌어내는 다양한 사고 실험들(뇌 이식, 기억 다운로드 등)이 있다. 인지 과정이 내 몸 안에서 일어나는 것으로 내 것이 되기에 **충분한지** 여부인 충분성의 문제와 관련하여, '외계인 이식 시나리오'에 대한 잘 알려진 변형들이 있다. 예를 들어 외계인이 나를 납치하여 내 뇌의 특정 부분의 조직을 수정했다고 가정해 보자. 그리고 이 수정의 기능은 나로 하여금 다양한 외계적 사고 전이들을 겪도록 하는 것이라고 가정해 보자. 이때 사고 전이들이 외계적이라는 것은 그것들이 외계인에 의해 이루어졌다는 의미에서가 아니라 나의 나머지 심리적 삶으로부터 완전히 분리되었다는 의미에서다. 내 뇌의 이 부분은 외계인들이 모선(母船)의 관련 스위치를 누를 때마다 활성화된다. 내 뇌의 이 부분에서 일어나는 과정들은 공간적으로 내 안에 포함되어 있으며, 한 가지 분명한 의미에서 이 과정들은, 물론, 나의 뇌 과정들이다. 즉 이 과정들은 뇌 과정들이며 나의 뇌 안에서 발생한다. 그러나 또 다른 동등하게 분명한 의미에서 이러한 외계적 사고 전이들은 내 것이 **아니다.** 그것들은 내 심리적 삶의 나머지 부분에 적절하게 통합되지 않았기 때문이다. 물론 무엇이 '적절한 통합'으로 간주되는지 상세히 설명하는 것은 까다로운 부분이 될 것이다. 그러나 나는 그것이 다룰 수 없다는 의미에서라기보다는 성가시고 기술적이라는 의미에서 까다로운 것이라고 확신한다. 만약 문제의 인지 과정들이 전인격적 과정들이라면, 관련된 통합 개념을 인과적으로 상세히 설명할 수 있다고 가정하는 것이 그럴듯해 보인다. 그러나 인지 과정들이 인격적 과정들이라면, 우리의 설명은 합리적 일관성과 정합성이라는 개념을 포함해야 할 가능성이 높다. 그러나 어느 쪽이든 우리가 말하는 것은 주체의 심리적 삶에 대한 특정 종류의 통합이다. 우리가 소유권 개념의 뿌리를 찾을 수 있는 것은 이러한 종류의 **통합**에서이며, 인식하는 유기체의 신체 내 공간적 봉쇄라는 개념에서가 아니다. 그리고 통합이라는 관념은 인지 과정의 소유권이 이와 관련된 인지 과정들의 인과적이고 규준적인 네트워크에서 해당 과정이 차지하는 자리에 따라 결정된다는 일반적인 기능주의적 관념에 지나지 않는다.

이 관념을 포착하려는 것이 인지의 기준의 조건 (2)이다. 이에 따르면, 인지 과정의 적절한 기능은 이 과정 이전에는 단순히 존재하기만 하고 이용할 수 없었던 정보를 개인 또는 그 개인이 수행하는 후속 처리 작업에 이용될 수 있도록 만드는 것이다. 인격적 인지 과정과 전인격적 인지 과정 사이의 차이는 해당 과정이 정보를 개인에게 이용 가능하게 하는지 아니면 **오직** 후속 처리 작업에만 이용 가능하게 하는지에 따라 결정된다. 만약 후자라면 해당 과정은 전인격적 과정이다. 물론 이것은 소유권 문제를 해결하는 것이 **아니라** 단지 한 단계 뒤로 미룰 뿐이다. 이제 우리는 후속 처리 작업이 다른 개인이 아니라 특정 개인에게 속하게 해 주는 것이 무엇인지 해결해야 한다. 즉 이제 **이러한** 과정들에 대한 소유권 문제가 발생한다(소유권 조건이 별도의 추가 조건인 것은 물론 이 때문이다). 그러나 이것은 전인격적 과정들에 대한 소유권 문제를 생각할 수 있는 한 가지 방식을 제시한다. 이 기준에 따르면, 이러한 과정들은 해당 개인이 수행하는 처리 작업에 (그러나 해당 개인 자체에는 아니고) 정보를 이용 가능하게 만들어 주는 적절한 기능을 가지고 있을 때 해당 개인에게 속한다. 이는 인지 과정이 해당 개인과 관련하여 그 적절한 기능을 이행할 때 해당 개인에게 속한다는 일반적인 기능주의적 개념의 표현이다.

3. 통합: 인격적 수준과 전인격적 수준

인지 과정의 경우, 적절한 종류의 통합에 대한 상세한 설명은 소화와 같은 생물학적 과정의 경우에서는 나타나지 않는 구분, 즉 인격적 인지 과정과 전인격적 인지 과정 사이의 구분 가능성으로 인해 매우 복잡하다. 소화 과정의 경우 물론 인격적 과정과 전인격적 과정에 대한 한 가지 구분은 이끌어 낼 수 있다. 그러나 이것은 소화 과정 전체와 그것을 구성하는 부분들을 구분하는 것에 지나지 않는다. 소화 과정 전체는 유기체가 하는 일이다. 연동운동, 효소 방출 등 소화의 다양한 구성 요소들은 유기체의 하위 체계들이 수행하는 과정들이다. 이는 특정 사례들에 정확하게 적용하기는 어려울 수 있지만 타당한 구분이다. 그러나 이는 인지 과정에 적용되는 인격적-전인격적 구분과는 다르다.

인지 과정과 관련하여 인격적-전인격적 구분은 종종 의식적이거나 혹은 주체의 의식적 통제 아래 있는 과정과 그렇지 않은 과정을 구분하는 것으로 이해된다. 이는 유기체가 수행하는 과정과 하위 체계가 수행하는 과정 사이의 구분을 상당 부분 따른다. 그러나 이 두 가지 구분이 완벽히 일치하는 것은 아니다. 또한 이 구분이 특정 사례들에 어떻게 적용되는지도 항상 완전히 분명하지는 않다. 예를 들어 시각 세계를 추적하는 우리의 능력은 우리의 주의를 시각적 순간들에 자동적으로 돌려주는 낮은 수준의 메커니즘 덕분에 촉진된다. 이 메커니즘은 우리의 의식적인 통제를 받지 않는다. 그러나 그 적절한 기능의 수행은 특정한 하위 신체 체계에 국한되는 것 같지 않다. 도약안구운동은 이 메커니즘의 가장 명백한 결과 중 하나인데, 여기에는 눈, 얼굴, 머리, 목의 총체적인 움직임 또한 관여될 수 있다. 따라서 시각적 순간들을 추적하는 것은 특정 신체 부위나 구조에 의해 행해지는 일이 아니라 우리가 하는 일처럼 보이는 경우가 많다.

인지의 기준의 조건 (2)는 인격적 인지 과정과 전인격적 인지 과정 사이의 구분을 다소 다르지만 양립 가능한 방식으로 포착하려고 시도한다. 인격적 수준의 인지 과정은 주체가 정보를 이용할 수 있도록 하는 것을 그 적절한 기능으로 갖는 인지 과정이다. 반면 전인격적 인지 과정은 후속 처리 작업에서만 정보를 이용 가능하게 해 주는 기능을 갖는 인지 과정이다.

'인격적'이라는 표현을 너무 문자 그대로 받아들여서는 안 된다. 인지 과정의 주체 또는 소유자가 철학자들이 때때로 지지하는 의미, 예를 들어 자신의 심적 상태와 행위를 반성하고 도덕적으로 평가할 수 있는 행위주체와 같은 의미의 사람이어야 한다는 요건은 없다. 이러한 의미, 혹은 관련된 의미들에서 사람으로 간주되지 않는 유기체도 인격적-전인격적 구분에서 사용되는 의미에서 사람이 될 수 있다. 이 구분에서 채택된 의미에서는 어떤 것이 사람이라는 것과 어떤 것이 인지 과정을 소유한다는 것 사이에 내적 연관성이 있다. 즉 사람이란 곧 인지 과정의 소유자이다. 그리고 사람의 이러한 의미는 일반적인 철학적 용도에서의 의미보다 명백히 훨씬 더 광범위한 것이다. 실제로 나는 다른 글(Rowlands 2006, pp. 140~143)에서 인격적-전인격적 구분에는 하나가 아니라 여럿이 있다고 주장한 적이 있다. 구분은 상대적이며 상호 참조적이다. 즉 한 수준의 설명에서 인격적이라고 간주되는 것이 다른 수준에서는 전인격적일 수 있고, 그 반대의 경우도 마찬가지다. 메커니즘의 작동에 대한 설명은 메커니즘을 구성하는 하위 메커니즘에 대한 설명과 관련하여 일부 설명 맥락에서는 인격적 수준의 설명으로 간주될 수 있다.

따라서 비록 인격적 수준의 설명과 전인격적 수준의 설명을 구분하는 것은 간혹 문제가 없다고 생각되지만 사실은 그렇지 않다. 그러나 인격적 수준이 철학자들이 사람에 대해 이야기할 때 염두에 두는 것과 같은 것, 예를 들어 자신의 목표와 행위를 평가할 수 있는 이성적 행위주체 같은 것에 해당하는 경우, 합리적 일관성과 정합성의 관점에서 통합이라는 개념을 상세히 설명하려고 시도하는 것이 전형적이다. 앞서 설명한 외계적 사고 전환은 그 사람의 나머지 심리적 삶과 합리적으로 혹은 논리적으로 일관되지 않기 때문에 그 사람의 심리에 통합되지 않는다. 나는 인지 과정의 소유권에 관한 전체 이야기가 이런 종류의 통합의 관점에서 이해될 수 있다는 생각에 곧 의문을 제기할 것이다. 이런 종류의 통합주의적 시도는 소유권을 이해하기 위한 전형적인 시도이긴 하지만, 소유권 문제가 제대로 이해될 때, 필연적으로 불완전하다. 이보다 낮은 수준, 즉 이러한 **지향적 입장**(Dennett 1987)이 적절하게 적용되는 행위주체를 다루지 않는 수준에서는 (비록 규준성 문제는 분명 여전히 발생할 수 있지만) 합리적 일관성과 정합성 문제가 발생하지 않는다. 이러한 경우에는 통합 개념이 인과적 용어로 상세히 설명될 것이다. 즉 이 경우 주체의 심리적 삶에 통합된다는 것은 이러한 심리적 삶을 실현하는 과정 및 상태와 올바른 종류의 인과 관계에 놓이는 것이 된다.

그러나 비록 인격적 수준과 전인격적 수준이 의심할 바 없이 구별되고, 각각에 적합한 통합의 개념도 상당히 다르긴 하지만 (적어도 인격적 수준이 사람에 대한 전통적인 개념에 대략 수렴할 때) 인격적 수준이 좀 더 기본적이라는 분명한 의미가 있다. 물론 '기본'의 이러한 의미는 존재적인 의미가 아니다. 존재적으로 인격적 수준이 있는 것은 오직 전인격적 과정들을 수행하는 전인격적 메커니즘들이 있기 때문이다. 그것이 없다면 사람이라는 것도 없고 사고, 기억, 추론, 지각과 같은 인격적 수준의 과정 같은 것도 있을 수 없다. 그러나 인격적 수준은 또 다른 의미에서 기본적이다. 즉 만약 인격적 수준이 없다면 전인격적 인지 과정이 진행되고 있다고 생각할 이유도 없을 것이라는 의미에서 기본적이다.

이 주장은 논란의 여지가 있어 보이기도 하지만, 내가 '사람'이라는 개념을 얼마나 광범위하게 사용하고 있는지 상기해 보면 논란은 금방 사라진다. 이러한 맥락에서 '사람'은 '환경 속의 변화들을 감지하고 그에 따라 행동을 수정할 수 있는 유기체'에 가깝다. 인지적이라는 개념은 이러한 종류의 유기체의 맥락에서 그 본거지를 찾을 수 있다. 우리도 이런 종류의 유기체이지만 다른 많은 것들도 마찬가지다. 따라서 이 주장은 인간이나 고등 포유류만이 인지의 역량이 있다는 것을 함의하지 않는다. 반대로, 이 주장이 뜻하는 것은 어떤 과정이건 그것이 인지의 자격을 갖추기 위해서는 이러한 종류의 유기체에 속해야 한다는 것이다. 이것이야말로 소유권 조건의 취지다. 만약 어떤 과정이 이런 종류의 유기체에 속하지 않는다면, 그것을 인지적인 것으로 간주할 이유가 없을 것이다. 우리는 그 과정을 정보 이론적, 심지어 정보 처리적 용어로 기술할 수 있을지도 모른다. 그러나 궁극적으로 환경 속 변화들을 감지하고 그에 따라 행동을 수정할 수 있는 유기체에 속하지 않는 한, 이러한 과정을 단순히 정보 이론적 또는 정보 처리 작업이 아닌 인지 과정으로 간주할 이유란 없을 것이다. 또한 이러한 능력이 없는 유기체의 경우, 그 안에서 일어나는 과정을 가령 소화와 다른 종류의 것으로 간주할 이유가 없을 것이다.

사실 우리는 더 강력한 주장을 할 수 있다. 즉 어떤 과정이 인지적이라고 인정받기 위해서는 유기체에 속해 있어야 할 뿐만 아니라, 어느 시점에 그리고 아마도 비슷한 종류의 다른 많은 과정들과 결합하여, 유기체가 환경 속 변화들을 감지하고 이를 바탕으로 행동을 수정하는 능력에 어느 정도 기여해야 한다고 주장할 수 있다. 우리가 이러한 강력한 주장을 할 수 있는 것은 이것이야말로 이러한 맥락에서 '소속'이라는 개념에 정확히 해당하는 것이기 때문이다. 즉 전인격적 인지 과정은 유기체의 환경 감지 및/또는 후속 행동 수정에 적절히 기여할 때 유기체에 속한다고 할 수 있다. 환경을 감지하고 후속 행동을 수정하는 것은 인격적 수준의 능력으로 유기체가 다양한 하위 체계들 덕분에 수행하는 것이며, 하위 체계들 자체에 속하는 것이 아니다. 따라서 궁극적으로 전인격적 과정은 어느 시점에, 아마도 마찬가지로 인지적인 다른 많은 전인격적 과정들과 결합하여 주체의 인격적 수준의 인지적 삶에 어느 정도 기여할 때 인지적인 것으로 간주될 것이다. 물론 전인격적 과정이 주체의 인격적 수준의 인지적 삶에 통합되기 위해 필요 충분한 (또는 단순히 충분한) 조건들의 형식으로 이러한 기여의 정확한 본성을 명시하는 것은 (조금의 과장도 없이 말하건대) 결코 쉬운 일이 아니다. 그러나 만약 우리가 인격적 수준의 인지 과정들이 전인격적 인지 과정들에 수반된다고 가정한다면, 그렇게 할 수 있다고 가정할 만한 충분한 이유가 있다. 그리고 우리는 이렇게 가정해야만 하는 것 같다.

그러나 이것이 맞다면 또 다른 문제가 남는다. 인격적 수준의 인지 과정의 소유권에 의해서 전인격적 인지 과정의 소유권을 설명하려는 전략이라면, 이제 후자의 소유권에 대해 설명해야만 한다. 다음 과제가 바로 이것이다.

4. 소유권: 기준학적 문제와 구성적 문제

소유권에 대한 설명은 두 가지 형식 중 하나를 취할 수 있는데, 두 가지 모두 나름의 방식으로 합법적이다. 첫 번째는 소유권의 기준을 제공하려는 시도로, 인격적 수준의 인지 과정이 주체에 의해 소유되기 위한 일련의 필요충분(또는 아마도 그저 충분한)조건을 제시하는 것이다. 명백한 이유로 우리는 이것을 **기준학적** 접근 방식이라고 부를 수 있다. 그러나 나는 이와 다른 기획에 관심이 있다. 내가 다루고자 하는 질문은 "인지 과정의 소유권을 **구성하는** 것이 무엇인가"이다. 기준학적 질문은 어떤 인지 과정이 어떤 주체에 의해 소유될 수 있는 조건들을 명시하는 것이다. 반면에 **구성적**(constitutive) 질문은 그러한 과정들의 소유권이 무엇으로 구성되는지를 설명하는 것에 관련된 질문이다.

전형적으로, 기준학적 질문에 답하려는 시도들은 논리적 일관성과 합리적 정합성이라는 규준들에 호소한다. 대략적으로 말하자면,

인격적 수준의 인지적 상태나 과정은 해당 주체의 심리적 삶에 합리적으로 또는 논리적으로 통합되는 정도까지만 해당 주체에 속한다. 그런데 기준학적 문제에 답하려는 시도로 이해하더라도 이러한 시도들에는 문제가 있다. 특히 이들은 **도플갱어** 유형의 반론에 시달린다. 심리적 복제들인 구별되는 두 개인이 존재한다는 것이 형이상학적으로 가능해 보인다.[7] 만약 그렇다면, 합리적 또는 논리적 일관성을 고려하는 것만으로는 주어진 심리 상태나 과정에 대한 소유권 문제에 대해 충분히 답할 수 없다. 이러한 고려는 두 개인에게 동등하게 소유권을 인정할 것이기 때문이다. 이것이 인식적인 문제가 아니라는 점을 아는 것이 중요하다. 즉 이것은 특정 과정이 어느 개인에게 속하는지를 **확인하는** 방법에 관한 문제가 아니다. 오히려 형이상학적인 문제, 즉 주어진 과정이 다른 주체가 아닌 어떤 특정 주체에 속하는 것이 무엇 덕분인지를 식별하는 문제다. 우려되는 점은 논리적 또는 합리적 일관성을 고려하는 것만으로는 어떤 심리적 상태나 과정을 다른 개인이 아닌 어떤 특정 개인에게 속하는 것으로 인정할 만한 어떠한 사실도 얻지 못한다는 것이다. 두 개의 심리적 복제들이 형이상학적으로 정말로 가능한 것이라면 몇 가지 사항들을 추가적으로 고려해야 할 것 같다. 우선 공간적인 측면을 고려해야 하는 것이 분명한데, 우리는 이미 공간적 봉쇄라는 측면에서 소유권을 생각할 때의 문제점을 살펴본 바 있다. 인과적인 측면도 고려해야 한다. 그러나 이것은 추론에 관련된 고려 사항들과 원인에 관련된 고려 사항들을 적절히 결합하는

---

7 예를들어 수전 헐리 1998, 3장 참조. 심리적 복제라고 가정할 때 자기 자신에 대한 맥락 의존적인 사고(및 환경에 대한 지시사적인 사고)의 경우는 제외해야 함에 유의하라.

방법, 이러한 고려 사항들이 충돌할 때 무엇을 우선할지 원칙을 결정하는 방법, 일탈적인 인과 사슬들이라는 다소 지저분한 문제가 불거질 때 대응하는 방법과 같은 심각한 문제들을 추가로 제기한다.

나는 이러한 문제들이 극복될 수 없다고 주장하고 있는 것이 아니라는 점을 강조하고 싶다. 어떤 사람들은 그럴 가능성을 생각할 수 있겠지만, 나는 그렇지 않다. 하지만 내 요점은 이러한 문제들이 모두가 수긍할 만한 방식으로 제거될 수 있다고 해도 더 근본적인 문제에는 여전히 진전이 없다는 것이다. 인지 과정의 소유권을 설명하는 통합주의적 접근 방식은 우리가 고정된 참조틀로 삼을 수 있는 것을 식별하는 것을 중심 주제로 한다. 직접적으로 말해, 우리는 **무엇이 무엇에** 통합되어야 하는지를 알아야 한다. 우리에게는 소유권이 문제가 되는 특정 심리적 항목들이 있다. 그리고 우리는 주체의 심리적 삶에 대한 논리적 또는 합리적 통합에 호소함으로써 이 문제에 답하려고 한다. 그러나 이 전략은 심리적 삶의 소유권 문제가 이미 해결된 경우에만 효과가 있다. 즉 통합주의자가 성공은 말할 것도 없고 문제에 대한 해결을 조금이라도 진행시키기 위해서는 주체에 문제없이 속하는 것으로 간주될 수 있는 것을 식별할 수 있어야 하며, 그다음에 주체의 인지 과정들이 이것에 통합된 것으로 합법적으로 간주될 수 있는 조건들을 찾아내야 한다. 이것이 내가 말하는 고정된 참조틀, 즉 소유권에 대한 질문이 문제가 되지 않는 항목들이다. 물론 이러한 이른바 문제없는 고정된 참조틀은 역사적으로 유기체에 대한 **입력**과 **출력**을 명시함으로써 제시되어 왔다.

앞서 소화에 대한 논의에서 이러한 일반적인 전략이 작동하는 것을 이미 보았다. 거기에서 나는 소화 과정은 내가 섭취한 음식을 분해하고 그로 인해 생성된 에너지를 방출하여 내 호흡 과정에 동력을 공급하는 기능을 하는 경우, 오직 이 경우에만 나의 것으로 인정된다고 제안했다. 여기에서 섭취는 소화를 위한 입력이며 호흡은 출력이다. 이 전략은 전적으로 전형적인 전략이다. 그러나 이 전략은 섭취와 호흡 과정의 소유권에 대한 질문이 문제되지 않거나 이미 해결된 경우에만 효력이 있다. 만약 섭취와 호흡 과정의 소유권에 대해 문제가 발생한다면 이 문제를 해결할 때까지는 섭취와 호흡 과정을 통해 소화 과정의 소유권을 설명하기를 바랄 수 없다.

같은 방식으로, 인지 과정들의 소유권을 통합이라는 개념으로 설명하려는 전략은 인지 과정들의 통합이 이뤄질 수 있는 고정된 참조틀, 즉 소유권 문제가 제기되지 않는 기준틀을 파악하려는 전략이다. 전통적으로 이러한 참조틀은 입력과 출력에 의해 제시되어 왔는데, 입력은 감각이나 지각의 형식을, 출력은 행위나 운동 반응의 형식을 띤다. 그러나 이 전략은 이 항목들의 소유권이 문제가 되지 않는 경우에만 작동할 것이다. 그런데 이러한 종류의 과정에 대해서도 소유권 문제가 발생한다. 유기체에 대한 입력과 출력의 소유권이 문제가 되지 않는다는 생각은 소유권을 공간적 봉쇄의 관점에서 이해하려는 시도와 똑같은 이유에서 지지될 수 없기 때문이다. 공간적 기준을 대체하고 소유권이 적절한 통합의 문제라는 생각을 뒷받침하는 소유권에 대한 광범위한 기능주의적 설명은 한 가지 분명하지만 피할 수 없는 결과를 낳는다. 인지 과정이 주체에 의해 소유되기 위해서는 그저 입력과 출력에 적절히 통합되기만 하면 되는 것이 아니라는 것이다. 주체에 의해 소유되기 위해서는 근본적으로 입력과 출력도 인지 과정에 통합되어야만 한다. 따라서 소유권 문제에 답하기 위해 통합주의적 접근 방식을 채택하는 모든 시도는 감각과 행동의 소유권에 대해 선결문제 요구의 오류를 범한다.

이것이 옳다면, 통합주의적 시도는 기준학적 문제에 대해 답하려는 시도로 간주하는 것이 가장 타당하다. 즉 고정된 참조틀, 다시 말해 소유권이 문제가 되지 않는 상태나 과정의 존재를 가정할 때, 어떤 인지 과정이 이 틀에 통합되기 위한 필요충분조건들 또는 필요하거나 충분한 조건들이 무엇인가에 대한 답을 시도하는 것으로 간주하는 것이 가장 타당하다. 이 질문은 지극히 타당한 질문이지만, 통합주의적 접근 방식으로는 답할 수 없는 더 근본적인 질문, 즉 인지 과정에 대한 유기체의 소유권은 무엇으로 구성되는가라는 질문을 제기한다. 이 질문은 고정된 참조틀을 가정하고 여기에 통합하려고 하는 대신, 유기체가 자신의 인지 과정 그리고 이러한 과정에 대한 입력 및 출력을 소유한다는 것이 무엇인지를 이해하려고 시도한다. 유기체가 자신의 인지 과정을 소유한다는 것이 무엇인지에 대한 질문은 유기체가 환경에 대한 감지를 소유한다는 것이 무엇인지 그리고 후속 행동 반응을 소유한다는 것이 무엇인지에 대한 질문과 분리될 수 없다. 구성적 질문에 답한다는 것은 이 세 가지 질문 모두에 답하는 것이다.

이 책의 나머지 부분은 구성적 질문에 초점을 맞출 것이다. 물론 다양한 기준학적 문제들도 해결하면 좋을 것이다. 그러나 그것은 그 자체로 한 권의 책이 필요할 뿐만 아니라 여기에서 전개하고자 하는 연합된 마음에 대한 옹호를 위해 반드시 필요하지도 않다. 구성적 문제를 어떻게 해결할 수 있는지 알게 되면, 확장된 마음 이론이 자유주의적 기능주의에서 나타났던 것과 마찬가지로, 체화된 마음 이론과 확장된 마음 이론이 자연스럽고도 명백한 결과로 나타날 것이라고 나는 주장할 것이다. 인지 과정들에 대한 우리의 소유권이 제대로 이해될 때 이 두 가지 이론은 모두 그러한 **소유권**의 직접적인 결과임을 보이고 자 한다. 이를 보여 주는 것이 이 책의 나머지 부분의 주요 과제다.

5. 소유권과 행위주체성

요약하자면, 다소 에둘렀던 지금까지의 이야기는 다음과 같다. 인지 의 기준의 조건 (2)에 따르면, 인지 과정은 이전에 이용할 수 없었던 정보를 이용할 수 있게 만드는 적절한 기능을 가지고 있다. 그런데 이 것이 이루어질 수 있는 방식은 두 가지다. **주체**가 정보를 이용할 수 있 도록 하거나 이 정보가 **전인격적** 작업에 이용될 수 있도록 하는 것이 다. 그러나 후자의 경우, 이것은 단순히 소유권 문제, 즉 **이러한** 과정 이 **해당** 주체에게 속하게 해 주는 것이 무엇인지에 대한 질문을 미룰 뿐이다. 앞서 살펴본 바와 같이 공간적 봉쇄는 소유권에 대한 현실적 인 기준을 제공하지 않는다. 이러한 전인격적 과정은 그 자체가 주체 에 적절하게 통합되는 한도 안에서만 주체에 속한다. 그리고 결국 주 체가 의식적으로 접근할 수 있고 의식적으로 통제할 수 있는 과정에 변화를 가져오는 경우에만 그렇게 통합된다. 전인격적 과정은 아마도 다른 많은 전인격적 인지 과정들과 더불어 의식적으로 접근할 수 있 는 인격적 수준의 인지 과정들에 궁극적으로 영향을 미칠 수 있는 정 도만큼 주체에 **통합된다.** 아마도 다른 많은 전인격적 인지 과정들과 함께라 는 제한은 사소하지 않다. 많은 전인격적 과정들은 단독으로는 일시 적이거나 중요하지 않기 때문에 의식적으로 접근할 수 있는 인격적 수준의 인지 과정에 어떤 영향도 미칠 필요가 없다. 그러나 같은 수준의 다른 과정들과 결합하여 전인격적인 인지적 작업들은, 의식 및 무의식 상태와 과정들의 전체 체계가 상대적으로 정합적인 전체를 형성하는 정도까지, 의식 수준에서 발생하는 표상적 전환들을 반영해야만 한다. 정합성의 특정 임계 수준 아래로 떨어지면 우리는 이질적인 것으로 간주되는 특정 사고 및 태도 전환들을 의식 수준에서 직면하게 될 것이다.

이것이 맞다면, 우리는 전인격적 인지 과정의 소유권을 인격적 인지 과정의 소유권에서 파생된 것으로 간주해야 한다. 전자의 소유권은 통합의 관점에서 이해될 수 있다. 하지만 이 기획은 인격적 수준의 인지 과정에 대한 소유권 문제를 해결한 경우에만 효력이 있을 것이다. 우리가 수행해야 할 기획은 인격적 수준에서 소유권 현상을 이해하는 것이다. 그리고 나는 이것을 기준학적 기획이라기보다는 구성적 기획으로 이해할 것이다.

구성적 기획에 관련하여, 인격적 수준에서 인지 과정은 근본적으로 우리가 **하는** 일, 즉 **활동**이라는 사실에서부터 출발하는 것이 유용할 수 있다. 그리고 이에 따라 우리는 인격적 수준의 인지 과정의 소유권을 일반적인 활동의 소유권 개념에 따라 이해할 것을 그럴듯하게 시도할 수 있다. 일반적으로, 우리가 활동을 **소유하는** 것은 우리가 활동을 행하기 때문이며, 우리는 활동을 행하는 정도까지만 활동을 소유한다. 따라서 두 가지 질문을 고려해야 할 것 같다.

1. 인격적 수준의 인지 과정이 활동이라면 어떤 종류의 활동인가?
2. 우리는 어떤 의미에서 이러한 활동을 행하는가?

물론 어떤 의미에서 인지 과정의 각기 다른 유형에는 다른 종류의 활동이 상응한다. 즉 생각하는 활동은 지각하는 활동과 다르며, 이는 다시 기억하는 활동과 다른 식이다. 그럼에도 불구하고 이것은 모든 인격적 수준의 인지 과정들을 포괄할 수 있는 보다 일반적인 활동 유형이 있을 가능성을 배제하지 않는다.[8] 나는 이러한 활동 유형이 있다고 주장할 것이다. 만약 이것이 맞다면, 인격적 수준의 인지 과정을 행한다는 것이 무엇인지를 이해하는 것은 이런 종류의 활동에 참여한다는 것이 무엇인지를 이해하는 문제가 된다. 이 두 가지 질문이 이 책의 나머지 부분의 주제다. 여기에서는 일단 일반적으로 활동을 행한다는 것 그리고 그럼으로써 활동을 소유한다는 것이 무엇인지에 대한 예비적인 분석을 하고자 한다.

내가 집을 짓고 있는데 이 일을 혼자서 하고 있다고 가정해 보자. 어떤 의미에서 내가 이 활동의 **소유자**라고 할 수 있을까? 이 질문은 집을 짓는 사람이 다른 사람이 아니라 나라는 것은 어떤 의미에서인가라는 질문과 같다. 활동의 소유권은 그 활동에 참여하는 사람에게 주어진다. 그리고 내가 어떤 활동의 **입안자**일 때 나는 그 활동을 소유한다.

하지만 이는 답하는 것만큼이나 많은 의문을 불러일으킨다. 활동의 입안자가 된다는 것, 즉 활동에 참여하는 사람이 된다는 것은 해당 활동에 대한 권한을 갖는다는 것을 함의한다. 직관적으로 나는 내 건축 활동에 대해서는 어떤 종류의 권한을 가지는 반면 가령 내가 지붕에서 떨어지는 것에 대해서는 권한을 가지지 않는다. 전자의 경우 나

---

8 또한 유기체가 수행하는 감각 감지 및 운동 반응을 포함할 수도 있다. 이는 인지 과정뿐만 아니라 고정된 참조틀도 고려해야 한다는 점으로 거슬러 올라간다. 처음부터 감각 감지 및 운동 반응의 소유권이 문제가 없다고 가정할 수는 없다.

는 행위의 소유자이지만 후자의 경우 나는 행위의 피해자이다. 하지만 이 직관적인 의미의 권한이란 정확히 무엇인가?

내 활동에 대한 나의 소유권은 내 **의도**(및 믿음, 욕구 등 관련된 지향적 상태들)의 관점에서 설명할 수 있다고 가정하는 것이 일반적이다. 나는 집을 짓겠다는 의도를 갖기 때문에 집을 짓는 활동의 입안자이다. 그리고 이 전체 활동에 투입되는 다양한 활동들도 마찬가지로 집을 짓는 전체 활동의 필수 구성 요소들을 수행하려는 나의 의도를 통해 설명할 수 있다. 반대로, 내가 지붕에서 떨어진 것은 내 의도의 결과가 아니기 때문에 이 경우 나는 피해자이다.

그러나 의도에 호소하는 것은 내가 염두에 두고 있는 문제에 도움이 되지 않는다. 이러한 호소는 문제를 한 걸음 뒤로 미룰 뿐이다. 우리는 또한 의도 및 기타 관련 지향적 상태들의 소유권을 구성하는 것이 무엇인지 이해할 필요가 있다. 이와 관련하여 소유권 문제는 여러 다른 방식들로 나타날 수 있다. 이 가운데 우리의 목적에 특히 유용한 것이 있는데, 여기에서 소유권 문제는 우리가 **실질적 권한과 인식적 권한**이라고 부를 수 있는 것 사이의 구분을 통해 나타난다. 이 둘은 점차적으로 서로에게 변해 들어간다고 생각되지만, 확고한 구분이 없다고 해서 구분이 없는 것은 물론 아니다. **가정상** 나는 현장에 있는 유일한 사람이기 때문에 나 혼자서 건물을 짓고 있다는 분명한 의미가 있다. 하지만 집을 짓는 과정에서 나는 다른 사람이 만든 벽돌과 타일, 다른 사람이 공급한 목재, 다른 사람이 제작한 공구 등을 사용하고 있다. 그렇다면 어떤 의미에서 그리고 어느 정도까지, 건물을 짓고 있는 사람이 전체 과정에 연루된 이러한 사람들이 아니라 나일까? 의도에 대한 호소는 이러한 질문에 도움이 되지 않는다. 왜냐하면 그러한 호소는 집을 짓는 과정 가운데 내가 의도를 가지고 있는 부분과 그렇지 않은 부분을 어떻게 구분할 수 있는지에 대한 선결문제 요구의 오류를 범하고 있기 때문이다.

내가 건물을 짓는다는 것은 그 과정과 산출물에 대한 **권한**이 내게 있다는 뜻으로 이해될 수 있다. 하지만 여기에는 서로 다른 두 가지 종류의 권한이 관련되어 있다. 이를 이해하기 위해 전체 과정의 한 부분인 벽돌을 쌓는 것을 생각해 보자. 이 과정의 어떤 특정 부분들에 대해 나는 **인식적 권한**을 갖는다. 나는 개별 벽돌들을 식별할 수 있다. 즉 한 벽돌을 다른 벽돌과 구별할 수 있으며, 필요한 경우 개별 벽돌들을 다시 식별할 수 있다. 요컨대, 나는 모든 관련되고 필요한 방식들로 벽돌들에 대해 잘 알고 있다. 내가 좋은 모르타르 작업의 특성들에 대해서도 인식할 수 있다고 가정해 보자. 즉 각 이음새에 넣을 최적의 시멘트 양을 알고, 주변 공기 온도를 고려할 때 시멘트에 이상적으로 함유되어야 하는 물의 양 등을 안다고 가정해 보자. 나는 이러한 것들을 알고 있기 때문에 이를 충족시키지 못하는 것은 나의 실패, 즉 나의 **인식적 책임**의 실패다.

인식적 책임은 이상적인 경우 **실질적 책임**과 구별될 수 있다. 이상적인 경우를 구체화하기 위해, 내가 개별 벽돌의 내부 구성이나 속성들에 대해 전혀 알지 못한다고 합리적으로 예상될 수 있는 상황을 생각해 보자. 내가 언어가 통하지 않는 외국에 있고 벽돌 제조 업체가 한 곳뿐이며, 그 업체는 벽돌에 사용하는 재료와 제조 공정의 본성에 대해 입을 다물기로 악명이 높다고 가정해 보자. 벽돌을 가지고 일을 진행할 것을 선택할 때, 나는 벽돌에 대한 **실질적 책임**을 갖는다. 예를 들어 나는 일을 진행하는 대신 건축을 포기할 수도 있었다. 그러나 벽돌의 내부 구성에 대해 본질적으로 아무것도 모르는 상황에서 나는 각 벽돌에 대한 인식적 책임은 갖지 않는다. 이러한 상황에서 우리는 벽돌을 쌓는 과정에 대한 나의 권한을 벽돌에 대한 나의 **실질적 권한**과 각 벽돌이 어떻게 쌓이는지에 대한 나의 **인식적 권한**으로 (거의) 깔끔하게 구분할 수 있다. (물론 벽돌과 관련하여 발생한 문제와 정확히 동일한 문제가 벽돌을 결합하는 데 사용하는 시멘트와 관련하여 발생할 수 있다는 등의 이유로 '거의'라고 표현했다.)

물론 현실에서는 문제가 개념적으로 훨씬 더 복잡할 것이다. 인식적 책임은 실질적 책임으로 점차적으로 변해 들어간다. 좀 더 현실적인 상황에서는 의심은 가지만 실제로 확신할 수 없는 건축 과정의 다른 측면들이 있다. 나는 벽돌의 내부 구성에 대해서는 아무것도 모를지 모른다. 하지만 A 공장은 좋은 벽돌을 만드는 것으로 정평이 나 있는 반면, B 공장은 더 저렴하지만 의심스러운 벽돌을 만드는 것으로 정평이 나 있다는 것은 알고 있다. 그렇다면 B 공장의 조잡한 벽돌을 사용하기로 한 나의 결정은 부분적으로 인식적 책임에 실패한 것일 수 있다. 그러나 이는 다른 제약, 특히 재정적 제약 및/또는 A 공장의 벽돌을 구할 수 없는 상황으로 인해 상쇄될 수도 있다. 그러나 결정적으로 나는 좋은 모르타르 작업의 특성들을 식별할 수 있는 방식으로 각 벽돌의 내부 구성을 식별할 수 없다. 따라서 내가 특정 종류의 벽돌을 선택한 것은 인식적 측면을 가질 수 있지만, 그것은 대체로 내가 인식적 권한이 아니라 실질적 권한을 가진 문제다.

따라서 실제 세계의 혼란스러움이라는 변덕스러운 상황에 따라 우리는 실질적 권한과 인식적 권한을 구분할 수 있다. 권한의 이러한 의미 각각은 책임의 의미에 상응하며, 실제로 일치한다. 과정과 산출물에 대한 나의 책임은 건축물의 특정 부분에 대한 나의 인식적 책임과 그 나머지 부분에 대한 실질적 권한으로 구분된다. 하지만 순수한 실질적 권한은 사실상 실질적 권한이 거의 없는 것이라고 누군가 지적할 수도 있다. 벽돌의 품질이 좋지 않아서 집이 무너졌는데 내가 이를 알 수 없는 상황이었다면 집이 무너진 것은 나의 잘못이 아니라고 우리는 아마도 말하고 싶을 것이기 때문이다. 반면에 나의 조잡한 포인팅 작업으로 인해 집이 무너졌다면 그것은 내 잘못이 될 것이다. 나는 건축 과정의 특정 부분을 **소유할** 수 있고, 건축 과정의 결과 가운데 특정 부분을 소유할 수도 있지만, 다른 부분은 소유하지 않을 수 있다. 그리고 이것은 내가 그 과정과 산출물의 특정 부분에 대해서는 책임, 즉 인식적 책임이 있지만 다른 부분에 대해서는 책임이 없다고 말하는 것과 같다.

나는 인식적 권한을 인격적 수준의 인지 과정들에 대한 소유권의 기준으로 발전시키고 싶지 않은데, 그 이유는 곧 분명해질 것이다. 그러나 우리는 인식적 권한의 개념으로부터 우리가 소유하는 인격적 수준의 인지 과정들을 우리가 역시 소유하는 (그리고 그 소유권을 전자와의 통합의 관점에서 이해할 수 있는) 전인격적 과정들로부터 구별해 주는 상당히 신뢰할 만한 방법을 얻을 수 있다. 그런데 일반적으로, 이것은 이 책의 목적에는 충분하지 못하며, 나는 이 장의 마지막 절과 이어지는 장들에서 소유권의 더 깊은 뿌리를 밝히기 위해 인식적 권한이라는 개념을 넘어서려고 시도할 것이다. 반면 이러한 추가 발굴 없이도 인식적 권한이라는 개념은 연합된 마음에 대한 네 번째 표준적 반론, 즉 인지적 부풀림 문제를 성공적으로 무장 해제하기에 충분하다. 이제 이에 대해 살펴보겠다.

6. 권한과 부풀림 문제

인식적 권한의 개념은 인지 과정의 인격적 소유권과 전인격적 소유권 사이의 차이를 분별하는 데 유용하게 사용될 수 있다. 인격적 수준에서, 어떤 과정에 대한 나의 인식적 권한은 그 과정에 대한 나의 소유권에 대한 상당히 신뢰할 만한 지표다. 물론 이는 전인격적 인지 과정에는 해당되지 않는다. 전인격적 인지 과정은 정확히 반대로 나의 권한의 부재를 특징으로 한다. 예를 들어 원시 초벌 스케치를 완성 초벌 스케치로 변환하는 과정에서 나는 입안자가 아니라 인질일 뿐이다. 권한은 인지 과정의 소유권에 대한 인식적 기준을 제공한다. 따라서 권한은 우리가 인식적으로 접근할 수 없는 과정들에 적용할 수 있는 기준은 분명 아니다. 그럼에도 불구하고 전인격적 과정은 인지적인 것으로 인정될 수 있다. 이들이 인지적인 것으로 인정받는 것은 권한 기준을 적용할 수 있는 인격적 수준의 인지 과정에 대한 이들의 기여, 즉 이들이 인격적 수준의 인지 과정으로 통합되는 방식 때문이다. 이 점을 염두에 두고 부풀림 문제로 돌아가 보겠다.

우리는 망원경, 계산기 또는 컴퓨터 내부에서 일어나는 과정에 대한 인식적 권한이 없다. 따라서 이러한 수준에서 그러한 과정들은 아무에게도 소유되지 않을 것이므로 인격적 수준의 인지 과정들로 인정될 수 없다. 그러나 이러한 사실은 그것들이 전인격적 인지 과정이라는 점과 양립 가능하다. 그것들은 주체의 (인격적 수준의) 심리적 삶에 적절하게 통합되는 경우에만 전인격적 인지 과정의 자격을 얻을 수 있다. 이 점에서 그것들은 전인격적인 신경적 또는 연산적 과정들과 유사한 역할을 한다. 즉 그것들은 인격적 수준의 인지 과정들에 적절한 기여를 하는 정도만큼 그리고 오직 그런 한에서만 인지적인 것으로 간주될 수 있다.

내가 생각하기에 이것은 부풀림 문제를 완화시킨다. 첫째, 확장된 마음 이론은 망원경, 계산기 또는 컴퓨터 내부에서 일어나는 과정이 지각, 기억, 추론, 사고와 동등한 수준의 인지 과정이라는 생각을 지지하지 않는다. 이 가운데 어떤 것도 망원경, 계산기 또는 컴퓨터 내부에서 발생하지 않는다. 둘째, 비록 확장된 마음은 이러한 사물들 내부에서 일어나는 과정이 (예를 들어 원시 초벌 스케치를 완성 초벌 스케치로 변환하는 연산과 동등한 정도로) 전인격적으로 인지적일 수 있다는 주장을 지지하지만, 이는 망원경, 계산기 또는 컴퓨터가 인지적 주체, 즉 기준의 조건 (1)~(3)을 충족하는, 인격적 수준의 인지 과정들의 주체와 적절하게 쌍결합되는 경우에만 그렇다.

부풀림 문제는 마치 확장된 마음 이론이 통제할 수 없을 정도로 확장된 인지 영역의 개념을 지지하는 것처럼 제시될 때가 있다. 즉 나의 인지 과정이 수첩, 전화번호부, 인터넷 연결로 계속 확장되는 것처럼 말이다. 문제를 이런 식으로 개념화하는 것은 부당하다. 확장된 마음에 따르면, 인지 영역은 인지적 주체들과 적절히 쌍결합된 체계들, 즉 무엇보다도 그들의 활동에 대한 인식적 권한을 가진 체계들보다 더 확장될 필요가 없다. 그리고 심지어 그러한 때라도 모든 유형의 인지 과정이 인공물들의 어두운 내부로 흘러들어 가는 것은 아니며, 전인격적 인지 과정들만이 이런 방식으로 흘러들어 간다. 그리고 결정적으로, 인공물들이 인지적 행위주체들과 적절하게 쌍결합될 **때만** 그렇다.

물론 확장된 마음에 따르면 인격적 수준의 인지는 나의 활동, 즉 환경 속 정보 보유 구조에 대한 나의 조작, 활용, 변환의 형식으로 세상으로 확장될 수도 있다. 그러나 인격적 수준의 인지에서 이러한 인지적 유출은 엄격하게 제한되어 있으며, 내가 인식적 권한을 가진 활동 이상으로 확장되지 않는다. 인식적 권한이 정도, 즉 단순한 실질적 권한과 점차 합쳐지는 정도의 문제라면, 나의 인격적 수준의 인지 과정을 환경으로 확장하는 것도 정도의 문제일 것이다. 내가 인식적 권한을 갖는 활동의 범위는 엄격하게 제한되어 있기 때문에 나의 인격적 수준의 인지 과정들을 환경으로 확장하는 것도 엄격하게 제한될 것이다.

7. 인식적 권한의 파생적 특성

인식적 권한이 무엇을 하고 무엇을 하지 않는지 아는 것이 중요하다. 인식적 권한은 우리가 소유하는 인격적 수준의 인지 과정들과 이 과정들과의 통합에 의해 그 소유권이 이해될 수 있는 전인격적 과정들을 어느 정도 정확하게 구별할 수 있게 해 준다. 그리고 이렇게 함으로써 인식적 권한은 부풀림 문제를 해결하도록 해 준다. 인지 과정은 노트북, 전화번호부, 인터넷 연결 등 외부로 계속 확장되는 것과는 거리가 멀며, 인지 주체들과 적절히 쌍결합된 것들 이상으로 확장되지 않는다. 그리고 오직 인지 주체들과 적절히 쌍결합된 **경우에만** 확장된다. 인지 과정이 컴퓨터와 계산기 내부로 흘러들어 가는 경우, 인지 과정은 전인격적 수준에서만 그리고 다시 말하지만 이러한 인공물이 인지 주체와 적절하게 쌍결합될 때에만 인공물들 내부로 흘러들어 간다. 인식적 권한이라는 개념이 우리에게 해 줄 수 있는 것은 이 정도다. 하지만 인격적 수준의 인지 과정에 대한 소유권의 기준을 제시하는 것은 불가능하다. 인식적 권한을 이해하는 가장 좋은 방식은 이것을 우리가 소유하고 있는 인격적 수준의 과정들에 대한, 합리적으로 신뢰할 수 있는 동반 요소로 보는 것이다. 그러나 이것은 더 기본적인 것의 징후일 뿐이기 때문에 이러한 과정의 소유권에 대한 기준이 될 수는 없다. 그리고 소유권 개념의 핵심은 이러한 더 기본적인 수준에서 찾을 수 있다. 다시 말해, 인식적 권한이라는 개념은 타당하지만 파생적이다. 대략적으로 말하자면, 인식적 권한의 문제는 우리의 활동에 문제가 생겼을 때, 또는 적어도 활동이 원활하게 진행되지 않을 때만 일어난다. 그러나 이러한 활동이 잘못되었는지 여부와 관계없이 우리는 그 활동을 소유한다. 이러한 사실은 인격적 수준의 과정들 자체가 보통 우리의 활동이 원활하게 진행되지 않을 때만 부상한다는 사실에 의해 가려질 가능성이 높다.

물론 이 생각은 하이데거의 생각이다. 하이데거(1927/1962)는 우리가 **세계** 안에 존재하는 근본적인 방식에 대한 그의 잘 알려져 있지만 종종 오해받곤 하는 분석에서 그가 **도구**(Zeug)라고 부르는 것에 초점을 맞추고 있다. 하이데거는 연장, 기구, 재료, 수송 양식, 의복, 주거 등 유용한 모든 것을 포함하는 넓은 의미로 도구를 이해한다. 본질적으로 도구는 **무언가를 하기 위한 것**(something-in-order-to)이다.(1927/1962, p. 97) 이러한 의미에서 도구는 항상 다른 도구를 가리키며, 어떤 것이 도구로 기능하기 위해서는 하이데거가 제안한 의미에서 도구의 네트워크라고 하는 것이 있어야 한다.

도구는 그 도구성에 따라 항상 잉크스탠드, 펜, 잉크, 종이, 압지(押紙) 묶음, 책상, 램프, 가구, 창문, 문, 방과 같은 다른 도구에 속해 있음에 의해서 존재한다. 엄밀히 말하면 하나의 도구와 같은 것은 존재하지 않는다. 어떤 도구의 있음에는 항상 도구적 전체(an equipmental whole)가 속하며, 이 도구적 전체 안에서 그 도구는 바로 그것이 될 수 있다.(Ibid.)

어떤 도구의 존재는 이 도구적 전체에서 그 도구가 차지하는 위치에 의해 결정된다. 인간은 근본적으로 이러한 종류의 도구적 전체의 사용자 또는 조작자로 세계 안에 존재한다. 이런 의미에서 세계-내-존재는 세계에 대해 우리가 가진 어떤 종류의 이해로 구성되며, 이러한 이해는 적어도 가장 기본적인 형식에서는 우리가 이 도구를 사용하는 것으로 구성된다.

무언가가 사용될 때, 우리의 관심은 그때 우리가 사용하고 있는 도구를 구성하는 '~하기 위해'에 종속된다. 즉 우리가 망치를 사물로(hammer-thing) 그저 바라만 보지 않고 망치를 붙잡아 사용할수록, 망치와의 관계는 더욱 근원적이 되고, 망치를 더욱 명백하게 있는 그대로의 모습으로, 즉 도구로 만나게 된다.(Ibid., p. 98)

물론 망치를 반드시 사용해 보지 않았어도 망치가 무엇인지 알 수 있다. 하지만 이러한 이해는 하이데거가 '근원적'이라기보다는 '긍정적'이라고 부를 만한 것이다. 망치를 이해하는 근본적, 또는 '근원적' 방법은 망치를 사용하는 것이다. 이는 모든 도구에 해당된다.

우리가 도구를 사용할 때, 즉 근원적으로 이해할 때, 도구는 우리에게 **투명해진다**는 의미에서 **사라지는** 경향이 있다. 우리의 의식은 우리가 도구를 사용하는 목적이나 최종점에 이르기까지 도구를 통과한다.

일차적으로 사용 가능한 것의 특이한 점은 그것이 진정으로 사용 가능하기 위해서는, 그 사용 가능성 안에서, 반드시 물러서야 한다는 것이다. 우리의 일상적인 교섭이 일차적으로 이루어지는 것은 도구들 그 자체가 아니다. 반대로 우리가 일차적으로 관여하는 것은 그때 해야 할 일, 즉 과제다.(*Ibid.*, p. 99)

못을 박을 때, "망치질 자체는 망치의 특수한 '조작성'을 드러내므로"(*Ibid.*, p. 98) 망치를 **이해하는** 한 형식이 된다. 그러나 나는 보통 망치나 망치의 긍정적인 속성들에 대해 알아차리지 못한다. 내가 알아차리는 것은 오직 과제뿐이다. 나의 **관심**은 망치와 망치가 위치한 도구적 전체, 즉 못, 나무, 지붕, 집을 투명하게 만든다. 나의 관심은 활동의 목적이나 최종점에 이르기까지 도구를 통과한다.

우리가 행위주체성의 일차적 의미를 발견하는 것은 바로 이러한 종류의 맥락들 안에서다. 많은 사람들은 세계와의 이런 종류의 신중한 교섭에서는 행위주체성의 감각을 결코 찾을 수 없다고 할 것이다. 이는 행위주체성의 어떤 개념이 우리를 붙잡고 있다는 것을 보여 준다. 이 개념은 행위주체성을 의식적 또는 다른 모종의 지향적 상태로 간주하는 개념이다. 행위주체성은 흔히 의지나 의식적인 **노력**(tryings)으로 생각된다. 이러한 견해는 행위주체성이 노력의 감각이나 경험과 동일시되거나 그러한 경험과 적어도 긴밀하게 연관되어 있다는 견해와 밀접하게 관련된다. 어떤 사람들은 행위주체성의 감각을 내가 나의 것으로 경험하는 의도를 실행하는 어떤 행위를 경험하는 것으로 간주한다. 그러나 일반적인 활동의 맥락들에서 우리는 행위주체성에 대한 감각을 갖지 않는다. 이는 우리가 우리의 행위를 노력이 들지 않은 것으로 경험하기 때문이 아니다. 그게 아니라 행위에 대한 경험 자체를 전혀 하지 않기 때문이다.

보통 도구적 전체만 투명한 것이 아니다. 중요한 의미에서 나 자신 역시 투명하다. 못을 망치로 두드리는 동안 나는 내가 하는 일에 몰두하기 때문에 나 자신을 망치나 못과 구별되는 개체로 알아차리지 못한다. 나는 내가 내 행위의 입안자라는 것을 알아차리지 못한다. 그런데 자아의 이러한 투명성은 나의 심적 속성들의 투명성이기도 하다. 나는 보통 내가 망치질에 얼마나 많은 **노력**을 기울이고 있는지 알아차리지 못한다. 나는 어떤 심적 상태들도 알아차리지 못하며, 그것들이 나의 망치질을 유발한다는 것은 더더욱 알아차리지 못한다. 나는 내 행위, 내 의도, 또는 내 의도의 내용들을 알아차리지 못한다. 따라서 나는 내 행위들을 내가 나의 것으로 경험하는 의도들을 실행하는 것으로 거의 알아차리지 못한다. 세계와의 근본적인 (또는 하이데거라면 근원적이라고 말할) 행위주체적 교섭은 자아, 의도, 의지 그리고 그 내용 등 심적 항목들에 대한 우리의 알아차림으로 설명되기는커녕 정확히 바로 이런 종류의 알아차림의 **부재**를 특징으로 한다. 우리 자신의 행위주체성에 대한 우리의 근본적인 직접지(acquaintance)는 이런 종류의 투명한 공허로 구성되는데, 이 공허 안에서 나는 나의 목표를 향한 순수한 정향성(directedness)으로 존재한다.

이것을 행위주체성의 감각이라고 표현할지, 아니면 좀 더 친숙하고 명백하게 지향적인 맥락을 위해 그 표현을 유보할지는 대체로 규정의 문제다. 우리의 목적에 중요한 것은 다음과 같은 생각, 즉 자신의 마음의 내용에 대한 주체의 알아차림에 의해 공식화되는 행위주체성에 대한 모든 설명은 사실상 어떤 측면에서 **불발**에 그친다는 것이다. 이런 종류의 설명은 행위주체성에 대한 어떤 식으로든 잘못된 설명이다. 행위주체성에 대한 심성적(mentalistic) 설명들은 사실상 도구적 결합이 무너지고 그 결과 도구, 주체 그리고 주체의 의식적 상태가 **불투명**해졌을 때 발생하는 행위주체성의 감각을 기술한다.

하이데거는 눈에 띔(conspicuousness), **강요**(obstinacy), 버팀(obtrusiveness)이라는, 세 가지 다른 종류의 도구의 고장을 점진적으로 심각도가 높아지는 순서로 자세히 설명한다.[9] "눈에 띔은 사용 가능한 종류의 도구를 어떤 사용 불가능성 속에서 제시한다."(*Ibid.*, pp. 102~103) 망치는 가령 너무 무거워서 눈에 띌 수 있다. 눈에 띔에 기인하는 도구의 고장은 쉽게 고칠 수 있다. 즉 가지고 있는 망치를 내려놓고 더 가벼운 망치를 들기만 하면 정상적인 신중한 교섭이 빠르게 회복된다. 그럼에도 불구하고 한두 순간 동안 망치는 내 알아차림의 대상이 된다. "순수한 발생성(occurrentness)은 그러한 도구에서 자신을 드러내지만, 결국 우리 자신이 관여하는 어떤 것의 이용 가능성으로 물러나게 될 뿐이다."(*Ibid.*, p. 103).

강요는 도구의 일시적 고장의 한 형식인데, 망치가 너무 무거워서 부적합한 것보다 좀 더 심각한 것이다. 예를 들어 망치가 너무 무

---

9 [옮긴이] '눈에 띔'(conspicuousness), '강요'(obstinacy), '버팀'(obtrusiveness)은 이기상의 번역을 따른 것이다.(마르틴 하이데거, 『존재와 시간』, 이기상 옮김, 까치, 2000)

거운데, 이용할 수 있는 적절한 대체 망치가 없을 수 있다. 또는 머리 부분이 손잡이에서 분리되어 신중한 교섭을 재개할 수 있기 전에 다시 부착해야 할 수도 있다. 이런 상황에서는 "'~하기 위해'를 '~를 향해'(toward this)로 구성적으로 할당하는 것이 방해받는다".(*Ibid.*, p. 105) 이제 나는 내가 무엇을 하고 있는지 생각해야만 한다. 즉 나는 **숙고**(deliberation)해야만 한다. 망치의 머리 부분을 손잡이에 다시 부착하려면 어떻게 해야 할까? 그렇게 할 수 있는 방법이 있는가? 이런 상황에서는 일종의 반성적 입안을 활용해야 한다. 때때로 이것은 미래로 상당히 연장될 수 있다. 가령 머리 부분을 손잡이에 다시 부착할 수 있는 수단이 나에게는 없는 반면 길 아래 철물점에는 있는 경우가 그런 경우다.

가장 심각한 형식의 고장은 전면적인 고장의 한 형식인 **버팀**이다. 내가 집 위에 설치한 지붕틀이 설계상의 심각한 결함으로 인해 제대로 세워지지 않는 경우가 있을 수 있다. 이제 나는 "계획을 다시 잡아야만 한다". 그 결함을 어떻게 바로잡을 것인지에 대한 이론적 숙고에 들어가야 한다는 것이다. 이것은 내가 망치의 머리 부분을 손잡이에 다시 부착하기 위해 채택했을 수도 있는, 심사숙고되었지만 본질적으로 여전히 실용적인 방법(가령 손잡이와 머리 부분의 틈새에 작은 나무 쐐기를 삽입하는 것)과는 다르다. 지금 나는 어떻게 진행할 것인가에 관한 순수 이론에 몰두하고 있는데, 하이데거가 지적했듯이 그러한 이론은 지속적인 신중한 활동의 가능성이 차단될 때만 필요해진다.

만약 앎이 발생하는 것을 관찰함으로써 관찰하는 것의 본성을 결정하는 방식으로 가능해지는 것이라면, 먼저 우리가 관심에 차서 세계와 관계하는 데 **결함**이 있어야 한다.(*Ibid.*, p.88)

다른 맥락들에서는 눈에 띔, 강요, 버팀 사이의 구분이 중요할 것이다. 그러나 우리의 목적을 위해서는 그것들 모두가 공통된 그리고 우리의 목적상 결정적인 특징을 공유한다는 점에 주목하는 것으로 충분하다. 즉 그것들은 모두 내가 예전에는 **그들을 통해 살았던**(lived through) 의도들과 기타 심적 상태들이 내 의식의 **대상들**로 변환되는 방식들이다.

세상에 몰두하여 대처할 때 내 의식에는 명시적인 대상이 없다. 이것은 내가 사용하는 도구와 그것을 사용할 수 있게 해 주는 심적 삶 모두에 해당된다. 나의 의식은 나의 목표를 향해 그 대상을 통과하는, 세계를 향한 **정향성**이라고 말할 수 있다. 하이데거가 말한 세 가지 방식 중 하나로 도구적 전체가 무너질 때 나는 대상들, 즉 너무 무거운 망치, 손잡이에서 분리된 머리 부분 등을 의식하게 된다. 그런데 내가 나의 행위주체성을 나의 심적 삶으로부터 뽑혀 나오는 것으로 경험하는 것도 바로 여기, 신중하게 나아가는 것이 힘들어지는 바로 이때다. 나는 그 행위를 어렵거나 노력을 수반하는 것으로 경험하고, 나의 믿음과 욕구에서 비롯되는 것으로 경험한다. 나는 그것을 내가 나 자신의 것으로 경험하는 의도를 실행하는 것으로 경험한다. 이 모든 것은 내가 내 행위주체성을 경험하는 방식들이며, 특정 맥락에서 내 행위주체성의 현상학을 특징짓는 방식들이다. 그러나 이 모든 것은 어떤 식으로든 차단된 행위주체성에 대한 현상학적 설명들이다. 그렇기에 보다 근본적인 형식의 행위주체성에 부차적이거나 그로부터 파생된 행위주체성에 대한 현상학적 설명들이다.

8. 대처와 인지의 연속성

일반적으로 우리의 활동과 관련하여 소유권은 행위주체성의 문제다. 즉 우리가 어떤 활동을 할 때 우리는 그 활동을 **소유한다**. 그러나 일반적으로 활동에 대한 우리의 행함이 그것에 대한 인식적 권한의 소유로 환원되지는 않는다. 기껏해야, 그것은 활동에 대한 우리의 소유의 징후일 뿐인데, 이는 우리의 행위주체성이 어떤 식으로든 방해를 받았을 때 부상한다. 그러나 이러한 하이데거식의 분석이 옳다면 적어도 사고, 추론 등의 일부 인지 과정들은 우리의 행위주체성이 방해를 받았을 때만 유사하게 일어난다. 인격적 수준의 인지 과정들에 대한 우리의 소유권을 인식적 권한의 관점에서 생각하는 것이 자연스러운 것은 바로 이 때문이며, 인식론의 존경할 만한 내재주의적 전통이 그런 식의 고려를 하는 것도 이 때문이다. 그런데 (인격적 수준의) 인지와 인식적 권한 사이의 연결, 즉 후자가 전자에 신뢰할 만하게 동반하는 이 관계는 실재하지만 파생적인 것이다. 인격적 수준의 인지와 인식적 권한 사이의 연결은 더 깊은 것의 징후다. 즉 하이데거가 아마도 말했듯이 우리가 인식적 권한의 관점에서 인격적 수준의 소유권을 생각하고 싶게 만드는, 좀 더 **근원적인** 의미에서의 소유권의 징후다.

이 책의 나머지 부분은 소유권의 핵심적인 근원적 의미를 이해하는 것과 관련이 있다. 나는 확장된 마음 이론과 체화된 마음 이론에 대해 생각하는 가장 좋은 방법은 인격적 수준의 인지 과정들이 세계에 대처하는 보다 기본적인 방식들의 하부 구조 위에 세워진 활동들이라는 관념을 통해서라고 주장할 것이다. 인격적 수준의 인지 과정들은 이러한 보다 기본적인 대처 방식들에서 비롯될 뿐만 아니라 중요한 의미에서 이러한 보다 기본적인 대처 방식들과 **연속적이다**. 도구적 총체성이 무너질 때 급진적으로 새로운 형식의 활동, 즉 인지적 활동이 비로소 세계에 도입되는 것이 아니다. 오히려 인지적 활동은 이러한 보다 기본적인 대처 방식들과 연속적이다. 인지를 대처와 연속적인 것으로 기술하면서 내가 의미하는 것은 적어도 한 가지 의미에서는 인지적 활동과 대처 활동이 근본적으로 같은 종류의 활동, 즉 서로 다른 방식으로 실행되는 같은 종류의 활동이라는 것이다. 이것이 맞다면, 이러한 활동에 대한 보다 일반적인 특성화, 즉 대처와 인지를 포괄할 수 있는 **종류**(sortal) 개념이 있어야 한다. 이 책의 나머지 부분에서는 그러한 종류 개념, 즉 대처와 인지가 모두 **드러내는** 활동의 형식들이라는 종류 개념이 존재한다고 주장할 것이다. 나는 인지 과정에 대한 우리의 소유권의 궁극적인 기초를 드러냄이라는 관념에서 찾을 수 있다고 주장할 것이다.

마지막으로 (스포일러 주의) 우리가 소유권의 이 기본적인 의미를 제대로 파악하고 나면, 연합된 마음은 그 체화된 측면과 확장된 측면 모두에서 자연스럽고 거의 명백한 결과로 나타난다고 주장할 것이다. 많은 대처 활동과 마찬가지로 인지 과정도 드러내는 활동의 한 형식이다. 그리고 인지를 구성하는 드러내는 활동들은 뇌에만 국한된 것이 아니라 신체적 과정들과 우리가 세계 안에서 그리고 세계에 대해서 하는 일들 모두를 포함한다.

7. 드러내는 활동이라는 지향성 개념

1. 서론

나머지 두 장에서는 다음과 같은 주장을 옹호할 것이다:

1. 대처와 인지는 모두 드러내는 활동의 형식들이다. 드러냄이라
   는 관념은 인지 과정에 대한 우리의 소유권에 대한 궁극적인
   기초를 제공한다. 그 자체로 드러냄인 것은 없다. 드러냄은
   항상 누군가에게 또는 무언가에 일어난다. 인격적 수준의 드
   러냄은 누군가에게 드러내는 것이고, 전인격적 드러냄은 무
   언가에 드러내는 것이다. 드러내는 활동은 본질적으로 소유
   되는 것이기 때문에 인지 과정은 본질적으로 소유된다.

2. 인지 과정은 드러내는 활동이기 때문에 확장된다. 유기체가
   수행하는 드러내는 활동은 유기체의 피부에서 멈출 수 있지
   만 종종 거기에서 멈추지 않는다.

3. 모든 인지 과정들이 소유되고 많은 인지 과정들이 확장되는

이유는 따라서 궁극적으로 동일하다. 즉 인지가 드러내는 활동이기 때문이다.

4. 인지가 드러내는 활동인 것은 인지가 **지향적**이기 때문이다. 그리고 궁극적으로 세계를 향한 지향적 정향성은 드러내는 활동으로 가장 잘 이해된다.

이 장에서는 드러내는 활동에 대한 개념을 더 발전시킨다. 이를 위해 이 개념이 적어도 처음에는 가장 명확하게 전개될 수 있는 상태들을 살펴보고자 한다. 이러한 상태들은 의식적인 동시에 지향적인 상태들이다. 즉 나는 **경험**, 특히 **지각** 경험에 초점을 맞출 것이다. 내가 옹호할 생각은 지각 경험은 세계를 드러내는 것이기 때문에 지향적이라는 것이다. 그리고 지각 경험은 누군가에게, 즉 그 주체에게 세계를 드러내기 때문에 의식적이라는 것이다. 마지막 장에서는 이러한 생각을 인지로 확장하고, 이를 바탕으로 인지의 전부는 아니지만 많은 부분이 확장될 것으로 기대해야 한다고 주장할 것이다.

이 장과 다음 장에서 전개될 논증은 구체적인 의의와 보다 일반적인 의의를 모두 갖는 것으로 간주될 수 있다. 구체적인 의의는 논증이 우리에게 인지 과정의 소유권을 설명할 수 있는 수단을 제공함으로써 인지의 기준을 완성하고, 따라서 연합된 마음에 대한 표준적인 반론들을 해소한다는 것이다. 보다 일반적인 의의는 논증이 총체적으로 연합된 마음 이론에 대해 매우 중요한 것을 보여 준다는 것이다. 인지 과정들이 체화되고 확장된다는 생각은 학술 연구 교리와는 거리가 먼, 지향성에 대한 올바른 이해에 관한 지극히 일상적인, 사실상 진부한 함축을 담고 있다. 다시 말해, 체화된 마음 이론과 확장된 마음 이론이 기이하다는 광범위한 인식은 의식적 경험의 지향성에 대한 특정한 관념에서 비롯된 것이다. 의식적 경험의 지향성에 연루된 이러한 관념은 광범위하고 끈질기다. 그러나 나는 이것이 불완전하다고 주장할 것이다. 우리가 지향성, 즉 대상에 대한 정향성을 이해하려면 전통이 침묵 속에 대체로 무시해 온 의식적 경험의 한 측면이 있음을 인정해야 한다. 이러한 측면이 무시되어 온 것은 의아한 일인데, 의식적 경험에 대한 대안적 개념과 그 밑바탕을 이루는 지향성은 분석적 전통과 대륙적 전통 모두에서 20세기 철학의 발달에 중요한 일부 저작들에 분명히 존재하기 때문이다.

이 장은 세 부분으로 구성된다. 첫 번째 부분에서는 의식적인 지각 경험에 대한 기본적인 견해를 확인하고 그 영향을 설명할 것이다. 두 번째 부분에서는 앞서 언급한 20세기 철학의 저작들 중 지향성의 대안적 개념 그리고 그 결과 의식적 경험에 대한 대안적 개념이 분명하게 존재하는 몇 가지를 살펴볼 것이다. 내가 집중할 세 명의 인물이 대안적 개념을 대표하는 유일한 인물들이라고 생각하지는 않지만, 이들은 특히 지난 세기 철학의 발전 방식에서 핵심적인 역할을 했다. 프레게(G. Frege), 후설, 사르트르(J. P. Sartre)가 바로 그들이다. 이 장의 세 번째 부분에서는 이 세 사상가의 저작에서 발견되는 경험에 대한 이러한 대안적 개념의 다소 이질적인 가닥들을 심화하고 체계화하는 논증을 전개하고 옹호할 것이다. 이 논증이 성공한다면, 우리는 연합된 마음의 주장을 뒷받침하고 정당화하는 데 이용할 수 있는, 드러내는 활동이라는 지향성 개념에 대한 이해를 얻을 수 있다.

2. 경험적인 것으로서의 경험: 객관성의 힘

경험에 대한 대부분의 최근 논의는 때로는 암묵적으로, 대개는 명시적으로 경험이 어떤 종류의 대상이라는 것을 전제로 한다. 물론 그렇다고 해서 그러한 논의들이 경험을 사건, 상태, 과정, 속성, 사실 등 다른 범주의 존재자와 반대되는 대상으로 간주한다는 의미는 아니다. 그게 아니라 경험을 우리가 의식하고 있거나 의식할 수 있는 항목으로 생각한다는 뜻이다. 즉 내가 채택하고자 하는 용어에서는 경험을 **경험적** 항목으로 간주한다. 나는 이 용어를 명백히 칸트적인 의미로 사용한다. 어떤 항목이 경험적이라고 말하는 것은 단순히 그것이 의식의 실제 대상 또는 잠재적 대상이라고 주장하는 것, 즉 나의 의식이 적절히 관여한다면 내가 의식할 수 있는 종류의 것이라고 주장하는 것이다.

이런 의미에서 경험뿐만 아니라 경험의 **속성**이나 **측면**도 경험적일 수 있다. 나는 새빨간 사과에 대한 나의 경험에도 주목할 수 있고, 로크가 말했듯이 이 경험의 강력한 힘과 생동감에도 주목할 수 있다. 게다가 이러한 속성들 중 특히 중요하고 아마도 결정적인 속성이 있는데, 그것은 바로 그 경험을 하거나 겪는다는 것이 **어떤 것인지**이다. 이것 역시 경험함 안에서 우리가 알아차릴 수 있는 것 중 하나다. 이러한 관념에 따르면 나를 나의 좀비 쌍둥이로부터 구별해 주는 것은, 우리가 특정 유형의 경험을 할 때, 나는 그 경험을 하는 것이 어떤 것인지 알아차리지만 그는 그렇지 않다는 것이다. 즉 나와 좀비 쌍둥이를 구별하는 것은 내 경험의 **현상적 특성**에 대한 나의 알아차림이다.

이전 저서(Rowlands 2001)에서 나는 이러한 경험적, 또는 내가 당시에 **대상주의적**(objectualist)이라고 부르기를 선호했던 경험 모델이 거짓이라고 주장했었다. 여기에서 나는 다소 덜 자신만만할 텐데, 이는 이 책의 나머지 부분에서 전개할 논증에는 예전 젊은 시절 자신만만함의 수준이 필요하지 않기 때문이다. 여기에서 나는 의식에 대한 경험적 개념이 **불완전**할 뿐이지 틀린 것은 아니라고 주장할 것이다. 나는 경험과 그 속성은 우리의 주목이 적절히 관여할 때 우리가 알아차리는 항목일 수 있다고 인정할 것이다. 그러나 그것들은 또한 필연적으로 이 이상이다. 모든 경험에는 그 경험을 할 때 우리가 알아차리는 항목이 될 수 없는 측면이 있다. 우리가 경험의 지향성을 발견하는 것은 바로 여기에서이다. 나는 이것이 왜 그런지 그리고 어떤 의미에서 그런지를 이해하는 것이 연합된 마음 이론을 제대로 이해하는 데 필수적이라고 주장할 것이다.

주체가 이러한 경험 및/또는 그 속성을 알아차리는 데 요구되는 주체와 경험 사이의 관계의 정확한 본성에는 논쟁의 여지가 있다. 반드시 상호 양립 불가능한 것은 아닌, 다음과 같은 범주들이 영향력이 있는 것으로 드러났다.

1. 경험과 그 경험을 하는 것이 어떤 것인지는 지식의 대상이다.

2. 경험과 그 경험을 하는 것이 어떤 것인지는 내성(introspection)의 대상이다.

3. 경험과 그 경험을 하는 것이 어떤 것인지는 우리가 접근할 수 있는 항목이다.

이러한 주장들 각각은 관계의 각 유형의 실행에 대해 선호하는 모델에 따라 더 세분화될 수 있다. 예를 들어 의식의 일차적 모델과 고차적 모델 사이의 논쟁이 관련되는 것이 바로 여기에서다. 그러나 이 장에서 전개될 논의는 (1)~(3)으로 대표되는 보다 추상적인 수준에서 진행된다.

프랭크 잭슨(Frank Jackson1982, 1986)의 **지식 논증**은 명시적으로 주장 (1)을 전제로 한다. 지식 논증은 경험을 갖는 것이 어떤 것인지가 지식의 대상이 될 수 있다는 가정에 기초하는데, 이는 특이하게 사실 서술적인(factive) 태도지만 그럼에도 불구하고 이 장에서 말하는 일반적인 의미의 알아차림의 한 형식이다. 메리는 평생 단색 환경에 갇혀 살아야 하는 장애에도 불구하고 색각 신경학 분야에서 세계 최고의 권위자가 되었다. 실제로 그녀는 색을 보는 데 관여하는 신경 과정에 대해 알아야 할 모든 것을 알고 있다. 하지만 잭슨은 이렇게 말한다.

> 하지만 메리가 알아야 할 모든 것을 알고 있는 것은 아닌 것 같다. 왜냐하면 그녀가 흑백의 방에서 나오는 것이 허락되면, 그녀는 가령 빨간 것을 보는 것이 어떤 것인지 배우게 될 것이기 때문이다. 이것을 학습이라고 기술하는 것은 옳다. 그녀는 지루하다는 듯 "아함~"이라고 말하지 않을 것이다. 따라서 물리주의는 잘못된 것이다.(Jackson 1986, p. 292)

해방되기 전에 그녀는 빨간색을 보는 것이 어떤 것인지 모른다. 이것은 그녀가 해방된 후 알게 된 것이다. 즉 이것은 그녀가 해방된 후 배운 것이다. 그러므로 빨간색을 보는 것이 어떤 것인지는 그녀의 지식의 대상이 된다. 나는 '지식의 대상'을 아주 최소한의 의미에서만 전제하고 있다. "만약 s가 p를 안다면, p는 s에게 지식의 대상이다"라는 의미에서만 말이다. 이 주장은 이 지식이나 대상의 본성에 관한 보다 구체적인 주장과 구별되며, 이를 함의하지도 않는다. 예를 들어 p가 s에게 지식의 대상이라는 주장은 p가 일종의 독특한 '심적 대상', 즉 마음이 지식을 획득하는 시선을 향하게 할 수 있는 환원 불가능하고 내재적인 현상적 특질들을 지닌 개별자라는 것을 함축하지 않는다. 그러한 대상이 존재하는지는 의심스러우며, 나는 그런 것을 함축하지 않는 방식으로 '지식'이라는 용어를 사용하고 있다. 이 용어의 의미는 매우 광범위해서 주체가 경험을 한다는 것이 어떤 것인지 알때 주체가 아는 것이 무엇인지에 관한 어떠한 제안과도 양립 가능하다. 여기에 전제가 있다면 그것은 동어반복이다.

자신의 초월론적(transcendental) 자연주의 입장에 대한 콜린 맥긴(Colin McGinn 1989a, b, 1991, 2004)의 옹호는 (2)를 명시적으로 요구한다. 그의 주장은 경험을 한다는 것이 어떤 것인지가 내성의 대상(이 책에서 전제하는 넓은 의미의 '대상')이라는 것을 전제한다. 따라서,

의식에 대한 우리의 직접지는 이보다 더 직접적일 수 없으며, 따라서 현상학적 설명은 (상대적으로) 수월해진다. '내성'은 우리가 의식을 생생하고 적나라하게 포착하는 역량의 이름이다. 이러한 인지적 역량을 소유함으로써 우리는 의식이라는 개념을 우리 자신에게 귀속시킨다. 따라서 우리는 의식의 속성에 '즉각적인 접근'을 할 수 있다.(McGinn 1991, p. 8)

내성을 통해 우리는 의식적 경험을 한다는 것이 어떤 것인지 내성적으로 알아차리게 된다. 즉 맥긴이 말했듯이 우리는 내성을 통해 '모든 생생한 적나라함' 속에서 의식을 포착하게 된다. 따라서 그것이 어떤 것인지는 우리의 내성의 대상이다. 즉 '즉각적인 접근'이라는 형식에 의해 우리에게 주어지는 것이다. 다시 말하지만, 이 책에서 전제하는 대상에 대한 광범위한 개념, 즉 대상의 본성(그리고 실제로 내성의 본성)과 관련하여 완전히 중립적인 이 개념을 고려할 때, 이것은 동어반복이다. 어떤 경험을 하거나 겪는다는 것이 어떤 것인지 내성할 수 있다면, 그것이 어떤 것인지가 곧 내성의 대상이다.

나는 경험을 한다는 것이 어떤 것인지가 알아차림의 대상(이 책에서 요구하는 의미에서의 대상)이라는 생각이 전적으로 평범한 생각이라는 점을 강조했다. 경험을 한다는 것이 어떤 것인지가 알아차림의 대상이라는 주장이 동어반복적이라면 그것은 거짓이 되기 힘들다. 그럼에도 불구하고 그것은 불완전하기 때문에 기만적(disingenuous)이다. 의식이 알아차림의 대상이라는 생각의 평범함은 의식에 대한 매우 중요한 무언가를 숨기고 있다. (3)으로 주의를 돌리면 이것이 무엇인지 드러나기 시작한다. 여기에서 토마스 네이글(Thomas Nagel 1974)의 입장은 특히 유익하다. 왜냐하면 여기에서 우리는 (3)에 대한 암묵적인 지지를 발견할 수 있으며, 이는 주관성의 대가의 연구에서 경험에 대한 경험적(empirical) 개념이 얼마나 광범위하고 끈질기게, 그러면서도 전혀 눈에 띄지 않게, 퍼져 있는지를 드러내기 때문이다. 또한 우리는 이 개념이 무엇을 숨기고 있는지 알기 시작한다.

그의 영향력 있는 논문(1974)인 「박쥐가 된다는 것은 어떤 것인가?」에서 네이글은 다음과 같이 주장했다. 즉 (1)"근본적으로 유기체는 그 유기체가 되는 것과 같은 어떤 것, 즉 그 유기체에 대해 그러한 어떤 것이 있는 경우에만 의식적인 심적 상태를 갖는다".(Nagel 1974, p. 166) 그러나 (2)"물리주의를 옹호하려면 경험의 현상적 특징 그 자체에 물리적 설명이 주어져야 한다".(Ibid., p. 167) 그러나 (3)현상적 특징의 "주관적 특성을 살펴보면 그러한 결과는 불가능한 것처럼 보인다. 그 이유는 모든 주관적 현상은 본질적으로 단일한 관점과 연결되어 있는데, 객관적 물리 이론이 그 관점을 포기하는 것은 불가피한 것처럼 보이기 때문이다".(Ibid., p. 167)

우리의 목적에 중요한 것은 네이글의 주장의 성공 여부가 아니라 그 안에 구현된 주관성에 대한 특정 개념이다. 네이글은 객관성에 대한 어떤 공통된 이해로부터 시작한다. "탁월한(par excellence) 객관적 사실"은 "다양한 여러 관점에서 관찰되고 이해될 수 있는 종류의 것"이다.(Ibid., p. 172) 객관적 사실은 **인식적 접근의 여러 경로들**이 존재하는 사실이다. 이처럼 많은 다양한 사람들이 채택할 수 있는 많은 다양한 경로들이 존재한다는 것이 바로 어떤 항목의 객관성을 구성하는 것이다. 요컨대, 객관적 항목은 인식적 접근이 **일반화된** 항목이다. 네이글은 이러한 객관성 개념을 기본으로 삼아 접근 경로라는 지도적인 은유를 바탕으로 주관성 개념을 구축한다. 주관적 현상은 접근 경로들이 하나로 환원된 것으로, 이에 대한 접근은 **개인에게 특유하다.** 주관적 현상을 이런 식으로 생각하는 것은 그것을 실재의 한 영역의 일부로 생각하는 것인데, 이 영역은 본질상 다른 영역과 유사하다. 실재의 이 영역은 그 내재적인 특징들에서 다른 영역들과 다르지 않으며, 유일한 차이점은 우리가 접근하는 방식에 있다. 즉 실재의 이 영역으로 진입하는 우리의 인식적 문은 유별나게 작다. 고전적으로 객관적 현상은 사바나의 대상과 같아서 많은 다른 방향에서 접근할 수 있다. 반면 의식적 현상은 좁은 터널로만 접근할 수 있는 외딴 협곡에 갇혀 있다.

의식에 대한 이러한 사고방식은 모든 실재는 내재적으로 객관적이라는 생각의 일부라고 생각된다. 객관성이 기본으로 간주되고 주관성은 객관성의 파생적이고 잘려진 형식으로 이해되는 것이다. 이때 두 개념의 핵심에는 접근 방식 또는 경로라는 관념이 놓여 있다. 그리고 우리가 어떤 항목에 대해 개인에게 특유한(즉 잘려진) 접근 방식을 갖는 것이 그 항목의 주관성을 구성한다. 만약 우리의 접근 경로를 어떻게든 **강화할** 수 있다면, 즉 적절하게 일반화할 수만 있다면, 아주 똑같은 항목도 객관적인 것이 될 것이다. 실재가 내재적으로 객관적이라는 생각은 접근 경로의 이러한 일반화가 원칙적으로 이러한 접근이 정향된 대상의 내재적 본성에 아무런 변화 없이 일어날 수 있다는 생각이다.

주관적-객관적 구분을 이해하는 이러한 방식의 의의를 파악하기 위해 네이글이 다음과 같은 주장, 즉

> 모든 주관적 현상은 본질적으로 단일한 관점과 **연결되어** 있다.(*Ibid.*, p.167, 강조는 필자)

에서 다음과 같은 주장으로 미끄러져 가는 것을 살펴보자.

> 왜냐하면 경험의 사실들, 즉 경험하는 유기체에게 그것이 어떤 것인지에 대한 사실들이 오직 단일한 관점에서만 **접근 가능**하다면, 경험

의 참된 특성이 그 유기체의 물리적 작동 안에서 어떻게 드러날 수 있는지 불가사의하기 때문이다. (*Ibid.*, p.172)

주관적 현상이 단일한 관점과 본질적으로 연결된 현상이라는 주장은 주관적 현상이 본질적으로 오직 단일한 관점에서만 **접근 가능한** 현상이라는 주장으로 변질된다. 그러나 이 두 주장은 동등하지 않다. 이들이 동등하다는 가정은 경험에 대한 경험적 개념이 우리에게 지배력을 행사한 결과다. 그 이유를 알기 위해서는 먼저 대안을 좀 더 면밀히 살펴봐야 한다. 대안이란 경험을 경험적인 것이 아니라 **초월론적**인 것으로 생각하는 것이다. 나는 이 용어를 초월론적인 것을 경험적인 것에 대한 반대로 생각하는 칸트적인 의미에서 사용하고 있다. 경험적 항목이 의식의 대상이라면, 초월론적 항목은 경험적 항목이 그렇게 될 수 있게 해 주는 것이다. 초월론적 항목은, 칸트가 말했듯이, 경험적 항목의 **가능성 조건**이다.

경험에 경험적 요소뿐만 아니라 초월론적 요소도 있다는 생각은 (물론 같은 측면에서는 아니지만) 평범한 동시에 어렵다는 기묘한 특징을 갖는다. 다음은 평범한 부분이다. 경험적 개념에 따르면, 경험과 그 속성은 우리가 그 속성을 지닌 경험을 할 때 알아차리거나 알아차릴 수 있는 항목이다. 그러나 경험은 물론 알아차림의 대상일 뿐만 아니라 **행위**이기도 하다. 내가 내 경험과 그러한 경험을 하는 것이 어떤 것인지를 내 알아차림의 대상으로 만드는 것은 내 알아차림의 내적인 참여를 통해서다. 이 경우 나의 내적인 참여는 알아차림의 행위다. 이 주장은 전혀 놀랍지 않은 것이다. 내가 어떤 의식 상태 및/또는 그 속성을 알아차리고 있다면, 즉 가령 나의 고통을 알아차리고 있거나 또는 고통을 느끼는 것이 어떤 것인지를 알아차리고 있다면, 그때의 나의 의식적 경험은 내가 알아차리고 있는 것뿐만 아니라 그것에 대한 나의 알아차림으로 구성된다.

경험이 그저 경험적 항목일 뿐만 아니라 초월론적 항목이기도 하다는 생각은 부분적으로는 이러한 다소 일상적인 관찰을 표현한 것이다. 일반적으로 경험은 단지 우리가 그에 **대해** 알아차리는 항목이 아니다. 우리는 경험 항목 **덕분에** 비(非)심적 대상과 그 속성 그리고 다른 경험에 대해서도 알아차릴 수 있다. 알아차림의 행위로서 경험은 대상을 주체에게 드러내는 항목이다. 따라서 경험은 단순히 경험적인 것만이 아니라 **초월론적인** 것이기도 하다. 초월론적인 것으로서 경험은 알아차림의 대상이 아니다. 그것은 평범한 물리적 대상이든 다른 경험이든 간에 대상이 다름 아닌 주체의 경험의 대상으로서 주체에게 드러나게 해 주는 것이다.

초월론적인 것으로서 경험이라는 관념을 보다 정확하게 이해하려면 평범한 것에서 어려운 것으로 나아가야 한다. 그리고 여기에서 시작하기 좋은 출발점은 의외로 보일 수 있는 곳이다. 즉 뜻(sense) 개념에 대한 프레게의 반추(그리고 진정으로 말하건대, 그에 대한 고뇌)이다.

3. 뜻의 두 가지 의미

앞으로 이어질 논의는 언어적 의미라는 관념을 이해하려는 프레게의 시도를 건설적으로 오독한 것으로 간주하는 것이 아마도 가장 좋을 것이다. 그것은 프레게가 갖지 않은 심리적인 것에 대한 관심을 프레게에게 돌리고, 따라서 그가 회피한 **심리주의** 쪽으로 방향을 돌리기 때문에 오독이다. 하지만 이 장의 주된 관심사는 물론 심리적인 것, 특히 의식적이고 지향적 경험이기 때문에 이것은 건설적이다. 내가 옹호하고자 하는 논지는 뜻(sense)에 대한 프레게의 잘 알려진 숙고가 의식에 대한 현대의 논의들로 거의 정확하게 번역된다는 것이다. 그리고 이것은 그러한 논의들이 불완전한 중요한 방식을 드러낸다.

많은 주석가들이 지적했듯이, 프레게의 **뜻**(Sinn)에 대한 설명에는 뚜렷한 긴장이 있다. 프레게는 **뜻**이나 **사고**(Gedanken)에 두 가지 다른 유형의 특징 또는 기능을 부여하고자 한다. 한편으로 프레게는 물리적 대상이 심적 행위의 대상이 될 수 있는 것과 동일하지는 않지만 유사한 방식으로 뜻이 심적 행위의 대상이 될 수 있다고 주장한다.(Harnish 2000) 물리적 대상은 지각될 수 있다. 반면 뜻이나 사고(즉 선언적 문장의 뜻)는 **파악될** 수 있다. 더욱이, 사고가 파악될 때 프레게는 "[생각하는 사람의] 의식 안에 있는 무언가가 그 사고에 **겨냥되어야 한다**"(Frege 1918/1994, pp. 34~35)고 주장한다. 따라서 그 한 가지 모습에서 뜻은 파악 행위의 지향적 대상이다.

그러나 프레게에 따르면 뜻은 지시체를 고정하는 역할도 한다. 뜻은 지시의 대상이 될 수 있지만, 그것이 뜻의 유일한 역할은 아니며 심지어 전형적인 역할도 아니다. 뜻에는 두 번째 모습이 있으며, 여기에서 뜻의 기능은 화자나 청자의 사고를 뜻 자체가 아니라 그 뜻에 의해 선택된 대상에 향하게 하는 것이다. 이 경우 뜻은 심적 행위의 지향적 대상이 아니라 심적 행위가 대상을 가질 수 있도록 해 주는 항목으로 나타난다. 그 관습적인 역할에서 뜻은 지시체의 **결정** 요인이며,

지시의 대상이 아니라 지시체를 고정하는 것이다.

뜻을 이해하는 이 두 가지 방식 사이에는 분명 긴장이 존재한다. 이들은 단순히 구별되는 것만이 아니다. 더 중요한 점은 뜻이 첫 번째로 기술된 역할을 수행할 때 두 번째로 기술된 역할은 수행할 수 없으며 그 반대의 경우도 마찬가지라는 점이다. 두 가지 역할을 동시에 수행할 수 없다는 사실은 지시체를 결정하는 역할을 할 때 뜻이 갖는 어떤 **제거 불가능성**에서 드러난다. 그 첫 번째 모습에서 뜻은 파악의 대상, 즉 심적 행위의 지향적 대상이다. 그러나 뜻에 대한 두 번째 기술은 뜻이 심적 행위의 지향적 대상이 있을 때마다 이 대상에 대한 지시를 고정하는 역할도 한다는 것을 말해 준다. 따라서 뜻이 갖는 이러한 특성들을 결합하면, 우리는 뜻이 파악이라는 심적 행위의 지향적 대상으로 존재할 때마다 그 행위 안에서 뜻이 이런 식으로 존재할 수 있게 해 주는 또 다른 뜻이 있어야만 한다는 결론을 내려야 할 것 같다. 또한 이 후자의 뜻이 심적 행위의 지향적 대상으로 존재하기 위해서는 그렇게 할 수 있도록 해 주는 또 다른 뜻이 있어야 할 것이다. 따라서 뜻이 지시체를 결정하는 역할을 할 때, 뜻은 모든 지향적 행위 안에서 제거 불가능한 지위를 갖는다. 모든 지향적 행위에는 항상 뜻이 존재하는데, 이때 뜻은 지향적 대상이 아니며 그 행위 안에서 지향적 대상이 될 수 없다.[1]

프레게적 뜻은 **표현 불가능**하다는 친숙한 생각, 즉 **보여 줄 수는 있**

---

1 이것은 지향성이 대상에 대한 **정향성**(directedness-toward objects)으로 구성된다는 흔한 관념을 이해하는 한 가지 방식으로 이 관념을 뜻의 언어로 번역한 것이다. 만약 지향성이 정말로 대상에 대한 정향성이라면 그리고 이러한 대상에 대한 정향성이 그렇게 정향된 대상과 구별된다면, 지향성 자체를 이해하기 위해 지향적 대상을 바라보는 것은 헛된 일이 될 것이다. 물론 문제는 우리가 바라볼 다른 것이 없다는 것이다.

지만 **말할** 수는 없다는 생각을 지지하는 것은 바로 뜻에 대한 두 번째 사고방식이다. 더밋(M. Dummett)은 "프레게가 단어나 기호의 뜻을 제시하고자 할 때조차 그가 실제로 **진술하는** 것은 그것의 지시체가 무엇인지이다"(Dummett 1973, p. 227)라며 초기의 우려를 말한다. 어떤 사람들은 이러한 우려를 명백한 비정합성에 대한 비난으로 격상시키려 했다. 설(1958)이 사용한 비유를 생각해 보자. 구슬이 아래 구멍으로 떨어지기 위해 통과하는 여러 개의 튜브들이 있는데, 어떤 경우에는 다른 튜브들이 같은 구멍으로 연결될 수 있다. 우리는 구슬을 하나의 튜브에 고정시키는 데 성공할 수 없으며, 구슬은 항상 튜브를 통과하여 아래 구멍으로 떨어진다. 뜻도 이와 같다고 생각될 수 있다. 그리고 만약 그렇다면, 뜻은 파악될 수 있는 종류의 것이 아니다. 따라서 뜻이 지시체를 결정하는 역할을 할 때, 뜻이 파악의 대상이 될 가능성은 낮아진다.

　　그러나 이러한 결론은 시기상조일 수 있다. 설의 비유는 뜻을 지시체에 이르는 **경로**로 생각하도록 유도한다. 이는 서로 다른 뜻들이 하나의 동일한 지시체를 결정할 수 있으며, 마찬가지로 하나의 동일한 위치에 대한 여러 경로들이 있을 수 있다는 프레게의 생각과 잘 맞아떨어진다. 그러나 이 비유는 뜻과 지시 사이에 너무 많은 간극을 도입한다. 예를 들어 누군가가 튜브들을 바꿔서 완전히 다른 구멍들로 통과하는 것을 상상할 수 있다. 지시에 대한 더 나은 사고방식은 지시를 지시체에 대한 경로가 아니라 지시체를 **제시하는 방법 또는 방식**으로 생각하는 것이다.(Dummett 1981) 어떤 표현의 뜻이 그 지시체를 결정하는 방식이라면, 표현의 뜻을 전달하고자 할 때 우리가 할 수 있는 일은 지시체를 진술하는 수단, 즉 전달하고자 하는 뜻을 나타내는 수단을 선택하는 것뿐이다. 따라서 우리는 어떤 표현의 지시체가 무엇인지 **말하고**, 이를 말하기 위한 특정 수단을 선택함으로써 그 표현의 뜻이 무엇인지 **보여 준다.**(Dummett 1973, p. 227)[2]

앞의 논의에서 나온 세 가지 관념들은 이 장의 관심사와 특히 관련이 있다.

1. 프레게적 뜻 개념은 (a) 파악이라는 심적 행위의 지향적 대상으로서 그리고 (b) 지시체를 결정하는 것으로서, 두 가지 다른 방식으로 작용한다.
2. 지시체의 결정 요소로서 뜻은 모든 지향적 행위 안에서 제거 불가능한 역할을 한다.
3. 뜻은 단순히 지시체를 결정하는 방식이며, 따라서 보여 줄 수는 있지만 말할 수는 없는 것이라는 점을 기꺼이 받아들이는 한 (1a)와 (1b)의 조합은 비정합적이지 않다.

나의 주장은 의식을 이해하려는 최근의 시도들, 즉 경험을 하거나 겪는다는 것이 어떤 것인지를 이해하려는 시도들에서 이러한 원칙들에 대한 분명하게 식별 가능한 상응 개념들을 확인할 수 있다는 것이다. 앞서 살펴본 바와 같이, 최근의 거의 모든 논의는 프레게의 첫 번째 뜻 개념, 즉 파악 행위의 대상이라는 뜻 개념에 따라 의식 개념을

---

2 이는 나로 하여금 빈 고유명, 즉 소지자 없는 고유명은 뜻은 있지만 지시체는 없는 것으로 간주해야 한다는 프레게의 주장에 대한 가렛 에반스(Gareth Evans)와 존 맥도웰의 공격에 동조하게 한다. 에반스와 맥도웰은 빈 고유명은 뜻이 없는 것으로 간주해야 한다고 주장한다. 나는 이 문제에 대해 에반스와 맥도웰의 편에 기쁘게 서 있다.

다루어 왔다. 어떤 경험을 한다는 것이 어떤 것인지는 그 경험을 할 때 우리가 알아차리는 어떤 것으로 생각된다. 어떤 경험을 한다는 것이 어떤 것인지는 체험적인(experiential) 파악의 대상이다. 그러나 프레게적 뜻이 파악의 대상 그 이상인 것처럼, 어떤 경험을 한다는 것이 어떤 것인지도 파악의 대상 그 이상이다. 프레게적 뜻이 지시체를 결정하는 것처럼, 어떤 경험을 한다는 것이 어떤 것인지도, 부분적으로, 체험적인 행위의 대상을 결정한다. 이 점에서 그것의 역할은 모든 그러한 행위 안에서 제거 불가능하다.

다시 말해, 언어적 뜻의 두 가지 역할에 대한 프레게의 구분은 앞서 도입된 두 가지 경험 개념, 즉 경험적 개념과 초월론적 개념의 구분과 구조적으로 유사하다. 경험적 항목으로서 뜻은 파악의 대상, 즉 내가 어떤 용어나 문장의 뜻을 이해할 때 포착하는 무언가다. 경험적 항목으로서 뜻은 생각하는 사람의 파악 행위가 향하는 어떤 것이다. 초월론적 항목으로서 뜻은 지시체를 결정하는 요소이며, 용어 또는 문장이 그 외부의 무언가에 관한 것이 될 수 있게 해 주는 것이다. 초월론적 항목으로서 뜻은 포착되는 파악의 대상이 아니라 파악의 대상이 포착될 수 있게 해 주는 것이다.

뜻은 초월론적 역할을 할 때 모든 지향적 행위에서 제거 불가능한 지위를 차지한다. 뜻을 대상으로 만들려는 시도, 즉 경험적 시도는 이러한 변환이 달성될 수 있도록 해 주는 추가적인 뜻을 요구한다. 또한 우리가 사고의 지향성, 즉 그 대상을 향한 사고의 정향성을 이해하려 한다면 우리는 뜻을 반드시 그것의 제거 불가능한 초월론적 역할 안에서 살펴보아야만 한다.

마찬가지로, 경험의 지향성을 이해하려면, 경험을 그것의 초월론적 역할 안에서 살펴봐야만 한다. 경험의 지향성은 일반적으로 경험을 그것의 지향적 대상으로 향하게 하는 것으로 이해된다. 이것이 맞다면, 지향적 대상 자체에 초점을 맞추는 것으로는 그 대상에 대한 지향적 정향성을 이해할 수 없다. 지향적 대상에 대한 지향적 정향성을 이해하기 위해서는 이러한 대상이 주체에게 체험적인 행위의 지향적 대상으로 나타나도록 해 주는 것이 무엇인지를 이해해야만 한다. 경험의 두 개념, 즉 경험적 개념과 초월론적 개념 사이의 구분은 사고의 대상으로서 뜻과 사고의 지시체에 대한 결정 요소로서 뜻 사이의 구분을 반영한다.

이 변증법은 프레게적 사고에서 특이하게 나타난 것이 아니다. 최근 몇 년 동안 이상하게 무시되었지만 이러한 변증법은 20세기 초 중반의 사상에서 뚜렷한 역할을 했다. 후설과 사르트르의 저작은 지향적 정향성에 대한 이러한 사고방식을 보여 주는 또 다른 중요한 전형이다. 이러한 용어들로 프레게를 생각하는 데 익숙하지 않은 사람들에게는 아마도 놀랍겠지만, 사실 지향적 정향성에 대한 이러한 사고방식은 현상학적 전통의 발전에 큰 영향을 미쳤다. 이제 살펴볼 것이 바로 이에 대한 고찰이다.

4. 파악된 뜻, 노에시스, 노에마에 관한 후설의 견해

앞에서 살펴본 바와 같이, 프레게가 채택한 뜻 개념은 **경험적** 해석과 **초월론적** 해석을 모두 허용한다. 경험적으로 뜻은 파악 행위의 지향적 대상이다. 초월론적으로 뜻은 모든 지향적 행위, 즉 파악 행위나 체험적인 행위, 또는 좀 더 일반적으로 인지적 행위가 대상을 지칭하거나 대상에 관한 것이 될 수 있도록 해 주는 것이다. 초월론적으로 해석될 때 뜻은 모든 지향적 행위에서 제거 불가능한 지위를 차지한다. 즉 지시체가 있을 때마다 이 지시체가 선택되는 방식으로서 뜻이 있다. 이는 행위의 지시체가 뜻인 경우에도 마찬가지인데, 이 경우에는 또 다른 뜻, 즉 지시체가 그러한 방식으로 제시될 수 있게 해 주는 역할을 하는 뜻이 있어야만 한다. 따라서 지시체의 초월론적 결정 요소로서 뜻은 모든 지향적 행위에서 제거할 수 없는 구성 요소다.

프레게는 '사고', 즉 선언적 문장의 뜻이 파악될 때, "[생각하는 사람의] 의식 안에 있는 무언가가 그 사고에 겨냥되어야 한다"고 주장한다.(Frege 1918/1994, pp. 34~35) 따라서 겨냥된 어떤 것으로서 뜻이나 사고는 파악하는 행위의 외재적 대상으로 남는다. 프레게는 손으로 무언가를 움켜쥐거나 붙잡을 수 있는 두 가지 다른 방식에 관한 비유를 통해 이를 설명한다.

'붙잡다'라는 표현은 '의식의 내용'이라는 표현만큼이나 은유적이다. 내가 손에 쥐고 있는 것은 확실히 내 손의 내용물로 간주될 수 있지만, 그것은 내 손을 구성하고 있는 뼈와 근육 그리고 그 긴장과는 전혀 다른 방식으로 내 손의 내용물을 이루고 있으며, 그것들보다 훨씬 더 손의 외부에 있다.(*Ibid.*, p. 35)

뜻이나 사고는 손이 물체를 잡는 것과 비슷한 방식으로 (은유적으로) 마음에 의해 파악된다. 따라서 뜻이나 사고가 파악될 때 이것들은 손이 잡은 대상이 손 안에 있는 것과 같은 방식으로 마음 '안'에 있는 것이지, 손을 구성하는 뼈와 근육이 손 안에 있는 방식으로 마음 안에 있는 것이 아니다. 그러나 이것은 뜻이 잡히거나 파악되는 개체일 때에만 해당된다. 즉 뜻이 경험적으로 해석되는 경우에만 해당된다. 반면에 초월론적으로 해석될 때, 뜻은 어떤 대상이 주어진 제시 방식에 속하는 것으로 선택될 수 있도록 해 주는 것이다. 따라서 뜻이 경험적일 뿐만 아니라 초월론적이라면, 또한 실제로 뜻의 주된 역할이 초월론적 역할이라면, 뜻은 손에 잡힌 대상보다는 손의 뼈와 근육에 더 가까워야 할 것 같다. 뼈와 근육은 손으로 그 대상을 잡을 수 있게 해 주는 것, 즉 손에 외재적인 것을 잡을 수 있게 해 주는 것이다. 마찬가지로 초월론적인 것으로서 뜻은 심적 행위가 지향적 대상을 가질 수 있게 해 주는 것이다.

그러나 이것은 프레게에게 즉각적인 문제를 제기한다. 이것은 그의 반심리주의를 위협하는 것 같기 때문이다. 뜻이 손의 뼈와 근육에 해당하는 정신적 등가물이라면, 뜻은 일종의 심적 개체처럼 보이며, 이는 뜻이 (그가 말했듯이 제1영역에 속하는) 심리적 개체가 아니라 (그가 말했듯이 제3영역에 속하는) 추상적 실체라는 프레게의 주장을 약화시킨다. 이러한 긴장은 후설의 저작에서도 드러나는데, 프레게의 저작에서 나타나는 변증법과 가장 중요한 측면에서 유사한 변증법이 후설의 저작에서 나타난다.

『논리 연구』에서 후설은 자신이 **파악된 뜻**(Auffassungsinn)이라고 부르는 것에 중심적인 역할을 부여했다.(McIntyre 1987) 후설에게 **파악된 뜻**은 심적 행위의 **내용**이다. 즉 행위의 대상이라거나 행위 안에서 파악되거나 지향되는 어떤 것이 아니라 행위가 어떤 대상에 대한 제시가 될 수 있도록 해 주는, 그 행위 안에 있는 무언가다. 프레게의 비유에 따르면, 행위의 **파악된 뜻**은 손에 잡힌 대상이라기보다는 손이 그 대상을 잡을 수 있도록 해 주는 근육과 뼈에 더 가깝다. **파악된 뜻**은 **초월론적으로** 이해된 뜻과 같다.

그러나 **파악된 뜻** 또는 초월론적 형식의 뜻의 존재는 후설에게 잠재적으로 당혹스러운 것인데, 이는 뜻의 초월론적 개념이 프레게에게 당혹스러운 것과 같은 이유에서다. 그 이유는 그것이 후설의 (그리고 프레게의) **반심리주의**와 잠재적으로 충돌하기 때문이다. 프레게와 후설은 뜻이 (i)어떤 주체의 심적 활동과도 독립적으로 존재한다는 의미에서 객관적이고, (ii)공간적 개체도 시간적 개체도 아니라는 의미에서 관념적이라고 주장했다. 이러한 생각은 우리가 심적 행위와 이러한 객관적이고 관념적인 개체 사이의 인식적 관계를 이해할 수 있다고 가정할 때, 즉 구체적인 특정 주체가 추상적이고 관념적인 개체를 어떻게 포착하거나 파악할 수 있는지 이해할 수 있다고 가정할 때 (Harnish 2000) (그렇지 않을 수도 있지만) 뜻의 경험적 개념과 더불어 가장 자연스럽게 작용하는 것 같다. 반심리주의적인 방식으로 뜻의 초월론적 버전을 이해하는 데는 미묘하게 다른 문제가 있다. 경험적인 것으로서 뜻은 손으로 잡은 공이 손에 외재적인 것처럼 심적 행위의 외재적 대상이다. 그러나 초월론적인 것으로서 뜻은 결코 이런 의미에서 외재적이지 않다. 따라서 다음과 같은 것이 우려된다. 근육과 뼈가 손에 연결되어 있는 것처럼 뜻이 심적 행위와 매우 밀접하게 연결되어 있어서 그 지시체의 결정 요소가 될 정도라면, 뜻은 행위와 같은 종류의 것이어야만 한다. 즉 주관적이고 공간적이고 시간적이며 날짜가 있는 구체적인 개별자여야만 한다.

『논리 연구』에서 후설(1900/1973)은 그가 심적 행위의 **실제적 내**

용과 **이념적** 내용이라고 부른 것을 구분함으로써 이에 대해 답했다. 실제적 내용은 특정한 심적 행위에 한정되며, 반면 이념적 내용은 같은 사람에서든 다른 사람에서든 간에 상이한 행위들에서 공유될 수 있다. 다시 말하면 후설은 이념적 내용은 개인이 겪는 특정한 심적 행위에 의해 실현되지만 그러한 행위나 개인과는 독립적인 보편자라고 주장했다. 후설은 후기(1913/1982) 저작인 『순수현상학과 현상학적 철학의 이념들』제1권(이하 『이념들 1』)에서 **노에시스**와 **노에마** 간의 구분을 통해 이 일반적 사고를 발전시켰다.

이 구분을 해석하는 방식으로 크게 두 가지가 문헌에 나와 있다. 이들은 '동부 해안' 해석과 '서부 해안' 해석으로 알려졌다. 전자는 로버트 새폴스키(Robert Sokolowski 1987), 존 드러먼드(John Drummond 1990)와 관련이 있고, 후자는 무엇보다도 다그핀 폴레스달(Dagfinn Follesdal 1969), 로널드 매킨타이어(Ronald McIntyre 1987)와 관련이 있다. 동부 해안 해석에 따르면, 노에시스와 노에마의 구분은 뜻에 대한 초월론적 해석과 경험적 해석의 구분을 따르기 위한 것이다. 이 해석에 따르면, **노에시스**는 지시체의 결정 요인으로 초월론적으로 이해되는 뜻에 해당하고, **노에마**는 지시의 대상으로 경험적으로 이해되는 뜻에 해당한다. 다시 말해 **노에시스**와 **노에마** 사이의 구분을 도입하면서 후설은 뜻 개념의 체계적 모호성을 기록하고 모호성을 적절히 해소하고 있다는 것이다. 이렇게 이해될 때 이 구분은 위에서 검토된 심리주의에 연관된 우려와 거의 관련이 없다.

반면에 서부 해안 해석에서는 이러한 우려를 **노에마-노에시스** 구분의 핵심으로 삼는다. 이 구분은 뜻의 경험적 개념과 초월론적 개념 사이의 구분과 여전히 중요하게 연결되어 있지만, 그 연결은 더 복잡하다. 서부 해안 해석에 따르면, 노에시스와 노에마의 구분은 우선 후설의 실제적 내용과 이념적 내용의 구분과 연결된다. 노에시스와 노에마는 모두 뜻에 대한 초월론적 해석, 즉 뜻을 지시의 대상이 아니라 지시체를 결정하는 요인으로 보는 해석의 버전들이다. 그러나 노에마는 이념적 내용을 통해 개별화된 행위에 속하는 것으로 이해되는, 뜻의 초월론적 개념에 해당한다. 노에시스는 실제적 내용에 의해 개별화된 행위에 속하는 것으로 이해되는, 뜻의 초월론적 개념에 해당한다. 즉 노에시스와 노에마의 구분은 실제적 내용과 이념적 내용 사이의 구분에 따른 것이며, 일차적으로는 심리주의를 피하고자 하는 후설의 바람에서 비롯된 것이다.

그러나 노에시스와 노에마 간의 구분이 궁극적으로 뜻의 경험적 개념과 초월론적 개념 간의 구분에서 비롯되었다는 것은 이 두 번째 해석에서마저도 여전히 사실이다. 노에시스와 노에마 간의 구분은 뜻의 객관성을 지키려는 후설의 바람의 결과라고 받아들일 수 있다. 그것은 바로 뜻이 경험적 해석뿐만 아니라 초월론적 해석도 가진다는 사실에 의해 제기된 문제에 직면하여 이러한 객관성을 지키고자 하는 바람이다. 뜻에 대한 초월론적 해석의 가능성은 뜻이 그저 심적 행위에 의해 포착되는 외재적 대상이 아니며 심적 행위에 그보다 더 밀접하게 연관되어 있다는 것을 함의한다. 후설의 제안에 따르면, 체험적인 노에마는 이념적인 지시체 결정적 내용(후설이 『논리 연구』에서는 이념적인 보편자로 이해했지만 『이념들 I』에서는 이념적인 개별자 혹은 트로프로 이해하는 내용)인 반면 체험적인 노에시스는 그렇지 않다. 노에시스는 이 이념적 개별자에 대한 실제적이고 구체적인 정신적 대응물이다.

우리의 목적상 **노에마-노에시스** 구분에 대한 이러한 해석 중 하나를 다른 해석보다 지지하는 것은 중요하지 않다. 두 가지 모두 서로 다른 방식으로 뜻이 경험적 지위뿐만이 아니라 초월론적 지위도 갖는다는 인식을 전제하고 있다. 그리고 우리의 목적에 중요한 것은 지시의 대상으로서 뜻이 아니라 지시체를 초월론적으로 결정하는 요인으로서 뜻에 대한 명확하고 분명한 개념이 존재한다는 것이다. 어떤 식으로든 뜻의 초월론적 개념과 경험적 개념의 차이를 인식한 후설의 공헌은 향후 현상학의 발전에 결정적인 영향을 미쳤다. 초월론적으로 이해될 때, 뜻은 주어진 심적 행위가 지향적 대상을 가지거나 취할 수 있도록 해 주는 것이다. 이렇게 이해될 때 뜻은 그 지향적 행위의 대상이 아니다(비록 다른 지향적 행위의 대상이 되는 것을 배제하는 말은 없지만 말이다). 초월론적으로, 지향적 행위 A와 관련하여 A의 뜻은 A의 주체의 알아차림의 대상이 아닌데, 왜냐하면 이 뜻은 A가 대상을 가질 수 있게 해 주는 것이기 때문이다. 만약 A의 뜻이 대상이 되려고 한다면, 그것이 그렇게 나타날 수 있게 해 주는 다른 뜻이 있어야 할 것이다. 이 말이 행위의 주체에게 **숨겨진** 부분이 체험적인 행위에 있다는 것을 뜻하지는 않는다. 이러한 결론은 오직 주체의 알아차림의 대상이 아닌 모든 것이 그 주체로부터 숨겨져 있다고 가정할 때만 따라 나올 뿐이다. 요점은 주체와 주체의 지향적 행위의 초월론적 뜻 사이의 관계는 주체와 주체의 지향적 행위의 경험적 뜻 사이의 관계와는 매우 다르다는 것이다. 후자는 주체의 알아차림의 대상이다. 그러나 전자는 그렇지 않다. 주체와 주체의 지향적 행위의 초월론적 의미 사이의 연계는 훨씬 더 **긴밀하며**, 이원적인 주체-대상으로서 이해될 수 없다. 이 점은 사르트르에 대한 논의에서 곧 더 자세히 살펴보도록 하겠다.

심적 행위에는 그 행위의 주체가 지향적 대상의 형식으로 접근할 수 없는 제거 불가능한 요소가 포함되어 있다는 생각은 현상학의 미래 발전에 지울 수 없는 흔적을 남겼다. 현상학에 대한 손쉬운 개념, 즉 현상학을 주체의 철저한 검토에 투명하게 제시된 경험에 대한 기술에 주로 관심을 갖는 준(準)내성주의적 기획으로 간주하는 개념에 익숙해져 있는 사람들에게는 이 주장이 놀랍게 느껴질 수도 있다. 하지만 현상학은 그런 것이 아니며, 앞으로도 그럴 가능성이 없다. 그 이유는 궁극적으로 심지어 뜻이 파악의 대상이라 할지라도 그것은 반드시 그 이상, 즉 대상이 파악의 대상이 될 수 있도록 해 주는 것이기도 해야 한다는 후설의 깨달음에 있다. 이러한 깨달음은 향후 현상학의 방향을 효과적으로 결정지었다. 하이데거는 내가 그의 주장을 지향적 행위와 뜻이라는 장치로 표현하는 것을 싫어할 것이다. 하지만 현상학이란 우리가 세계를 대할 때 거의 숨겨져 있지만 원칙적으로 밝혀질 수 있는 것을 밝히는 것이라는 생각은 하이데거의 현상학 개념의 중심 강령이다. 다음 장에서는 우리의 관심에 대한 하이데거의 중요한 공헌을 살펴볼 것이다. 지금은 우리가 확인한 것과 본질적으로 동일한 변증법이 장 폴 사르트르의 저작에서 어떻게 전개되는지 살펴보겠다.

5. 무(無)에 대한 사르트르의 견해

사르트르는 후설과 거리를 두려는 시도를 거듭했지만, 사르트르의 『존재와 무』(1943/1957)는 후설 사상을 중요하게 발전시켰다. 초월론적으로 이해될 때 뜻은 두 가지 중요한 특징을 지닌다. 첫째, 그것은 제거할 수 없다. 지향적 행위가 대상을 가질 때마다 이를 가능하게 해 주는 뜻이 있어야 하고, 이 뜻도 알아차림의 대상이라면 이를 가능하게 해 주는 또 다른 뜻이 있어야 한다. 우리는 항상 알아차림의 대상이 아닌 다른 뜻으로 밀려난다. 이것은 뜻이 초월론적으로 이해될 때 뜻이 갖는 두 번째 중요한 특징을 함축한다. 주체가 어떤 대상을 의식할 때마다 그 주체의 알아차림의 대상이 아닌 뜻이 반드시 존재하는데, 이 뜻은 주체가 자신의 경험함 안에서 알아차리는 어떤 것이 아니다. 주체의 알아차림의 대상이 아닌, 의식의 이러한 제거 불가능한 측면을 사르트르는 무(無)라고 불렀다. 무에 대한 사르트르의 호소는 지향적 행위의 뜻이 적어도 부분적으로는 환원 불가능하게 초월론적이라는 후설의 생각을 보다 다채롭게 표현한 것에 불과하다.

사르트르에 따르면, 의식이 무라고 말하는 것은 의식에 **내용**이 없다고 말하는 것과 같다. 여기에서 특히 중요한 것은 사르트르가 이 놀라운 주장을 의식의 지향성이 갖는 간단명료하고 거의 진부한 함축이라고 생각했다는 점이다. 그는 이렇게 썼다.

> 후설이 보여 주었듯이 모든 의식은 무엇인가에 **대한** 의식이다. 즉 초월적(transcendent) 대상의 정립이 아닌 의식이란 존재하지 않으며, 이렇게 말해도 된다면, 의식에는 '내용'이 없다.(Sartre 1943/1957,

p.11)

여기에서 중요한 것은 의식에는 내용이 없다는 주장이 아니라 (이 주장도 충분히 눈길을 끌지만) 모든 의식이 지향적이라는 생각이 이러한 주장을 단순 명료하게 함축한다고 사르트르가 생각한다는 점 이다. 사르트르에 따르면, 의식의 대상은 그것이 어떤 것이든 간에 의 식의 적절한 부분이 아니라는 점에서 **초월적**이며, 의식의 대상은 의식 의 외부에 있다. 즉 의식의 대상은 의식이 아니다. 이러한 맥락에서 초 월적이라는 것은 이 장의 앞부분에서 도입된 의미에서 **초월론적**이라 는 것과는 상당히 다르다. 대략적으로, 초월론적이라는 것은 어떤 것 이 의식의 대상으로 나타날 수 있게 해 주는 것인데, 그 의미는 다음 장에서 상당히 명확해질 것이다. 초월론적 항목은 다시 한 번 매우 대 략적으로 말하자면 경험적 항목의 가능성 조건이다. 그러나 사르트르 의 의미에서 어떤 사물이 초월적이라고 말하는 것은 단순히 그것이 의식의 바깥에 있거나 의식의 적절한 부분이 아니라고 말하는 것일 뿐이다.

사르트르는 의식의 모든 대상이 초월적이라는 주장을 의식이 지 향적이라는 관념의 투명한 함축으로 여긴다. 문제는 '왜'라는 것이다. 책상, 의자 등 이 세계의 평범한 대상들에 적용될 때 이러한 대상들이 초월적이라는 주장은 외부 세계에 대한 상식적인 실재론의 일부일 뿐 이다.[3] 그러나 사르트르는 이보다 더 나아가 의식의 **모든** 대상이 초월

---

3 사실 사르트르는 세계에 대한 상식적인 실재론자가 아니었다. 그는 현상학적 실재론자였 다. 사르트르에 따르면, 대상의 실재와 객관성은 그것이 잠재적으로 무한한 일련의 가상 (appearance), 즉 우리가 대상의 '숨겨진' 측면(가령 화학 구조)으로 간주할 수 있는 것을 포괄

적이라고 주장하고 있다.

　의식의 내용에 포함될 수 있는 가장 유력한 후보로 생각되는 것,
즉 심적 이미지를 생각해 보자. 나는 눈을 감고 내 앞에 있는 식탁 위
에 놓인 유리잔을 상상한다. 사르트르는 이 이미지가 의식의 대상, 즉
내가 의식하는 어떤 것인 한, 초월적 대상, 즉 환원 불가능하게 의식
외부에 있는 것이라고 주장한다. 이 주장에 대한 그의 논증은 사실상
비트겐슈타인(L. Wittgenstein 1953)과 더 널리 연관된 요점을 예견한
다. 이미지란 논리적으로 하나의 **상징**에 불과하다는 것이다. 이미지는
그 자체로 무엇이든 의미할 수 있으며, 따라서 그 자체로는 아무것도
의미하지 않는다. 이미지는 내 식탁 위에 놓여 있고 내가 최근에 술을
마신 잔을 의미할 수도 있다. 하지만 유리잔들 일반을 의미할 수도 있
다. 또는 유리로 된 물건들 일반을 의미할 수도 있고, 내 식탁 위에 놓
여 있던 물건들 등을 의미할 수도 있다. 의미를 가지려면 해석되어야
한다. 비트겐슈타인과 달리 사르트르는 이미지를 해석함으로써 의미
를 부여하는 것이 의식이라고 생각했다(또는 더 정확하게 말하자면,
주어진 맥락에서 의식은 이미지가 아닌 이미지에 대한 해석**이다**). 따
라서 이미지가 가진 모든 지향성은 해석하는 의식이 제공하는 것에서
파생된다. 모든 의식이 어떤 것에 대한 의식이라면, 심적 이미지는 의
식의 일부가 아니다. 이미지는 단지 지향적으로 파생될 뿐이다. 의식
의 모든 대상들에 대해서도 마찬가지다. 우리가 의식하는 그 어떤 것

하고 통합하는 가상으로 구성된다는 측면에서 이해되어야 한다. 사르트르에게 가상은 의식
의 일부이거나 의식으로부터 비롯된 구성물이 아니라 초월적 항목이다. 의식에 대한 사물의
독립성과 존재론적 우위는 사르트르가 '존재론적 증명'이라고 부르는 것의 기초를 형성하며,
관념론의 '급진적인 반전'이라는, 자신의 견해에 대한 사르트르의 묘사에 본질적인 것이다.

도 그 자체로 지향적일 수 없다. 따라서 우리가 의식하는 그 어떤 것도 의식의 일부가 될 수 없다. 사고, 느낌, 심적 이미지, 에고 모두 말이다. 사르트르에게 이 모든 것은 초월적 대상이다.

『존재와 무』는 이러한 관념의 함축을 풀어내려는 시도와 다름없다고 해도 과언이 아니다. 한 가지만 예를 들어 사르트르의 **불안**, 또는 자유에 대한 의식과 관련된 유명한 논의를 생각해 보겠다. 한 구절에서 사르트르는 과거 앞에서의 불안에 대해 이야기한다.

> 과거 앞에서의 불안은 […] 더 이상 도박을 하지 않기로 자발적으로 그리고 진심으로 결심한 도박꾼이 도박대에 다가섰을 때 자신의 모든 결심이 갑자기 사라져 버리는 것을 깨닫는 것이다. […] 이 순간 도박꾼이 파악하는 것은 다시 결정론의 영구적 파열이며 자신을 자신으로부터 분리시키는 무다.(Sartre 1943/1957, p. 69)

여기에서 말하는 '무'는 단순히 의식 바깥에 있는 대상에 대한 정향성으로 간주되는 의식이다. 사르트르는 계속한다.

> 인내심을 가지고 장벽과 담을 쌓은 후, 결심이라는 마법의 원 안에 나를 가둔 후, 나는 내가 도박하는 것을 금지하는 것은 **아무것도 없다**는 것을 깨닫고 불안에 빠진다. 불안은 바로 나 **자신**이다. 왜냐하면 나를 존재(being)에 대한 의식으로서 존재(existence)하게 한다는 바로 그 사실에 의해, 내가 좋은 결심, 곧 [현재의] 나 자신인 좋은 결심의 과거가 **되지 않도록** 나 자신을 만들기 때문이다. […] 요컨대 의식의 내용이라는 가설을 포기하는 순간, 우리는 의식 안에는 결코 동기가

없다는 것을 인식할 수밖에 없다. 동기란 오직 의식을 위한 것일 뿐이다.(*Ibid.*, pp. 70~71)

도박꾼의 결심은 도박꾼이 그에 대해 의식하는 무엇인가로서 초월적 대상이기 때문에 그 자체로는 아무 의미가 없다. 그것은 단지 상징일 뿐이다. 그것이 어떤 것에 관한 것이 되려면, 그래서 도박꾼의 미래 행동에 대해 효력을 가지려면, 그것은 생동하는 의식에 의해 지속적으로 새롭게 해석되어야 한다.

이 생동하는 의식을 우리는 경험의 제거 불가능한 지향적 핵심이라고 생각할 수 있다. 만약 지향성을 외재적인 대상, 또는 사르트르의 표현을 빌리자면 초월적 대상을 향한 정향성으로 생각한다면, 지향성을 이해하고자 할 때 이러한 대상들을 바라보는 것은 헛된 일이 될 것이다. 초월적인 것들에서는 지향성을 찾을 수 없다. 사르트르가 의식을 무로 묘사한 것은 (i) 의식은 본질적으로 지향적이며, (ii) 초월적인 것들에서는 지향성을 찾을 수 없다는 관념을 반영한 것이다. 반면 가령 세계의 가구 목록은 원칙적으로 의식이 적절하게 정향될 때 접할수 있는 모든 것들의 목록이 될 것이다. 세계는 즉자적 존재(being in-itself)로서 초월적인 것들의 집합이다. 따라서 의식은 본질적으로 지향적이며 세계의 가구의 일부가 아니다. 의식은 무다.

6. 계보들 체계화하기 : 논쟁

경험에 대한 대부분의 최근 논의들은 명시적이든 암묵적이든 경험과 그 속성들이 어떤 종류의 **대상들**이라는 것을 전제로 한다. 즉 우리가 그에 대해 의식하고 있거나 의식할 수 있는 항목들이라는 것이다. 즉 이 책에서 채택하는 용어로 말하자면, 경험을 **경험적** 항목들로 간주한다. 우리는 20세기 철학의 분명한 역사적 흐름을 살펴봤는데, 이는 경험에 이와는 전혀 다른 측면이 분명히 있다는 것을 강력하게 제안한다. 우리가 세계를 의식할 때마다, 즉 세계가 대상과 속성들의 집합으로 우리에게 나타날 때마다, 우리가 의식하지 못하는 경험의 측면이 반드시 존재하며, 우리는 그러한 경험을 할 때 그 측면을 의식할 수 없다는 것이다. 프레게에게 이러한 측면은 뜻이 그것의 두 가지 가능한 역할 중 하나를 수행하는 형식으로 나타난다. 후설에게 경험의 이러한 측면은 **파악된 뜻** 또는 그의 후기 저작에서는 체험적인 **노에시스**(동부 해안의 해석) 또는 **노에마**(서부 해안의 해석)로 나타난다. 사르트르에게 경험의 관련 측면은 무, 즉 세계를 향한 순수한 정향성으로서 의식으로 기술된다. 근본적인 관념은 각각의 경우 동일하다. 우리가 어떤 경험을 할 때, 우리는 경험의 이 측면과 **더불어**, 혹은 이 측면 **덕분**에 사물들을 알아차릴 수 있게 된다는 것이다. 그것은 우리가 그 경험을 할 때 알아차리는 무언가가 아니다. 주장의 이러한 역사적 계보가 설득력 있다면, 의식은 단순히 우리가 알아차리는 항목들, 즉 경험과 그 다양한 속성들에 의해서만 구성되는 것이 아니다. 결정적으로, 의식은 우리가 그에 대해 알아차리지 못하는 것, 즉 우리가 알아차리는 것이 무엇이든 간에 그것을 알아차릴 수 있게 해 주는 것으로 구성된다. 의식은 단순히 체험적인 대상들의 집합이 아니다. 의식은 또한 (다음 장에서 명확히 하려고 시도할 의미에서) 체험적인 대상들의 **가능성 조건**이기도 하다.

이 장의 나머지 부분에서는 역사적 분석이 논리적 논증으로 이어진다. 나는 앞 절들에서 확인된 역사적 계보들, 즉 프레게, 후설, 사르트르에게서 발견되는 계보들을 체계화하는 논증을 전개하고 옹호할 것이다. 그러나 여기에서 전개할 논증은 이러한 계보들을 정당화하지만, 이들과 논리적으로 구별되며, 이 논증이 성립하거나 실패하는 것은 앞 절들에서 제시된 프레게, 후설, 사르트르의 해석이 옳은지 여부에 독립적이다.

내가 전개할 논증은 우선 지향적이고 의식적인 상태에 제한된다. 즉 감각이 아닌 경험에 가장 분명하게 적용된다(감각 역시 지향적이라는 소수 의견이 사실로 판명될 경우에만 감각에도 적용될 것이다).

나는 두 가지 주장을 옹호할 것이다.

1. 경험에는 **제거할 수 없는 지향적 핵심**이 포함되어 있는데, 이 안에서 지향성의 본질을 찾을 수 있다.
2. 지향성의 본질은 일종의 **드러내는 활동**에 있다.

다음 장에서는 이러한 주장들이 비데카르트적 마음 과학에 중요한 함축을 갖는다고 주장할 것이다. 첫째, 이러한 주장을 통해 우리는 체화되고 확장된 인지 과정의 소유권이라는 개념을 이해하는 데 상당한 진전을 이룰 수 있다. 둘째, 더 중요한 것은 연합된 마음의 핵심 주장인 체화와 확장성의 중심 주장들이 이 두 가지 주장에서 자연스럽고 명백하게 드러난다는 점이다. 이 두 가지 주장이 옳다면 연합된 마음 이론은 명백히 사실로 드러난다. 이 장의 나머지 부분에서 나는 이 두 가지 주장을 옹호할 것이다.

A. 지향성의 구조

물론 모든 심적 항목들이 지향적이라는 것은 분명하지 않다. 많은 사람들이 이 주장에 대해 이의를 제기하지만, 그렇지 않은 심적 항목들의 예로 흔히 감각(통증 및 관련 속(屬))이 언급된다. 내가 전개하고자 하는 논증은 우선 지향성의 본성과 관련된 논증이므로 분명하게 의식적이면서 지향적인 상태, 즉 경험에 대해서만 다루고 다음 장에서 인지적 상태들로 초점을 전환할 것이다(그리고 의식 조건은 완화될 것이다). 하지만 여기에서는 논증의 초점을 **지각 경험**, 즉 주로 시각 경험에 맞추고, 이러한 경험에 의해 논의를 공식화할 것이다.

더 중요한 것은 **표준 모델**로 언급될 만큼 널리 받아들여지고 있는 지향성 모델을 가지고 작업할 것이라는 점이다. 이 모델에 따르면 지향성은 (i)행위, (ii)대상 그리고 (iii)그 대상의 제시 양식으로 구성되는 삼부 구조로 되어 있다. 이 모델은 현상학적 전통과 분석적 전통 모두에서 널리 받아들여지고 있으며, 따라서 표준 모델로 정당하게 불릴 만하다. 물론 널리 받아들여진다는 것이 보편적으로 받아들여진다는 것을 뜻하지는 않는다. 지향적 정향성의 모든 형식이 이 모델을 따라야 한다는 주장은 최근 수십 년 동안 공격받아 왔는데, 이는 주로 크립키(S. Kripke 1980)의 연구 때문이다. 이 장에서 전개할 논증은 전통적인 모델에 부합하지 않는 지향성의 형식이 존재할 가능성에 이의를 제기할 필요도 없고 그렇게 하지도 않는다. 그러나 지향적 정향성의 적어도 몇 가지 형식은 이 모델에 부합한다고 가정한다. 이 장에서 전개할 논증은 이러한 형식의 지향적 정향성을 보이는 상태들에만 적용된다. 다행히도 지각 경험은 이러한 형식의 지향적 정향성을 나타내는 것으로 흔히 주장된다.[4]

예를 들어 지각 경험의 내용은 **대상 관여적**이지 않다고 주장하는 것이 일반적이다.(Martin 2002) 새빨간 토마토에 대한 시각 경험을 한다고 가정해 보자. 지각 경험의 내용이 대상 관여적이지 않다는 주장은 경험의 내용을 변경하지 않은 채 토마토를 정확한 복제물로 대체할 수 있다는 주장이다. 여기에서 지각 경험의 내용은 대상을 대체하면 태도의 내용이 달라지는 지시사적인 명제적 태도의 내용과 다르다고 주장된다. 지각 경험의 비대상적 특성은 지향성의 표준 또는 삼부 모델에 의해 쉽게 수용되는데, 이는 이것이 내용을 대상의 제시 양식, 즉 대상을 그 정확한 복제로 대체해도 원칙적으로 동일하게 유지될 수 있는 제시 양식과 연결시키기 때문이다. 그러나 크립키의 모델에서는 이러한 주장을 수용하기가 더 어렵다.

따라서 나는 표준 모델이 적어도 일부 의식 상태, 특히 지각 경험의 지향적 정향성에 대한 정확한 설명을 제공한다고 가정하겠다. 적어도 몇몇 사례들의 경우 지향적 정향성은 행위, 대상 그리고 그 대상의 제시 양식으로 구성된 삼부 구조다. 이 장에서 전개할 논증의 핵심

---

4 물론 여기는 지시의 기술 이론과 인과 이론 사이의 논쟁에 휘말릴 자리가 아니며, 이는 새로운 책 전체에서 다룰 만한 것이다. 물론 최근 기술-이론적 접근 방식이 다시 부상하고 있는 것은 내게 아무런 해도 되지 않는다. 그러나 심지어 어떤 용어들의 지시에 대한 인과적(또는 정보적 등) 설명을 가정하더라도, 경험의 제시 양식을 인과적 용어로만 설명할 수 있다는 생각은 항상 뚜렷하게 소수의 견해였다. 여기에서 내가 가정하는 것은 이것뿐이다.

은 제시 양식이라는 개념을 제대로 이해하는 데 있다. 나는 겉보기에는 명확해 보이는 이 개념이 체계적 모호성(사실상 프레게적 뜻의 이중적 본성과 유사한 모호성)을 감추고 있다고 주장할 것이다.

B. 제시 양식과 제거 불가능한 지향적 핵심

표준 모델에 따르면, 제시 양식은 지향적 행위를 지향적 대상으로 연결하는 것이다. 카플란(D. Kaplan 1980)에 의해 잘 알려진 용어를 채택하여, 우리는 지향적 행위는 **특성**을 가지며, 이 행위의 **내용**은 기술(記述)의 형식으로 표현 가능하다고 말할 수 있다. 행위의 지향적 대상은 이러한 기술을 만족시키는 대상이다. 따라서 대상의 **제시 양식**은 관련 기술에 표현된 내용으로 구성된다.

　　그런데 어떤 대상이 내용-지정 기술을 만족한다면, 이는 그 대상이 어떤 **측면들**, 즉 내용-지정 기술에 의해 선택된 측면들을 가지고 있기 때문일 것이다. 측면들을 대상의 객관적 **속성들**과 동일시해서는 안 된다. 측면들은 객관적 의미가 아니라 지향적 의미에서 알아차림의 대상들이다. 측면은 대상이 주체에게 제시되고 나타나는 방식이다. 그리고 대상의 객관적 속성은 측면에 상응할 수도 그렇지 않을 수도 있다. 실제로는 둥글지 않은 대상이라도 둥글게 나타날 수 있다. 즉 둥글게 제시될 수 있다. 대상이 측면을 갖는 데 필요한 조건은 주체의 지향적 활동이다. 세계의 모든 속성들이 지향적 활동에 의존하는 것으로 보는 일종의 반실재론을 제외하면, 그러한 활동은 대상이 속성을 갖기 위한 필요조건은 아니다. 따라서 측면은 객관적 속성과 동일하지 않다.

대상은 대상의 **측면들**을 통해 내용-지정 기술을 만족시키고, 대상의 제시 양식은 그 기술에 표현된 내용이기 때문에, 이것은 거의 거부할 수 없는 동일시를 유발한다. 즉 우리는 대상의 **제시 양식**을 대상의 **측면들**과 동일시한다. 그러나 이러한 동일시에는 문제가 있다. 이러한 동일시는 우리가 제시 양식이라는 개념을 어떻게 이해하느냐에 따라 참일 수도 있고 거짓일 수도 있기 때문이다. 그리고 이것은 이 개념이 매우 모호하다는 것을 드러낸다.

측면들은 알아차림의 지향적 대상들이다. 나는 토마토뿐만 아니라 토마토의 크기, 색깔, 광택에도 주의를 기울일 수 있다. 실제로 보통 나는 이런 종류의 측면들에 주의를 기울임으로써 토마토에 주의를 기울인다. 따라서 만약 우리가 제시 양식을 측면과 동일시하고, 알아차림의 대상이 오직 제시 양식에 의해 결정되는 것으로 간주하는 지향성의 표준 모델을 고수한다면, 제시 양식, 즉 측면이 있을 때마다 그에 대한 지시를 고정하기 위해 또 다른 제시 양식이 있어야만 한다는 결론이 뒤따르게 된다. 즉 대상을 향한 지향적 정향성은 제시 양식에 의해 매개된다. 따라서 측면이 경험의 지향적 대상이라면, 주체의 지향적 활동이 이러한 측면들에 정향되도록 해 주는 제시 양식이 반드시 있어야만 한다.

요컨대, 지향적 대상은 제시 양식을 요구한다. 대상의 측면이 그 자체로 지향적 대상이라면, 그렇게 될 수 있도록 해 주는 제시 양식이 있어야만 한다는 것이다. 따라서 제시 양식이 측면이라면, 측면을 지향적 대상으로 포함하는 모든 경험은 또 다른 제시 양식을 포함해야만 하는데, 이것은 그 경험 안의 지향적 대상이 아니다. 그리고 이 두 번째 제시 양식을 알아차림의 대상, 즉 우리가 알아차리는 경험의 **측**

면으로 만들려면 우리가 이렇게 할 수 있도록 해 주는 또 다른 제시 양식이 있어야 한다.

이것은 **퇴행**이 아니라 **제거 불가능성**의 문제다. 모든 경험이 무한한 수의 제시 양식을 포함해야 한다는 것은 아니다. 제시 양식을 알아차림의 대상으로 삼으려는 시도를 멈추는 순간 퇴행은 멈춘다. 예를 들어 토마토의 제시 양식을 토마토의 한 측면, 가령 그것의 빨감이나 반짝임과 동일시하여 토마토를 내 경험의 지향적 대상으로 생각한다면, 전통적인 지향성 모델에 따를 때 토마토가 그렇게 될 수 있게 해 주는 또 다른 제시 양식이 있어야만 한다는 결론이 나온다. 그러나 내가 이 추가적인 제시 양식을 지향적 대상으로 만들려고 시도하지 않는 한, 그것에 대한 지시를 고정하기 위해 부가적인 제시 양식은 필요하지 않다. 따라서 어떤 경험에서든 그 경험 안에서 지향적 대상으로 만들 수 없는 제시 양식이 반드시 존재한다. 경험에서 이러한 제시 양식은 우리가 그에 **대해** 알아차리는 어떤 것(예를 들어 측면을 알아차리는 것처럼)이 아니라 그와 **더불어** 혹은 그 **덕분에** 우리가 우리 경험의 지향적 대상을 알아차리는 것이다.

다시 말해, 제시 양식이라는 개념은 앞서 소개한 의미에서 **경험적 해석**과 **초월론적 해석**을 모두 인정한다. 어떤 항목은 그것이 지향적 대상, 의식의 실제적 혹은 잠재적 대상이 될 수 있는 종류의 것이면 경험적이다. 즉 경험적 항목은 나의 알아차림이 적절하게 관여하면 내가 그에 **대해** 알아차릴 수 있게 되는 종류의 것이다. 이런 의미에서 대상의 측면은 경험적이다. 반면에 초월론적 항목은 적어도 그 초월론적 역할에서는 지향적 대상이 아니며 지향적 대상이 될 수 없는 것인데, 이는 대상이 측면 아래에 나타나도록 해 주는 것이기 때문이다. 즉 그 초월론적 역할에서 제시 양식은 지향적 대상의 **가능성 조건**이다. 경험적 제시 양식은 대상의 측면이다. 반면 초월론적 제시 양식은 주어진 경험적 제시 양식을 **가능하게** 해 주는 것이다. 이것이 궁극적으로 **초월론적**이라는 이름을 정당화하는 요소다.

제시 양식을 측면과 동일시하는 것이 이 개념을 이해하는 정당한 방식이라고 가정한다면(이런 방식으로 제시 양식을 이해하는 것은 확실히 일반적이다) 지향성의 표준 모델은 다음과 같은 분명한 함의를 갖는다. 즉 모든 주어진 경험에는 경험적 제시 양식뿐만 아니라 초월론적 제시 양식도 포함되어야 한다는 것이다. 프레게의 첫 번째 뜻 개념, 즉 파악의 대상이 아니라 지시체를 결정하는 요소로서 뜻에 해당하는 것이 초월론적 제시 양식이다. 우리가 경험의 **제거 불가능한 지향적 핵심**을 발견하는 것은 이러한 초월론적 제시 양식에서이다. 지향성을 대상에 대한 정향성으로 이해한다면, 이러한 정향성을 발견할 수 있는 것은 초월론적 제시 양식에서이다. 경험적 제시 양식, 즉 측면은 단순히 의식이 정향된 대상에 불과하다. 그것은 대상에 대한 의식의 정향성을 구성할 수 있는 종류의 것이 아니다. 이것은 본질적으로 의식이 무라는 사르트르의 주장을 뒷받침하는 사르트르의 요점이다. 의식은 본질적으로 지향적이며 의식의 (주체가 그에 대해 알아차리는 어떤 것으로 이해되는) 어떤 내용도 본질적으로 지향적이지 않기 때문에 의식에는 내용이 없다. 궁극적으로 요점은 단순 명료하다. 즉 모든 지향적 대상, 즉 평범한 대상, 측면, 경험적 제시 양식은 의식 또는 지향적 활동이 정향되는 어떤 것이다. 따라서 만약 지향적 정향성 자체를 이해하고자 한다면, 다른 곳을 바라봐야 할 것이다. 그 정향성의 대상 안에서는 지향적 정향성을 찾을 수 없을 것이기 때문이다.

반면에 초월론적 제시 양식은 경험의 지향적 대상이 아니며, 그 초월론적 역할에서는 어떤 경험의 대상도 될 수 없다. 그 초월론적 역할에서 그것은 이 세계의 평범한 대상들이 측면들을 통해 주체에게 제시될 수 있도록 하는 것이며, 따라서 주체의 지향적 상태들이 세계를 향하여 정향되도록 하는 것이다. 지향성을 대상을 향한 의식의 **정향성**으로 이해한다면, 이 정향성은 바로 경험의 이러한 제거 불가능한 지향적 핵심에 있는 것이 된다. 이것은 체화된 인지 이론과 확장된 인지 이론을 옹호하고자 하는 목적에 결정적인 한 가지 함축을 갖는다. 즉 세계를 향한 지향적 정향성은 **드러내는 활동**의 형식으로 구성된다는 것이다.

C. 드러내는 활동이라는 지향성 개념

내가 반짝이는 빨간 토마토에 대한 것으로서 시각 경험을 한다고 가정해 보자. 토마토의 경험적 제시 양식은 그것이 나에게 제시되는 방식, 이 경우에는 반짝임과 빨감이다. 그러나 경험의 초월론적 제시 양식은 토마토가 나에게 반짝이고 빨간 것으로 제시될 수 있도록 해 주는 것이다. 이러한 설명은 제시되는 것이 무엇인지에 대해 중립적인 것으로 의도되었으며 '대한 것으로서'라는 표현의 사용은 이러한 중립성을 반영하고 있다. 역사적으로 후보자들은 (i) 제시 배후에 놓인 무언가로 생각되는 물자체이거나 (ii) 구조화된 일련의 제시들이었다. 우리의 목적상, 판정을 내릴 필요는 없다. 나는 제시 배후에 놓인 무언가가 있는 것처럼, 즉 제시될 무언가가 있는 것처럼 논의의 틀을 짓겠지만, 이러한 논의의 틀은 선택지 (ii)를 통해서도 마찬가지로 쉽게 가능하다. 물론 토마토가 존재하지 않는다고 하더라도, 즉 그 경험이 착각(illusion)이라 하더라도, 세계 안의 어떤 대상, 즉 토마토라고 잘못 받아들여진 대상이 반짝이고 빨간 것으로서 제시되는 것은 여전히 참이다. 환각(hallucination)의 경우에는 잘못으로건 아니건 빨갛고 반짝이는 것으로 여겨지는 **대상**은 없지만, 그럼에도 불구하고 빨갛고 반짝이는 것으로 여겨지는 세계의 한 **영역**이 있다. 이러한 특정 영역에 대한 국지화가 환각을 구체적으로 **시각적** 환각으로 만드는 것이다.[5]

각각의 경우, 세계, 즉 대상 혹은 영역이 이러한 방식으로 제시되도록 해 주는 것은 경험의 초월론적 제시 양식이다. 내 경험의 초월론적 제시 양식은 토마토 또는 세계의 관련 부분이 나에게 반짝이고 빨간 것으로서 **드러나게** 해 주는 것이다. 따라서 지향적 경험의 제거 불가능한 핵심은 세계를 **드러냄**에 있다. 따라서 지향적 행위가 대상에 정향된다는 것의 근본적인 의미는 그것이 대상을 특정한 **측면**이나 **경험적 제시 양식**을 가진 것으로 드러낸다는 것이다.

7. 요약

모든 지각 경험에는 제거 불가능한 지향적 핵심이 있으며, 우리가 경험의 지향성 또는 정향성을 발견하는 것은 바로 이 핵심에서이다. 이

---

5 여기에서 내가 초점을 맞추고 있는 것은 지각적(실제로는 주로 시각적) 지향성 및 이와 관련된 착각과 환각의 양상이라는 점을 기억하라. 사실상 나는 지각적 지향성이 드러내는 활동의 한 형식으로 이해되어야 한다고 주장하고 있는 것이다. 이 모델을 보다 일반적으로 인지로 확장하는 것은 다음 장에서 시도할 것이다.

핵심은 초월론적 제시 양식, 즉 경험이 대상을 주어진 측면 혹은 경험적 제시 양식에 속하는 것으로 제시하게 해 주는 양식이다. 이러한 방식으로 대상을 제시할 때 초월론적 제시 양식은 대상에 대한 어떤 드러냄을 초래하거나 가져온다. 대상은 주어진 측면 또는 경험적 제시 양식에 속하는 것으로, 즉 이를 소유하는 것으로 드러난다. 따라서 지각적 지향성의 본질은 드러냄 또는 드러내는 활동이다.

이 책의 나머지 부분에서 나는 체화 이론과 확장 이론의 결합으로 이해되는 연합된 마음 이론이 지향성에 대한 이러한 이해의 자연스럽고 분명하며 사실 거의 진부한 함축으로 나타난다고 주장할 것이다. 지향성은 드러내는 활동이다. 그러나 일반적으로 드러내는 활동은 그 위치와 무관하다. 뇌 안에서 일어나는 과정들은 드러내는 활동을 구성, 즉 실현할 수 있다. 그러나 이것은 몸에서 일어나는 과정들도 마찬가지다. 그리고 우리가 세계에서 하는 일들, 즉 우리가 수행하는 활동들 또한 마찬가지다. 지향성은 드러내는 활동이다. 우리의 드러내는 활동은 항상 그렇거나 반드시 그런 것은 아니지만 전형적으로 뇌로부터 몸을 거쳐 우리가 세계에서 하는 일들로 확장된다. 나는 이것이 연합된 마음 이론을 궁극적으로 정당화해 주며, 따라서 새로운 과학 자체에 대한 궁극적인 근거를 제공한다고 주장할 것이다.

8. 연합된 마음

1. 지각에서 인지로

이전 장에서는 다음과 같은 주장을 옹호했다.

1. 모든 경험, 즉 어떤 대상에 지향적으로 정향된 모든 의식 상태는 제거 불가능한 지향적 핵심을 반드시 갖는다. 그리고 경험의 지향적 정향성이 발견되는 것은 바로 이 핵심에서이다.

2. 이 핵심은 경험의 초월론적 제시 양식과 동일하다. 초월론적 제시 양식은 경험의 주체가 경험을 할 때 그에 대해 알아차리는 무언가가 아니다. 만약 그렇다면, 경험은 주체가 첫 번째 초월론적 제시 양식을 알아차릴 수 있도록 해 주는 또 다른 초월론적 제시 양식을 포함해야만 할 것이다. 경험적 제시 양식의 결정 요소로서 초월론적 제시 양식은 모든 경험 안에서 제거 불가능한 역할을 맡는다.

3. 초월론적 제시 양식은 경험의 대상이 주어진 측면 또는 경험

적 제시 양식에 속하거나 그것을 소유하는 것으로 제시되게
해 주는 경험의 측면이다.

4. 따라서 경험의 제거 불가능한, 초월론적 핵심은 드러내는 활
동의 형식으로 존재한다.

5. 따라서 세계를 향한 지향성, 즉 지향적 정향성의 본질은 드러
내는 활동이다.

이 마지막 장에서 나는 연합된 마음 이론의 궁극적인 근거와 정
당성이 바로 이러한 지향성 개념에 있다고 주장할 것이다. 이러한 지
향성 개념이 받아들여진다면, 연합된 마음은 분명하고 거의 평범한
결과로 나타난다. 이전 장의 논증이 옳다면, 이러한 지향성 개념은 의
식적인 동시에 지향적 상태들로 이해되는 경험들의 사례에 대해서도
받아들여져야 한다. 그러나 연합된 마음, 즉 체화된 마음과 확장된 마
음의 결합은 경험보다는 일차적으로 인지의 본성에 관한 주장이다.
따라서 이 장에서 이루어질 논증의 첫 번째 단계는 이미 전개된 지향
성에 대한 설명을 경험으로부터 인지로 확장하는 것이다.

이러한 확장의 일반적인 윤곽은 이미 상당히 분명하다. 예를 들
어 내가 가령 토마토 같은 대상에 대해 **생각하고 있는데** 토마토가 유난
히 빨갛고 반짝인다는 사실에 대해 생각하고 있다고 가정해 보자. 빨
감과 반짝임이라는 토마토의 측면은 내 사고의 대상이다. 나는 토마
토의 빨감과 반짝임에 대해 생각함으로써 토마토에 대해 생각하고 있
다. 따라서 이전 장에서 도입한 용어를 사용하자면 빨감과 반짝임은
토마토의 경험적 제시 양식이다. 그러나 지향성의 표준 모델에는 단
순 명료한 함축이 있다. 대상에 대한 지향적 정향성은 제시 양식에 의

해 매개된다는 것이다. 경험적 제시 양식은 지향적 상태의 대상, 즉 이 경우에는 내 사고의 대상이다. 따라서 표준 모델은 내 사고가 또 다른 구별되는 제시 양식, 즉 토마토가 빨감과 반짝임이라는 경험적 제시 양식에 속한다고 생각하게 해 주는 양식을 포함해야만 한다는 것을 함의한다. 이것이 토마토에 대한 내 사고의 초월론적 제시 양식이다. 나의 지각 경험의 초월론적 제시 양식이 바로 토마토가 빨감(또는 반짝임)이라는 경험적 제시 양식에 속하는 것으로 나에게 시각적으로 제시되도록 해 주는 경험의 측면인 것처럼, 내 사고의 초월론적 제시 양식은 토마토가 내 사고 안에서 빨감(또는 반짝임)으로서 나에게 제시되도록 해 주는 것이다. 내 사고가 이러한 제거 불가능한 초월론적 제시 양식을 소유해야 한다는 것은 지향성의 표준 모델이 마찬가지로 단순 명료하게 함축하는 것인데, 표준 모델에 따르면 대상에 대한 지향적 정향성은 그 대상의 제시 양식을 통해 초래된다. 어떤 제시 양식이 내 사고의 대상인 경우, 표준 모델은 그것을 가능하게 하는 다른 제시 양식이 반드시 존재해야 함을 함의한다. 사고가 대상을 주어진 측면 또는 경험적 제시 양식에 속하거나 그것을 소유하는 것으로 나에게 드러내는 것은 내 사고의 제거 불가능한 초월론적 핵심 덕분이다. 따라서 초월론적 핵심은 드러내는 활동의 형식으로 되어 있다. 우리가 사고의 지향성을 발견하는 것은 바로 드러내는 활동의 이러한 핵심에서이다. 토마토의 다양한 경험적 제시 양식은 지향적 정향성의 대상이다. 따라서 지향적 정향성 그 자체를 알아보고자 이러한 대상을 살펴보는 것은 헛된 일이 될 것이다. 지향적 정향성 그 자체는 지향적 정향성의 대상(예를 들어 토마토)이 지향적 정향성의 또 다른 대상(예를 들어 빨감의 경험적 제시 양식)에 속하는 것으로 제시되도록 해 주는 드러내는 활동으로 이루어져 있다.

요컨대, 지각 못지않게 인지는 대상을 경험적 제시 양식에 속하는 것으로 드러낸다. 대상과 경험적 제시 양식은 모두 지향적 정향성의 대상이다. 지각과 인지 모두의 지향성은 바로 한 유형의 지향적 대상(절대적 대상)이 또 다른 유형의 지향적 대상(측면 또는 경험적 제시 양식)을 소유하거나 그에 속하는 것으로 드러나게 해 주는 것이다. 지각과 인지 모두의 지향적 정향성은 이러한 종류의 드러냄이 일어나도록 해 주는 제거 불가능한, 드러내는 활동이다.

따라서 지각과 인지 모두 지향성의 중심에는 드러내는 활동이 자리한다. 이전 장에서 지각에 대해 전개한 종류의 모델이 인지에도 적용될 수 있다고 가정하는 것이 타당한 것은 바로 이 때문이다. 이러한 확장은 이 장에서 이루어지는 논증의 첫 번째 단계이다. 그다음 단계는 드러내는 활동이라는 개념을 명확히 하는 것이다.

2. 인과적 드러냄과 구성적 드러냄

드러냄이라는 개념은 분명하지 않은데, 두 가지 형식을 구분하는 것이 중요하다. 본질적으로 내가 전개하고자 하는 구분은 매개체-내용의 구분이다. 지각과 인지 행위 모두에는 (아마도 동일한 종류는 아닐지라도) 내용이 있다. 지각 또는 인지 행위의 내용은 대상을 경험적 제시 양식에 속하는 것으로 드러낸다. 즉 내용은 대상에 대한 한 가지 유형의 드러냄을 초래할 수 있다. 그런데 내용이 있을 때마다 그 내용의 매개체도 존재한다. 그리고 이 매개체 역시 그 대상에 대한 드러냄의 한 유형을 초래할 수 있다. 그러나 결정적으로, 주어진 내용이 대상을 드러내는 방식은 그 내용의 매개체가 그 대상을 드러내는 방식과 다르다. 내용은 대상이 주어진 경험적 제시 양식에 속할 수 있는 **논리적으로 충분한** 조건을 제공함으로써 대상을 드러낸다. 반면 내용의 매개체는 그 대상이 주어진 경험적 제시 양식에 속하는 데 **인과적으로 충분한** 조건만을 제공함으로써 대상을 드러낸다.

이러한 주장은 사실 생각만큼 낯설지 않다. 우선 경험에 초점을 맞추겠다. 여기에서 매개체-내용의 구분은 경험과 그 물질적 실현 사이의 구분으로 표현되는 것이 좀 더 전형적이다. 따라서 다음과 같이 주장할 수 있다. 경험이 그 대상을 드러내는 방식과 그 경험의 물질적 실현이 그 대상을 드러내는 방식에는 중요한 차이가 있다는 것이다. 앞으로 살펴보겠지만, 이것은 경험에 대한 어떤 형식의 이원론도 전제하지 않는다. 오히려 이것은 의식적 경험과 그것의 물질적 기반 사이에 **설명적 간극**이 존재한다는, 이제는 매우 익숙한 요점을 낯선 언어로 표현한 것일 뿐이다.

다시 한번 내가 반짝이는 빨간 토마토에 대한 시각 경험을 한다고 가정해 보자. 토마토가 빨갛고 반짝이는 것으로 나에게 드러나는 것은 대략적으로 말하자면 토마토를 보는 것과 **같은 어떤 것**이 있기 때문이다. 경험을 하는 것과 같은 어떤 것이 존재함에 의해서 특성화되는 경험의 내용 수준에서, 이러한 '이것과 같은 어떤 것'은 그 경험의 초월론적 제시 양식이다. 따라서 토마토에 대한 나의 경험 안에서 나에게 주어진 토마토의 초월론적 제시 양식은 토마토를 보는 것이 어떤 것인지로 이루어진다. 즉 토마토를 보는 것이 어떤 것인지는 토마토가 주체에게 빨갛고 반짝이는 것으로 드러나게 해 주는 것이다.[1]

'해 주는'이라는 표현은 **논리적으로 충분한** 조건을 표현하는 것으로 이해되어야 한다. 즉 그 구체적인 현상적 특수성 속에서 토마토를 보는 것이 어떤 것인지는 이 경우 토마토가 주체에게 빨갛고 반짝이는 것으로 드러나기 위해 논리적으로 충분한 조건이다. 만약 주체가 '이것이-어떤-것인지'라는 필수적 경험을 한다면, 토마토(또는 영역 등)가 그 주체에게 빨갛고 반짝이는 것으로 드러나지 않을 수 있는 논리적으로 가능한 방식은 없을 것이다. 만약 그 경험이 착각이라면, 토마토가 아닌 다른 대상이 빨갛고 반짝이는 것으로 드러날 것이다. 그러나 그 대상이 빨갛고 반짝이는 것으로 밝혀지기에 논리적으로 충분한 조건을 그 경험의 내용이 제공한다는 것은 여전히 참이다. 만약 그 경험이 (시각적) 환각이라 해도 세계의 어떤 영역, 즉 빨갛고 반짝이는 토마토로 보이는 영역이 빨갛고 반짝이는 것으로 드러난다는 것은 여전히 참이다. 그리고 환각의 내용은 그 영역이 이런 식으로 드러나기에 논리적으로 충분한 조건을 제공한다.

초월론적으로, 어떤 경험을 하거나 겪는다는 것이 어떤 것인지는 그 경험을 하는 동안에 우리가 알아차리는 무언가가 아니다. 이는 비록 우리가 적절한 맥락에서 그것의 경험적 상응물을 알아차리게 될

---

1 여기에서 나는 내가 훨씬 더 상세하게 옹호했던 요점을 활용하고 있다.(Rowlands 2001, 2002, 2003, 2008) 경험을 한다는 것이 어떤 것인지를 경험적 제시 양식, 즉 우리가 경험을 하는 가운데 알아차리는 어떤 것으로도 간주할 수 있다는 것은 이 책에서 내가 옹호하는 요점과 일관된다. 이것은 적어도 다른 몇몇 곳들에서는 내가 부정했을 것이다. 여기에서 내가 필요로 하는 것은 경험을 한다는 것이 어떤 것인지는 무엇보다도 경험의 대상이 주체에게 주어진 방식으로 제시되게 해 주는 것이라는 주장이다. 즉 나는 경험을 한다는 것이 어떤 것인지를 초월론적 제시 양식으로서 생각하는 것이 정당하다고 가정한다. 만약 이 가정이 마음에 들지 않는다 해도 크게 바뀌는 것은 없다. 우리는 위의 주장을 경험을 한다는 것이 어떤 것인지가 아니라 초월론적 제시 양식이라는 관념으로 재공식화할 수 있다. 여기에서는 후자를 사용하는데, 이것이 대부분의 독자들에게 훨씬 더 친숙하기 때문이다.

수 있더라도 그렇다.(그러나 주 1 참조) 그것은 세계가 어떤 특정한 방식으로 존재하는 것으로 우리에게 드러나게 해 주는 것이다. 즉 세계가 주어진 측면이나 경험적 제시 양식에 속하는 것으로 드러나게 해 주는 것이다. 그것은 세계가 이런 식으로 제시될 수 있는 논리적으로 충분한 조건을 제공함으로써 세계를 이런 식으로 드러낸다. 논리적으로 필요한 조건도 제공하는지 여부는 흥미로운 질문이지만 여기에서 다룰 필요는 없다.[2]

이제 반짝이는 빨간 토마토에 대한 시각 경험에서 이 경험의 물질적 실현, 즉 매개체로 초점을 전환해 보겠다. '물질적 실현'이란 단순히 경험의 **수반** 또는 **실현** 기반을 의미하며, 여기에서 수반이라는 개념은 통상적인 방식으로, 즉 양상적 지위를 지닌 결정의 일방향적 관계로 이해된다. 경험의 물질적 실현들도 세계를 드러내지만, 이것들은 상당히 다른 방식으로 그렇게 한다. 즉 경험의 물질적 실현에 의해 수행되는 드러내기 활동은 경험 그 자체와는 상당히 다른 지위를 갖는다. 의식적 경험과 그 물질적 실현 사이에 설명적 격차가 있는 궁극적인 이유가 바로 이것이다.

예를 들어 빨간 토마토에 대한 나의 망막 이미지가 토마토의 시각 표상으로 점진적으로 변환된다고 여겨지는 메커니즘에 대해 생각해 보자. 지금은 우리가 좋아하는 패러다임적인 내재주의 모델, 즉 마(1982)의 설명을 적용해 보겠다. 망막 이미지는 원시 초벌 스케치, 완성 초벌 스케치 그리고 2 ½ D 스케치를 거치는 점진적인 변환을 통해

---

2 나는 이 문제에 대해 마음이 많이 흔들리지만 최종 원고를 작성하고 있는 지금은 아닌 것 같다고 생각한다.

3D 대상 표상으로 변환된다. 마의 설명이 맞다면 이러한 변환을 담당하는 메커니즘을 파악하는 것은 토마토에 대한 나의 시각 경험과 그것의 특정한 측면들에 **인과적으로** 책임이 있는 메커니즘을 파악하는 것이다.

빨간 토마토에 대한 시각 경험을 총체적으로 산출하는 연속적인 변환들은 일종의 드러내는 활동이다. 그러나 이것은 내용 수준에서 이해될 때 초월론적 제시 양식이 보여 주는 드러냄의 형식과는 상당히 다르다. 마의 이야기의 어떤 부분에서도, 또는 이와 유사한 어떤 이야기에서도 우리는 세계가 가령 반짝이고 빨갛다는 것을 드러내는 데 **논리적으로** 충분한 조건들을 찾을 수 없다. 이러한 드러냄은 아마도 신체 내부와 외부 모두에서 발생하는 어떤 정신물리적 사건들에서 물리적으로 충분한 조건들을 의심할 바 없이 가질 것이다. 그러나 이러한 **물리적으로** 충분한 조건들은 **논리적으로** 충분한 조건들에 합산되지 않는다. 가령 정확히 동일한 망막 이미지에 대해 정확히 동일한 마의 처리 작업이 수행되고 있는 두 주체가 있는데, 이러한 처리의 결과로 두 주체 중 한 명은 토마토를 반짝이고 빨간 것으로 경험하고 다른 한 명은 칙칙하고 녹색인 것으로 경험한다고 (또는 아무것도 경험하지 않는다고) 가정할 때, 여기에는 어떠한 논리적 모순도 없다.[3] 이것이 물리적으로는 불가능할 수 있지만, 논리적으로 모순이 없다는 것은 이것이 논리적으로 불가능하지는 않다는 것을 보여 준다. 이것은 설명적 간극에 대한 다양한 직관의 힘을 이해하는 한 가지 방식이며,

---

3 이 두 가지 가능성은 물론 (대략적으로 말하자면) 전도(顚倒)된 감각질과 결여된 감각질이라는 잘 알려진 가능성에 상응한다.

그것을 드러냄의 언어로 번역한 것일 뿐이다.

　물리적으로 충분한 조건으로부터 **논리적으로** 충분한 조건으로의 이행은 사실상 주어진 항목을 **생성하는** 것으로부터 주어진 항목을 **구성하는** 것으로 이동하는 것이다. 경험의 내용 수준에서 초월론적 항목은 경험적인 어떤 항목의 출현을 구성하는 것이다. 따라서 초월론적으로 이해할 때, 나의 시각 경험의 현상적 특성, 즉 반짝이는 빨간 토마토를 본다는 것이 어떤 것인지는 토마토를 빨간 것으로 드러냄을 (인과적으로) **생성하지** 않는다. 오히려 그것은 토마토를 빨간색으로 드러냄을 구성하는 것이다. 우리는 '~하게 해 주는'(in virtue of)이라는 모호한 표현을 사용하여 이 관념을 표현할 수 있다. 즉 내 경험의 현상적 특성은 그 경험의 대상이 그런 방식으로 드러나게 해 주는 것이라고 표현할 수 있다. 그러나 이것이 이 표현의 **인과적** 의미가 아니라 **구성적** 의미라는 것을 분명히 할 때만 그렇다.

　이 관념을 매개체와 내용 사이의 구분에 의해 명시적으로 공식화하는 것은 이 관념을 인지 전반으로 확장하고자 하는 목적에 유용하다. 시각 경험은 현상적 내용을 갖는다. 경험의 현상적 내용은 그 경험의 대상이 주어진 경험적 제시 양식에 속할 수 있는 논리적으로 충분한 조건을 제공함으로써 그 경험의 지향적 대상을 드러낸다. 그 내용의 매개체는 그 대상이 이러한 제시 양식에 속할 수 있는 인과적으로 충분한 조건만을 제공한다.

　사고, 믿음, 기억 등 인지적 상태들도 내용을 갖는다. 그 내용은 의미론적이다. 최근 의미론적 내용과 현상적 내용 간의 관계를 설명할 목적으로 많은 연구가 진행되었다. 현상적 내용은 의미론적 내용으로 환원되는가? 아니면 현상적 내용은 **독특한가**(sui generis)? 우리는 이러한 질문에 관여할 필요가 없다. 우리의 목적상 의미론적 내용이 현상적 내용과 어떤 관계를 맺든 간에 그 내용의 매개체와는 다른 방식으로 대상들을 드러낸다는 점을 지적하는 것으로 충분하다. 의미론적 내용은 어떤 대상이 주어진 경험적 제시 양식에 속하는 것으로 드러나는 데 논리적으로 충분한 조건을 제공한다. 반면 그 내용의 매개체는 인과적으로 충분한 조건만을 제공한다. 따라서 내가 "저 토마토는 확실히 반짝이고 빨갛게 보인다"라는 내용을 지닌 사고를 품는다면, 이것은 내 사고 안에서 토마토가 반짝이고 빨갛게 드러나기 위한 논리적으로 충분한 조건이다. 내 사고가 갖는 내용을 내 사고가 갖고 있는 상황에서 토마토가 이런 식으로 사고에 드러나지 않을 수 있는 논리적으로 가능한 방식은 없다. 그러나 우리가 뇌 안에서 어떤 인과적 메커니즘을 찾아내든, 그 메커니즘이 신경학적으로 구체적이든 아니면 보다 추상적인 기능적 역할에 의해 식별되든, 이 메커니즘은 토마토가 사고 속에서 나에게 이런 식으로 드러나기 위한 인과적으로 충분한 조건을 제공할 뿐이다. 이러한 신경학적 또는 기능적 메커니즘이 올바른 방식으로 활성화된다면 자연적 필연성에 의해 나는 아마도 토마토를 반짝이고 빨간 것으로 생각할 것이다. 그러나 이러한 자연적 필연성이 논리적 필연성으로 이어지지는 않는다. 메커니즘이 적절하게 활성화되었다고 하더라도 내가 토마토를 다른 방식으로 생각하고 있거나 토마토를 전혀 생각하고 있지 않다고 가정하는 것은 모순이 아니다. 내 사고의 의미론적 내용은 토마토를 반짝이고 빨간 것으로 구성적으로 드러낸다. 반면 신경학적 또는 기능적 메커니즘은 토마토를 반짝이고 빨간 것으로 인과적으로 드러낸다.

따라서 우리는 인과적 드러냄과 구성적 드러냄 사이의 구분, 즉 인과적으로 충분한 조건에 의한 드러냄과 논리적으로 충분한 조건에 의한 드러냄 사이의 구분에 민감해야 한다. 이 구분은 사소하지 않으며, 다른 맥락에서는 결정적일 수도 있다. 예를 들어 세계에 대한 구성적 드러냄이 어디에서 발생하는지는 불분명하다. 사실, 나는 다른 곳(Rowlands 2001, 2002, 2003)에서 그것이 전혀 발생하지 않는다고 주장한 바 있다. 만약 이것이 맞다면, 우리는 실재하지만 어디에도 없는 의식의 측면이 있다는 것, 실재하는 것의 경계가 공간적인 것의 경계와 일치하지 않는다는 것을 인정해야 할 것이다. 나조차도 이것이 논란의 여지가 있는 주장이라는 것을 기꺼이 받아들인다. 그런데 다행히도 이 책의 목적상 이러한 주장은 필요하지 않다.

앞서 살펴본 바와 같이, 체화된 마음 이론과 확장된 마음 이론의 결합인 연합된 마음 이론은 인지의 내용이 아니라 인지의 매개체에 관한 이론이다. 이 이론은 인지의 매개체에는 신체 구조를 활용하는 과정 및/또는 환경 구조를 조작하는 과정이 포함된다고 주장한다. 이 이론을 이해하기 위해 드러냄이라는 장치를 사용한다면, 이와 관련된 종류의 드러냄은 인지적 상태의 내용이 아니라 인지의 매개체에 속하는 것이 될 것이다. 즉 관련된 종류의 드러냄은 구성적 드러냄이 아니라 인과적 드러냄이 될 것이며, 따라서 이제부터는 인과적 드러냄에만 초점을 맞출 것이다.

인과적 드러냄은 통상적인 방식으로 세상의 일부를 이룬다. 예를 들어 마의 설명에 따르면 인과적 드러냄은 망막 이미지가 3D 대상 표상으로 점진적으로 변환되는 다양한 메커니즘과 과정들 안에서 발생한다. 이러한 알고리즘적 기술(記述)을 실행에 대한 기술로 성공적으로 변환할 수 있다면, 우리는 세계에 대한 특정한 인과적 드러냄이 어디에서 일어나는지 파악하게 될 것이다.

이 장의 나머지 부분에서는, 마에게는 **미안하지만**, 일반적으로 세계에 대한 인과적 드러냄이 순전히 주체의 머릿속에서만 발생하지 않는다고 가정하는 데에는 이유가 있다고 주장할 것이다. 지향성의 본질은 드러내는 활동이다. 지향적 상태와 과정들의 매개체, 즉 체화 및 확장된 인지 이론에 관련된 종류의 매개체에 의해 야기되는 종류의 드러내는 활동은 인과적 드러냄이다. 인과적 드러냄은 지향적 상태의 주체의 뇌 안에서 발생하는 상태와 과정들에 의해 일어나거나 초래될 수 있다. 그러나 일반적으로 인과적 드러냄은 신경 상태와 과정들에 국한되지 않는다. 세계를 인과적으로 드러내는 방식, 즉 세계가 주체에게 인과적으로 드러날 수 있는 매개체에는 여러 가지가 있으며, 뇌에 기반한 방식들은 이들의 하위 집합에 불과하다. 일반적으로 인과적 드러냄의 매개체들은 뇌의 경계에서 멈추지 않고 우리가 세계 안에서 수행하는 활동, 즉 신체적인 활동 및 더 넓은 환경적 수행들을 포함하는 활동으로 확장된다. 이어지는 절들에서는 이러한 주장들을 자세히 설명하고 옹호할 것이다.

3. '통과하는 여행'이라는 지향성 개념

나는 지향성의 제거 불가능한 핵심이 세계를 드러냄에 있다고 주장했다. 따라서 지향적 행위가 대상을 향해 정향된다는 것의 근본적인 의미는 지향적 행위가 대상을 어떤 **측면** 혹은 **경험적 제시 양식**을 소유하는 것으로 드러낸다는 것이다. 드러냄의 형식은 두 가지로 구별할 수 있는데, 하나는 인과적 형식이고 다른 하나는 구성적 형식이다. 이 책의 관심은 인과적 형식만을 필요로 한다. 그러나 드러냄의 어떤 의미에 초점을 맞추든, 지향적 정향성이 드러냄에 의해서 이해될 것이라는 관념은 결정적인 그러나 대체로 간과되는 함축을 갖는다. 이 함축이란 대상에 대한 정향성으로서 지향적 행위는 또한 필연적으로 그 행위의 물질적 실현을 **통과하는 여행**(traveling-through)이라는 것이다.

이러한 생각은 우선 잘 알려진 예를 통해 아마도 가장 잘 해명할 수 있다. 사실, 지금쯤이면 진부한 예일 수도 있다. 맹인의 지팡이가 담당하는 지각적 역할에 대한 메를로퐁티의(M. Merleau-Ponty 1962, 143ff.)의 유명한 논의(Polanyi 1962, p. 71 참조)가 바로 그 예다. 메를로퐁티가 지적했듯이, 지팡이의 역할에 대해 두 가지 전혀 다른 이야기를 할 수 있다. 첫 번째 이야기는 지팡이를 경험적 대상, 즉 이 경우에는 이론적 조사와 설명의 대상으로 취급한다. 그 결과 나온 경험적 이야기는 익숙한 이야기다. 맹인의 손에 있는 촉각 및 운동 감각 센서가 뇌에 메시지를 보낸다. 그러면 맹인의 감각 피질에서 다양한 사건들이 발생하고, 이는 맹인의 위치와 특정 관계에 있는 주변 대상들로부터 비롯된 결과로 해석된다. 적절하게 채워진다면 이 이야기에는 잘못된 것이 아무것도 없다. 그러나 이 이야기는 맹인의 의식을 외부에서 바라본 경험적 현상으로만 기술한다. 내부에서 바라본 이야기, 즉 앞서 도입한 의미의 초월론적 이야기는 전혀 다르다. 지팡이는, 물론 필요한 신경 및 다른 생물학적 조직과 결합하여, 대상을 어떤 측면이나 경험적 제시 양식을 소유하거나 그에 속하는 것으로 드러낸다. 따라서 맹인에게 대상은 '눈앞에', '가까이', '멀리', '왼쪽에', '오른쪽에' 등에 있는 것으로 드러날 수 있다.

메를로퐁티는, 아주 올바르게, 이 결과 초래되는 세계에 대한 지각의 현상학을 강조하기 위해 애썼다. 비록 지팡이는 맹인이 마주치는 대상들의 측면들에 대한 맹인의 지각의 물질적 기반(의 부분)이 되기는 하지만, 맹인은 그러한 측면들을 지팡이 안에서 발생하는 것으로 경험하지 않는다. 그것들이 지팡이를 쥔 손가락들 안에서 발생하는 것으로 경험하는 것은 더욱 아니며, 체험적 입력을 체계화하는 감각 피질 안에서 발생하는 것으로 경험하는 것 역시 더욱 아니다. 지팡이는 알아차림의 **대상**이자 알아차림의 **매개체**가 될 수 있다. 그러나 맹인이 지팡이를 사용할 때 지팡이는 알아차림의 대상이 아니라 매개체로 기능한다. 지팡이는 맹인이 알아차리는 무언가가 아니다. 맹인은 지팡이와 **더불어** 무언가를 알아차린다. 현상학적으로 맹인의 의식은 지팡이를 통과하여 세계에 이른다.

사르트르도 본질적으로 같은 종류의 지적을 했다. 사르트르는 『존재와 무』 제3부의 신체에 대한 유명한 논의에서 다음과 같이 말한다.

나는 글을 쓰는 행위에서 내 손을 파악하지 않으며, 글을 쓰고 있는 펜만을 파악한다. 즉 나는 글자를 형성하기 위해 펜을 사용하며, 펜을 잡기 위해 손을 사용하는 것이 아니다. 나는 펜과 관계할 때와 같은 활용적인 태도로 내 손과 관계하지 않는다. 나는 나의 손이다.(Sartre 1943/1957, p.426)

마찬가지로,

따라서 칼이나 쿼터스태프(4분의 1 지팡이)로 결투를 할 때 내가 눈으로 지켜보고 내가 다루는 것은 쿼터스태프이다. 글을 쓰는 행위에서 내가 종이에 표시된 선이나 사각형과 합성하여 보는 것은 펜의 끝부분이다. 그러나 내 손은 사라졌다. 내 손은 도구성의 복잡한 체계가 존재할 수 있도록 이 체계 안에서 사라졌다. 이것은 단순히 체계의 의미와 방향일 뿐이다.(*Ibid.*)

이 경우 사르트르가 현상학을 올바르게 설명했는지에 대해 정당하게 이의를 제기할 수 있다. 예를 들어 사르트르는 쿼터스태프로 결투를 해 본 경험이 거의 없는 것 같다(특히 사르트르가 시사하는 것처럼 당신이 보고 있는 쿼터스태프와 당신이 다루고 있는 쿼터스태프가 동일하다면, 당신은 고통스러운 오후를 보낼 것이라고 의심할 수 있다). 그럼에도 불구하고 일반적인 현상학적 지적은 타당하다. 내가 손으로 무언가를 할 때 현상학적으로 내 의식은 손을 통과하여 그 도구에 이른다(물론 메를로퐁티의 맹인이 보여 주듯이 보통 거기에서 멈출 필요는 없다).

몰입된 대처 경험의 현상학에 관한 메를로퐁티와 사르트르의 주장에 대해서는 거의 이의를 제기할 수 없을 것 같다. 그러나 여기에서 나는 경험의 현상학에 관한 이러한 주장들을 지향적 정향성의 근본 구조에 관한 상당히 다른 주장들로부터 구별하고 싶다. 나의 주된 관심은 후자에 있다. 또한 나는 후자의 주장이 더 근본적이라고 생각한다. 즉 현상학에 관한 주장들은 전자의 참이 후자의 참에서 파생된다는 의미에서 지향적 정향성의 구조에 관한 주장들에 근거를 두고 있다.

나는 지향적 정향성이 드러냄의 형식으로 이루어진다고 주장해 왔다. 지향적 행위는 드러내는 활동이라는 의미에서 그리고 그 한도 안에서 세상을 향해 정향되어 있다. 그렇다면 맹인의 드러내는 활동은 어디에서 발생하는가? 예를 들어 맹인이 어떤 대상을 자신의 눈앞에 있는 것으로 드러낼 때, 이러한 드러내는 활동은 어디에서 발생하는가? 부분적으로는 뇌에서 발생한다. 하지만 몸에서도 발생하며, 또한 결정적으로 지팡이 그리고 지팡이와 세계와의 상호 작용에서도 발생한다. 드러내는 활동은 그 본성상 세계 바로 앞에서 멈추지 않으며, 그 물질적 실현을 통과하여 바깥 세계 그 자체로 나아간다.

이런 식으로 지팡이를 사용할 때 지팡이의 역할은 드러냄의 **대상**이 아니라 드러냄의 **매개체**다. 흔히 관찰되는 바에 따르면, 맹인은 대상을 '지팡이 끝에 있는' 것으로 경험하지 않으며, 대상이 지팡이를 막거나 지팡이에 저항하는 것으로 경험하지도 않는다. 그런데 왜 맹인의 경험의 현상학이 이와 같아야 하는가 하는 질문은 거의 제기되지 않는다. 왜 맹인은 자신이 마주치는 대상의 측면들을 지팡이에서 발생하는 것으로 경험하지 않는가? 왜 맹인은 그것들을 지팡이를 쥐고 있는 손가락들에서 발생하는 것으로 경험하지 않는가? 맹인의 경험의 현상학에 대한 이러한 사실들은 지향적 정향성의 근본적인 본성에 근거한다. 현상학적으로 맹인의 경험은 세계 바로 앞에서 멈추지 않는다. 그 이유는 (1)이 경험이 세계를 향해 지향적으로 정향되어 있고, (2)지향적 정향성은 드러내는 활동이며, (3)드러내는 활동은 세계 바로 앞에서 멈추지 않기 때문이다. 맹인이 대상을 세계 안에 공간적으로 위치하는 것으로 경험하는 것은 대상이 지팡이의 끝에 있음 **덕분이자** 그것이 지팡이에 가하는 저항 덕분이다. 지팡이를 사용할 때 맹인은 지팡이를 경험하는 것을 멈춘다. 드러내는 활동으로서의 맹인의 경험은 지팡이를 통과하여 대상 그 자체에 이른다. 맹인의 경험이 그 대상의 측면을 드러낼 수 있는 것은 바로 이 때문이다.

통과하는 여행이라는 개념은 표면적으로 비슷한 개념인 통하여 살아 나감(living through)이라는 개념과 구별되어야 한다. 예를 들어 의식이 뇌를 통해 살아 나가는 것으로 이야기하는 것은 매우 일반적이다. 이러한 종류의 주장은 전형적으로 수반 또는 실현의 개념에 의해 특성화할 수 있는 일방향적 의존 관계를 표방한다. 이런 의미에서 의식은 뇌가 의식에 대해 책임이 있는 한, 즉 필수적인 신경 활동 없이는 의식이 존재할 수 없는 한, 뇌를 통해 살아 나간다. 이런 의미에서 맹인의 지각적 의식이 그의 지팡이를 통해 살아 나간다고 말하는 것은 참이다. 지팡이는 세계에 대한 맹인의 지각의 실현의 일부다. 그럼에도 불구하고, 비록 맹인의 지각적 의식이 자신의 지팡이를 통해 살아 나간다는 것은 참이지만, 이것이 내가 맹인의 경험을 지팡이를 통과하는 여행으로 기술하면서 의미하는 것은 아니다.

당신이 소설에 완전히 몰두해 있다고 가정해 보자. 당신의 의식은 페이지에 있는 단어들(이것들이 당신의 알아차림의 명시적 대상들은 아니지만)을 통과하여 그 단어들이 전달하는 인물들과 줄거리에 이른다. 의식이 그것의 물질적 실현을 통과하여 여행한다고 말할 때 내가 뜻하는 것은 의식이 책의 단어들을 통과하여 이러한 단어들이 묘사하는 인물들에 이르는 방식과 유사한 것이다. 이 예는 통과하는 여행이라는 개념이 근본적으로 현상학적 개념이라는 것을 시사할 수 있다. 현상학적으로, 즉 관련 경험을 하거나 겪는다는 것이 어떤 것인지에 대한 관점에서 볼 때, 맹인은 주위의 대상들을 지팡이의 변형이 아니라 세계 안의 대상들로 경험한다. 현상학적으로 그의 의식은 세계 바로 앞에서 멈추지 않는다고 말할 수 있다. 마찬가지로 소설을 읽을 때 나의 의식은 페이지 위의 단어들에서 멈추지 않고 그 단어들이 묘사하는 인물에게까지 도달한다.

그러나 통과하는 여행이라는 개념은 근본적으로 경험의 현상학이 아니라 현상학이 근거를 두고 있는 지향적 정향성의 근본적인 본성, 즉 드러냄과 관련되는 개념이다. 이런 점에서 드러내는 활동의 패러다임적 예인 **탐험**과 같은 과정들은 드러내는 활동에 대해 생각하는 데 유용한 템플릿이 된다. 내가 낯선 지형을 탐험하고 있다고 가정해 보자. 나는 공터를 가로질러 시야를 가리는 큰 나무를 향해 걸어가면서 나무 뒤에 있는 땅의 형세를 드러낸다. 이것은 드러내는 활동의 한 형식이다. 이것은 부분적으로 뇌 안에서 발생한다. 즉 만약 내 뇌가 톱밥으로 만들어졌다면, 지형의 드러남은 발생하지 않았을 것이다. 그러나 그것은 또한 내 몸, 즉 공터를 가로질러 나무를 향해 나를 추진하는 몸 안에서도 발생한다. 그리고 내가 세계 안에서 그리고 세계에 대해서 하는 일들 안에서도 발생한다. 망원경, 위성사진 등을 이용해 보다 멀리 떨어진 곳을 탐험하는 경우를 제외하면, 새롭고 낯선 지형을 탐험하기 위해서는 그 지형 안에 나 자신을 위치시키는 것이 필요하다. 즉 지형에 대한 나의 탐험은 지형 그 자체 바로 앞에서 멈추지 않는다. 물론 이러한 활동이 지향성과 동일시되어야 한다고 말하는 것은 아니다. 모든 지향성은 드러내는 활동이지만, 드러내는 모든 활동이 지향성인 것은 아니다. 여기에서 요점은 일반적으로 드러내는 활동은 머리와 몸 그리고 또한 세계 안에서 이루어지는 일이라는 것이다. 세계의 특정 영역을 드러냄은 그 본성상 그 세계 바로 앞에서 멈추지 않는다. 만약 그렇다면 그것은 정의상 실패한 것이거나 아예 드러내는 활동의 사례 자체가 되지 못할 것이다. 이런 의미에서 드러내는 활동은 본질적으로 **세계 관여적**(worldly)이다.

4. 하이데거와 거리 제거

이 다소 어려운 개념은 하이데거(1927/1962)가 옹호한 입장과 비교하면 더 명확해질 수 있다. 어떤 사람들은 하이데거와의 비교가 해명 과정에 도움 될 수 있는 **종류**의 일이라는 생각에 회의적일 수도 있는데, 이러한 반응이 전적으로 비합리적인 것은 아니다. 그러나 이런 종류의 회의론을 무시한다 하더라도 하이데거는 내가 논증을 전개해 온 개념적 장치, 즉 의식, 경험, 지향성, 제시 양식 등의 장치를 회피할 것이기 때문에 그러한 비교에 어려움이 없는 것은 아니다. 하이데거에게 이러한 것들은 '근원적' 현상이 아니라 '긍정적' 현상이다. 즉 본질적으로 그것들은 세계와 관계를 맺는 보다 기본적인 방식에서 파생된 현상이다. 그럼에도 불구하고, 하이데거는 이 주장이 표현되는 용어들을 싫어할 테지만, 하이데거의 저작에는 여기에서 전개된 주장과 밀접하게 연관되는 관념이 남아 있다. 그것은 본질적으로 **거리를 제거하는**(de-severant) 또는 **간격을 제거하는**(de-distancing) 인간(현존재, Dasein)이라는 관념이다.

'거리 제거'(De-severing)[Entfernen]는 멀리 떨어짐(farness)을 사라지게 하는 것, 즉 어떤 것의 원격성(remoteness)을 사라지게 하여 그것을 가깝게 만드는 것을 뜻한다. 현존재는 본질적으로 거리 제거적

(de-severant)이다. 즉 이것은 모든 개체를 바로 그렇게 존재하는 개체로서 가까이에서 마주치게 한다.(Heidegger 1927/1962, p. 139)

그리고 다시,

대개 거리 제거는 우선 신중하게 가까이 가져옴, 즉 어떤 것을 조달하고 준비 상태에 두고 손 가까이 둔다는 의미에서 어떤 것을 가까이에 가져오는 것이다. 그러나 순전히 인지적인 방식으로 개체들이 발견되는 특정 방식들도 개체들을 가까이 가져오는 특성을 가지고 있다. 현존재에는 가까움을 향한 본질적인 경향이 있다.(Ibid., p. 140)

예를 들어 하이데거는 길을 걷다가 본 사람을 향해 걸어가는 것과 관련하여 다음과 같이 썼다.

한 걸음 한 걸음 내딛을 때마다 그것의 촉감을 느낀다. 그것은 당장 사용할 수 있는 모든 것 중에서 가장 가깝고 실재적인 것처럼 보이며, 말하자면 신체의 특정 부분, 즉 발바닥을 따라 미끄러지는 것만 같다. 그러나 그것은 산책을 할 때 20보 정도 '떨어진' '길에서' 마주치는 지인보다 더 멀리 떨어져 있다. 신중한 관심은 환경적으로 근접하여 당장 사용할 수 있는 것이 얼마나 가깝고 먼지를 결정한다.(Ibid., p. 142)

맹인에 대한 메를로퐁티의 논의와 마찬가지로, 우리는 이 발언을 두 가지 방식으로 받아들일 수 있다. 즉 우리의 경험의 현상학에 대한 주장, 또는 의식의 구조(또는 하이데거가 선호할, **현존재**)에 대한 주장으로서 말이다. 하이데거가 어떤 방식으로 생각하고자 하는지는 분명하다. 그는 거리 제거(de-severance)를 **현존재**를 구성하는 특징으로 간주한다. 실제로 이것은 그가 경험의 현상학을 근원적인 것이 아니라 긍정적인 것으로 간주한 결과다. 현상학적 내용이 긍정적이라고 주장하는 것은 그것이 더 기본적인 것에서 파생된 것이라고 주장하는 것이다. 그리고 하이데거에게 이러한 보다 기본적인 요소는 그가 **현존재**라고 불렀던 자기 해석적인 세계 드러냄의 형식이었다. 하이데거는 거리 제거를 **현존재**의 근본적인 구성적 특징, 즉 긍정적 현상이라기보다는 근원적 현상으로 간주했다. 따라서 그가 시각현상학의 본성에 대해 비교적 평범한 주장을 하는 것으로 만족하지 않았다는 것은 상당히 분명하다.

나는 사실상 통과하는 여행이라는 현상학적 개념과 통과하는 여행의 구조적 버전 사이의 관계에 대해 비슷한 입장을 주장해 왔다. 즉 전자가 후자에 근거를 두고 있다는 것이다. 메를로퐁티의 맹인의 주변 환경의 대상들은 지팡이 끝에 위치해 있다. 그러나 그는 그것들을 그렇게 경험하지 않는다. 그의 의식은 지팡이를 통과하여 대상 자체에 이른다. 맹인이 경험하는 방식으로 세계를 경험하는 것이 어떤 것인지에 대한 현상학에 관한 주장으로 이해될 때 이러한 주장은 실제로 논쟁의 여지가 없다. 하지만 다른 한편으로는 특별히 심오한 주장도 아니다. 내가 생각하기에 이 주장은 지향적 정향성의 본성이나 구조에 대한 주장으로 이해될 때 훨씬 더 중요하다. 지향성은 드러내는 활동이며, 이러한 활동은 부분적으로 지팡이(그리고 뇌와 신체 등)에서 발생한다. 지팡이는 맹인의 드러내는 활동이 (부분적으로) 일어나

는 곳으로 맹인의 뇌만큼이나 정당하게 간주될 수 있다. 맹인의 드러
내는 활동의 본성은 그것이 그의 뇌를 통과하고, 그의 몸을 통과하며,
그의 지팡이를 통과하여, 바깥 세계 자체로 여행한다는 것이다.

이 일반적인 관념을 다른 방식으로 표현할 수도 있다. **멀리 떨어진
곳에는 지향성이 없다는 것이다.** 지향성 개념에 대해 강의실에서 토론
할 때 우리는 어떤 사람의 심적 표상과 그 표상이 가리키는 외부 항목
사이에 있는 공백을 가로지르는, 분필로 그린 화살표를 발견할지도
모른다. 그러나 지향적 정향성은 이와 결코 같지 않다고 나는 주장했
다. 지향적 정향성은 드러내는 활동이며, 드러내는 활동은 공허한 상
태에서 일어나지 않는다. 활동은 항상 무언가에 의해 그리고 무언가
와 더불어 이루어진다. 하이데거의 예를 들자면, 내가 20보 떨어진 거
리에서 지인을 볼 때, 나는 길거리에 있는 것을 (아마도 다른 무엇보
다도) 내가 아는 사람으로 시각적으로 드러냄으로써 그렇게 하는 것
이다. 그러나 이 경우 맹인의 지팡이와 유사한 것은 무엇인가? 나의
드러내는 활동에 근거를 마련해 주거나 형식을 부여할 수 있는 지향
적인 에테르는 무엇인가? 다시 말해, 드러냄의 매개체, 즉 내 의식이
내 지인에게로까지 통과하여 여행하는 매개체는 무엇인가?

5. 지각적 드러냄의 매개체

시각 장애가 없는 주체의 드러내는 활동을 생각해 보자. 이러한 활동
을 눈 자체에서 일어나는 과정들과 뒤따르는 신경 처리 작업들에만
국한된 것으로 생각하고 싶은 유혹이 있을 수 있으며, 실제로 보통 이

렇게들 생각한다. 물론 이러한 과정들은 드러냄의 대상이 아니라 드러냄의 매개체다. 나는 이러한 과정들에 대해 알아차리지 않는다. 나는 이러한 과정들과 **더불어** 혹은 이들 **덕분에** 다른 것들을 알아차린다. 내가 알아차리는 다른 것들, 즉 나의 알아차림의 **경험적** 대상들과 비교할 때, 이러한 과정들의 지위는 **초월론적**이다. 이러한 과정들은 세계에 대한 나의 인과적 드러냄의 일부를 형성한다.

그러나 세계에 대한 나의 인과적 드러냄은 이러한 내적 과정들에 국한되지 않는다. 나의 눈과 뇌에서 일어나는 다양한 신경 과정들 외에 내가 세계에서 수행하는 다양한 활동들도 있다. 이러한 활동들도 세계에 대한 나의 인과적 드러냄의 일부를 형성한다. 이러한 활동들을 서로 다르지만 부분적으로 겹치는 세 가지 유형, 즉 (i)도약안구운동, (ii)감각운동적 상호의존성의 식별과 관련된 탐사 및 탐색 활동 그리고 (iii)광배열의 조작 및 활용으로 구분하는 것이 유용하다. 이러한 범주들이 시지각에 적합한, 신경 외적으로 이루어지는 드러내는 활동의 종류들을 모두 망라하지는 않는다. 하지만 이 범주들은 절대적으로 핵심적이다.

도약안구운동 시각 작업을 수행할 때 눈은 다양한 움직임, 즉 단속적인 안구 운동에 관여한다. 야르부스(A. Yarbus 1967)는 (i)상이한 과제들은 상이한 스캔 경로들로 귀결되며, (ii)도약안구운동의 패턴은 시각 과제의 본성과 체계적으로 관련되어 있다는 것을 입증했다. 유명한 일련의 실험들에서 야르부스(1967)는 피험자들에게 어떤 그림을 보기 전에 특정 과제를 수행하도록 요청했다. 그 그림은 여섯 명의 여성과 한 명의 남성 방문객을 보여 주고 있었다. 피험자들은 다음 중 하나를 선택하도록 요청받았다.

1. 그림을 자유롭게 보기.
2. 그림에 등장하는 인물들의 나이 판단하기.
3. 방문객이 도착하기 이전에 인물들이 무엇을 하고 있었는지 추측하기.
4. 사람들이 입었던 옷 기억하기.
5. 방에 있는 물건들의 위치 기억하기.
6. 그림 속 인물들이 방문객을 본 지 얼마나 오래되었는지 추정하기.

야르부스는 요청 과제가 피험자가 취하는 시각적 스캔 경로에 영향을 미친다는 사실을 입증했다. 즉 과제가 다르면 시각적 스캔 경로가 상당히 달라졌다. 그림 속 인물들의 외모에 관한 질문(가령 나이에 관한 질문)을 받은 피험자들은 얼굴 주변 부위에 초점을 맞추었다. 그림의 주제에 관한 질문을 받은 피험자들은 그림 전반의 다양한 지점들에 초점을 맞추었다. 또한 주제에 따라 스캔 경로도 달라졌다. 예를 들어 방문객이 도착하기 전에 인물들이 하고 있던 일이 무엇인지 질문받은 피험자들은 그 가족이 방문객을 마지막으로 본 지 얼마나 되었는지 추정하도록 요청받은 피험자들과 다른 스캔 경로를 이용했다. 야르부스는 일반적으로 스캔이 작업의 본성에 따라 체계적으로 달라진다는 것을 보여 주었다.

도약안구운동과 그러한 움직임이 위치해 있는 보다 일반적인 검색 패턴은 지각적 드러냄의 매개체의 일부다. 지난주에야 본 사람이라는 것은 대상에 대한 경험적 제시 양식이다. 몇 년 동안 보지 못한 사람이라는 것도 마찬가지다. 여기에서 기술된 종류의 맥락에서 나의 안구 운동 스캔 경로는 세계가 그와 더불어 또는 그 덕분에 하나 또는 다른 경험적 제시 양식, 가령 방문객을 지난주에 본 사람들의 집합이 아니라 수년 동안 보지 못한 사람들의 집합을 포함하는 제시 양식에 속하는 것으로 드러나게 되는 수단의 일부다.

물론 안구 운동 스캔 경로는 알아차림의 대상이 아니다. 우리는 보통 시각 장면에서 정보를 추출할 때 우리 눈이 무엇을 하고 있는지 거의 또는 전혀 알지 못한다. 현상학적으로, 보통 우리는 눈의 움직임을 알아차리는 것이 아니라 이러한 움직임의 도움으로 우리가 드러내는 것, 즉 경험적 제시 양식에 속하는 대상을 알아차린다. 그리고 우리가 알아차리는 것이 무엇이고 알아차리지 못하는 것이 무엇인지에 대한 이러한 현상학적 주장은 지향적 정향성의 본성에 관한 더 깊은 주장에 근거한다. 드러내는 활동으로서의 지향적 정향성은 드러나게 되는 대상에까지 쭉 이른다. 이 경우 지향적 정향성은 도약안구운동을 통과하여 바깥 세계 자체로 여행한다.

감각운동 활동 2장과 3장에서 살펴본 시각 경험에 대한 행화적 또는 감각운동적 설명을 떠올려 보자. 이러한 설명은 특정 종류의 활동, 즉 주어진 시각 장면과 관련된 감각운동 상호의존성을 식별하기 위해 필요한 탐사 또는 탐색 활동에 중심적인 역할을 부여한다. 앞서 나는 행화적 설명이 확장된 마음의 버전으로 적절하게 간주될 수 있는지에 대해 의문을 제기한 바 있다. 여기에서는 단순히 탐색적 시각 활동의 역할에 초점을 맞추고자 한다. 행화적 설명이 확장된 설명과 같은 종류의 것이든 아니든, 행화적 설명이 언급하는 종류의 탐색적 활동들이 지각적 드러냄의 매개체라는 것은 여전히 참이다. 그리고 이 후자의 주장이 현재의 목적에 필요한 전부다.

데닛(D. Dennett 1991)의 예를 들어 앤디 워홀풍의 마릴린 먼로 사진들이 걸린 벽을 보고 있다고 가정해 보자. 당신의 중심와 시각은 이 사진들 중 서너 장만 마주할 수 있으며, 중심와 주변 시각은 마릴린을 구불구불한 모양과 구별할 수 있을 만큼 정확하지 않다. 그럼에도 불구하고 당신에게는 마릴린 서넛이 수많은 구불구불한 모양들에 둘러싸여 있는 벽이 아니라 마릴린들로 채워진 벽과 대면하고 있는 것처럼 보인다. 마릴린들로 채워진 벽 전체는 당신에게 현상학적으로 현전한다.

현상학적 현전의 이러한 의미에 대해 행화적 해석이 내놓은 설명은 간단하고 명쾌하다. 첫째, 모든 것, 즉 마릴린들로 채워진 벽 전체를 보고 있다는 우리의 인상은 눈을 살짝만 움직여도 벽의 어느 부분이든 마음대로 처리할 수 있다는 사실에서 비롯된다. 이것은 우리에게 벽 전체가 즉시 이용 가능하다는 인상을 준다.(O'Regan and Noë 2001, p. 946) 이 인상이 잘못된 것일까? 보는 것이 보이는 세계의 일부와 같은 구조의 내부 표상의 생성으로 이루어지는 것이라고 할 때에만 이는 잘못된 것이 될 것이다. 반면에 우리가 보는 것이 환경적 탐사의 결과와 감각운동 상호의존성의 법칙에 대한 지식의 결합으로 이루어진다는 것을 받아들인다면, 우리는 실제로 전체 장면을 보고 있다고 할 수 있는데, 왜냐하면 세계에 대한 탐사야말로 우리가 한 측면에서 다음 측면으로 주의를 돌릴 때 정확히 우리가 하는 일이고, 이러한 법칙에 대한 지식이야말로 이때 우리가 갖는 것이기 때문이다.

둘째, 우리의 주의를 시각 세계에 마음대로 겨냥하는 우리의 능력에 더하여, 시각 체계는 **일시적인 시각 자극들**(visual transients)에 특별히 민감하다. 일시적인 시각 자극이 발생하면, 낮은 수준의 '주의를 끄는' 메커니즘이 그 일시적 자극이 발생하는 위치로 처리 작업을 자동적으로 향하게 하는 것 같다. 이는 환경에서 어떤 일이 발생하면 처리가 그쪽으로 향할 것이기 때문에 일반적으로 의식적으로 그것을 보게 된다는 것을 의미한다. 이는 우리가 변화할 수 있는 모든 것을 주시하고 있으며, 따라서 의식적으로 모든 것을 보고 있다는 인상을 준다. 그리고 보는 것이 탐색 활동과 그러한 탐색에 동반되는 감각운동 상호 의존성에 대한 지식의 결합으로 이루어진다면 이러한 인상은 잘못된 것이 아니다. 우리는 실제로 모든 것을 본다. 그렇지 않다는 의심은 보는 것이 외부 세계에 대응하는 내부 표상의 생성으로 이루어진다는 생각에 대해 남아 있는 집착에서 비롯된 것이다.

시각 장면의 어느 한 부분으로 주의를 마음대로 돌리거나, 일시적인 시각 자극에 의해 장면의 어느 한 부분으로 주의가 쏠리는 것, 이 두 가지 모두 탐사 또는 탐색 활동의 예다.[4] 이러한 종류의 활동은 안구 운동 스캔 경로와 마찬가지로 지각적 드러냄을 위한 매개체이다. 시각 세계는 부분적으로 이 매개체와 더불어 혹은 이 매개체 덕분

---

4 물론 이 주장은 행화적 접근 방식이 확장된 마음의 한 형식을 함의하는지에 대한 나의 앞선 문제 제기와 양립 가능하다. 반복하자면 핵심 질문은 다음과 같다. 즉 행화적 접근 방식은 세계를 탐색하는 능력의 발휘를 요구하는가, 아니면 단순히 탐색하는 능력만 요구하는가 하는 것이다. 만약 전자를 요구한다면 행화적 모델은 확장된 마음의 한 버전으로서 자격이 있다. 그렇지 않다면, 그것은 그러한 자격이 없다. 물론 이 절에서 나의 관심은 탐색 과정 그 자체, 즉 능력의 발휘에 있다.

에 그것이 존재하는 방식대로 드러나게 된다. 즉 이 활동은 세계의 특정 부분이 하나 또는 다른 경험적 제시 양식에 속하는 것으로, 가령 '불확정적인 형태들로 채워진 벽'이라는 제시 양식이 아니라 '마릴린 들로 채워진 벽'이라는 경험적 제시 양식에 속하는 것으로 드러나도록 해 주는 활동이다. 이러한 탐사적이고 탐색적인 활동은 우리가 세계를 시각적으로 경험할 때 보통 알아차리는 것이 아니다. 우리는 이러한 활동에 대해 알아차리는 대신 그러한 활동과 **더불어** 세계를 시각적으로 경험한다. 즉 세계는 이러한 활동과 더불어 하나 또는 다른 경험적 제시 양식에 속하는 것으로 우리에게 드러나게 된다. 다시 말하면, 이러한 활동은 세계를 인과적으로 드러내는 매개체들 중 하나이며, 시각의 경우 세계를 향한 우리의 지향적 정향성이 달성되거나 일어나게 해 주는 수단의 일부다. 이러한 것으로서 우리의 시각적 의식은 눈과 뇌에서 일어나는 과정 못지않게 이러한 활동을 통해 살아 나가고 여행한다.

광배열의 조작   이제 앞서 제시한 시지각에 대한 깁슨(1966)의 설명을 생각해 보자. 깁슨의 설명의 핵심 요소는 지각하는 유기체가 광배열에 작용하여 이를 변환시킴으로써 그러한 작용 이전에도 존재하긴 했지만 이용할 수는 없었던 정보를 스스로에게 이용 가능하게 만든다는 것이다. 관찰자가 움직이면 광배열이 변환되고, 이러한 변환들에는 세계 내 대상들의 배치, 형태, 방향에 대한 정보가 포함되어 있다. 좀 더 구체적으로 말하자면, 한 광배열을 이와 체계적으로 관련된 다른 광배열로 변환하는 등 주변 광배열에 변환을 일으킴으로써 지각하는 유기체는 깁슨이 광배열에 포함된 **불변** 정보라고 부르는 것을 식별하고 제 것으로 활용할 수 있다. 이 정보는 하나의 정적인 광배열 자체에 포함된 것이 아니라 하나의 광배열로부터 다른 광배열로 변환되는 과정에 포함된 정보다. 한 광배열을 다른 광배열로 변환하는 것의 올바른 기능은 이 불변 정보의 지위를 단순히 존재하는 것에서 이용 가능한 것으로 변환하는 것이다.

지각하는 유기체 측의 움직임에 의해 수행되는 광배열의 조작은 지각적 드러냄을 위한 또 다른 수단이다. 지각하는 유기체는 자신의 조작 활동을 알아차릴 필요가 없으며, 보통 알아차리지 않는다. 이러한 활동은 드러냄의 매개체이지 드러냄의 대상이 아니다. 즉 이러한 활동은 지각하는 유기체가 환경의 특정한 특징들을 그와 **더불어** 혹은 그 덕분에 알아차리게 되는 활동이며, 보통 유기체가 그에 **대해** 지각적으로 알아차리는 활동은 아니다. 현상학적으로 유기체의 지각적 알아차림은 활동을 통과하여 그 활동이 부분적으로 유기체에 드러내는 세계에까지 이른다. 결정적으로, 환경에 대한 유기체의 지각적 드러냄은 어디에서 발생하는가? 그것은 부분적으로 활동이 발생하는 모든 곳에서 발생한다. 그리고 이러한 활동은 외부 광배열 바로 앞에서 멈추지 않는다. 우리의 조작이 외부 구조에까지 이르지 않으면 외부 구조를 조작할 수 없다.

안구 운동 스캔 경로 및 감각운동 탐사와 마찬가지로 광배열의 조작은 세계를 인과적으로 드러내는 매개체들 중 하나다. 즉 시지각의 경우 광배열의 조작은 세계를 향한 우리의 지향적 정향성을 불러일으키는 매개체들 중 하나다. 다시 말해, 광배열의 조작은 세계의 일부가 이런저런 경험적 제시 양식에 속하는 것으로 드러나게 되는 수단들 중 하나다. 우리의 시각적 의식은 눈과 뇌에서 일어나는 과정들

못지않게 이러한 조작 활동을 통과해 살아 나가고 여행한다.

6. 오토의 귀환

지금까지의 이야기는 다음과 같다. 지향성, 즉 세상을 향한 지향적 정
향성은 드러내는 활동으로 이해되어야 한다. 이것은 세계가 하나 또
는 그 이상의 측면 또는 경험적 제시 양식에 속하는 것으로 주체에게
제시되도록 해 주는 활동이다. 지향적 정향성이 드러내는 활동으로
이루어진다면, 지향적 정향성은 이러한 드러내는 활동이 발생하는 모
든 곳에서 발생한다. 이러한 활동은 여러 곳에 존재한다. 눈과 뇌에서
일어나는 과정들도 이러한 드러내는 활동의 일부가 될 수 있다. 눈과
뇌에서 일어나는 과정들도 분명 드러내는 활동의 일부이며, 그 덕분
에 주체에게 세계가 특정한 방식으로 존재하는 것으로, 즉 특정한 경
험적 제시 양식에 속하는 것으로 드러나게 될 수 있다. 그러나 지향성
을 구성하는 드러내는 활동이 뇌 내부에서 일어나는 과정들에만 국
한된다고 생각할 이유는 거의 없다. 우리가 세계 안에서 그리고 세계
에 대해 하는 어떤 일들은, 신경 과정들 못지않게, 주체에게 세계를 특
정한 경험적 제시 양식에 속하는 것으로 드러내는 활동의 일부가 될
수 있다. 메를로퐁티의 맹인이 지팡이를 사용하여 자신으로부터 특정
한 방향에 자리한 대상들을 포함하는 것으로 세계를 자신에게 드러낼
때, 이것은 그가 세계를 드러내는 활동의 일부다. 시각 장애가 없는 주
체가 시각적으로 제시된 장면에서 두드러진 정보를 식별하기 위해 특
정 안구 운동 스캔 경로를 이용하는 경우, 이는 그 주체의 드러내는 활

동의 일부다. 그가 감각운동 상호의존성을 드러내는 방식으로 세계를 탐사하고 탐색할 때, 이러한 탐사와 탐색은 그의 드러내는 활동의 일부를 형성한다. 이전에 존재하긴 했지만 이용할 수는 없었던 정보를 이용 가능하게 만들기 위해 광배열을 조작할 때, 이 역시 드러내는 활동의 일부가 된다. 지향성이 드러내는 활동으로 이루어진다면, 이러한 지향성은 뇌 내부에서 일어나는 과정들에만 국한되지 않는다.

지금까지의 논의를 통해 두 가지를 알 수 있다. 첫째, 드러내는 활동으로서의 지향성에 대한 일반적 모델이 있다. 둘째, 지각, 특히 시지각에 대한 이러한 일반적 모델의 적용이 있다. 그러나 연합된 마음, 즉 체화된 마음과 확장된 마음이 결합된 마음은 단순히 지각에 관한 이론이 아니라 인지 전반에 관한 이론이다. 따라서 다음 단계는 초점을 전환하여 드러내는 활동으로서의 지향성 모델을 인지 과정들에 보다 일반적으로 적용하는 것이다. 이 목표를 염두에 두고 클라크와 차머스가 제시한 오토의 사례로 돌아가 보겠다.

방금 신문에서 읽은 전시회가 보고 싶은 마음에 오토는 자신의 수첩을 살펴보고, 현대미술관이 53번가에 있다는 것을 알게 된다. 확장된 마음에 대한 클라크와 차머스의 (적어도 일반적으로 이해되는) 버전에서 오토의 수첩에 있는 항목은 그의 믿음들 중 하나와 동일하다. 앞서 설명한 이유로 나는 이 주장을 지지하지 않는다. 오토의 수첩에 있는 문장 토큰들은 믿음 토큰들과 동일시하기에는 **잘못된** 종류의 토큰들이다. 따라서 오토의 수첩에 있는 문장들을 토큰 인지적 상태들과 동일시해서는 안 된다. 반면 확장된 마음에 대한 내 버전에 따르면, 자신의 수첩에 대한 오토의 조작은 그가 미술관의 위치를 기억하는 과정의 일부로 간주된다. 여기에서 옹호하는 지향적 정향성에 대한 설명이 맞다면, 왜 그렇게 간주되어야 하는지 분명하다. 수첩의 조작은 세계를 인과적으로 드러내는 매개체의 일부를 형성한다. 즉 수첩을 조작하는 활동은, 기억의 경우, 세계를 향한 오토의 지향적 정향성이 일어나게 하는 수단의 일부다. 수첩을 조작하는 행위는 부분적으로 세계가 오토에게 특정한 경험적 제시 양식에 속하는 것으로 기억 속에서 드러나게 해 준다. 즉 오토의 활동 덕분에 미술관은 53번가에 위치함이라는 경험적 제시 양식에 속하는 것으로 드러나게 된다. 세계를 향한 오토의 지향적 정향성은 수첩의 조작을 통과해 살아 나가고 여행한다. 왜냐하면 이 조작은 부분적으로 그에게 세계를 기억 속에서 어떤 방식으로 존재하는 것으로 드러내는 것에 다름 아니기 때문이다.

수첩에 대한 오토의 조작을 그의 기억하기 과정의 일부로 간주하는 것이 합당한 것은 이 때문이다. 이 조작은 세계를 향한 그의 지향적 정향성, 즉 이 경우 기억하기의 형식을 취하고 있는 지향적 정향성의 매개체의 일부다. 앞서 주장했듯이 빈 공간에는 어떤 지향적 정향성도 없다. 지향적 정향성은 항상 이런저런 매개체들, 이렇게 말해도 된다면, 지향적 에테르를 통해 발생한다. 오토의 경우, 매개체들은 부분적으로 뇌 과정들, 예를 들어 오토가 페이지 위에 적힌 문장을 찾아내고 그 문장의 내용에 대한 믿음들을 형성하는 것을 허용해 주는 뇌 과정들이다. 신체적 과정들, 가령 오토의 팔, 손, 손가락이 수첩을 조작할 수 있는 방식으로 움직이도록 허용해 주는 신체적 과정들도 있다. 마지막으로 이러한 과정들은 환경적 과정들, 즉 지금까지 오토가 이용할 수 없었던 정보를 이용할 수 있도록 수첩을 조작하는 과정들이기도 하다. 오토의 경우, 이러한 모든 과정들(신경적·신체적 그리고 환경적)은 세계를 특정한 경험적 제시 양식에 속하는 것으로 기억 속에서 드러내는 전체 과정의 적절한 부분들을 형성한다. 그런데 세계를 특정한 경험적 제시 양식에 속하는 것으로 기억 속에서 드러낸다는 것은 곧 세계를 주어진 경험적 제시 양식에 속하는 것으로 기억한다는 것이다. 기억한다는 것은 단순히 기억 속에서 세계를 드러내는 것이다. 따라서 오토의 경우에는 이러한 모든 과정들, 즉 신경적·신체적 그리고 환경적 과정들 모두 기억하기의 전체 과정의 부분을 형성하는 것으로 적절하게 간주될 수 있다.

오토의 사례를 이해하는 이러한 방식에는 또 다른 장점이 있다. 즉 이러한 이해 방식은 많은 사람들이 확장된 마음에 대한 중요한 반론으로 여기는 것을 해소할 수 있게 해 준다. 오토가 자신의 수첩을 참조하는 것을 기억 과정의 일부로 간주하는 것에 대한 한 가지 반대는 오토가 자신의 수첩에 접근하는 방식이 잉가가 자신의 기억에 접근하는 방식과 근본적으로 다르다는 점이다. 수첩에 대한 오토의 접근 방식은 지각적이지만 자신의 기억이나 믿음에 대한 잉가의 접근 방식은 그렇지 않다는 것이다. 이 반론을 고려하면서 클라크와 차머스는 반론의 전제를 받아들인다. 수첩의 항목에 대한 오토의 접근 방식은 정말로 지각적이지만 자신의 신념에 대한 잉가의 접근 방식은 그렇지 않다고 말이다. 하지만 이들은 이러한 차이 때문에 수첩의 항목은 오토의 믿음 가운데 하나로 간주될 자격이 없다는 것을 부정한다. 접근 양식의 차이가 이러한 실격을 초래할 만큼 충분히 중요하지는 않다는 것이다. 이들이 제시한 아놀드 슈왈제네거의 「터미네이터」 장르의 사이보그를 생각해 보자. 저장된 정보(세계와 내부 상태들 모두에 대한 정보)에 대한 터미네이터의 접근은 가상적 시각 디스플레이 장치(VDU)상의 준(準)지각적 디스플레이 형식을 취한다. 그런데 이러한 사실이 적절한 가상 디스플레이가 활성화될 때, 가령 도주하는 용의자가 정말로 존 코너라는 믿음을 터미네이터에게 속한 믿음으로 간주할 수 없게 하는 것 같지는 않다. 어떤 항목이 믿음으로 간주되는지 여부는 그 항목에 접근하는 양식에 의해 본질적으로 결정되는 것이 아니다. 앞서 살펴본 바와 같이 클라크와 차머스에게 결정적인 것은 항목의 기능적 역할이다.

이전 장에서 나는 오토 사례의 교훈이 그의 수첩에 적힌 항목들이 그의 믿음의 하위 집합의 자격을 갖는다는 것이라는 점을 의심하는 몇 가지 이유를 제시했다. 나는 상태보다는 과정의 관점에서 결론의 틀을 짓는 것이 더 타당하다고 주장했다. 수첩에 대한 오토의 조작은 적절한 상황에서는 기억 과정의 일부로 간주될 수 있다는 것이다. 그러나 내가 이 절에서 전개하고자 하는 주장은 오토의 사례를 상태의 관점에서 이해할 것인지, 과정의 관점에서 이해할 것인지와 무관하다. 따라서 다른 맥락들에서는 덜 바람직한 일이 될 수도 있겠지만 이어질 나의 논의는 확장된 마음에 대한 클라크와 차머스의 버전을 따를 것이다.

클라크와 차머스의 답변이 갖는 문제점은 확장된 마음에서 자유주의적 기능주의가 수행하는 역할에 대한 앞선 논의에서 아마도 분명하게 드러난다. 물론 기능적 역할에 대한 대부분의 설명에서는 믿음에 대한 접근 양식도 믿음의 기능적 역할의 일부로 간주될 것이다. 어떤 항목의 기능적 역할은 그 항목의 전형적인 원인과 전형적인 결과에 의해 정의되기 때문이다. 그러나 가상적 VDU의 전형적인 결과는 전통적으로 이해되는 믿음의 결과와는 다를 수 있다. 예를 들어 가상적 VDU의 인과적 결과 중에는 내가 특정 종류의 시각 경험을 하고 있다는 믿음이 있을 것이다. 그런데 이것은 전통적인 형식의 믿음에는 해당되지 않을 것이다. 따라서 이 경우 인과적 역할은 사실상 구별된다. 따라서 오토에 대한 우리의 주장을 정당화하기 위해 믿음에 대한 기능주의적 설명에 의존한다면, 우리는 그의 수첩에 있는 항목들이 그의 믿음의 자격을 갖는다는 것을 부정해야 할 것이다. 이를 해결할 수 있는 유일한 방법은 문제의 기능적 차이를 심리적 상태나 과정을 입력하는 방식에 차이를 만들 만큼 중요하지 않은 얕은 종류의 차이로 간주하는 것이다. 하지만 이 방법은 기능적 역할의 이러한 중요하지 않은 측면들은 제거하는 반면 중요한 측면들은 보존하는, 기능을 기술하는 보다 추상적인 수준이 있다고 생각할 때만 효과가 있을 것이다. 다시 말해, 이러한 보다 추상적인 기능적 설명은 기능적 역할의 특정 측면들이 안전하게 무시되기에 충분할 만큼 덜 중요하다는 주장을 정당화하도록 해 줄 수 있다. 그러나 이는 우리가 짐작할 수 있듯이 자유주의적 형식의 기능주의와 쇼비니즘적인 형식의 기능주의 사이의 논쟁으로 우리를 바로 되돌아가게 한다. 그리고 우리를 (i)교착 상태의 가능성 그리고 더 심각하게는 (ii)연합된 마음의 확장된 분파와 체화된 분파 사이의 답보 상태로 되돌아가게 한다.

내가 전개한 지향적 정향성에 대한 설명은 심리적 종류에 대한 기능적 설명의 적절한 수준이라는 문제를 회피할 수 있게 해 준다. 이 책에서 전개된 지향적 정향성에 대한 설명의 관점에서 볼 때, 오토의 수첩 항목들에 대한 오토의 접근 방식은 지각적이지만 잉가의 믿음에 대한 잉가의 접근 방식은 그렇지 않다는 주장은 물론 사실이다. 그러나 이러한 주장은 오해의 소지가 있고, 또한 논점과 무관하다. 먼저 왜 오해의 소지가 있는지 생각해 보자. 오토가 수첩을 보고 "현대미술관은 53번가에 있다"라고 읽을 때, 이 시각 경험의 현상학은 무엇인가? 그는 단어와 글자들을 알아차리고 있을까? 이것이 읽기의 시각적 현상학 전반에 대해 사고하는 올바른 방식일까? '알아차린다'의 한 가지 의미에서 보면, 우리는 읽기를 할 때, 우리가 읽고 있는 단어들과 그 단어들을 구성하는 글자들을 알아차린다. 이러한 알아차림의 의미가 어떤 것인지에 대해서는 적절한 때 좀 더 자세히 살펴볼 것이다. 지금은 단순히 오토가 자신의 수첩에 적힌 단어와 문장들을 알아차리고 있다고 가정해 보자. 이런 의미의 알아차림이 없다면 오토는 책을 읽는다고 생각될 수 없다.

그러나 이것이 오토가 알아차리는 **전부**라고 가정하는 것은 읽기의 현상학의 참된 본성을 가리는 실수가 될 것이다. 읽기를 할 때 읽기가 잘 진행되고 있다면, 우리는 페이지에 있는 단어들이 아니라 그 단어들이 기술하는 것, 즉 그 단어들의 의미를 알아차린다. 페이지에 있는 단어들이나 글자들만 알아차리는 것은 물론이고, 심지어 이것들을 주로 알아차리는 것도 지향성이 방해받거나 다른 방식으로 좌절되었다는 확실한 신호다. 앞서 하이데거가 이런 식으로 지향적 정향성을 방해할 수 있는 환경적 와해의 종류에 대해 논의한 것을 살펴봤다. 이를 오토에게 적용하면, 가령 그의 글씨체가 특별히 또렷하지 않아서 문장 일부의 불분명한 낙서가 '5'인지 '3'인지 알아내야만 하는 경우, 오토는 문장을 열중하여 응시해야 할 것이다. 이러한 상황에서 오토는 페이지에 있는 단어들만 주로 알아차리고 그 단어들의 의미는 알아차리지 못할 수도 있다. 그러나 이러한 상황은 비정상적이다. 하이데거를 따라 우리는 다양한 수준의 환경적 와해(눈에 띔, 강요, 버팀)를 심각성의 다양한 정도에 따라 상상할 수 있을 것이다. 어쩌면 오토는 몇몇 문장들을 읽기 위해 안경을 써야만 하지만, 안경을 쓴 후에는 책과의 통상적인 신중한 교섭을 재개할 수 있을지도 모른다(눈에 띔). 안경을 쓴 상태에서조차 몇몇 문장들이 분명하게 읽히지 않아서 문장의 내용을 해독하기 위해 문장을 열중해서 응시해야 할 수도 있다(강요). 또는 수첩이 아무 데서도 보이지 않아서 오토는 수첩 없이 어떻게 대처할 수 있을지 고민해야 할 수도 있다(버팀).

그러나 이는 모두 무언가가 잘못되었을 때 발생하는 상황이다. 정상적인 상황에서는 사정이 전혀 그렇지 않다. 여기서 '정상'과 관련된 의미는 통계적이라기보다는 규준적인 의미로, 어쩌면 오토에게는 일이 잘못되는 경우가 더 많을지도 모른다. 일이 기대되는 대로 진행되고 있는 정상적인 상황에서 오토의 의식은 수첩에 적힌 단어들을 통과해 그 단어들의 의미에 이른다. 그는 "현대미술관은 53번가에 있다"라는 문장을 주로 알아차리는 것이 아니다. 그가 알아차리는 것은 현대미술관이 53번가에 있다는 사실이다. 마찬가지로 잉가는 자신의 신경적 상태를 알아차리지 못한다. 그녀의 의식은 이러한 상태들을 통과해 이러한 상태들의 내용, 즉 현대미술관이 53번가에 있다는 사실에 이른다. 두 경우 모두에서, 유감스런 환경적 상황에 의해 방해받지 않을 때, 오토와 잉가의 지향적 정향성은 그 물질적 실현을 통과해 세상 자체에 이른다.

시각적 현상학에 대한 호소가 궁극적으로 무관한 것은 이 때문이다. 왜 그런지 알아보기 위해 오토가 "현대미술관은 53번가에 있다"는 문장을 어떤 의미로 알아차리는지 생각해 보자. 그가 이 문장을 알아차리고 있다고 가정하고 싶은 뚜렷한 유혹은 이전 장들에서 확인하고 살펴본 혼동, 즉 '~에 대한 알아차림'과 '~과 더불어 알아차림' 간의 혼동에서 비롯된다. 근본적으로, 일이 기대대로 진행되고 있을 때 오토는 이 문장을 알아차리지 않는다. 즉 이 문장은 행위의 지향적 대상이 아니다. 오토가 알아차리는 것은 다른 것, 즉 미술관의 위치라는 사실이며, 오토는 이를 자신의 수첩에 나오는 문장과 더불어 알아차리거나 그 덕분에 알아차린다. 이 문장은 부분적으로 오토에게 미술관이 속하는 경험적 파악 양식, 즉 53번가에 위치함을 드러낸다. 수첩에 대한 오토의 조작은 잉가가 자신의 기억을 참조하는 것 이상도 이하도 아니며, 기억 속에서 세계를 주어진 경험적 제시 양식에 속하는 것으로, 즉 53번가에 위치한 현대미술관을 포함하는 것으로 드러내는 방식이다. 따라서 오토가 수첩을 조작하는 것은 세계를 드러내는 방식이며, 그의 의식은 보통 페이지 위의 단어들을 통과해 그 단어들의 의미에 이른다.

잉가의 신경적 상태와 오토의 수첩 항목들은 모두 드러냄의 매개체다. 잉가와 오토는 이 항목들과 더불어 세계 안의 대상들을 알아차린다. 이 항목들이 모두 이런 종류의 항목들인 이유는 이들 모두가 부분적으로 하나 또는 그 이상의 경험적 제시 양식에 속하는 대상들을 포함하는 것으로 세계를 드러내는 매개체이기 때문이다. 이런 의미에서 이 둘은 잉가와 오토의 드러내는 활동의 매개체이다. 이것들은 부분적으로 세계를 특정한 방식으로 존재하는 것으로, 즉 53번가에 위치한 현대미술관을 포함하는 것으로 드러나게 해 주는 매개체이다. 이러한 사실은 수첩에 대한 오토의 조작을 그의 기억 과정의 일부로 간주하는 것을 정당화해 준다. 수첩에 대한 오토의 조작은 그가 세계를 인지적으로 드러내는 매개체의 일부를 구성한다. 기억 속에서 미술관은 '53번가에 위치한' 경험적 파악 양식에 속하는 것으로 드러난다. 수첩에 대한 오토의 조작은 이러한 드러냄의 매개체의 일부를 구성한다. 그렇기 때문에 조작은 인지 과정의 일부, 즉 인지적 부분으로 간주되어야 한다.

7. 드러냄과 인지적 드러냄

나는 이 입장을 패러디하려는 시도를 이미 상상할 수 있다. 나는 모퉁이를 돌아서 걸어가면서, 그렇지 않았다면 드러나지 않았을 것들을 드러낸다. 따라서 모퉁이를 돌아서 걷는 것은 인지 과정이다. 그러나 이것은 물론 패러디에 지나지 않는다. 모퉁이를 돌아서 걷는 것은 드러냄의 수단이다. 그러나 모든 드러냄이 인지적 드러냄인 것은 아니다. 따라서 모든 드러냄이 인지 과정의 부분을 형성하는 것도 아니다. 인지적 드러냄과 비인지적 드러냄의 차이는 무엇인가? 간단하다. 인지적 드러냄은 인지의 기준을 충족하는 드러냄 활동이다. 인지적 드러냄은 (1)정보 보유 구조의 조작 및 변환의 형식을 취하는 드러냄이며, 여기에서 이것은 (2)지금까지 이용 불가능했던 정보를 주체 또는 후속 처리 작업에 이용 가능하게 만드는 적절한 기능을 가지고 있고, (3)이처럼 정보를 이용 가능하게 만드는 것은 이 과정의 주체 안에 표상적 상태를 생성하는 방식으로 이루어지며, (4)이 과정은 조건 (1)~(3)을 충족하는 유기체로 이해되는 인지적 주체에 속한다.[5]

---

5 인지의 기준은 어떤 과정이 인지적인 것으로 인정받기 위한 필요조건이 아니라 충분조건으

모퉁이를 돌아서 걷는 것은 정보 보유 구조의 조작이나 변환으로 이루어지지 않는다. 따라서 이것은 조건 (1)을 만족하지 않는다. 모퉁이를 돌아서 걷는 것은 여러 가지 이유로 할 수 있는 일이기 때문에 주체나 후속 처리 작업에 정보를 이용 가능하게 만드는 적절한 기능을 갖지 않는다. 물론 이것이 실제로 주체 또는 그 처리 작업에 정보를 이용 가능하게 만들 수도 있다. 그러나 그렇게 할 경우, 이는 그것의 적절한 기능을 이행하는 문제가 아닌데, 왜냐하면 모퉁이를 돌아서 걷는 것에는 그러한 기능이 없기 때문이다. 이것은 '모퉁이를 돌기'라는 일반적인 기능 외에는 어떤 적절한 기능도 갖지 않는데, 왜냐하면 이것은 다양한 목적과 다양한 결과로 수행될 수 있기 때문이다. 따라서 이것은 조건 (2)를 충족하지 못한다. 그리고 이것에는 적절한 기능이 없기 때문에 주체 안에 표상적 상태를 산출하는 방식으로 이 기능을 만족시키기 힘들다. 모퉁이를 돌아서 걸은 결과 새로운 표상적 상태가 주체 안에 생성될 수 있다. 그러나 이러한 생성은 모퉁이를 돌아서 걷기의 적절한 기능을 이행한 결과라고 할 수 없다. 따라서 모퉁이를 돌아서 걷는 것은 조건 (3)을 만족시키지 못한다.

　　모퉁이를 돌아서 걷는 것은 드러냄의 매개체, 즉 어떤 대상을 어떤 경험적 제시 양식에 속하는 것으로 드러내는 수단의 일부가 될 수 있다. 그러나 이것은 인지적 드러냄의 매개체는 아니며, 적어도 전형적으로는 그렇지 않다. 따라서 모퉁이를 돌아서 걷는 것을 인지 과정

로 제시되었다. 따라서 이 기준은 여기에 설명된 것과 다른 형식을 취하는 인지적 드러냄과도 양립 가능하다. 그러나 우리의 목적상 중요한 점은 이 책에서 옹호하는 입장이, 상상력을 아무리 동원하더라도, 모퉁이를 돌아서 걷기가 인지의 한 형식이라는 생각을 지지하지 않는다는 것이다.

의 일부로 간주할 이유가 없다.[6] 이 설명의 또 다른 장점은 이것이 인지와 행위 사이의 중요한 공통점을 유용한 방식으로 강조하되, 둘 중 하나를 다른 것으로 축소하지 않는다는 것이다. 인지는 세계의 어떤 대상이 어떤 경험적 제시 양식에 속하는 것으로 드러나게 해 주는 수단이며, 이때 이 수단은 인지의 기준을 충족한다. 행위의 일부 형식들도 어떤 대상이 이러한 방식으로 드러나게 해 주는 수단, 즉 인지의 기준을 충족하는 수단이 될 수 있다. 따라서 어떤 행위는 인지적이지만 모든 행위가 인지적인 것은 아니다.

8. 체화된 인지와 확장된 인지 : 다시 합치기

연합된 마음은 체화된 마음 이론과 확장된 마음 이론이 결합된 것이다. 이 책의 중심 목표는 연합된 마음의 주장들을 발전시키고 이 주장들을 가장 유익하게 이해할 수 있는 개념적 틀을 제공하는 것이었다. 이 프로젝트의 심각한 문제는 체화된 마음과 확장된 마음이 기능주의에 대해 취하는 태도가 서로 다르다는 데에 있었다. 확장된 마음은 자유주의적 형식의 기능주의를 전제로 한다. 체화된 마음은 기능주의에 대한 일반적인 반감을 특징으로 한다. 기껏해야 쇼비니즘적인 형식의 기능적 명세는 인정할 수 있지만, 보다 자유로운 형식은 인정하지 않

---

6 물론, 모퉁이를 돌아서 걷는 것이 인지 과정의 일부가 될 수 있는 가능한 상황들이 있을 수 있음을 부정하는 것은 아니다. '적어도 전형적으로는'이라는 제한은 그런 가능성을 열어 두기 위한 것이다. 그 상황이 어떤 상황일지 내 머리로는 상상할 수 없다. 하지만 중요한 점은 물론 대부분의 경우 모퉁이를 돌아서 걷는 것은 인지적 작업이 아니라는 것이다.

는다. 따라서 연합된 마음에 대한 개념적 토대를 개발하는 데 가장 중요한 과제 중 하나는 체화된 설명과 확장된 설명을 화해시키는 방법을 찾는 것이었다.

이 책은 기능주의를 가능한 한 방정식에서 제거하려고 했다. 기능주의가 거부되었다는 뜻이 아니라, 그저 기능주의가 대체로 무시되었다는 뜻이다. 확장된 마음에 동기를 부여하는 기능주의의 역할은 드러내는 활동, 즉 대상을 경험적 제시 양식에 속하는 것으로 드러내는 활동이라는 지향적 정향성 개념 그리고 이에 따른 결과로 그 물질적 실현을 통과하는 여행이라는 지향성 개념으로 대체되었다. 체화된 마음과 확장된 마음의 화해에 결정적인 것은 드러내는 활동이 이 활동의 신체적 요소와 환경적 요소를 동일한 이유와 동등한 정도로 모두 포함한다는 생각이다.

세계가 주어진 방식으로 드러난다고 가정해 보자. 즉 어떤 대상이 지각이나 사고 안에서 특정 측면이나 경험적 제시 양식에 속하는 것으로 드러난다고 가정해 보자. 이 책에서 전개한 지향적 정향성 모델의 관점에서 볼 때, 핵심 질문은 (인과적) 드러냄의 수단은 무엇인가 하는 것이다. 즉 세계를 이런 식으로 존재하는 것으로 드러내는 데 인과적으로 책임이 있는 매개체는 무엇인가? 지금까지 살펴본 바와 같이, 그 매개체는 여러 종류가 있을 수 있다. 신경적 과정은 분명 모든 경우 드러냄의 수단 중 하나다. 그렇기 때문에 체화된 마음 이론과 확장된 마음 이론의 모든 건전한 버전은 모든 인지 과정에 제거할 수 없는 신경적 요소가 개입되어 있다는 것을 인식할 것이다. 그러나 항상 그렇거나 반드시 그런 것은 아니지만, 종종 신경적 과정들은 이러한 드러냄의 매개체들 모두를 소화하지 못한다. 때로는 신체적 과정을 통해 드러냄이 실행된다. 이러한 과정은 인과적 드러냄의 매개체 중 하나다. 때로는 더 넓은 환경적 과정, 즉 주체가 환경의 사물들에 대해 그리고 사물들과 더불어 하는 일들을 통해 드러냄이 실행되기도 한다. 어떤 과정이 인지의 기준에 의해 명시된 방식으로 세계를 주어진 경험적 제시 양식에 속하는 것으로 드러내는 수단의 일부를 어떤 항목이 형성하는 경우, 이 항목은 인지 과정의 일부로 간주된다.

주어진 모든 과정에 대해 그 과정이 세계를 주어진 경험적 제시 양식에 속하는 것으로 드러내는 매개체를 구성하는 것이 무엇인지에 대한 경험적 질문이 열려 있다. 상이한 과정들은 상이한 매개체들을 이용할 것이며, 어떤 과정들은 순전히 신경적인 반면 또 다른 과정들은 그렇지 않을 것이다. 그러나 여기에서 옹호하는 지향적 정향성의 일반적 모델은 세계를 드러내는 매개체가 신경적이든, 신체적이든, 환경적이든 무관심하다. 신경적이든, 신체적이든, 환경적이든 모든 매개체는 모두 세계를 어떤 경험적 제시 양식에 속하는 것으로 드러낸다는 동일한 목적에 기여한다. 따라서 여기에서 옹호하는 지향적 정향성의 모델은 체화된 마음 이론과 확장된 마음 이론을 통합하는 일반적인 이론적 그림을 제공한다.

9. 소유권의 문제

이 책의 전반부에서 나는 확장된 마음 이론에 대한 모든 주요 반론들이 인지의 표식 반론으로 소급될 수 있다고 주장했다. 나는 인지의 표식, 즉 어떤 항목이 인지적이라고 간주되기에 총체적으로 충분한 조건들의 목록을 제공했다. 이 중 가장 문제가 되는 조건은 소유권 조건, 즉 무엇이건 인지 과정으로 간주되려면 인지적 주체(기준의 처음 세 가지 조건을 충족하는 주체로 이해되는 주체)가 그것을 소유하고 있어야 한다는 조건이었다. 소유권을 이해하려는 이전의 시도들은 흔들리고 있었다. 나는 인격적 수준의 인지 과정들에만 주의를 집중했고, 전인격적 인지 과정들의 소유권은 이것들로부터 파생된 것이라고 주장했다. 그런 다음 인격적 수준의 소유권은 권한과 관련이 있고, 행위 주체성과도 관련이 있다는 생각을 탐색했다. 그러나 이러한 논증은 결코 결정적이지 않았다. 특히 권한과 행위주체성의 현상은 파생적인 것으로 보였다.

여기에서 옹호하는 지향적 정향성 모델을 통해 이러한 문제를 극복할 수 있다. 인지 과정이 나에게 세계를 드러내면, 그 인지 과정은 나에게 속한 것이다. 이는 두 가지 방식으로 이루어질 수 있다. 이것은 사고, 지각, 경험 등 나의 인격적 수준의 과정들의 형식으로 세계를 나에게 직접 드러낼 수 있다. 이러한 과정들은 세계 안의 어떤 것이 내게 지각, 기억, 사고 등 안에서 어떤 경험적 제시 양식에 속하는 것으로 드러나게 해 주는 항목들이라는 사실에 의해 본질적으로 특징 지어진다. 또는 정보를 담고 있는 상태의 형식으로 나의 전인격적 인지 과정들에 세계를 드러낼 수도 있다. 이러한 과정들은 궁극적으로 나의 것으로 간주되는데, 세계를 나에게 직접 공개하는 인격적 수준의 과정들을 뒷받침하는 역할을 하기 때문이다.

이 설명의 뼈대에 약간의 살을 붙이기 위해 **인과적 드러냄**과 **구성적 드러냄** 사이의 차이를 상기해 보자. 전자는 사고, 지각, 기억, 경험 등의 매개체 또는 물질적 실현 수준에 적용된다. 후자는 사고, 지각,

기억, 경험의 내용 수준에 적용된다. 예를 들어 경험의 내용을 생각해 보자. 나는 어떤 경험을 하거나 겪는다는 것이 어떤 것인지가 그 경험의 초월론적 제시 양식과 동일하다고 주장했다. 그러한 경험을 하거나 겪는 것과 같은 어떤 것이 존재하는 경험이 있을 때마다, 그 경험이 **나의 것임**(mineness)이 그 경험 안에 내장되어 있으며, 이때 나의 것임은 그 경험을 하는 것이 어떤 것인지의 일부를 이룬다. 즉 그러한 경험을 함과 같은 어떤 것이 있음에 의해 특징지어지는 경험을 하는 것에 관여된 것의 일부는 그 경험이 나의 것임을 인식하는 것이다. 따라서 그 경험이 누구에게 속하는지에 대한 질문은 발생하지 않는다. **여기 경험이 있는데, 이것은 누구의 것인가?** 이것은 가장 비정상적인 병리적 상황을 제외하고는 말이 안 되는 질문이다. 경험의 나의 것임은 경험의 현상학적 특성 중 하나인 **이것과-같은-어떤 것-임**의 일부다.

이러한 현상학적 사실은 드러냄이라는 지향적 정향성의 본성에서 비롯된다. 드러냄 그 자체와 같은 것은 존재하지 않는다. 드러냄은 관계적 개념으로, 드러냄은 항상 **누군가에 대한** (또는 전인격적 수준에서 일어나는 경우에는, 무언가에 대한) 드러냄이다. 따라서 어떤 경험을 하거나 겪는 것과 같은 것은 주체가 이러한 '이것과-같은-어떤 것-임'에 의해 본질적으로 특징지어지는 경험을 할 때 세계가 드러나는 방식으로 구성된다. 경험의 나의 것임은 경험의 '이것과-같은-어떤 것-임'의 일부이며, 따라서 경험을 하는 동안 세계가 주어진 경험적 제시 양식에 속하는 것으로 드러날 뿐만 아니라 **나에게** 이런 방식으로 드러난다는 사실로 구성된다.

우리는 사고, 기억 및 기타 인지적 상태들의 내용에 대해서도 동일한 종류의 설명을 제공할 수 있다. "여기 생각이 있는데, 누구의 생각인가?"라는 질문은 정상적인 상황에서는 말이 되지 않는다. 사고에 대한 이러한 현상학적 주장은 세계를 드러내는 사고의 본성에서 비롯된다. 사고나 기억의 내용은 세계 안의 어떤 항목을 주어진 경험적 제시 양식에 속하는 것으로 드러내는 것으로 구성된다. 사고나 기억의 내용은 특정 종류의 드러냄에 대한 논리적으로 충분한 조건이다. 그 내용의 매개체는 이러한 드러냄의 인과적으로 충분한 조건이다. 그러나 드러냄 그 자체란 없다. 드러냄은 관계적이며 언제나 무언가에게 드러내는 것이다.

새로운 과학의 적절한 주제인 인지의 매개체는 세계를 구성적으로 드러내는 것이 아니라 인과적으로 드러내는 것이다. 이 매개체는 세계가 주어진 경험적 제시 양식에 속하는 것으로 주체에게 드러나기 위해 논리적으로가 아니라 인과적으로 충분한 조건을 제공한다. 그럼에도 불구하고 우리는 이러한 과정을 나의 것으로 만드는 것에 대해 유사한 설명을 할 수 있다. 인지 과정들은 신경적이든, 체화되었든, 확장되었든 간에 세계를 나에게 드러낼 때 비로소 나의 것이 된다. 인지 과정은 세계의 일부가 경험적 제시 양식에 속하는 것으로 드러나게 하는 인과적 수단으로서 직접적으로 이를 수행할 수 있다. 또한 인지 과정은 정보를 나의 전인격적 과정들에 이용 가능하게 해 줌으로써 이를 간접적으로 수행할 수도 있는데, 이때 전인격적 과정들은 세계를 드러내는 기능에 의해 정의되는 인격적 수준의 과정들에 기여하게 된다. 인격적 수준에서 인지 과정은 그것이 내게 세계를 인과적으로 드러낼 때 나의 것이 된다. 그리고 구조와 과정들은 신경적이든, 체화되었든, 확장되었든 간에 이러한 인과적 공개를 위한 수단과 매개체의 일부를 형성할 때 이 과정에 속한다. 따라서 지각 과정은 구성적이라기보다는 인과적으로 나에게 토마토를 반짝거리고 빨간 것으로 드러낼 때 나의 것이 된다. 내가 채택하는 도약안구운동, 내가 수행하는 탐색 과정, 내가 관여하는 광배열의 조작, 이것들은 모두 세계가 이런 식으로 나에게 드러나게 되는 (인과적) 수단 또는 매개체의 일부인 경우 지각적 과정의 일부이다. 어떤 믿음이 세계를 53번가에 있는 현대미술관을 포함하는 것으로 나에게 인과적으로 드러낼 때 이 믿음은 나의 것이 된다. 수첩은 세계가 그러한 방식으로 나에게 드러나도록 해 주는 수단의 일부를 형성할 때, 인과적 드러냄의 이러한 과정의 일부를 형성한다.

이러한 일반적인 설명을 염두에 두고 부풀림 문제를 다시 살펴보기로 하겠다. 여기에서는 망원경의 경우를 떠올려 보자. 망원경 내부의 과정들, 즉 빛의 반사는 앞서 옹호된 인지의 표식 조건 (1)~(3)을 만족한다. 조건 (4)도 만족할까? 그렇다, 하지만 내가 망원경에 적절히 관여하고 있을 때만 그렇다. 그러한 상황에서 망원경 내부의 과정들은, 내가 세계를 가령 고리를 가지는 경험적 제시 양식에 속하는 토성이라는 대상을 포함하는 것으로 인과적으로 드러내는 매개체의 일부를 형성한다. 그러나 이것은 온건한 형식의 부풀림을 산출할 뿐이다. 첫째, 앞서 주장했듯이, 망원경 내부의 과정들은 기껏해야 전인격적 의미에서 인지 과정의 자격을 갖는다. 이제 우리는 여기에 중요한 제한을 추가할 수 있는 위치에 있다. 내가 망원경을 다 보고 난 후에도 망원경이 토성을 가리키고 있었다면, 정확히 똑같은 망원경 내부의 과정들이 일어났을 것이다. 하지만 이제 그 과정들은 인지적이지 않으며, 심지어 전인격적으로도 인지적이지 않다. 어떤 과정이 인지의 자격을 갖추려면 어떤 대상에 속해야 한다. 그리고 그것은 어떤 주체에게 세계를 주어진 경험적 제시 양식에 속하는 것으로 드러내는 역할을 할 때에만 그 주체에 속한다. 따라서 모든 인지는 궁극적으로 주체의 드러내는 활동과 다시 관련되어야 한다는 사실에 의해 부풀림 문제는 완화된다. 어떤 과정이 인지적이 되려면 어떤 주체에게 세계를 인과적으로 드러내는 역할을 해야만 한다. 세계가 드러나는 주체가 없다면 인지도 없다. 그러나 더 중요한 것은 특정 시점에 특정 형식으로 세계가 드러나지 않는다면 인지도 존재하지 않는다는 것이다. 예를 들어 토성이 고리를 가지고 있는 경험적 제시 양식에 속한다는 것을 드러내는 매개체로서 망원경이 특정 시점에 나나 다른 사람에 의해 사용되지 않는다면, 망원경 내부에서 발생하는 인지 과정의 일부란 결코 없다. 여기에서 옹호하는 견해에는 부풀림 문제가 없다. 인지의 경계는 세계를 드러내는 활동에 의해 제한되기 때문이다.[7]

10. 이상한 새로운 과학?

확장된 마음은 일반적으로 '이상한' 이론으로 여겨진다. 심지어 그 옹호자들조차도 그렇다고 인정한다. 체화된 마음은 심적인 것을 전통적인 거주지에서 멀리 재배치하지 않기 때문에 조금은 덜 기이한 것으로 여겨지지만 여전히 분명히 독특하다. 만약 이 두 이론 중 하나가

---

7 물론 망원경이 사용되더라도 망원경 안에서 일어나는 과정들은 전인격적 인지 과정에 지나지 않는다는 점을 기억해야 한다. 주체는 이러한 과정들에 대한 인식적 권한이 없으므로 이 것들은 인격적 수준의 인지 과정들로 간주될 수 없다. 따라서 우리가 부풀림 문제에 기꺼이 직면해야 하는 범위 내에서, 이것은 단지 전인격적 인지 과정들에 관한 것이다. 이것은 내가 앞서 온건한 형식의 문제라고 밝힌 것이다.

입증 가능한 참으로 밝혀진다면 많은 사람들, 아니 거의 확실히 대다수의 사람들이 놀랄 만한 결과로 받아들일 것이다. 따라서 데카르트적이지 않은, 새로운 과학은 낯설고 특이한 것, 그렇지 않으면 기괴한 것의 오염을 안고 탄생하게 될 것이다.

나는 이러한 오염이 지향성의 특정 개념에 대한 암묵적인 지지의 결과라고 주장했다. 지향적 정향성의 본성을 오해하는 경향, 즉 그것을 본질적으로 내부 과정으로 생각하는 경향이 만연해 있다. 가령 내가 단어로 무언가를 의미할 때 의미하는 것은 전적으로 내부적인 상태 또는 과정이라는 것이다. 이러한 관점에 따르면 단어나 표현으로 내가 의미하는 것은 주의를 내면으로 돌릴 때 식별할 수 있는 것이다. 지향적 정향성은 우리가 주의를 내면으로 돌릴 때 마주치는 것, 즉 내면적이고 내성적인 참여의 대상으로 가정된다. 만약 이것이 지향성이라고 생각하고 지향적 상태를 심적인 것의 전형적인 사례로 간주한다면, 연합된 마음은 정말 기이하게 보일 것이다.

그러나 나는 주의를 내면으로 돌려서는 지향적 정향성을 찾을 수 없을 것이라고 주장했다. 우리가 찾을 수 있는 것은 이 지향성의 대상뿐이다. 지향적 정향성은 세계를 드러냄이라는 개념에 의해 가장 잘 이해된다. 지향적 정향성은 하나 또는 그 이상의 측면 또는 경험적 제시 양식에 속하는 것으로 세계 안의 어떤 항목을 드러내는 과정이다. 분석의 수준에 따라, 즉 우리의 관심이 내용에 있는지 내용의 매개체에 있는지에 따라, 다시 말하자면 경험에 있는지 아니면 그 물질적 실현에 있는지에 따라, 이러한 세계의 드러냄은 두 가지 형식, 즉 구성적 형식 또는 인과적 형식 중 하나를 취할 수 있다.

체화된 인지 이론과 확장된 인지 이론은 인지의 매개체가 세계를 인과적으로 드러낸다는 관념의 단순 명료하고 거의 진부한 함축으로 나타난다. 일반적으로 세계의 드러냄은 그 매개체의 본성과 위치에 대해 완전히 중립적이다. 때로는 신경 작용이지만 때로는 신체에서 일어나는 과정일 수도 있고, 심지어 환경 구조의 조작, 활용 그리고 변환의 형식으로 세계로 확장되는 과정일 수도 있다.

이 사실을 받아들이면 체화된 인지 이론과 확장된 인지 이론은 전혀 이상하지 않다. 놀라울 정도로 명백하다. 따라서 체화된 마음과 확장된 마음의 결합인 연합된 마음 이론도 마찬가지다. 연합된 마음의 토대 위에 새로운 마음 과학이 세워진다고 가정해 보자. 이 새로운 과학에 붙는 낯설다거나 일탈적이라는 모든 낙인은 지향적 정향성에 대한 지지할 수 없는 모델에 관한 우리의 암묵적이고 불법적인 지지의 결과일 뿐이다.

옮긴이 후기

마크 롤랜즈의 『새로운 마음 과학』(2010)은 오늘날 흔히 제3세대 인지과학으로 분류되는 '체화된 인지'(embodied cognition)에 관한 대표적인 저술 가운데 하나이다. '새로운 마음 과학'은 '새롭게 되기 이전의 마음 과학'을 전제한다는 점에서 이 책의 배경은 1960년대 초까지 거슬러 올라간다. 1960년대는 20세기의 과학혁명이라고 불리는 '인지혁명'(cognitive revolution)이 일어난 시기이자 마음의 본질을 정보 처리의 관점에서 접근하는 '고전적 인지주의'(classical cognitivism)의 패러다임이 정초된 시기이다. 롤랜즈는 이러한 전통적인 형식의 인지과학을 '데카르트적 인지과학'이라고 부르는데, 『새로운 마음 과학』은 데카르트적 인지과학의 마음관(觀)에 대한 반대로부터 출발한다. 데카르트적 인지과학은 심적 과정에 대한 다양한 접근들을 포괄하는 광범위한 교리이지만 그 중심에는 심적 과정이 사고하는 유기체의 머릿속에서 독점적으로 일어나는 과정이라는 가정이 자리한다. 그리고 새로운 마음 과학은 이 가정을 반박한다.

저자가 서문에서 밝히고 있듯이 『새로운 마음 과학』은 마음에 관해 이미 확립된 새로운 과학을 설명하는 책이 아니다. 저자에 따르면 고전적인 형식의 인지과학에 필적할 만한 새로운 과학은 아직까지 없기 때문이다. 이 책의 주된 임무는 앞으로 확립될 새로운 마음 과학의 논리적·개념적 토대를 마련하는 것이다. 이를 위해 저자는 심적 과정이 체화되고 착근되고 행화되고 확장된다는 사고에 주목한다. 오늘날 흔히 4e로 불리는 체화, 착근, 행화, 확장의 개념은 데카르트적 인지과학의 핵심 가정을 부정하거나 의문시하는 것으로 생각된다. 하지만 롤랜즈는 모든 4e 분파들이 동등하게 그리고 온전히 반데카르트적인 것은 아니라고 주장한다. 실제로 이 책은 4e 가운데 과연 어떤 개념이 새로운 과학의 토대로서 자격이 있는지 그리고 이러한 자격의 정당성은 무엇을 통해 확보되는지를 탐구하는 치밀한 여정에 다름 아니다. 저자는 4e 개념들이 각각 주장하는 것이 정확하게 무엇이며, 4e 개념들이 데카르트적 인지과학의 중심 가정을 정말로 부정하는지 그리고 4e 개념들 가운데 어떤 개념들이 서로 양립 가능하거나 불가능한지를 면밀히 고찰함으로써 진정으로 반데카르트적인 마음 개념을 퍼즐처럼 찾아 나간다.

데카르트적 인지과학에서는 감각 정보가 입력되면 뇌가 이를 표상해서 인지 유기체에 의미 있는 정보로 변환시킨다고 설명한다. 인지 과정이 뇌에 독점된 과정이라는 것이다. 반면 저자가 추구하는 반데카르트적 인지과학은 인지 과정이 머릿속에서만 수행되는 것이 아니라고 주장한다. 인지 과정은 부분적으로 인지하는 주체의 뇌 외부에 위치한 구조 및 과정들로 구성된다는 것이다. 저자는 이를 '짖는 개 원리'를 통해 설명한다. 짖어야 할 일이 있고 그중 일부를 대신해 줄 수 있는 개가 있다면 스스로 짖어야 하는 부담이 그만큼 줄어든다는 것이다. 반데카르트적 인지과학에서는 우리가 수행해야 하는 인지적 과제와 관련된 정보를 뇌 외부의 신체 및 환경 구조가 보유하고 있다고 본다. 그리고 우리가 외부 구조를 올바른 방식으로 이용하여 이 정보를 활용할 때 외부 구조가 인지 과정의 부분이 될 수 있다고 주장한다. 이때 외부 구조는 인지적 과제를 수행해야 하는 부담의 일부를 떠맡게 되고 그럼으로써 뇌는 그만큼 부담을 덜게 된다. 반데카르트적 인지과학의 핵심은 이처럼 외부 구조에 적절한 행위를 가해 거기에 담긴 정보를 단순히 존재하는 것에서 이용 가능한 것으로 변환하는 것이다. 저자는 반데카르트적인 새로운 마음 과학의 이러한 특징을 "표상의 역할의 약화와 행위의 역할의 증대"로 표현한다. 그리고 4e 가운데 오직 두 가지, 즉 체화와 확장만이 진정으로 반데카르트적 마음 개념을 구성할 수 있다고 주장한다. 저자는 이러한 주장을 인지 상태가 아닌 인지 과정을 중심으로 전개한다.

롤랜즈에 따르면 마음의 체화는 심적 과정이 뇌 과정뿐만 아니라 뇌 과정과 그 외 신체 구조 및 과정의 조합에 의해서도 구성될 수 있다는 주장이다. 이러한 주장은 일부 인지 과정의 경우 뇌 이외의 신체 구조를 이해하지 않고서는 그에 대해 이해하는 것이 불가능하다는 '인식적' 주장, 또는 일부 인지 과정은 오직 이러한 구조와 협력해서만 작동하도록 설계되었다는 '존재적 의존'에 대한 주장으로 해석될 수 있다. 하지만 롤랜즈에 따르면 이러한 해석은 반데카르트적 마음 과학의 토대가 될 수 없다. 진정한 인지는 오직 뇌 안에서만 일어난다는 주장과 양립 가능하기 때문이다. 마음의 체화는 뇌 이외의 신체 구조 및 과정이 부분적으로 인지 과정을 구성한다는 '존재적 구성'에 대한 주장으로 이해될 때에만 새로운 마음 과학의 초석이 될 수 있다.

마음의 확장에 따르면 인지 과정은 신체 내부 및 외부에 걸쳐 있는 혼성적 과정이며, 일부 인지 과정은 부분적으로 환경 구조의 조작, 활용, 또는 변환으로 구성된다. 이처럼 마음의 확장은 저자가 지지하는 마음의 체화와 마찬가지로 '존재적 구성'에 대한 주장인데, 이러한 사실은 마음의 착근과 비교할 때 특히 중요하다. 마음의 착근도 마음의 확장과 마찬가지로 인지 과정에서 환경이 갖는 역할의 중요성을 강조하지만 마음의 착근은 일부 인지 과정의 경우 제대로 작동하기 위해서는 더 넓은 환경에 의존해야 한다는 '존재적 의존'을 주장하기 때문이다. 저자에 따르면 환경에 관한 존재적 의존에 대한 주장은 데카르트적 마음 개념과 양립 가능하며, 존재적 구성에 대한 주장만이 진정으로 반데카르트적이다.

이 책에서 마음의 행화는 노에(2004)가 발전시킨 '감각운동적 행화주의'를 중심으로 논의된다. 시지각을 중심으로 개진된 노에의 행화주의의 핵심은 우리 혹은 대상의 움직임에 따라 대상에 대한 우리의 경험이 어떻게 변할지에 대한 기대, 즉 '감각운동 상호의존성에 대한 지식' 그리고 환경 구조를 탐사하고 탐색하는 우리의 능력이다. 과거 저자는 행화된 마음을 확장된 마음의 한 버전으로 간주했으나 (Rowlands 2002, 2003) 이 책에서는 입장을 바꾸어 이 둘이 서로 다른 견해일 뿐만 아니라 서로 양립 가능한 견해인지조차 명확하지 않다고 밝히고 있다.

새로운 마음 과학에서 착근과 행화를 배제하는 것은 둘 모두 데카르트적 인지과학과 양립 가능하기 때문이다. 반면 마음의 체화와 확장은 인지 과정이 부분적으로 신경 외적인 과정에 의해 이루어진다는 생각의 버전들이자 인지 과정의 존재적 구성에 대한 이론이라는 점에서 반데카르트적이다. 저자는 인지 과정이 신경적 구조 및 과정, 신체적 구조 및 과정 그리고 환경적 구조 및 과정의 '연합체'로 간주된다고 보고 체화된 마음과 확장된 마음을 '연합된 마음'으로 통합한다. 그리고 연합된 마음을 새로운 마음 과학의 토대로 주장한다.

고전적 성향의 인지주의자들에게는 연합된 마음의 주장이 도전적이고 급진적으로 여겨질 수밖에 없다. 그런 만큼 이들은 이에 대해 많은 반론을 제기해 왔다. 따라서 저자의 다음 행보는 연합된 마음과 이를 구성하는 두 마음 개념에 대한 비판으로부터 이들을 옹호하는 것으로 자연스럽게 이어진다. 대표적인 반론으로는 '차이 논증', '결합-구성 오류', '인지의 부풀림 반론' 그리고 '인지의 표식 반론'이 있다. '차이 논증'은 뇌 혹은 신체 내부의 인지 과정과 외부 과정 사이에는 상당한 차이가 있기 때문에 이들을 단일한 심리적 사례로 보기란 어렵다고 주장한다. '결합-구성 오류'는 연합된 마음의 토대가 되는 체화와 확장 개념은 인지를 구성하는 구조 및 과정과 인지가 인과적으로 착근되어 있는 구조 및 과정을 혼동한다고 비판한다. '인지의 부풀림 반론'은 연합된 마음을 받아들일 경우 인지적인 것에 대한 우리의 개념은 지나치게 넓어져서 명백하게 인지적이지 않은 구조 및 과정들까지도 인지적인 것으로 받아들여야만 하게 될 것이라는 주장이다. '인지의 표식 반론'은 체화된 마음 및 확장된 마음이 호소하는 종류의 과정들을 인지의 자격이 있는 것으로 간주할 인지의 기준이란 없을 것이라는 반론이다. 저자는 이러한 반론들이 결국 인지의 표식 반론으로 귀결되며, 인지에 대한 적절한 기준을 제시함으로써 해소될 수 있다고 주장한다. 이러한 입장에 따라 저자는 인지의 기준을 제시하는 데 커다란 공을 들이는데, 5장부터 시작되는 이 책의 후반부 전체를 여기에 할애하고 있다.

인지의 기준을 제시하면서 저자는 기능주의를 최대한 배제하고 있는데, 이러한 사실은 특별한 주목을 끈다. 기능주의를 배제하는 것은 첫째, 체화된 마음과 확장된 마음을 결합하고자 하는 저자의 열망 때문이며, 둘째, 기능주의를 지지하는 한 체화된 마음과 확장된 마음은 화해될 가망성이 없기 때문이다. 심적 상태 및 과정의 기능주의는 확장된 마음 이론의 근간을 이루는 가장 중요한 가정으로 여겨져 왔다. 이때 기능주의는 '자유주의적' 기능주의를 말하는데, 자유주의적 기능주의의 핵심 개념은 "어떤 것이 오리처럼 걷고 오리처럼 말한다면 그것은 오리다"라는 말로 잘 표현된다. 이때 그것이 어떻게 오리처럼 걷고 말하는지는 아무 상관이 없다. 반면 체화된 마음 이론에서는 어떻게 오리처럼 걷고 말할 수 있는지도 중요하다. 저자가 '쇼비니즘적인 기능주의'라 부르는 체화된 마음의 이러한 입장은 '분리 가능성 논제', 즉 인간과 같은 마음이 인간과 같지 않은 신체에도 존재할 수 있다는 논제에 대한 샤피로의 반대를 통해 잘 드러난다.

인지의 적절한 기준에 대한 제시, 기능주의에 대한 배제 그리고 체화된 마음과 확장된 마음의 결합에 대한 시도는 4e의 다른 지지자들의 입장으로부터 저자의 입장을 구별해 주는 독특한 면모다. 클라크 같은 확장된 마음의 초기 주창자들에게서 강하게 드러났던 기능주의적 면모는 차이 논증에 대한 반론의 일환으로 메너리와 서튼 등에 의해 제안된 통합주의적 접근을 통해 약화된 것이 사실이다. 통합주의에서는 초기 주창자들이 강조했던 신체 내부 및 외부 과정 사이의 기능적 유사성 혹은 동등성 대신 이들 사이의 통합을 통해 이루어지는 인지적 성취에 주목하기 때문이다. 그럼에도 불구하고 기능주의는 오늘날 여전히 확장된 마음의 큰 배경을 이루고 있는 것이 사실이다. 그렇기에 기능주의를 가능한 한 제거하고자 하는 저자의 입장은 특별히 눈길을 끈다. 한편 체화된 마음과 확장된 마음 사이의 결합에 대해 어쩌면 상당수의 4e 지지자들은 굳이 그럴 필요가 있는지 의문을 제기할지 모른다. 그러나 반데카르트적인 새로운 마음 과학의 토대가 될 마음 개념을 정초하고자 하는 저자의 기획에서 이 둘의 연합은 필수적이다. 양립 불가능한 두 개념이 하나의 토대를 이룰 수는 없으니 말이다. 이 책의 후반부 전체를 할애할 정도로 저자가 중요하게 생각하는 인지의 기준에 대한 논의 역시 4e에 대한 기존의 문헌들에서는 찾기 힘든 것이다. 인지의 기준의 필요성에 대한 저자의 강한 주장은 4e 지지자들이 4e에 대한 반론에 대해 그간 내놓았던 답에 대한 저자의 불만족에 근본적으로 기인한다.

저자는 어떤 과정이 인지적인 것으로 간주되기 위한 충분조건들로서 다음을 든다. 인지 과정은 첫째, 정보 처리, 즉 정보 보유 구조들의 조작 및 변환에 관여하며, 둘째, 정보 처리는 이전에는 이용할 수 없었던 정보를 주체 또는 후속 처리 작업에 이용 가능하게 만드는 것을 그 적절한 기능으로 갖는다. 셋째, 이 정보는 인지 과정의 주체 안에 표상적 상태를 산출함으로써 이용 가능해지며, 넷째, 인지 과정은 그 표상적 상태의 주체에게 속한다. 이러한 기준은 가장 보수적이고 철저히 전통적인 인지-과학적 실천을 바탕으로 인지의 기준을 옹호하고 나서 확장된 마음과 체화된 마음이 여전히 유효함을 보이고자 하는 저자의 기획에 따라 제시된 것이다. 인지 과정이 인지 주체에게 속해야 한다는 마지막 조건을 저자는 '소유권' 조건이라고 부르는데, 저자에 따르면 이외의 조건들은 체화된 마음과 확장된 마음에 의해 비교적 쉽게 만족됨에 반해 소유권 조건은 그렇지 않다. 저자가 6장부터 8장까지를 체화된 마음과 확장된 마음이 어떻게 소유권 조건을 만족시키는지를 해명하는 데 할애하고 있는 것도 이 때문이다.

체화된 마음과 확장된 마음이 소유권 조건 이외의 조건들을 만족시킴을 보이면서 저자가 힘 주어 강조하는 것은 뇌 외부 과정은 결코 그 자체로 인지적일 수 없으며 적절한 내부 과정과 결합될 때에만 인지적일 수 있다는 것이다. 저자는 세계에 대해 수행되는 조작적이고 활용적이며 변환적인 작업들로만 전적으로 구성되는 인지 과정이란 없음을 특히 강조하는데, 이는 인지의 확장에 대한 흔한 오해와 이로부터 파생된 반론들을 겨냥한 것으로 보인다. 확장된 마음 이론은 수첩과 컴퓨터, 전화번호부 등이 그 자체로 인지적이라는 주장을 받아들일 수밖에 없게 한다는 생각은 오늘날 여전히 만연해 있다. 이러한 상황을 고려할 때 확장된 마음 이론은 외부 과정이 내부 과정들과 적절히 결합될 때 그리고 오직 이때에만 갖는 특성에 대한 주장이라는 저자의 분명한 선언은 확장된 마음 이론이 주장하는 것이 정확히 무엇인지를 재고하게 해 준다는 점에서 유용하다.

사실 저자의 입장을 다른 4e 이론가들의 입장으로부터 가장 뚜렷하게 구획해 주는 것이 바로 인지의 기준과 소유권 개념에 대한 저자의 주장이다. 저자가 제안하는 새로운 마음 과학의 토대가 되는 마음 개념의 성패 역시 결국 여기에 달려 있다. 따라서 독자들이 가장 주목해서 주의 깊게 살펴봐야 하는 부분도 이 주장을 다루는 부분이다. 저자는 인지의 기준의 가장 중요한 핵심을 소유권 개념에서 찾는다. 그리고 연합된 마음은 이로부터 자연스럽고 명백한 결과로 나타난다고 주장한다. 인지적 주체가 인지 과정을 소유할 수 있다는 것이 어떤 의미인지를 설명하기 위한 저자의 전략은 다음과 같다. 먼저 인지 과정의 수준을 인격적 수준과 전인격적 수준으로 나눈다. 그리고 전인격적 수준의 인지 과정은 인격적 수준의 인지 과정에 적절하게 기여함으로써 주체의 인지적 삶에 통합될 수 있음을 밝힌다. 인격적 수준의 인지 과정의 소유권은 '구성적' 질문, 즉 이러한 소유권이 무엇으로 구성되어 있는지에 대한 질문을 통해 접근된다. 여기에서 '인식적 권한'이라는 개념이 인지적 부풀림 문제를 해결하는 등 유용한 기여를 하는 것으로 언급되지만, 저자는 소유권의 뿌리를 인식적 권한의 개념을 넘어서는 보다 근원적인 개념, 즉 '드러냄'과 '지향성'이라는 개념에서 찾는다. 그리고 그럼으로써 새로운 마음 과학을 후설과 하이데거, 메를로퐁티, 사르트르의 현상학과 실존주의적 전통의 궤적 속에 자리매김한다.

저자에 따르면 인지 과정은 '드러내는' 활동이다. 인지 과정이 지향적이기 때문이다. 그런데 드러냄은 항상 누군가에게 혹은 무언가에게 일어나는 것이란 의미에서 본질적으로 '소유되는' 활동이다. 따라서 인지 과정은 본질적으로 소유된다. 이처럼 인지 과정이 체화되고 확장된다는 생각은 전문적인 학술적 교리와는 거리가 먼, 지향성이 갖는 지극히 일상적이고 진부한 함축이라는 것이 저자의 주장이다. 드러내는 활동으로서 지향성에 대한 저자의 주장은 다음과 같이 요약된다. 모든 경험에는 제거 불가능한 지향적 핵심이 있으며, 우리가 경험의 지향성을 발견하는 것은 바로 이 핵심에서이다. 이 핵심은 초월론적 제시 양식, 즉 경험의 대상이 주어진 측면 혹은 경험적 제시 양식에 속하는 것으로 제시되도록 해 주는 경험의 측면이다. 따라서 경험의 제거 불가능한, 초월론적 핵심은 드러내는 활동의 형식으로 존재한다.

저자에 따르면 드러냄의 형식은 인과적 형식과 구성적 형식으로 나뉜다. 연합된 마음은 인지의 매개체에 신체 구조를 활용하는 과정 및/또는 환경 구조를 조작하는 과정이 포함된다고 주장하므로 연합된 마음과 관련된 종류의 드러냄은 인지의 내용이 아니라 매개체에 속한다. 따라서 연합된 마음은 인과적 형식의 드러냄으로 설명된다. 일반적으로 세계의 드러냄은 그 매개체의 본성과 위치에 대해 완전히 중립적이다. 신경적이든, 신체적이든, 환경적이든 모든 매개체는 모두 세계를 어떤 경험적 제시 양식에 속하는 것으로 드러낸다는 동일한 목적에 기여한다. 이 사실을 받아들인다면 체화된 마음과 확장된 마음은 전혀 이상할 것이 없다. 따라서 체화된 마음과 확장된 마음은 인지의 매개체가 세계를 인과적으로 드러낸다는 관념의 단순 명료하고 거의 진부한 함축으로 나타난다는 것이 저자의 주장이다.

저자는 이 책이 "철학자, 인지과학자 그리고 사람들이 '상황적 인지', '체화된 인지', '확장된 마음' 그리고 이것들의 아마도 더 난해한 변종들과 같은 문구를 던질 때 무엇을 말하고 있는 것인지 이해하고자 하는 모든 관심 있는 일반인"을 위한 것이라고 밝히고 있다.(pp.7~8) 그러나 저자의 주장의 핵심인 소유권 개념과 지향성 개념을 다루는 후반부의 논의를 일반인이 충분히 이해하며 따라갈 수 있을지 의문이다. 현상학과 실존주의의 계보를 거슬러 올라갈 뿐만 아니라 프레게에 대한 새로운 해석을 제시하는 후반부의 논의는 전반부의 논의보다 더 섬세한 안내를 요청한다. 그러나 저자의 논의 방식은 이 책의 전반부에서 오히려 더 친절하다. 이러한 사실은 사전 지식과 이해가 부족한 일반 독자를 위해 저자가 삽입한 설명 상자들이

5장부터는 모습을 감추고 있다는 점에서도 분명히 드러난다. 후반부에서 다루어지는 소유권 개념과 지향성 개념이야말로 저자의 주장을 단단하게 받쳐 줄 토대적 개념인 만큼 이에 대한 설명에서 일반 독자의 눈높이가 조금 더 고려되었더라면 저자의 주장에 대한 접근성과 이해도가 조금 더 높아질 수 있지 않았을까 생각된다. 전문 학자의 경우에는 저자의 주장에 매력을 느끼며 이에 직관적으로 동조할 수 있겠지만 여전히 좀 더 섬세하고 치밀한 논증이 필요하다고 여길 수 있겠다.

이러한 아쉬움에도 불구하고 이 책이 발하는 빛은 여전히 강렬하다. 오늘날 체화된 인지에 대한 관심이 높아지면서 4e에 관한 문헌들을 찾기란 어렵지 않다. 4e 전체를 개관하거나 개괄하는 문헌들도 있고 이 중 어느 하나를 집중적으로 논의하는 문헌들도 있다. 4e 전체를 다루는 문헌의 경우 단독 저자가 집필한 경우도 있고 여러 학자들이 4e의 각 분파를 나누어 맡아 집필한 경우도 있다. 완벽한 문헌이란 거의 불가능하며 대부분의 문헌은 그 형식에 의해 이런저런 제약을 갖게 마련이다. 4e 전체를 논의하는 문헌의 경우에는 전체적인 지형도를 제공하려는 목적에 가려 각 분파에 대한 깊이 있고 면밀한 논의가 제대로 이루어지지 못하는 경우가 많다. 각 분파에 관련하여 지금까지 이루어진 논의들을 소개하느라 저자의 고유한 견해와 주장은 오히려 분명하게 제시되지 못한 문헌들도 있다.

『새로운 마음 과학』은 4e의 각 분파 모두를 다루면서도 논의의 수준이 결코 얕거나 가볍지 않고 저자의 주장이 가려져 있지도 않다. 일반 독자도 큰 어려움을 느끼지 않을 만큼 4e에 대한 논의를 친절하게 전개하고 있는 것도 이 책의 커다란 미덕이다. 4e를 처음 접하는 일반 독자에게 이 책은 4e에 대한 자상한 소개서이자 안내서가 될 것이며, 4e에 친숙한 전문 학자에게 이 책은 4e와 관련하여 통용되는 개념들에 대해 다시 한번 숙고하고 이에 대한 오해를 바로잡는 유익한 계기가 될 것이다. 다만 행화주의(enactivism)의 경우, 노에의 '감각운동적(sensorimotor) 행화주의'에만 집중하고 행화주의의 또 다른 흐름인 '자기 생성적(autopoietic) 행화주의'는 전혀 다루고 있지 않다는 점은 이 책의 한계로 지적될 만하다.

새로운 마음 과학의 토대가 될 진정으로 반데카르트적 마음 개념이 무엇인지를 제시하고자 하는 이 책의 기획은 지금까지 상당히 산발적으로 제시되어 온 새로운 마음 개념에 대한 논의들을 단일한 이론 안에 통합시키고 있다는 점에서 야심 차고 참신할 뿐만 아니라 발전적이다. 또한 소유권 개념과 지향성 개념 등의 도입은 체화된 인지를 이에 대한 기존의 논의들과 전혀 다른 방향에서 새롭게 바라볼 수 있게 해 준다는 점에서 독창적이면서도 유용하다. 이러한 점은 체화된 인지에 관한 많은 문헌들 가운데 이 책을 특별히 주목하게 한다.

참고문헌

Adams, F., and K. Aizawa. 2001. The bounds of cognition. *Philosophical Psychology* 14:43~64.

_____ . 2010. Why the mind is still in the head. In *The Extended Mind*, ed. R. Menary. Cambridge, Mass.: MIT Press.

Baumeister, R., E. Bratslavsky, M. Muraven, and D. Tice. 1998. Ego depletion: Is the active self a limited resource? *Journal of Personality and Social Psychology* 74: 1252~1265.

Bechtel, W., and A. Abrahamson. 1991. *Connectionism and the Mind: An Introduction to Parallel Processing in Networks*. Oxford: Blackwell.

Beer, R. 1995. Computational and dynamical languages for autonomous agents. In *Mind as Motion: Explorations in the Dynamics of Cognition*, ed. R. Port and T. van Gelder, 121~148. Cambridge, Mass.: MIT Press.

Bergson, H. [1908] 1991. *Matter and Memory*. trans. N. M. Paul and W. S. Palmer. New York: Zone Books.

Blackmore, S., G. Brelstaff, K. Nelson, and T. Troscianko. 1995. Is the richness of our visual world an illusion? Transsaccadic memory for complex scenes. *Perception* 24:1075~1081.

Brewer, William. 1996. What is recollective memory? In *Remembering Our Past*, ed. D. C. Rubin, 19~66. Cambridge: Cambridge University Press.

Brooks, D. 2007. The outsourced brain. *New York Times*, October 26.

Brooks, R. 1991. Intelligence without representation. *Artificial Intelligence* 47:139~159.

_____ . 1994. Coherent behaviour from many adaptive processes. In *From Animals to Animats 3*, ed. D. Cliff, P. Husbands, J.-A. Meyer, and S. W. Wilson. Cambridge, Mass.: MIT Press.

Burge, T. 1986. Individualism and psychology. *Philosophical Review* 45:3~45.

Campbell, J. 1994. *Past, Space, and Self*. Cambridge, Mass.: MIT Press.

_____ . 1997. The structure of time in autobiographical memory. *European Journal of Philosophy* 5:105~118.

Campbell, K. 1970. *Body and Mind*. Notre Dame: Notre Dame University Press.

Chalmers, D. 1996. *The Conscious Mind: In Search of a Fundamental Theory*. Oxford: Oxford University Press.

Clark, A. 1989. *Microcognition: Philosophy, Cognitive Science, and Parallel Distributed Processing*. Cambridge, Mass.: MIT Press.

_____ . 1997. *Being There: Putting Brain, Body and World Back Together Again*. Cambridge, Mass.: MIT Press.

_____ . 2008a. Pressing the flesh: A tension on the study of the embodied, embedded mind. *Philosophy and Phenomenological Research* 76:37~59.

_____ . 2008b. *Supersizing the Mind: Embodiment, Action, and Cognitive Extension*. Oxford: Oxford University Press.

_____ . Forthcoming. Spreading the joy: Why the machinery of consciousness is (probably) still in the head. *Mind*.

Clark, A., and D. Chalmers. 1998. The extended mind. *Analysis* 58:7~19. Reprinted in Menary 2010.

Clark, A., and J. Toribio. 1994. Doing without representing? *Synthese* 101:401~431.

Craig, E. 1982. *The Mind of God and the Works of Man*. Cambridge: Cambridge University Press.

Damasio, A. 1994. *Descartes' Error*. New York: Grosset Putnam.

_____ . 2004. *Looking for Spinoza: Joy, Sorrow, and the Feeling Brain*. New York: Mariner Books.

Davidson, D. 1970. Mental events. In *Experience and Theory*, ed. L. Foster and J. Swanson. London: Duckworth.

_____. 1984. *Inquiries into Truth and Interpretation*. Oxford: Oxford University Press.

_____. 1987. Knowing one's own mind. *Proceedings of the American Philosophical Association* 60:441~458.

Dennett, D. 1987. *The Intentional Stance*. Cambridge, Mass.: MIT Press.

_____. 1991. *Consciousness Explained*. Boston: Little, Brown.

Donald, M. 1991. *Origins of the Modern Mind*. Cambridge, Mass.: Harvard University Press.

Dretske, F. 1981. *Knowledge and the Flow of Information*. Oxford: Blackwell.

_____. 1986. Misrepresentation. In *Belief*, ed. R. Bogdan. Oxford: Oxford University Press.

Dreyfus, H. 1992. *Being-in-the-World*. Cambridge, Mass.: MIT Press.

Drummond, J. 1990. *Husserlian Intentionality and Non-Foundational Realism*. Dordrecht: Kluwer.

Dummett, M. 1973. *Frege's Philosophy of Language*. London: Duckworth.

_____. 1981. *The Interpretation of Frege's Philosophy*. London: Duckworth.

Fodor, J. 1986. *Psychosemantics*. Cambridge, Mass.: MIT Press.

_____. 1990. *A Theory of Content and Other Essays*. Cambridge, Mass.: MIT Press.

_____. 2009. Where is my mind? *London Review of Books* 31 (3):13~15.

Fodor, J., and Z. Pylyshyn. 1988. Connectionism and cognitive architecture: A critical analysis. *Cognition* 28:3~71.

Føllesdal, D. 1969. Husserl's notion of noema. *Journal of Philosophy* 66:680~687.

Frege, G. [1892] 1960. On sense and reference. In *Translations from the Philosophical Writings of Gottlob Frege*. ed. P. Geach and M. Black. Oxford: Blackwell.

_____. [1918] 1994. The thought: A logical inquiry. In *Basic Topics in the Philosophy of Language*, ed. R. Harnish. Englewood Cliffs, N.J.: Prentice Hall.

Gallistel, C. 1993. *The Organization of Learning*. Cambridge, Mass.: MIT Press.

Gibson, J. 1966. *The Senses Considered as Perceptual Systems*. Boston: Houghton-Mifflin.

_____ . 1979. *The Ecological Approach to Visual Perception*. Boston: Houghton-Mifflin.

Godwyn, M. (unpublished ms). Who's afraid of cognitive bloat?

Gould, D. 1967. Pattern recognition and eye movement parameters. *Perception and Psychophysics* 2:399~407.

Hapgood, Fred. 2008. When robots live among us. *Discover* (June).

Harnish, R. 2000. Grasping modes of presentation: Frege vs. Fodor and Schweizer. *Acta Analytica* 15:19~46.

Haugeland, J. 1995. The mind embodied and embedded. In *Having Thought: Essays in the Metaphysics of Mind*. Cambridge, Mass.: Harvard University Press.

Heidegger, M. [1927] 1962. *Being and Time*. trans. J. Macquarie. Oxford: Blackwell.

Hume, D. [1739] 1975. *A Treatise of Human Nature*. ed. L. Selby-Bigge. Oxford: Oxford University Press.

Hurley, S. 1998. *Consciousness in Action*. Cambridge, Mass.: Harvard University Press.

_____ . 2010. Varieties of externalism. In *The Extended Mind*, ed. R. Menary. Cambridge, Mass.: MIT Press.

Husserl, E. [1900] 1973. *Logical Investigations*. trans. J. Findlay. London: Routledge.

_____ . [1913] 1982. *Ideas Pertaining to a Pure Phenomenology and Phenomenological Philosophy*. trans. F. Kersten. The Hague: Martinus Nijhoff.

Hutchins, E. 1995. *Cognition in the Wild*. Cambridge, Mass.: MIT Press.

Jackson, F. 1982. Epiphenomenal qualia. *Philosophical Quarterly* 32:127~132.

_____ . 1986. What Mary didn't know. *Journal of Philosophy* 83:291~295.

Kaplan, D. 1980. *Demonstratives*. The John Locke Lectures. Oxford: Oxford University Press.

Keijzer, F. 1998. Doing without representations which specify what to do. *Philosophical Psychology* 9:323~346.

Kirsh, D., and P. Maglio. 1994. On distinguishing epistemic from pragmatic action. *Cognitive Science* 18:513~549.

Kripke, S. 1980. *Naming and Necessity*. Cambridge, Mass.: Harvard University Press.

Lloyd, D. 1989. *Simple Minds*. Cambridge, Mass.: MIT Press.

Locke, J. [1690] 1975. *An Essay Concerning Human Understanding*. ed. P. Nidditch. Oxford:

Oxford University Press.

Loftus, G. 1972. Eye fixations and recognition memory for pictures. *Cognitive Psychology* 3:525~551.

Luria, A., and L. Vygotsky. [1930] 1992. *Ape, Primitive Man, and Child: Studies on the History of Behavior*. Cambridge, Mass.: MIT Press.

Macdonald, C. 1990. Weak externalism and mind-body identity. *Mind* 99: 387~405.

Mack, A., and I. Rock. 1998. *Inattentional Blindness*. Cambridge, Mass.: MIT Press.

Mackay, D. 1967. Ways of looking at perception. In *Models for the Perception of Speech and Visual Form*, ed. W. Watthen-Dunn. Cambridge, Mass.: MIT Press.

Marr, D. 1982. *Vision*. San Francisco: W. H. Freeman.

Martin, M. 2002. The transparency of experience. *Mind and Language* 17:376~425.

Maturana, H., and F. Varela. 1980. *Autopoiesis and Cognition*. Dordrecht: Reidel.

McCulloch, W., and W. Pitts. 1943. A logical calculus of ideas immanent in nervous activity. *Bulletin of Mathematical Biophysics* 5:115~133.

_____ . 1947. How we know universals: The perception of auditory and visual forms. *Bulletin of Mathematical Biophysics* 9:127~147.

McDowell, J. 1986. Singular thought and the extent of inner space. In *Subject, Thought, and Context*, ed. P. Pettit and J. McDowell, 136~169. Oxford: Oxford University Press.

_____ . 1994a. *Mind and World*. Cambridge, Mass.: Harvard University Press.

_____ . 1994b. The content of perceptual experience. *Philosophical Quarterly* 44:190~205.

_____ . 1992. Meaning and intentionality in Wittgenstein's later philosophy. *Midwest Studies in Philosophy* 17:30~42. Reprinted in his *Mind, Value, and Reality* (Cambridge, Mass.: Harvard University Press, 1998).

McGinn, C. 1982. The structure of content. In *Thought and Object*, ed. A. Woodfield, 207~258. Oxford: Oxford University Press.

_____ . 1989a. Can we solve the mind－body problem? *Mind* 98:349~366.

_____ . 1989b. *Mental Content*. Oxford: Blackwell.

_____ . 1991. *The Problem of Consciousness*. Oxford: Blackwell.

_____. 2004. *Consciousness and Its Objects*. New York: Oxford University Press.

McIntyre, R. 1987. Husserl on sense. *Journal of Philosophy* 84:528~535.

Menary, R. 2006. Attacking the bounds of cognition. *Philosophical Psychology* 19:329~344.

_____ . 2007. *Cognitive Integration: Attacking the Bounds of Cognition*. Basingstoke: Palgrave-Macmillan.

_____, ed. 2010. *The Extended Mind*. Cambridge, Mass.: MIT Press.

Merleau-Ponty, M. 1962. *The Phenomenology of Perception*. London: Routledge.

Millikan, R. 1984. *Language, Thought, and Other Biological Categories*. Cambridge, Mass.: MIT Press.

_____. 1993. *White Queen Psychology and Other Essays for Alice*. Cambridge, Mass.: MIT Press.

Milner, A., and M. Goodale. 1995. *The Visual Brain in Action*. Oxford: Oxford University Press.

Nagel, T. 1974. What is it like to be a bat? *Philosophical Review* 83:435~450. Reprinted in his Mortal Questions (New York: Cambridge University Press, 1979). All page references are to the latter.

Neisser, U. 1979. The control of information pickup in selective looking. In *Perception and Its Development*, ed. A. Pick. Hillfield, N.J.: Erlbaum.

Noë, A., ed. 2002. *Is the Visual World a Grand Illusion?* Special edition of *Journal of Consciousness Studies* 9.

Noë, A. 2004. *Action in Perception*. Cambridge, Mass.: MIT Press.

O'Regan, K. 1992. Solving the "real" mysteries of visual perception: The world as an outside memory. *Canadian Journal of Psychology* 46:461~488.

O'Regan, K., H. Deubel, J. Clark, and R. Rensink. 2000. Picture changes during blinks: Looking without seeing and seeing without looking. *Visual Cognition* 7:191~212.

O'Regan, K., and A. Noë. 2001. A sensorimotor account of vision and visual consciousness. *Behavioral and Brain Sciences* 23:939~973.

_____. 2002. What it is like to see: A sensorimotor theory of perceptual experience. *Synthese* 79:79~103.

O'Regan, K., R. Rensink, and J. Clark. 1996. "Mud splashes" render picture changes invisible. *Investigative Ophthalmology and Visual Science* 37:S213.

Polanyi, M. 1962. *Personal Knowledge*. London: Routledge.

Putnam, Hilary. 1960. Minds and machines. In *Dimensions of Mind*, ed. S. Hook, 148~180. New York: New York University Press.

Rensink, R. O'Regan, K., and Clark, J. 1997. To see or not to see: The need for attention to perceive changes in scenes. *Psychological Science* 8:368~373.

Rowlands, M. 1995. Against methodological solipsism: The ecological approach. *Philosophical Psychology* 8:5~24.

_____. 1997. Teleological semantics. *Mind* 106:279~303.

_____. 1999. *The Body in Mind: Understanding Cognitive Processes*. Cambridge: Cambridge University Press.

_____. 2001. *The Nature of Consciousness*. Cambridge: Cambridge University Press.

_____. 2002. Two dogmas of consciousness. in *Is the Visual World a Grand Illusion?* Special edition of *Journal of Consciousness Studies* 9, ed. A. Noe, 158~180.

_____. 2003. *Externalism: Putting Mind and World Back Together Again*. London: Acumen.

_____. 2006. *Body Language: Representation in Action*. Cambridge, Mass.: MIT Press.

_____. 2007. Understanding the "active" in "enactive." *Phenomenology and the Cognitive Sciences* 6:427~443.

_____. 2008. From the inside: Consciousness and the first-person perspective. *International Journal of Philosophical Studies* 16:281~297.

_____. 2009a. Extended cognition and the mark of the cognitive. *Philosophical Psychology* 22:1~20.

_____. 2009b. Enactivism and the extended mind. *Topoi* 28:53~62.

_____. 2009c. The extended mind. *Zygon* 44:628~641.

Rumelhart, D., McClelland, J., and the PDP Research Group. 1986. *Parallel Distributed Processing*, 3 vols. Cambridge, Mass.: MIT Press.

Rupert, R. 2004. Challenges to the hypothesis of extended cognition. *Journal of Philosophy* 101:389~428.

Russell, B. 1921. *The Analysis of Mind*. London: Allen & Unwin.

Ryle, G. 1949. *The Concept of Mind*. Oxford: Blackwell.

Sartre, J.-P. [1943] 1957. *Being and Nothingness*. trans. H. Barnes. London: Methuen.

Searle, J. 1958. Proper names. *Mind* 67:166~173.

Sedgwick, H. 1973. The visible horizon: A potential source of information for the perception of size and distance. Ph.D. dissertation, Cornell University.

Selfridge, O. 1959. Pandemonium: A paradigm for learning. In *Proceedings of the Symposium on Mechanisation of Thought Processes*, ed. D. Blake and A. Uttley, 511~529. London: HMSO.

Shannon, C. 1948. A mathematical theory of communication. *Bell System Technical Journal* 27:379~423, 623~656.

Shapiro, L. 2004. *The Mind Incarnate*. Cambridge, Mass.: MIT Press.

Siewert, C. 2006. Is the appearance of shape protean? *Psyche* 12(3).

Simons, D. 2000. Attentional capture and inattentional blindness. *Trends in Cognitive Sciences* 4:147~155.

Simons, D., and C. Chabris. 1999. Gorillas in our midst: Sustained inattentional blindness for dynamic events. *Perception* 28:1059~1074.

Simons, D., and D. Levin. 1997. Change blindness. *Trends in Cognitive Sciences* 1:261~267.

Smart, J. 1959. Sensations and brain processes. *Philosophical Review* 68:141~156.

Smolensky, P. 1987. The constituent structure of connectionist mental states: A reply to Fodor and Pylyshyn. *Southern Journal of Philosophy* 26(supplement):137~163.

_____. 1988. On the proper treatment of connectionism. *Behavioral and Brain Sciences* 11:1~23.

Sokolowski, R. 1987. Husserl and Frege. *Journal of Philosophy* 84:521~528.

Stanley, J., and T. Williamson. 2001. Knowing how. *Journal of Philosophy* 98:411~444.

Sutton, J. 2010. Exograms and interdisciplinarity: History, the extended mind, and the civilizing process. In *The Extended Mind*, ed. R. Menary. Cambridge, Mass.: MIT Press.

Thelen, E., and L. Smith. 1994. *A Dynamic Systems Approach to the Development of Cognition and Action*. Cambridge, Mass.: MIT Press.

Thompson, E. 2007. *Mind in Life*. Cambridge, Mass.: Harvard University Press.

Tulving, E. 1983. *Elements of Episodic Memory*. Oxford: Oxford University Press.

_____. 1993. What is episodic memory? *Current Directions in Psychological Science* 2:67~70.

_____. 1999. Episodic vs. semantic memory. In *The MIT Encyclopedia of the Cognitive Sciences*, ed. F. Keil and R. Wilson, 278~280. Cambridge, Mass.: MIT Press.

van Gelder, T. 1995. What might cognition be, if not computation? *Journal of Philosophy* 92:345~381.

Webb, B. 1994. Robotic experiments in cricket phonotaxis. In *From Animals to Animats 3*, eds. D. Cliff, P. Husbands, J. Meyer, and S. Wilson. Cambridge, Mass.: MIT Press.

Wheeler, M. 1994. From activation to activity. *Artificial Intelligence and the Simulation of Behaviour (AISB) Quarterly* 87:36~42.

_____. 2005. *Reconstructing the Cognitive World: The Next Step*. Cambridge, Mass.: MIT Press.

_____. 2008. Minds, things, and materiality. In *The Cognitive Life of Things*, ed. C. Renfrew and L. Malafouris. Cambridge University Press.

_____. 2010. In defense of extended functionalism. In *The Extended Mind*, ed. R. Menary. Cambridge, Mass.: MIT Press.

Whitehead, A. 1911. *An Introduction to Mathematics*. New York: Holt.

Wilson, R. 2001. Two views of realization. *Philosophical Studies* 104:1~31.

_____. 2004. *Boundaries of the Mind: The Individual in the Fragile Sciences*. New York: Cambridge University Press.

Wilson, R., and C. Clark. 2008. How to situate cognition: Letting nature take its course. In *The Cambridge Handbook of Situated Cognition*, ed. P. Robbins and M. Aydede, 55~77. New York: Cambridge University Press.

Wittgenstein, L. 1953. *Philosophical Investigations*. ed. E. Anscombe, R. Rhees, and G. von Wright. trans. E. Anscombe. Oxford: Blackwell.

Yantis, S. 1996. Attentional capture in vision. In *Converging Operations in the Study of Selective Visual Attention*, ed. A. Kramer, M. Coles, and G. Logan, 45~76. Washington, D.C.: American Psychological Association.

Yarbus, A. 1967. *Eye Movements and Vision*. New York: Plenum Press.

찾아보기

마음학 세미나 01

새로운 마음 과학 —확장된 마음으로부터 체화된 현상학까지

초판1쇄 펴냄 2024년 08월 09일

지은이 마크 롤랜즈
옮긴이 정혜윤
펴낸이 유재건
펴낸곳 (주)그린비출판사
주소 서울시 마포구 와우산로 180, 4층
대표전화 02-702-2717 | **팩스** 02-703-0272
홈페이지 www.greenbee.co.kr
원고투고 및 문의 editor@greenbee.co.kr

편집 이진희, 구세주, 정미리, 민승환, 박선미 | **디자인** 이은솔, 박예은
물류유통 류경희 | **경영관리** 이선희

ISBN 978-89-7682-873-6 93180

독자의 학문사변행學問思辨行을 돕는 든든한 가이드 _(주)그린비출판사